# CRIMINOLOGIA

Nestor Sampaio Penteado Filho
Eron Veríssimo Gimenes (atualizador)

# CRIMINOLOGIA

15ª edição
2025

- O autor deste livro e a editora empenharam seus melhores esforços para assegurar que as informações e os procedimentos apresentados no texto estejam em acordo com os padrões aceitos à época da publicação, *e todos os dados foram atualizados pelo autor até a data de fechamento do livro.* Entretanto, tendo em conta a evolução das ciências, as atualizações legislativas, as mudanças regulamentares governamentais e o constante fluxo de novas informações sobre os temas que constam do livro, recomendamos enfaticamente que os leitores consultem sempre outras fontes fidedignas, de modo a se certificarem de que as informações contidas no texto estão corretas e de que não houve alterações nas recomendações ou na legislação regulamentadora.

- Data do fechamento do livro: 08/01/2025

- O autor e a editora se empenharam para citar adequadamente e dar o devido crédito a todos os detentores de direitos autorais de qualquer material utilizado neste livro, dispondo-se a possíveis acertos posteriores caso, inadvertida e involuntariamente, a identificação de algum deles tenha sido omitida.

- Direitos exclusivos para a língua portuguesa
  Copyright ©2025 by
  **Saraiva Jur, um selo da SRV Editora Ltda.**
  *Uma editora integrante do GEN | Grupo Editorial Nacional*
  Travessa do Ouvidor, 11
  Rio de Janeiro – RJ – 20040-040

- **Atendimento ao cliente: https://www.editoradodireito.com.br/contato**

- Reservados todos os direitos. É proibida a duplicação ou reprodução deste volume, no todo ou em parte, em quaisquer formas ou por quaisquer meios (eletrônico, mecânico, gravação, fotocópia, distribuição pela Internet ou outros), sem permissão, por escrito, da **SRV Editora Ltda.**

- Capa: Lais Soriano
  Diagramação: Desígnios Editoriais

- **DADOS INTERNACIONAIS DE CATALOGAÇÃO NA PUBLICAÇÃO (CIP)**
  **VAGNER RODOLFO DA SILVA - CRB-8/9410**

---

P419c    Penteado Filho, Nestor Sampaio
Criminologia / Nestor Sampaio Penteado Filho, Eron Veríssimo Gimenes. – 15. ed. - São Paulo : Saraiva Jur, 2025.

376 p.
ISBN 978-85-5362-603-8 (Impresso)

1. Criminologia. I. Gimenes, Eron Veríssimo. II. Título.

|  | CDD 364 |
|---|---|
| 2024-4408 | CDU 343.9 |

Índices para catálogo sistemático:
1. Criminologia        364
2. Criminologia        343.9

---

Dedico esta obra ao meu saudoso amigo
**Nestor Sampaio Penteado filho** (*in memoriam*),
com quem tive a honra de conviver, aprender, respeitar e admirar.

"It matters not how strait the gate,
Não importa o quão estreito seja o portão,
How charged with punishments the scroll,
O quão carregado com castigos esteja o pergaminho,
I am the master of my fate:
Eu sou o mestre do meu destino;
I am the captain of my soul.
Eu sou o capitão da minha alma."

Poema Invictus – HENLEY, William Ernest.

# Nota à 15ª edição

Criminologia: Obra original do Dr. Nestor Sampaio Penteado Filho *(in memoriam)*

Novamente trazemos ao público especializado mais uma edição da obra **Criminologia**, totalmente revisada, ampliada e atualizada principalmente com base na Lei n. 14.994/2024, publicada em 10 de outubro de 2024, também conhecida como **Lei Antifeminicídio**. Trata-se de uma legislação que altera substancialmente o Código Penal e outras leis para tornar o feminicídio um crime autônomo e aumentar a pena para este delito, modificando também dispositivos da Lei das Contravenções Penais, da Lei de Execução Penal, da Lei dos Crimes Hediondos, da Lei Maria da Penha e do Código de Processo Penal, em crimes praticados contra a mulher em razão da condição do sexo feminino, bem como para estabelecer outras medidas destinadas a prevenir e coibir a violência praticada contra a mulher. A nova lei também tratou das circunstâncias agravantes para o feminicídio, como quando a vítima é gestante, menor de 14 anos, ou mulher com deficiência. Aumentou a pena para crimes como ameaça, injúria e lesões corporais motivadas por gênero, alterou os efeitos extrapenais da condenação, especialmente em relação ao exercício de função pública e ao poder familiar, resultando num prisma multifacetado que permite a avaliação das diferentes formas de se conhecer melhor a criminologia e sua incidência no mundo jurídico.

Isso posto e, não se podendo deixar passar ao largo que a ciência criminológica integra atualmente a grade curricular dos cursos de direito das mais conceituadas universidades do país e do exterior, considerando sua importância no diferencial da capacitação técnica/jurídica do operador do direito no mundo contemporâneo, vale dizer, hoje, a criminologia possui interface com diversos ramos das ciências, o que sobreleva na avaliação e conhecimento do profissional. Sendo assim, temos a certeza e a convicção de que este trabalho será de grande valia para os profissionais que atuam na área do direito e transversais, como, por exemplo, psicologia, biologia e sociologia jurídica, e os que pretendam ingressar em concursos públicos, uma vez que a criminologia é um tema cada vez mais exigido em certames para ingresso nas carreiras mais concorridas, por exemplo, Polícia Civil do Estado de São Paulo, Polícia Federal, Magistratura,

VIII

Ministério Público e Defensoria Pública. A obra é também útil aos que desejam aprimorar seus conhecimentos, inclusive servindo como referência bibliográfica para os trabalhos *acadêmicos* dos graduandos e dos *pós-graduandos* (doutorandos e mestrandos) que buscam compreender com profundidade a matéria.

Nesta **15ª edição**, além das atualizações e acréscimos de informações doutrinárias que enriquecem os estudos da criminologia estribados em seus elementos essenciais, vale dizer: o delito, o delinquente, a vítima e o controle social, também incluímos questões de concursos das últimas provas (2023), em conformidade com os editais realizados pela Polícia Civil do Estado de São Paulo, considerando os temas com maior incidência nos últimos anos.

Com efeito, esta obra tornou-se amplamente reconhecida como referência no campo da criminologia e, neste trabalho, mantemos nosso compromisso com a excelência acadêmica, com o público leitor e com os profissionais da área, incorporando atualizações relevantes no cenário jurídico e criminológico, além de apresentar uma visão detalhada das principais teorias criminológicas, explorando transformações sociais e normativas que afetam a análise do crime, do desvio e da aplicação da lei, reiterando a importância de entender o crime não apenas como fenômeno jurídico, mas também como um reflexo de questões sociais, culturais e psicológicas. Com isso, reafirmamos o caráter multidisciplinar do livro, um dos elementos que o destacam no ensino da criminologia no Brasil. Esse cuidado torna a obra indispensável tanto para a formação acadêmica quanto para o exercício profissional no âmbito jurídico e social.

Importa, ainda, tecer minhas homenagens ao **Dr. Alberto Angerami, Delegado de Polícia** aposentado, que muito contribuiu com a evolução da Polícia Civil do Estado de São Paulo, agradecendo pelas considerações a meu respeito, pois sem a sua recomendação não teria sido possível assumir esta continuação dos ensinamentos do Dr. Nestor Sampaio Penteado Filho. Conscientes da importância do conteúdo desenvolvido por Nestor, eu, a Sra. Iara Regina Marques Penteado e a própria Editora nos dedicamos intensamente a finalizar os originais, bem como a acompanhar todo o trabalho de montagem do livro.

Indispensável neste ato expressar minha sincera gratidão não apenas à **Sra. Iara**, mas também aos seus filhos **Fabiana** e **Nestor Sampaio**, pelo convite que me fizeram para atualizar a obra **Criminologia**, escrita pelo meu amigo/irmão **Dr. Nestor Sampaio Penteado Filho** (*in memoriam*). Espero que o resultado final esteja à altura das expectativas e que o livro continue a ser uma referência valiosa para todos os que o utilizam.

Registro meus sinceros agradecimentos a **Deborah Caetano de Freitas Viadana**, da Saraiva Jur, selo editorial do Grupo GEN, pelo indispensável auxílio na produção desta edição e das duas anteriores. Sua dedicação e apoio como profissional editorial foram fundamentais para que este projeto se tornasse realidade.

Certo de que a obra será novamente bem recebida, registro meus agradecimentos especiais ao **Grupo GEN | Grupo Editorial Nacional** pela confiança depositada em mais este trabalho.

Bauru/SP, verão de 2025.

Eron Veríssimo Gimenes

# Sumário

Nota à 15ª edição ............................................................. VII

## 1ª PARTE
## CRIMINOLOGIA GERAL

**1º Capítulo – Conceito, características, objeto, método, finalidade, funções e classificação da criminologia** ..................................... **3**

1.1   Conceito de criminologia. Características............................. 3

1.2   Objeto ............................................................................ 8

1.3   Método e finalidade......................................................... 12

1.4   Funções .......................................................................... 13

1.5   Classificação da criminologia: criminologia geral e criminologia clínica ............................................................................ 13

1.6   Outras classificações....................................................... 14

**2º Capítulo – História da criminologia**..................................... **17**

2.1   Evolução histórica da criminologia................................... 17

2.2   Criminologia pré-científica (precursores). Criminologia científica . 19

2.3   Escolas criminológicas .................................................... 21

2.4   Escola Clássica ............................................................... 21

2.5   Escola Positiva ............................................................... 23

2.6   Escola de Política Criminal ou Moderna Alemã.................... 28

2.7   *Terza Scuola*.................................................................. 28

**3º Capítulo – Métodos, técnicas e testes criminológicos** ................. **30**

3.1   Métodos ......................................................................... 30

3.2   Técnicas de investigação.................................................. 30

3.3   Técnicas de investigação sociológica................................. 30

     3.3.1   Perfilamento criminal (*Criminal Profiling*)................. 32

XI

XII

| | | |
|---|---|---:|
| | 3.3.1.1 Esboço histórico | 32 |
| | 3.3.1.2 Conceito e técnicas de perfilamento | 35 |
| | 3.3.1.3 Perfil geográfico do agressor | 44 |
| | 3.3.1.4 Perfil genético do agressor no Brasil | 46 |
| 3.4 | Testes de personalidade projetivos | 46 |
| 3.5 | Testes de personalidade prospectivos | 47 |
| 3.6 | Testes de inteligência | 47 |

**4º Capítulo – Estatística criminal, cifra negra e prognóstico criminal ...**   **51**

| | | |
|---|---|---:|
| 4.1 | Estatística criminal | 51 |
| 4.2 | Cifra negra. Cifra dourada | 52 |
| 4.3 | Técnicas de investigação da cifra negra | 56 |
| 4.4 | Prognóstico criminológico | 58 |

**5º Capítulo – Sociologia criminal**   **60**

| | | |
|---|---|---:|
| 5.1 | Sociologia criminal | 60 |
| 5.2 | Modelos sociológicos de consenso e de conflito | 60 |
| 5.3 | Teorias sociológicas explicativas do crime | 62 |
| 5.4 | Escola de Chicago | 62 |
| | 5.4.1 A teoria ecológica e suas propostas | 63 |
| 5.5 | Associação diferencial | 65 |
| 5.6 | Anomia. Subcultura delinquente | 67 |
| 5.7 | *Labelling approach* | 70 |
| 5.8 | Teoria crítica ou radical | 72 |
| | 5.8.1 Neorretribucionismo (lei e ordem; tolerância zero; *broken windows theory*) | 73 |
| | 5.8.2 Teoria dos testículos despedaçados ou quebrados (*breaking balls theory*) | 80 |
| 5.9 | Teoria behaviorista | 80 |
| 5.10 | Teoria das técnicas de neutralização | 80 |
| 5.11 | Teoria da aprendizagem social (*social learning*) | 81 |
| | 5.11.1 Teoria da identificação diferencial (Daniel Glaser) | 81 |
| | 5.11.2 Teoria do condicionamento operante (Ronald Akers e Robert Burgees) | 81 |
| | 5.11.3 Teoria do reforço diferencial (Jeffery) | 82 |
| | 5.11.4 Teoria dos instintos | 82 |

XIII

6º Capítulo – **Bioantropologia criminal** ............................................. 83

6.1 Teorias bioantropológicas ................................................... 83

6.2 Teorias bioantropológicas modernas ..................................... 84

7º Capítulo – **Vitimologia** ................................................................ 86

7.1 Conceito de vitimologia ...................................................... 86

7.2 Fases da evolução histórica da vítima ................................... 86

7.3 Classificação das vítimas, segundo Benjamin Mendelsohn, Hans von Hentig, Paulo Sumariva, vitimização direta e indireta e Criminologia e vitimologia corporativas ou empresariais ................................ 88

7.4 Síndromes de Estocolmo, de Londres, de Lima, da Mulher de Potifar, de Otelo, de Dom Casmurro, da Barbie, de Oslo, de Ganser, da Mulher Agredida, da Gaiola de Ouro, do Desamparo Aprendido, da Rainha Vermelha, da Periculosidade Vitimal e Efeito *Copycat* ..................... 94

7.5 Complexo criminógeno delinquente e vítima .......................... 108

7.6 Política criminal de tratamento da vítima ............................... 108

7.7 Vitimização primária, secundária, terciária e vitimização quaternária 113

7.8 Vulnerabilidade da vítima e vitimização psicológica ................ 116

7.9 *Iter victimae* (caminho ou fases da vitimização) ...................... 116

7.10 Heterovitimização ............................................................. 117

7.11 Vitimodogmática ............................................................... 117

8º Capítulo – **Criminologia e crime organizado** .............................. 120

8.1 Crime organizado (Organização criminosa) ........................... 120

8.2 Aspectos criminológicos do crime organizado ........................ 121

8.3 Crimes do colarinho branco (ou crime corporativo) ................. 123

8.4 Criminalidade moderna ....................................................... 125

8.5 Criminalidade de massa (Criminalidade tradicional, Criminalidade clássica ou Microcriminalidade) ........................................... 127

9º Capítulo – **Classificação dos criminosos** ..................................... 129

9.1 Classificação dos criminosos ............................................... 129

9.2 Classificação etiológica de Hilário Veiga de Carvalho ............. 129

9.2.1. Biocriminosos puros (pseudocriminosos) ....................... 129

9.2.2. Biocriminosos preponderantes (difícil correção) ............. 130

9.2.3. Biomesocriminosos (correção possível) ......................... 130

9.2.4. Mesocriminosos preponderantes (correção esperada) ......... 130

9.2.5. Mesocriminosos puros ............................................... 130

XIV

9.3　Classificações de Cesare Lombroso, Enrico Ferri e Rafael Garófalo　131

    9.3.1　Classificação de Cesare Lombroso......................................　132

    9.3.2　Classificação de Enrico Ferri ..........................................　132

    9.3.3　Classificação de Garófalo (que propôs a pena de morte sem piedade aos criminosos natos ou sua expulsão do país) ........　133

9.4　Classificação natural de Odon Ramos Maranhão ..........................　133

9.5　Classificação de Quintiliano Saldaña ........................................　134

9.6　Classificação de Alexandre Lacassagne.....................................　135

**10º Capítulo – Prevenção criminal .....................................　136**

10.1　Conceito de prevenção.......................................................　136

10.2　Prevenção criminal no Estado Democrático de Direito...................　137

10.3　Prevenção primária, secundária e terciária ...............................　138

    10.3.1　Primária ....................................................................　138

    10.3.2　Secundária ................................................................　138

    10.3.3　Terciária ..................................................................　138

10.4　Teoria da reação social.......................................................　139

10.5　Teoria da pena. A penologia ................................................　139

10.6　Prevenção geral e prevenção especial .....................................　140

10.7　Prevenção geral negativa e prevenção geral positiva.....................　140

10.8　Prevenção especial negativa e prevenção especial positiva..............　140

**11º Capítulo – Aspectos criminológicos das drogas ........................　142**

11.1　Toxicomanias e alcoolismo...................................................　142

    11.1.1　Fatores endógenos e exógenos.......................................　149

11.2　Fatores de risco. Fatores de proteção......................................　149

11.3　Prevenção ao uso indevido de drogas......................................　150

11.4　Repressão ao uso indevido e ao tráfico de drogas........................　153

**12º Capítulo – Criminologia dialética ou crítica ...........................　155**

12.1　Criminologia fenomenológica ...............................................　155

12.2　Teses de Juarez Cirino dos Santos e Roberto Lyra.......................　156

**13º Capítulo – Responsabilidade penal......................................　157**

13.1　Imputabilidade ................................................................　158

13.2　Inimputabilidade e semi-imputabilidade....................................　158

**14º Capítulo – Fatores sociais de criminalidade...........................　161**

14.1　Abordagem sociológica.......................................................　161

XV

| | | |
|---|---|---|
| 14.2 | Pobreza. Emprego, desemprego e subemprego | 161 |
| 14.3 | Meios de comunicação. Habitação | 163 |
| 14.4 | Migração | 164 |
| 14.5 | Crescimento populacional | 164 |
| 14.6 | Preconceito. A criminalidade feminina | 165 |
| 14.7 | Educação | 166 |
| 14.8 | Mal-vivência. Classes sociais | 166 |

**15º Capítulo – Instâncias de controle** ......................................... **169**

| | | |
|---|---|---|
| 15.1 | Órgãos informais de controle | 170 |
| 15.2 | Instância formal de controle | 172 |
| | 15.2.1 Primeira seleção | 172 |
| | 15.2.2 Segunda seleção | 174 |
| | 15.2.3 Terceira seleção | 174 |
| 15.3 | Reincidência e prognóstico criminológico | 175 |

**16º Capítulo – Criminologia cultural** ........................................... **177**

| | | |
|---|---|---|
| 16.1 | Criminologia cultural: noções iniciais | 177 |
| 16.2 | Criminologia cultural, subculturas delinquentes e comportamentos desviantes | 179 |

**17º Capítulo – Terrorismo e suas implicações criminológicas** ........... **182**

| | | |
|---|---|---|
| 17.1 | Terrorismo: conceito histórico e finalidade | 182 |
| 17.2 | Classificação tipológica e metodológica do terrorismo | 186 |
| | 17.2.1 Tipos de terroristas | 186 |
| | 17.2.2 Métodos terroristas | 186 |
| 17.3 | Causas dos atos de terror | 187 |
| 17.4 | Aspectos criminológicos do terrorismo e suas consequências às vítimas | 189 |

## 2ª PARTE
## CRIMINOLOGIA CLÍNICA

**1º Capítulo – Criminologia clínica** ............................................... **195**

| | | |
|---|---|---|
| 1.1 | Conceito de criminologia clínica | 195 |
| 1.2 | Importância e reflexos jurídicos | 195 |

**2º Capítulo – Personalidade e crime** ............................................ **197**

| | | |
|---|---|---|
| 2.1 | Conceito de personalidade | 197 |
| 2.2 | Personalidade e crime | 201 |

XVI

3º Capítulo – As modernas teorias antropológicas ........................ 203

3.1 Modernas teorias antropológicas ........................................ 203

3.2 Endocrinologia ................................................................... 203

3.3 Genética e hereditariedade ................................................ 204

3.4 Neurociência ...................................................................... 205

4º Capítulo – A agressividade do ser humano .............................. 209

4.1 Agressividade do ser humano. Conceito e origem ............ 209

4.2 A violência e sua banalização ............................................ 211

4.3 Criminologia e o "efeito Lúcifer": como pessoas boas se tornam más 211

5º Capítulo – Psicopatologia criminal ........................................ 214

5.1 Psiquiatria e psicologia criminal ....................................... 214

5.2 Distúrbios mentais e crime ................................................ 214

5.3 Psicopatia e psicopatologia. Delinquência psicótica e delinquência neurótica ...................................................................... 221

    5.3.1 Análise psicológica do comportamento criminoso .............. 230

5.4 Personalidade perigosa. *Serial killer* ................................ 231

    5.4.1 Assassino em série (*serial killer*) e assassino em massa (*mass murderer*) ......................................................... 238

    5.4.2 Matador por impulso ou por acaso (*spree killer*) ................... 240

    5.4.3 Índice (grau) da Maldade ................................................ 241

    5.4.4 Transtornos parafílicos ................................................... 242

6º Capítulo – Exame criminológico ............................................ 244

6.1 Conceito de exame criminológico ..................................... 244

6.2 Testes de personalidade ..................................................... 248

6.3 Caracterologia ................................................................... 249

6.4 Identificação do perfil genético (coleta de material biológico para a obtenção do perfil genético) ....................................... 249

7º Capítulo – Temas contemporâneos em criminologia .................. 253

7.1 Outros temas discriminatórios ........................................... 260

    7.1.1 Novatada (trote) ............................................................. 260

    7.1.2 *Spacegoat* (síndrome do bode expiatório) .......................... 261

    7.1.3 *Bossing* ........................................................................ 261

    7.1.4 Assédio sexual ............................................................... 261

    7.1.5 Assédio midiático ........................................................... 262

    7.1.6 *Peer rejection* (rejeição de pares) .................................... 262

XVII

7.1.7 *Gaslighting* (luz de gás)........................................... 262

7.1.8 *Covert agression* (agressão encoberta) ................................. 264

7.1.9 *Control freak* (mania de controle)................................. 264

7.1.10 *Shunting* (manipulação)..................................... 264

7.1.11 Síndrome da abelha rainha ..................................... 265

7.1.12 *Karôshi* ................................................. 265

7.1.13 *Whistleblower* (Denunciante).............................. 265

8º Capítulo – Aspectos criminológicos da violência contra a mulher **267**

8.1 Noções iniciais............................................ 267

8.2 Violência doméstica contra as mulheres: manifestação ................. 268

8.3 Fatores condicionantes da violência conjugal contra as mulheres ... 270

8.4 Feminicídio e violência contra as mulheres........................ 271

9º Capítulo – Lei Henry Borel (Lei n. 14.344/2022) ..................... **291**

9.1 Observações importantes da Lei Henry Borel........................ 294

9.2 Prisão preventiva do agressor..................................... 294

9.3 Crimes previstos na Lei Henry Borel ............................. 295

9.4 Das medidas protetivas de urgência que obrigam o agressor ........... 297

9.5 Das medidas protetivas de urgência à vítima ..................... 298

10º Capítulo – Transtornos psicóticos e suas implicações jurídico-

-criminais........................................................ **299**

10.1 Transtornos psicóticos: conceito, classificação e diagnósticos ......... 299

10.2 Implicações jurídico-criminais ................................. 301

11º Capítulo – Criminologia e o "Pacote Anticrime" (Lei n. 13.964/2019):

alterações no sistema penal brasileiro ............................. **304**

11.1 Noções iniciais............................................ 304

Anexo – Questões de concursos públicos ......................... **309**

Referências................................................... **348**

# 1ª PARTE

# CRIMINOLOGIA GERAL

# 1º Capítulo

## Conceito, características, objeto, método, finalidade, funções e classificação da criminologia

### 1.1 Conceito de criminologia. Características

Etimologicamente, **criminologia** vem do latim *crimino* (crime) e do grego *logos* (estudo, tratado), significando o "estudo do crime".

Apresentando uma visão diferenciada sobre o instituto da criminologia, faz-se mister trazer à colação o entendimento do eminente Sérgio Salomão Shecaira (2020, p. 43), salientando que a "Criminologia é um nome genérico designado a um grupo de temas estreitamente ligados: o estudo e a explicação da infração legal; os meios formais e informais de que a sociedade se utiliza para lidar com o crime e com atos desviantes; a natureza das posturas com que as vítimas desses crimes serão atendidas pela sociedade; e, por derradeiro, o enfoque sobre o autor desses fatos desviantes. O estudo dos criminosos e de seus comportamentos é hoje um campo fértil de pesquisas para psiquiatras, psicólogos, sociólogos e antropólogos, bem como para os juristas".

Guilherme de Souza Nucci (2021, p.1) sustenta com propriedade que a criminologia trata-se da ciência voltada ao estudo das causas e das razões que levam alguém a delinquir, enfocando essas causas e razões por meio de métodos empíricos e pela observação dos fenômenos sociais, onde se insere a avaliação da vítima, apresentando críticas ao modelo punitivo existente e proporcionando sugestões de aperfeiçoamento da política criminal do Estado.

Vale, contudo, atentar para os ensinamentos de Antonio García-Pablos de Molina (2010, p. 34), que define criminologia atrelada aos conhecimentos e tendências atuais do saber empírico, portanto, a mais aceita na atual doutrina e concursos em geral: "A Criminologia é uma ciência empírica e interdisciplinar, que se ocupa do estudo do crime, da pessoa do infrator, da vítima e do controle social do comportamento delitivo e trata de ministrar uma informação válida e contrastada sobre a gênese, dinâmica e variações principais do crime, contemplando-o como problema individual e social, assim como sobre os programas para sua prevenção especial, as técnicas de intervenção positiva no homem delinquente e os diversos modelos ou sistema de respostas ao delito".

Nessa linha de intelecção, ressai que a criminologia, além de se tratar de ciência autônoma e independente, fornecendo informações confiáveis sobre o crime, apresenta:

- Métodos: empírico (baseada na observação da realidade dos fatos e na experiência) e inter-disciplinar (relacionando-se com diversos ramos do conhecimento, como o direito penal, a biologia, a psiquiatria, a psicologia, a sociologia etc.);

- Objetos: crime, delinquente, vítima e controle social;

- Funções: programas de prevenção, técnicas de intervenção e modelos ou sistemas de resposta ao delito, em outras palavras, explicar e prevenir o crime, intervindo na pessoa do infrator e da vítima, avaliando os diferentes modelos de resposta ao crime.

Para Afrânio Peixoto (1953, p. 11), a criminologia "é a ciência que estuda os crimes e os criminosos, isto é, a criminalidade". Essa conceituação mostra-se insuficiente na atualidade, considerando que os objetos da criminologia sofreram os acréscimos vítima e controle social.

Importa, ainda, a definição de criminologia feita por Edwin H. Sutherland (apud FERNANDES; FERNANDES, 2010, p. 24), que vem sendo enriquecida e retratada como "um conjunto de conhecimentos que estuda o fenômeno e as causas da criminalidade, a personalidade do delinquente, sua conduta delituosa e a maneira de ressocializá-lo".

Entretanto, a criminologia não estuda apenas o crime, mas também as circunstâncias sociais, a vítima, o criminoso, o prognóstico delitivo e, ainda, as interações sociais, psíquicas, biológicas, comportamentais e ambientais como fatores da criminogênese.

A palavra "criminologia" foi usada pela primeira vez em 1883 por Paul Topinard e aplicada internacionalmente pelo italiano Raffaele Garofalo (sendo também aceita a grafia Rafael Garófalo), em seu livro *Criminologia*, no ano de 1885, passando, a partir de seus estudos, a ser reconhecida como ciência autônoma.

Pode-se conceituar **criminologia** como a ciência empírica (baseada na observação da realidade dos fatos e na experiência) e interdisciplinar (relacionando-se com diversos ramos do conhecimento, como o direito penal, a biologia, a psiquiatria, a psicologia, a sociologia etc.) que tem por objeto de análise o crime, a personalidade do autor do comportamento delitivo e da vítima, e o controle social das condutas criminosas, com a finalidade de prevenção e domínio da criminalidade. Ensina Luiz Flávio Gomes (2008, p. 43) que a criminologia como ciência busca adotar programas de prevenção eficaz do comportamento delitivo, técnicas de intervenção positiva no homem delinquente e nos diversos sistemas de respostas ao delito.

Com efeito, leciona o Prof. Diego Pureza (2024, p. 38, 39 e 40), com a clareza que lhe é peculiar, que a criminologia pode ser definida como ciência autônoma, empírica e interdisciplinar, que se preocupa em estudar, por meio de métodos biológicos e sociológicos, o crime/delito, o criminoso/delinquente, a vítima e o controle social, com escopo de controle e prevenção da criminalidade, tratando do crime como problema social. Ressalta ainda, o ilustre professor, e perfilhamos desse entendimento, que a criminologia não é uma ciência exata, considerando que tratando-se do ramo do saber operado por seres-humanos, analisando fatos e outros seres-humanos, a criminologia é uma ciência humana, passível de erro, sem conclusões de caráter insofismável, ao contrário das ciências exatas. Entretanto, isso não a torna prescindível no mundo moderno, vale dizer, trata-se de ferramenta indispensável na atualidade no combate ao crime organizado e na resolução dos conflitos sociais. Arremata, o Prof. Diego Pureza, que a Criminologia é entendida como ciência autônoma e independente, por possuir função, métodos e objetos próprios. Logo, é incorreto afirmar que a Criminologia é um sub-ramo, "braço", complemento ou extensão de outro ramo do saber (exemplo: a criminologia não é um "braço do direito penal"). Reveste-se de relevância os apontamentos feitos pelo professor Diego Pureza, ao tratar das características que não se relacionam com a Criminologia, vale destacar: a **criminologia não é teorética**, ela não se limita ao mundo das ideias, mas possui aplicação prática; não é normativa, a ciência que prescreve regras (define crimes) e sanções é o direito penal.

Tem-se, assim, que a criminologia é uma ciência do "ser", utiliza-se do método empírico-indutivo (baseia-se na experiência e na observação da realidade dos fatos), interdisciplinar (fomenta o diálogo com ciências de diversos ramos do saber), também denominada de pragmática, na medida em que seu objeto (crime, criminoso, vítima e controle social) é visível no mundo real e não no mundo dos valores, como ocorre com o direito penal, que é uma ciência do "dever-ser", que se vale do método abstrato, formal e dedutivo, portanto normativa e valorativa. O acolhimento do método empírico permitirá a coleta de informações acrescidas de validade e confiabilidade acerca do fenômeno criminal extraídas de conflitos concretos.

Não é responsabilidade da criminologia punir o transgressor (é atribuição do Direito Penal), ou estabelecer qual é o procedimento de persecução penal na fase de instrução do inquérito (ou termo circunstanciado) muito menos durante o processo (Direito Processual Penal). A criminologia avalia os fatores que podem concorrer para a prática do delito, sua prevenção, através dos seus objetos (crime/delito, criminoso/delinquente, vítima e controle social) e métodos.

Importante e elucidativo o quadro sinótico abaixo apresentado por Alexandre Herculano (2020, p. 17), contribuindo para que o leitor retenha mais informações:

| Ciências criminais | | |
| --- | --- | --- |
| **Direito Penal** | **Criminologia** | **Política Criminal** |
| É a ciência *normativa* do "DEVER SER". | É a ciência *empírica* do "SER". | "Conjunto sistemático de princípios e regras". |
| Crime enquanto norma | Crime enquanto fato | Crime enquanto valor |
| Analisa fatos humanos que repercutem na sociedade, os quais são reprovados por ela. Assim, criam-se infrações penais com as devidas sanções. Não há restrição à análise da norma penal e seus efeitos. | Estuda o crime, o criminoso, a vítima e o controle social (formal e informal). | Traça meios de controle, ou seja, é sistematização de estratégias, táticas e meios de controle social da criminalidade. |

Prossegue o festejado professor Alexandre Herculano (2020, p. 20): "A criminologia é uma ciência do 'ser', empírica, na medida em que seu objeto (crime, criminoso, vítima e controle social) é visível no mundo real e não no mundo dos valores, como ocorre com o direito, que é uma ciência do 'dever ser', portanto, normativa e valorativa".

Nessa linha, vale destacar, a visão de Mariana Barros Barreiras (2023, p. 34): "Enquanto o Direito Penal valora a sociedade, dizendo o que pode e o que não pode ser feito e prevendo a aplicação de sanções para o descumprimento das normas, tratando, portanto, do 'dever-ser', a Criminologia cuida do 'ser', encara o fenômeno de forma objetiva, sem conotação valorativa, sem mediação, sem julgamentos. O Direito Penal impõe uma sanção, uma pena ao crime. A Criminologia por sua vez procura compreender os mecanismos que influem para a prática criminosa bem como as consequências que o delito gera na comunidade. A Criminologia analisa, por exemplo, por que o crime ocorreu; por que um determinado crime foi selecionado e punido enquanto outros permanecem impunes; por que um tipo específico de delito ocorre de maneira mais pronunciada em certo momento ou local; se as estatísticas oficiais sobre um determinado delito refletem a realidade; como foi a experiência das vítimas e como elas devem ser tratadas; como o sistema carcerário está funcionando".

A **interdisciplinaridade** da criminologia decorre de sua própria consolidação histórica como ciência dotada de autonomia, considerando a influência profunda de diversas outras ciências, tais como a sociologia, a psicologia, o direito, a medicina legal etc.

Nesse passo, Lélio Braga Calhau (2012, p. 11), ao tratar desse tema, assevera que a interdisciplinaridade existe quando os saberes parciais se integram e cooperam entre si.

Importante esclarecer que a interdisciplinaridade não se confunde com a multidisciplinaridade. Conforme as lições dos Professores Eduardo Fontes e Henrique Hoffmann (2021, p. 30), a **interdisciplinaridade** é mais profunda, uma vez que os saberes se **integram** e **cooperam** entre si; enquanto na **multidisciplinaridade** as inúmeras visões sobre determinado problema são tratadas de maneira compartimentada, e cada uma delas oferece sua própria visão, sem necessariamente levar em consideração a posição das demais.

Embora exista um consenso entre os criminólogos de que a criminologia ocupa uma **instância superior**, esta não se dá de forma piramidal, pois não existe preferência por nenhum saber parcial, conforme se vê no esquema a seguir:

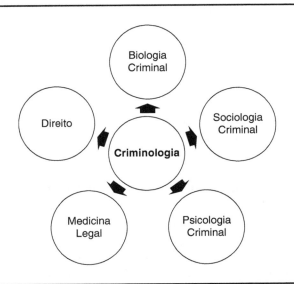

Antonio García-Pablos de Molina e Luiz Flávio Gomes (2008, p. 32) sustentam que as **características** da moderna criminologia são:

- O crime deve ser analisado como um problema com sua face humana e dolorosa.
- Aumenta o espectro de ação da criminologia, para alcançar também a vítima e as instâncias de controle social.
- Acentua a necessidade de prevenção, em contraposição à ideia de repressão dos modelos tradicionais.
- Substitui o conceito de "tratamento" (conotação clínica e individual) por "intervenção" (noção mais dinâmica, complexa, pluridimensional e próxima da realidade social).
- Empresta destaque aos modelos de reação social ao delito como um dos objetos da criminologia.
- Não afasta a análise etiológica do delito (desvio primário).

## 1.2 Objeto

Embora tanto o direito penal quanto a criminologia se ocupem de estudar o crime, ambos dedicam enfoques diferentes para o fenômeno criminal.

O direito penal é ciência normativa, visualizando o crime como conduta anormal para a qual fixa uma punição. O direito penal conceitua crime como conduta (ação ou omissão) típica, antijurídica e culpável (corrente causalista). Nessa mesma trilha, afirmam os festejados Eduardo Fontes e Henrique Hoffmann (2021, p. 45) que o Direito Penal, por sua vez, embora também esteja intimamente ligado ao crime, possui características diferentes, tendo em vista que se trata de uma **ciência formal e normativa**, cuja finalidade principal é a proteção de bens jurídicos fundamentais para o convívio social, por meio da criação de figuras típicas penais, impondo a respectiva sanção. Segundo o conceito analítico de crime, numa visão tripartite e finalista, o delito é composto de fato típico, ilícito, sendo praticado por agente culpável.

Por seu turno, a criminologia vê o crime como um problema social, um verdadeiro fenômeno comunitário, abrangendo quatro elementos constitutivos, a saber: **incidência massiva na população** (não se pode tipificar como crime um fato isolado); **incidência aflitiva do fato praticado** (o crime deve causar dor à vítima e à comunidade); **persistência espaço-temporal do fato delituoso** (é preciso que o delito ocorra reiteradamente por um período significativo de tempo no mesmo território); e **consenso inequívoco acerca de sua etiologia e técnicas de intervenção eficazes** (a criminalização de condutas depende de uma análise minuciosa desses elementos e sua repercussão na sociedade).

Desde os primórdios até os dias de hoje a criminologia sofreu mudanças importantes em seu objeto de estudo. Houve um tempo em que ela apenas se ocupava do estudo do crime (Beccaria), passando pela verificação do delinquente (Escola Positiva). Após a década de 1950, alcançaram projeção o estudo das vítimas e também os mecanismos de controle social, havendo uma ampliação de seu objeto, que assumiu, portanto, uma feição pluridimensional e interacionista.

Atualmente, o **objeto da criminologia** está dividido em quatro vertentes: **delito, delinquente, vítima e controle social**.

No que se refere ao **delito**, a criminologia tem toda uma atividade verificativa, que analisa a conduta antissocial, suas causas geradoras, o efetivo tratamento dado ao delinquente visando sua não reincidência, bem como as falhas de sua profilaxia preventiva.

A criminologia moderna não pode se limitar à adoção do conceito jurídico-penal de delito, pois isso fulminaria sua independência e autonomia, transformando-se em mero instrumento de auxílio do sistema penal. De igual sorte, não aceita o conceito sociológico de crime como uma conduta desviada, que foge ao comportamento padrão de uma comunidade.

Assim, para a criminologia, o **crime** é um **fenômeno social, comunitário** e que se mostra como um "**problema**" maior, a exigir do pesquisador empatia para se aproximar dele e entendê-lo em suas múltiplas facetas. Destarte, a relatividade do conceito de delito é patente na criminologia, que o observa como um problema social.

Não apenas o crime interessa à criminologia. O estudo do **delinquente** se mostra muito sério e importante.

Para a **Escola Clássica**, o criminoso era um ser que pecou, que optou pelo mal, embora pudesse e devesse escolher o bem.

O apogeu do valor do estudo do criminoso ocorreu durante o período do **positivismo penal**, com destaque para a antropologia criminal, a sociologia criminal, a biologia criminal etc. A Escola Positiva entendia que o criminoso era um ser atávico, preso a sua deformação patológica (às vezes nascia criminoso).

Outra dimensão do delinquente foi confeccionada pela **Escola Correcionalista** (de grande influência na América espanhola), para a qual o criminoso era um ser inferior e incapaz de se governar por si próprio, merecendo do Estado uma atitude pedagógica e de piedade.

Registra-se, por oportuno, a visão do **marxismo**, que entendia o criminoso como vítima inocente das estruturas econômicas.

O estudo atual da criminologia não confere mais a extrema importância dada ao delinquente pela criminologia tradicional, deixando-o em plano secundário de interesse.

Salienta Sérgio Salomão Shecaira (2008, p. 54) que "o criminoso é um ser histórico, real, complexo e enigmático, um ser absolutamente normal, pode estar sujeito às influências do meio (não aos determinismos)". E arremata: "as diferentes perspectivas não se excluem; antes, completam-se e permitem um grande mosaico sobre o qual se assenta o direito penal atual".

Outro aspecto do objeto da criminologia se relaciona com o papel da **vítima** na gênese delitiva. Nos dois últimos séculos, o direito penal praticamente desprezou a vítima, relegando-a a uma insignificante participação na existência do delito.

Importa destacar que a doutrina apresenta o conceito de vítima de forma bipartite, isto é, a vítima do crime ou simplesmente a vítima, referindo-se, nesse segundo caso, a todas as espécies de vítima de forma generalizada, entretanto, nosso enfoque é na primeira espécie, por se tratar de tema com nexo causal mais intrínseco à criminologia.

Nesse sentido, necessário se faz mencionar o entendimento da ilustre Ana Sofia Schmidt Oliveira (1999, p. 87), que preconiza, *in verbis*: "No campo jurídico, a expressão vítima é mais ampla que outras aqui referidas e estas, portanto, ficam por ela abrangidas. Vítima é, portanto, o sujeito passivo constante ou eventual, principal ou secundário. (...) Como se vê, o conceito de vítima que serve a criminologia, nos limites aqui traçados, ainda que restrito à vítima de crime, é mais amplo que o conceito jurídico. Diante das dificuldades expostas, é adotado nesse trabalho, um conceito aberto que permite o enquadramento, na categoria de vítima de toda pessoa física ou jurídica e ente coletivo prejudicado por um ato ou omissão humana que constitua infração penal, levando-se em conta as referências feitas ao conceito de crime pela criminologia".

Verifica-se a ocorrência de três grandes instantes da vítima nos estudos penais: a "idade do ouro"; a neutralização do poder da vítima; e a revalorização de sua importância.

A idade do ouro compreende desde os primórdios da civilização até o fim da Alta Idade Média (autotutela, lei de Talião etc.); o período de neutralização surgiu com o processo inquisitivo e com a assunção pelo Poder Público do monopólio da jurisdição; e, por derradeiro, a revalorização da vítima ganhou destaque no processo penal, após o pensamento da Escola Clássica, porém só recentemente houve um direcionamento efetivo de estudos nesse sentido, com o 1º Seminário Internacional de Vitimologia (Israel, 1973).

Tem-se como fundamental o estudo do papel da vítima na estrutura do delito, principalmente em face dos problemas de ordem moral, psicológica, jurídica etc., justamente naqueles casos em que o crime é levado a efeito por meio de violência ou grave ameaça.

Ressalta-se que a vitimologia permite estudar inclusive a criminalidade real, efetiva, verdadeira, por intermédio da coleta de informes fornecidos pelas vítimas e não informados às instâncias de controle (**cifra negra de criminalidade**).

De outra sorte, fala-se ainda em vitimização primária, secundária, terciária e vitimização quaternária.

**Vitimização primária** é aquela que se relaciona ao indivíduo atingido diretamente pela conduta criminosa. **Vitimização secundária** é uma consequência das relações entre as vítimas primárias e o Estado, em face da burocratização de seu aparelho repressivo (Polícia, Ministério Público etc.). **Vitimização terciária** é aquela decorrente de um excesso de sofrimento, que extrapola os limites da lei do país, quando a vítima é abandonada, em certos delitos, pelo Estado e estigmatizada pela comunidade, incentivando a **cifra negra** (crimes que não são levados ao conhecimento das autoridades). **Vitimização quaternária** se refere aos impactos negativos produzidos pelos veículos de imprensa e redes sociais. Esse processo de vitimização é muito frequente na atualidade, decorrendo do medo internalizado de tornar-se vítima de um crime. Ela é acometida pela insegurança psicológica ocasionada pelas notícias divulgadas pela mídia em geral, considerando-se que na maioria das vezes a criminalidade é retratada de modo sensacionalista na divulgação de crimes causando impacto na sociedade através do medo e da insegurança psicológica ou quando foi vítima na esfera individual ou alguém de seu relacionamento. Trata-se de manifestação da vitimização subjetiva. Nessa linha, ensina HAIDAR e ROSSINO (2016, p. 5): "é, portanto, o medo de se converter em vítima – manifestação da vitimização subjetiva – que se internaliza pela falsa percepção da realidade a partir das informações levantadas pela mídia – os tais 'forjadores de opinião pública' – que apresenta a criminalidade de acordo com uma série de interesses particulares (econômico-políticos), sem se preocupar com uma visão criminológica crítica. Até por essa razão, afirma-se que, em geral, nem sempre se temem realmente as pessoas mais perigosas, nem se tem noção dos índices reais da criminalidade dentro do contexto de cada lugar".

O **controle social** é também um dos caracteres do objeto criminológico, constituindo-se em um conjunto de mecanismos e sanções sociais que buscam submeter os indivíduos às normas de convivência social.

Há dois sistemas de controle que coexistem na sociedade: o **controle social informal** (família, escola, religião, profissão, clubes de serviço etc.), com nítida visão preventiva e educacional, e o **controle social formal** (Polícia, Ministério Público, Forças Armadas, Justiça, Administração Penitenciária etc.), mais rigoroso que aquele e de conotação político-criminal.

Nesse contexto, destaca-se o chamado **policiamento comunitário**[1], por meio do qual se entrelaçam as duas formas de controle.

---

[1] Policiamento comunitário é a associação da prevenção criminal e repressão com a necessária reaproximação do policial com a comunidade. Assim, o policial passa a integrar a comunidade e a fazer parte dela efetivamente.

Esquematicamente:

## 1.3 Método e finalidade

Método é o meio pelo qual o raciocínio humano procura desvendar um fato, referente à natureza, à sociedade e ao próprio homem. No campo da criminologia, essa reflexão humana deve estar apoiada em bases científicas, sistematizadas por experiências, comparadas e repetidas, visando buscar a realidade que se quer alcançar.

A criminologia se utiliza dos **métodos biológico e sociológico**. Como ciência empírica e experimental que é, a criminologia utiliza-se da metodologia experimental, naturalística e indutiva para estudar o delinquente, não sendo suficiente, no entanto, para delimitar as causas da criminalidade. Por consequência disso, busca auxílio dos métodos estatísticos, históricos e sociológicos, além do biológico.

Observando em minúcias o delito, a criminologia usa, portanto, métodos científicos em seus estudos.

Os **fins básicos** (por vezes confundidos com suas funções) da criminologia são informar a sociedade e os poderes constituídos acerca do crime, do criminoso, da vítima e dos mecanismos de controle social. Ainda: a luta contra a criminalidade (controle e prevenção criminal).

A criminologia tem enfoque multidisciplinar, porque se relaciona com o direito penal, a biologia, a psiquiatria, a psicologia, a sociologia etc.

## 1.4 Funções

Desponta como função primordial da criminologia a junção de múltiplos conhecimentos mais seguros e estáveis relacionados ao crime, ao criminoso, à vítima e ao controle social. Esse núcleo de saber permite compreender cientificamente o problema criminal, visando sua prevenção e interferência no homem delinquente.

Porém, registra-se que esse núcleo de conhecimentos não é um amontoado de dados acumulados, porque se trata de conhecimento científico adquirido mediante técnicas de investigação rigorosas e confiáveis, decorrentes de análises empíricas iniciais.

Pode-se dizer com acerto que é função da criminologia desenhar um **diagnóstico qualificado e conjuntural** sobre o delito, entretanto convém esclarecer que ela não é uma ciência exata, capaz de traçar regras precisas e indiscutíveis sobre as causas e os efeitos do ilícito criminal.

Assim, a pesquisa criminológica científica, ao usar dados empíricos de maneira criteriosa, afasta a possibilidade de emprego da intuição ou de subjetivismos.

## 1.5 Classificação da criminologia: criminologia geral e criminologia clínica

A classificação é uma disposição de coisas segundo dada ordem (classes) para melhor compreensão de todas elas.

Já se disse que a criminologia se ocupa de pesquisar os fatores físicos, sociais, psicológicos que inspiram o criminoso, a evolução do delito, as relações da vítima com o fato e as instâncias de controle social, abrangendo, sinteticamente, diversas disciplinas criminais, como a antropologia criminal, a biologia criminal, a sociologia criminal, a política criminal etc.

A doutrina dominante entende que a criminologia é uma ciência aplicada que se subdivide em dois ramos: **criminologia geral** e **criminologia clínica**.

Os eminentes criminólogos Newton e Valter Fernandes (2002, p. 38) afirmam: "em reunião internacional da Unesco, em Londres, logrou-se desmembrar a Criminologia em dois ramos: a Criminologia Geral e a Criminologia Clínica".

A **criminologia geral** consiste na sistematização, comparação e classificação dos resultados obtidos no âmbito das ciências criminais acerca do crime, criminoso, vítima, controle social e criminalidade.

A **criminologia clínica** consiste na aplicação dos conhecimentos teóricos da criminologia geral para o tratamento dos criminosos, visando conhecê-lo, verificar as razões que o levaram a praticar crimes e promover a sua ressocialização.

Com o brilho costumeiro de sua luz própria, Alvino Sá (apud OLIVEIRA, 2018, p. 52) leciona que, tradicionalmente, a criminologia clínica é conceituada como "a ciência que, valendo-se dos conceitos, conhecimentos, princípios e métodos de investigação e prevenção médico-psicológicos (e sociofamiliares), ocupa-se da pessoa do apenado, para nele investigar a dinâmica de sua conduta criminosa, sua personalidade e seu 'estado perigoso' (diagnóstico), as perspectivas de desdobramentos futuros da mesma (prognóstico) e assim propor e perseguir estratégias de intervenção, com vistas à superação, ou contenção de uma possível tendência criminal e a evitar uma recidiva (tratamento)".

Por derradeiro, ensina-se que a **criminologia** pode ser dividida em: **criminologia científica** (conceitos e métodos sobre a criminalidade, o crime e o criminoso, além da vítima e da justiça penal); **criminologia aplicada** (abrange a porção científica e a prática dos operadores do direito); **criminologia acadêmica** (sistematização de princípios para fins pedagógicos); **criminologia analítica** (verificação do cumprimento do papel das ciências criminais e da política criminal); e **criminologia crítica ou radical** (negação do capitalismo e apresentação do delinquente como vítima da sociedade, tem no marxismo suas bases). Hoje em dia fala-se ainda em **criminologia cultural** como sendo aquela que se preocupa com as relações e interações do homem na sociedade de consumo, que se utiliza da mídia para projetar suas diretrizes, de modo que a propaganda, o *marketing* e o contexto cultural possam contribuir para a mitigação do problema da criminalidade.

## 1.6 Outras classificações

Há quem defina a **criminologia da reação social** como sendo aquela que se ocupa da criação das leis penais referentes à conduta desviante. Fala-se ainda em **criminologia organizacional**, que envolve, para além da criação das normas penais, a violação de tais regras e as formas de reação social.

A **criminologia verde** (*green criminology*) estuda a responsabilidade penal das pessoas jurídicas nos delitos ambientais com vistas à preservação da biodiversidade.

De outra sorte, existe a denominada **criminologia do desenvolvimento**, cultuada por Patterson, Loeber, Le Blanc e Molffit, que "consiste no estudo longitudinal e com enfoque dinâmico das variáveis do comportamento criminoso ao longo do desenvolvimento da vida do indivíduo, de acordo com a sua idade e fase de crescimento, levando em consideração, dentre outras circunstâncias, suas experiências pessoais e idade em que iniciou a vida criminosa, com escopo precípuo de prevenção da criminalidade", na lição autorizada de Natacha Alves de Oliveira[2].

Tem-se a chamada **criminologia midiática** como aquela desprovida de caráter científico e impulsionada pela mídia (incentivando o clamor popular), com nítido caráter de seletividade penal e populismo criminal, com proposta de penas como *"prima ratio"* no enfrentamento da criminalidade.

---

[2] In: *Criminologia*. 2. ed. Salvador: JusPodivm, 2022. p. 61-63.

Por sua vez, a **criminologia feminista** aparece na década de 1970 no Reino Unido, durante a segunda onda do movimento feminista, como reação ao sexismo penal de então, bem como em oposição à violência sofrida por mulheres, sobretudo no ambiente familiar/doméstico.

Explica Natacha Alves de Oliveira[3] que a **criminologia *queer*** "surge nos EUA no final dos anos 80 como uma vertente da criminologia crítica, dialogando com as teorias feministas, os estudos culturais, a sociologia da sexualidade, a psicologia social e o direito sob a tradição jurídica da *common law*, de sorte a mapear as formas de controle a que estão sujeitos os indivíduos, notadamente no que diz respeito ao gênero e à sexualidade".

O termo *queer*, de origem inglesa, em tradução livre significa estranho, esquisito, excêntrico, ligando-se à agressão/violência contra homossexuais (crimes com motivações homofóbicas). A **cultura heteronormativa** acabou por **ensejar três tipos de violência homofóbica**, a saber:

1) **violência simbólica (cultura homofóbica)**: decorre do discurso social de inferioridade com base nas diferenças sexuais;

2) **violência institucional (homofobia de Estado)**: ocorre com o processo de estigmatização pelo direito penal e de patologização (psiquiatria) das diferenças;

3) **violência interpessoal (homofobia individual)**: decorre da diferenciação estabelecida em face da violência real, por atos de agressão física perpetrados contra os *queers* (exemplo: agressões de grupos contra homossexuais nas ruas, violência e exclusão em escolas contra o LGBT etc.).

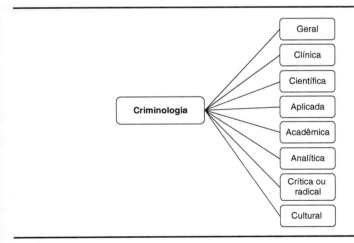

---

[3] Ibidem, p. 67-68.

**Criminogênese (Gênese = origem + crime) = etiologia criminal (ciência que estuda as origens e causas do crime)**

Criminogênese, sinônimo de etiologia criminal, refere-se aos estudos que buscam investigar as raízes, as causas da criminalidade. Indispensável os ensinamentos do ilustre Professor Paulo Sumariva[4] ao tratar desse tema de criminologia. Assim, explica:

"A Criminogênese é a parte da Criminologia que estuda os mecanismos de natureza biológica, psicológica e social, através dos quais se projetam os comportamentos criminosos. Para tanto é necessário uma análise interdisciplinar, de natureza sociológica, econômica, filosófica, política, médica e psicológica para a sua conceituação.

Prelecionam os consagrados autores Eduardo Fontes e Henrique Hoffmann[5], que a etiologia criminal é a "ciência que estuda a criminogênese, ou seja, as causas do delito, isto é, os fatores que desencadearam o fenômeno criminal".

---

4   SUMARIVA, Paulo. *Criminologia* – Teoria e Prática. 8. ed. rev., atual. e ampl. Niterói: Impetus. 2023. p. 3.
5   FONTES, Eduardo & HOFFMANN Henrique. *Criminologia*. 4. ed. rev., atual. e ampl. Salvador: Editora JusPodivm. 2021. p. 71.

# 2º Capítulo

## História da criminologia

### 2.1 Evolução histórica da criminologia

Não existe uniformidade na doutrina quanto ao surgimento da criminologia segundo padrões científicos, porque há diversos critérios e informes diferentes que procuram situá-la no tempo e no espaço.

No plano contemporâneo, a criminologia decorreu de longa evolução, marcada, muitas vezes, por atritos teóricos irreconciliáveis, conhecidos como "disputas de escolas".

O próprio Cesare Lombroso não se dizia criminólogo e sustentava ser adepto da escola antropológica italiana.

É bem verdade que a criminologia como ciência autônoma existe há pouco tempo, mas também é indiscutível que ela ostenta um grande passado, uma enorme fase pré-científica.

Para que se possa delimitar esse período pré-científico, é importante definir o momento em que a criminologia alcançou *status* de ciência autônoma.

Muitos doutrinadores afirmam que o fundador da criminologia moderna foi Cesare Lombroso, com a publicação, em 1876, de seu livro *O homem delinquente.*

Para outros, foi o antropólogo francês Paul Topinard quem, em 1879, teria empregado pela primeira vez a palavra "criminologia", e há os que defendem a tese de que foi Rafael Garófalo quem, em 1885, usou o termo como nome de um livro científico.

Ainda existem importantes opiniões segundo as quais a Escola Clássica, com Francesco Carrara (*Programa de direito criminal,* 1859), traçou os primeiros aspectos do pensamento criminológico.

Não se pode perder de vista, no entanto, que o pensamento da Escola Clássica somente despontou na segunda metade do século XIX e que sofreu uma forte influência das ideias liberais e humanistas de Cesare Bonesana, o Marquês de Beccaria, com a edição de sua obra genial, intitulada *Dos delitos e das penas,* em 1764.

Por derradeiro, releva frisar que, numa perspectiva não biológica, o belga Adolphe Quetelet, integrante da Escola Cartográfica, ao publicar seu *Ensaio de física social* (1835), seria um expoente da criminologia inicial, projetando análises estatísticas relevantes sobre criminalidade, incluindo os primeiros estudos sobre "**cifras negras de criminalidade**" (percentual de delitos não comunicados formalmente à Polícia e que não integram dados estatísticos oficiais).

Também é indispensável citar **Alphonse Bertillon** (Paris, 22 de abril de 1853 – 13 de fevereiro de 1914), que foi um criminologista e oficial de polícia francês. Em 1870, fundou o primeiro laboratório de identificação criminal baseada nas medidas do corpo humano, criando a antropometria **judicial**, conhecida como sistema Bertillon, um sistema de identificação adotado rapidamente em toda a Europa e nos Estados Unidos, e utilizado até 1970.

Esse sistema de identificação humana consistia na medição das diferentes partes do corpo. O sistema era uma ampliação de diversos princípios de antropologia aplicados aos criminosos, e passou, posteriormente, a ser chamado de **Bertillonage** (1882) em sua homenagem. Baseado nos princípios de Quetelet, de que as regras matemáticas presidiam a repartição das formas e a distribuição das dimensões da natureza, ele teve a inspiração de considerar algumas medidas antropométricas para o estabelecimento e a verificação da identidade. Seu sistema foi definitivamente consagrado com todas as suas razões científicas no primeiro Congresso Internacional de Antropologia Criminal, realizado em Roma (1885), e a denominação *Bertillonage* (**Bertilonagem**, em português) foi aprovada pelos participantes. A antropometria tem como base três princípios: 1) a fixidez absoluta do esqueleto humano a partir de 20 anos de idade; 2) o corpo humano apresenta medidas exatas variando de indivíduo para indivíduo; e 3) a facilidade de precisão relativa a certas dimensões do esqueleto que podem ser medidas.

Nesse sentido, sobre o trabalho obstinado de Bertillon, explica Jurgen Thorwald[1]: "Em 1º de outubro de 1879, quando foi promovido de escrevente assistente para escrevente, enviou outro relatório ao Prefect de Police. Neste, referiu-se à teoria de Quetelet segundo a qual a probabilidade de duas pessoas quaisquer serem exatamente da mesma altura era de 1 para 4. Assinalou, mais, que as medidas dos ossos, em todos os indivíduos adultos, permaneciam as mesmas por toda a vida. Se – explicou – à medição

---

[1]    In: *As marcas de Caim*. Rio de Janeiro: Civilização Brasileira, 1968. p. 13.

da altura se acrescentasse apenas uma outra, por exemplo, a do tronco, a probabilidade de descobrir as mesmas medidas em quaisquer outras pessoas diminuía para 1 para 16. Se se tomassem onze medidas de um criminoso e as registrassem num cartão, a oportunidade de descobrir outro criminoso com idênticas medidas, de conformidade com a matemática das probabilidades, cairia de 1 para 4.191.304. Com catorze medidas, a proporção passaria a 1 para 286.435.456. Havia – declarou – ampla escolha de características físicas para serem mensuradas. Além da altura, o comprimento de cada um dos dedos, dos antebraços e dos pés".

O sistema Bertillonage seria superado pelo **sistema datiloscópico** argentino de identificação, criado em 1891 pelo croata-argentino Juan Vucetich (1858-1925), considerado o pai da Datiloscopia, e adotado cientificamente no Brasil em 1903.

Nessa discussão quase estéril acerca de quem é o criador da **moderna criminologia**, uma coisa é imperiosa: houve forte influência do Iluminismo tanto nos clássicos quanto nos positivistas, conforme se verá adiante.

## 2.2 Criminologia pré-científica (precursores). Criminologia científica

Desde os tempos remotos da Antiguidade já se visualizava alguma discussão sobre crimes e criminosos. A título de exemplificação, observe o seguinte estudo esquemático:

| Antiguidade | Código de Hamurábi (punição de funcionários corruptos); Homero (Ilíada e Odisseia, relação entre crimes, guerras e crueldades a seu tempo); Hipócrates (460-377 a.C.; alteração da saúde mental pelos humores); Protágoras (485-410 a.C.; "o homem é a medida de todas as coisas" – lutou para que a pena pudesse corrigir e intimidar); Diógenes (desprezo à riqueza e às convenções); Confúcio (desigualdades sociais impossibilitam o governo do povo); Platão (a República, reeducar o criminoso se possível; caso não, este deveria ser expulso do país – primeiros traços do *direito penal do inimigo*); Aristóteles (causas econômicas do delito). |
|---|---|
| Teólogos | São Jerônimo (a vida é o espelho da alma); Santo Tomás de Aquino (a pobreza gera o roubo; justiça distributiva). |

*(continua)*

20

*(continuação)*

| Filósofos e humanistas | Thomas Morus (utopia ideal; o ouro é a causa de todos os males); Hobbes (os governantes devem dar segurança aos súditos); Montesquieu (o legislador deveria evitar o delito em vez de castigar; liberdade dentro da lei; separação de Poderes); Voltaire (pobreza e miséria como fatores criminógenos); Rousseau (pacto social, indivíduo submetido à vontade geral). |
|---|---|
| Penólogos | John Howard (criador do sistema penitenciário, em 1777); Jeremy Bentham (utilitarismo; vigilância severa dos presos); Jean Mabilon (prisões em monastérios, 1632). |
| Ocultismo: astrologia (estudo do destino do homem pelo zodíaco), oftalmoscopia (caráter do homem pela medida dos olhos), metoposcopia (exame do caráter pelas rugas do homem), quiromancia (exame do passado e futuro pelas linhas das mãos), fisiognomia (estudo do caráter das pessoas pelos traços da fisionomia) e demonologia (investigação de pessoas possuídas pelo demônio e que apresentam em sua face a marca do mal – *stigma diaboli*) | Entre os fisiognomistas destacam-se: Della Porta (1586; o homem de bem teria escassez de sinais físicos); Kaspar Lavater (século XVIII; o criminoso traz os sinais ou marcas da maldade no rosto). Lavater era um estudioso da demonologia também; Petrus Caper (holandês, criou uma escala crescente de perfeição dos seres, desde os primatas até o modelo divino greco-romano). |
| Frenólogos (estudiosos das dimensões do crânio) | Franz Gall (precursor de Lombroso, associava às dimensões do crânio certos tipos de delitos); P. Lucas (bases hereditárias do crime). |
| Psiquiatras | Analisam as eventuais doenças cerebrais e sua repercussão na imputabilidade do réu. Felipe Pinel (moderna psiquiatria; o louco era doente); Dominique Esquirol (loucura moral, relação entre loucura e crime). |
| Médicos e cientistas | Henry Mausdeley (zona cinzenta, intermediária entre normalidade e loucura); Charles Darwin (evolução e seleção natural); Cesare Lombroso (gênese do delinquente; precursor da Escola Positiva); Alexandre Lacassagne (técnicas de necropsia; atribui-se-lhe a famosa frase "As sociedades têm os criminosos que merecem"); Adolphe Quetelet (idealizou o homem médio e desenvolveu a estatística criminal). |

Argumenta-se que a etapa pré-científica da criminologia ganha destaque com os postulados da Escola Clássica, muito embora antes dela já houvesse estudos acerca da criminalidade.

Na etapa pré-científica havia dois enfoques muito nítidos: de um lado, os clássicos, influenciados pelo Iluminismo, com seus métodos dedutivos e lógico-formais, e, de outro lado, os empíricos, que investigavam a gênese delitiva por meio de técnicas fracionadas, tais como as empregadas pelos fisionomistas, antropólogos, biólogos etc., os quais substituíram a lógica formal e a dedução pelo método indutivo experimental (empirismo).

Essa dicotomia existente entre o que se convencionou chamar de clássicos e positivistas, quer com o caráter pré-científico, quer com o apoio da cientificidade, ensejou aquilo que se entendeu por **"luta de escolas"**.

## 2.3 Escolas criminológicas

O apogeu do Iluminismo deu-se na Revolução Francesa, com o pensamento liberal e humanista de seus expoentes, dentre os quais se destacam Voltaire, Montesquieu e Rousseau, que teceram inúmeras críticas à legislação criminal que vigorava na Europa em meados do século XVIII, aduzindo a necessidade de individualização da pena, de redução das penas cruéis, de proporcionalidade etc.

Merece destaque a teoria penológica proposta por Cesare Beccaria, considerado o precursor da Escola Clássica.

Com acerto, leciona Cezar Roberto Bitencourt (2023, E-book) que "no século XIX surgiram inúmeras correntes de pensamento estruturadas de forma sistemática, segundo determinados princípios fundamentais. Essas correntes, que se convencionou chamar de Escolas Penais, foram definidas como 'o corpo orgânico de concepções contrapostas sobre a legitimidade do direito de punir, sobre a natureza do delito e sobre o fim das sanções'".

Dada a relevância do assunto, discorreremos sobre as principais Escolas Penais ou Criminológicas nos subitens seguintes.

## 2.4 Escola Clássica

Não existiu propriamente uma Escola Clássica, que foi assim denominada pelos positivistas em tom pejorativo (Ferri).

As ideias consagradas pelo Iluminismo acabaram por influenciar a redação do célebre livreto de **Cesare Beccaria** (conhecido como **Cesare Bonesana** ou **Marquês de Beccaria**), intitulado *Dos delitos e das penas*[2] (1764), com a

---

[2] *Dos delitos e das penas* é uma obra que se destacou quando foi lançada (1764), entretanto, dada sua importância atualmente, trata-se de leitura obrigatória nas faculdades de Direito do Brasil. Alguns institutos defendidos por Beccaria encontram-se no nosso Código Penal e Processual atual, por exemplo, princípio da legalidade ou estrita legalidade na cominação das penas; difusão das leis e amplo acesso ao seu conhecimento; proporcionalidade das penas; publicidade do processo etc.

22

proposta de humanização das ciências penais. Além de Beccaria, despontam como grandes intelectos dessa corrente **Francesco Carrara (dogmática penal)** e **Giovanni Carmignani**.

Os Clássicos partiram de duas teorias distintas: o **jusnaturalismo** (direito natural, de Grócio), que decorria da natureza eterna e imutável do ser humano, e o **contratualismo** (contrato social ou utilitarismo, de Rousseau), em que o Estado surge a partir de um grande pacto entre os homens, no qual estes cedem parcela de sua liberdade e direitos em prol da segurança coletiva.

A burguesia em ascensão procurava afastar o arbítrio e a opressão do poder soberano com a manifestação desses seus representantes por meio da junção das duas teorias, que, embora distintas, igualavam-se no fundamental, isto é, a existência de um sistema de normas anterior e superior ao Estado, em oposição à tirania e violência reinantes.

Os **princípios fundamentais** da Escola Clássica são:

| |
|---|
| a) o crime é um ente jurídico; não é uma ação, mas sim uma infração (Carrara); |
| b) a punibilidade deve ser baseada no livre-arbítrio; |
| c) a pena deve ter nítido caráter de retribuição pela culpa moral do delinquente (maldade), de modo a prevenir o delito com certeza, rapidez e severidade e a restaurar a ordem externa social; |
| d) método e raciocínio lógico-dedutivo. |

Assim, para a Escola Clássica, a responsabilidade criminal do delinquente leva em conta sua responsabilidade moral e se sustenta pelo livre-arbítrio, este inerente ao ser humano.

Isso quer dizer que se parte da premissa de que o homem é um ser livre e racional, capaz de pensar, tomar decisões e agir em consequência disso; em outras palavras, como preleciona Alfonso Serrano Maíllo (2008, p. 63), "quando alguém encara a possibilidade de cometer um delito, efetua um cálculo racional dos benefícios esperados (prazer) e os confronta com os prejuízos (dor) que acredita vão derivar da prática do delito; se os benefícios são superiores aos prejuízos, tenderá a cometer a conduta delitiva".

Trata-se de um pensamento derivado do **utilitarismo**, hoje em dia um pouco esquecido, em que se defende a ideia de que as ações humanas devem ser julgadas conforme tragam mais ou menos prazer ao indivíduo e contribuam ou não para maior satisfação do grupo social.

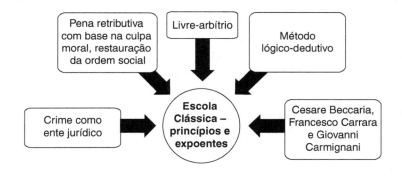

## 2.5 Escola Positiva

A chamada **Escola Positiva** deita suas raízes no início do século XIX na Europa, influenciada no campo das ideias pelos princípios desenvolvidos pelos fisiocratas e iluministas no século anterior. Pode-se afirmar que a Escola Positiva teve três fases: **antropológica** (Lombroso), **sociológica** (Ferri) e **jurídica** (Garófalo).

É importante lembrar que, antes da expressão "italiana" do positivismo (**Lombroso, Ferri e Garófalo**), já se delineava um cunho científico aos estudos criminológicos, com a publicação, em 1827, na França, dos primeiros dados estatísticos sobre a criminalidade.

Tal publicação chamou a atenção de importantes pesquisadores, entre os quais o belga Adolphe Quetelet, que ficou fascinado com a sistematização de dados sobre delitos e delinquentes.

Justamente em função disso, em 1835, Quetelet publicou a obra *Física social*, que desenvolveu três preceitos importantes: a) o crime é um fenômeno social; b) os crimes são cometidos ano a ano com intensa precisão; c) há várias condicionantes da prática delitiva, como miséria, analfabetismo, clima etc. Formulou, ainda, a **teoria das leis térmicas**, segundo a qual no inverno seriam praticados mais crimes contra o patrimônio, no verão seriam mais numerosos os crimes contra a pessoa e na primavera haveria maior quantidade de crimes contra os costumes (sexuais). Quetelet tornou-se, portanto, defensor das estatísticas oficiais de medição de delitos; todavia, guardou certa cautela, na medida em que se apercebeu que uma razoável quantidade de crimes não era detectada ou comunicada aos órgãos estatais (**cifra negra**).

Ainda que se considere que o positivismo criminológico tenha raízes nesses estudos estatísticos (cientificidade), sua aclamação e consolidação só vie-

24

ram a ocorrer no final do século XIX, com a atuação destacada de Lombroso, Ferri e Garófalo, principais expoentes da Escola Positiva italiana.

**Cesare Lombroso** (1835-1909) publicou em 1876 o livro O *homem delinquente*, que instaurou um período científico de estudos criminológicos. Considerado o pai da criminologia e criador da disciplina antropologia criminal, utilizou o método empírico em suas investigações e defendeu o determinismo biológico no campo criminal.

Na verdade, Lombroso não criou uma teoria moderna, mas sistematizou uma série de conhecimentos esparsos e os reuniu de forma articulada e inteligível. Considerado o pai da "Antropologia Criminal", Lombroso retirou algumas ideias dos fisionomistas para traçar um perfil dos criminosos.

Assim, acabou por examinar com intensa profundidade as características fisionômicas e as comparou com os dados estatísticos de criminalidade. Nesse sentido, dados como estrutura torácica, estatura, peso, tipo de cabelo, comprimento de mãos e pernas foram analisados com detalhes. Lombroso também buscou informes em dezenas de parâmetros frenológicos, decorrentes de exames de crânios, traçando um viés científico para a teoria do criminoso nato.

Os estudos científicos de Lombroso assumiram feição multidisciplinar, pois emprestaram informes da psiquiatria, com a análise da degeneração dos loucos morais, bem como lançaram mão de dados antropológicos para retirar o conceito de atavismo e de não evolução, desenvolvendo o conceito de criminoso nato. Para ele, não havia delito que não deitasse raiz em múltiplas causas, incluindo-se aí variáveis ambientais e sociais, por exemplo, o clima, o abuso de álcool, a educação, o trabalho etc.

Ademais, Lombroso propôs a utilização de **método empírico-indutivo ou indutivo-experimental**, que se ajustava ao causalismo explicativo defendido pelo positivismo. Efetuou, ainda, estudos intensos sobre as **tatuagens**, constatando uma tendência à tatuagem nos dementes.

Por isso, afirmou que o crime não é uma entidade jurídica, mas sim um **fenômeno biológico**, razão pela qual o método indutivo-experimental deveria ser o empregado.

Registra-se, por oportuno, que a maioria de suas pesquisas foi feita em manicômios e prisões, concluindo que o criminoso é um **ser atávico**, um ser que regride ao **primitivismo**, um verdadeiro **selvagem (ser bestial)**, que nasce criminoso, cuja degeneração é causada pela epilepsia, que ataca seus centros nervosos.

Estavam fixadas as premissas básicas de sua teoria: atavismo, degeneração epilética e delinquente nato, cujas características seriam: **fronte fugidia, crânio assimétrico, cara larga e chata, grandes maçãs no rosto, lábios finos, canhotismo (na maioria dos casos), barba rala, olhar errante ou duro, insensibilidade à dor, orelhas grandes etc.**

Desenhos dos tipos lombrosianos, apud H. V. de Carvalho

Embora Lombroso não tenha afastado os fatores exógenos da gênese criminal, entendia que eram apenas aspectos motivadores dos fatores endógenos. Assim, o clima, a vida social etc. apenas desencadeariam a propulsão interna para o delito, pois o criminoso nasce criminoso (**determinismo biológico**).

Tais conclusões decorreram sobretudo dos estudos médico-legais feitos na necropsia do famigerado bandido calabrês **Villela**, em que se descobriu que este possuía uma fossa occipital igual à dos vertebrados superiores, mas diferente do *homo sapiens* (degeneração). Depois, ao estudar os crimes de sangue cometidos pelo soldado Misdea, verificou-se que a epilepsia poderia se manifestar por impulsos violentos (epilepsia larvar). Lombroso classificou os criminosos em natos, loucos, por paixão e de ocasião (cf. n. 9.3, *infra*).

Crânio de Giuseppe Vilella

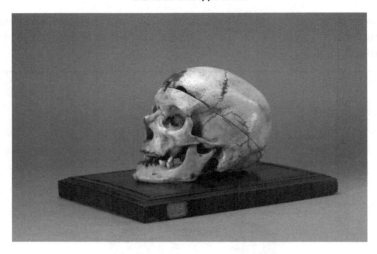

© R. Goffi. Museo di Antropologia Criminale "Cesare Lombroso".

Inúmeras críticas foram feitas a Lombroso, justamente pelo fato de que milhares de pessoas sofriam de epilepsia e jamais praticaram qualquer crime. Então, em socorro do mestre, surgiu o pensamento sociológico de Ferri.

**Enrico Ferri** (1856-1929), genro e discípulo de Lombroso, foi o criador da chamada **sociologia criminal, obra lançada em 1884**. Para ele, a criminalidade derivava de fenômenos antropológicos, físicos e culturais. É considerado pelos estudiosos do instituto da criminologia como o "Pai da Sociologia Criminal".

Ferri negou com veemência o livre-arbítrio (mera ficção) como base da imputabilidade; entendeu que a responsabilidade moral deveria ser substituída pela responsabilidade social e que a razão de punir é a defesa social (a prevenção geral é mais eficaz que a repressão). Além de defender o determinismo social, atribuiu-se a Ferri a **lei da Saturação Criminal**, exemplificando que, da mesma forma que um líquido em determinada temperatura diluía em parte, assim também ocorria com o fenômeno criminal, pois em determinadas condições sociais seriam produzidos certos delitos. Em outras palavras, é a influência dos fatores criminógenos de aspecto social na conduta delitiva, advindos do seio cultural em que vive o delinquente. Classificou os criminosos em natos, loucos, habituais, de ocasião e por paixão (cf. n. 9.3, *infra*). Conforme explica Christiano Gonzaga (2024, E-book), Ferri atribuía à Sociologia Criminal a solução de todos os males causados pelo crime, dando-se destaque à prevenção do delito por meio de uma ação científica dos poderes públicos, que deve estudar e analisar a melhor forma de neutralizar o crime, devendo, inclusive, antecipar-se à sua ocorrência.

**Rafael Garófalo (1851-1934)**, jurista de seu tempo, afirmou que o crime estava no homem e que se revelava como degeneração deste; criou o conceito de temibilidade ou periculosidade, que seria o propulsor do delinquente e a porção de maldade que deve se temer em face deste; fixou, por derradeiro, a necessidade de conceber outra forma de intervenção penal – a medida de segurança.

Seu grande trabalho foi conceber a noção de **delito natural** (violação dos sentimentos altruísticos de piedade e probidade).

Classificou os criminosos em **natos** (instintivos), **fortuitos** (de ocasião) ou pelo **defeito moral especial** (assassinos, violentos, ímprobos e cínicos), propugnando pela pena de morte aos primeiros (cf. n. 9.3, *infra*).

Em apertada síntese, poderíamos dizer que os principais **postulados da Escola Positiva** são:

| |
|---|
| a) o direito penal é obra humana; |
| b) a responsabilidade social decorre do determinismo social; |
| c) o delito é um fenômeno natural e social (fatores biológicos, físicos e sociais); |
| d) a pena é um instrumento de defesa social (prevenção geral); |
| e) método indutivo-experimental; |
| f) os objetos de estudo da ciência penal são o crime, o criminoso, a pena e o processo. |

**Estudo esquemático da Escola Positiva**

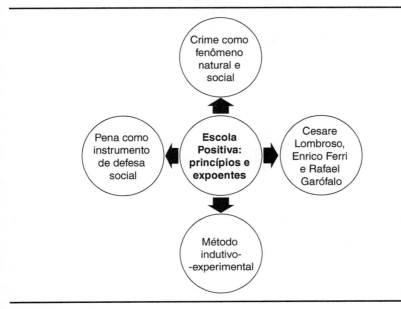

## 2.6 Escola de Política Criminal ou Moderna Alemã

Esta corrente foi também denominada Escola Sociológica Alemã, e teve como principais expoentes Franz von Lizst, Adolphe Prins e Von Hammel, criadores, aliás, da União Internacional de Direito Penal, em 1888.

Von Lizst ampliou na conceituação das ciências penais a criminologia (com a explicação das causas do delito) e a penologia (causas e efeitos da pena).

Os **postulados** da Escola de Política Criminal foram: a) o método indutivo-experimental para a criminologia; b) a distinção entre imputáveis e inimputáveis (pena para os normais e medida de segurança para os perigosos); c) o crime como fenômeno humano-social e como fato jurídico; d) a função finalística da pena – prevenção especial; e) a eliminação ou substituição das penas privativas de liberdade de curta duração.

**Estudo esquemático da Escola de Política Criminal**

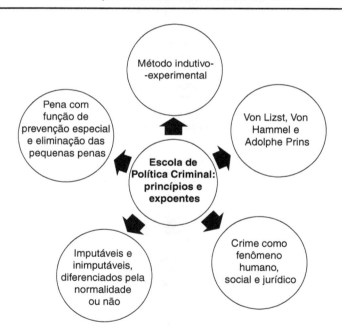

## 2.7 *Terza Scuola*

As Escolas Clássica e Positiva foram as únicas correntes do pensamento criminal que, em sua época, assumiram posições extremadas e bem diferentes filosoficamente.

Depois delas apareceram outras correntes que procuraram conciliar seus preceitos. Entre essas teorias **ecléticas ou intermediárias**, reuniram-se penalistas orientados por novas ideias, mas sem romper definitivamente com as orientações clássicas ou positivistas.

A *Terza Scuola Italiana*, cujos expoentes foram Manuel Carnevale, Bernardino Alimena e João Impallomeni, fixou os seguintes **postulados criminológicos**:

| | |
|---|---|
| a) | distinção entre imputáveis e inimputáveis; |
| b) | responsabilidade moral baseada no determinismo (quem não tiver a capacidade de se levar pelos motivos, deverá receber uma medida de segurança); |
| c) | crime como fenômeno social e individual; |
| d) | pena com caráter aflitivo, cuja finalidade é a defesa social. |

**Estudo esquemático da *Terza Scuola***

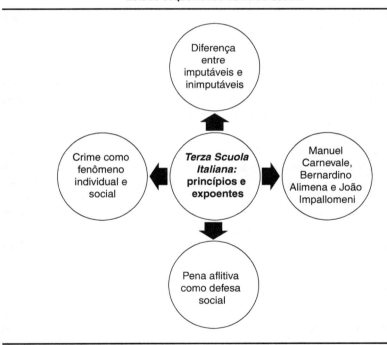

# 3º Capítulo

## Métodos, técnicas e testes criminológicos

### 3.1 Métodos

O método de trabalho utilizado pela criminologia é o empírico. Basicamente, segue um processo indutivo, observando todo o processo criminógeno, ao contrário do direito penal, que se utiliza do método dedutivo.

Devem-se à Escola Positiva o início da fase científica da criminologia e a utilização do método empírico.

### 3.2 Técnicas de investigação

A realização de uma pesquisa empírica em criminologia implica sempre o uso de procedimentos teórico-metodológicos de observação do real por meio da estruturação de uma estratégia de investigação. Esta irá depender, em grande parte, dos objetos concretos da pesquisa, bem como de sua origem.

Com efeito, alguns objetos de investigação induzem à utilização de métodos e técnicas de caráter mais quantitativo, empírico (quando o universo em estudo é muito vasto), enquanto outros objetos de pesquisa permitem uma análise mais intensiva. É importante ressaltar que as **técnicas de investigação sociológica** são muito relevantes para a explicação de questões criminológicas imperiosas, sobretudo pela **natureza interdisciplinar da criminologia**. Desse modo, as estratégias de investigação sociológica podem se designar como **extensiva, intensiva** e **investigação-ação**.

### 3.3 Técnicas de investigação sociológica

A **investigação extensiva** é caracterizada pelo uso dominante de **técnicas quantitativas**. Sua principal vantagem é o fato de permitir o conhecimento em extensão de fenômenos ou acontecimentos criminais.

A segunda estratégia investigativa, a **intensiva**, analisa em **profundidade** as características, opiniões, uma problemática relativa a uma população determinada, segundo vários ângulos e pontos de vista. Nessa segunda estratégia, privilegia-se a abordagem direta das pessoas em seus próprios contextos de interação. A pesquisa tende a usar não apenas **técnicas qualitativas**, mas também

**quantitativas ou extensivas**. Porém, a visão multilateral e intensiva do objeto de pesquisa definido é sempre dominante.

A última estratégia denomina-se **investigação-ação** e consiste na **intervenção direta dos cientistas**, que são chamados a participar em projetos de intervenção. Os objetivos de aplicação mais direta dos conhecimentos produzidos tornam essa lógica específica (criminólogos, estatísticos, policiais, promotores, juízes etc.).

Nesse sentido, há uma técnica de **investigação criminal**, desenvolvida em São Paulo, desde 1994, de autoria de Marco Antonio Desgualdo, denominada **"recognição visuográfica de local de crime"**. Essa técnica de investigação criminal proporciona a reconstrução da cena do crime por meio da reconstituição de seus fragmentos e vestígios, levando o pesquisador criminal experiente (delegado de polícia) a coletar elementos que possam construir um perfil criminológico do autor de um delito.

Inicialmente aplicada nos levantamentos de locais de crime contra a vida de autoria desconhecida, explica Desgualdo (1999, p. 6) que a recognição "é a semente da futura investigação, depois de formalizada, levando-se em consideração seu dinamismo e praticidade. Traz em seu bojo desde o local, hora, dia do fato e da semana como também condições climáticas então existentes, além de acrescentar subsídios coletados junto às testemunhas e pessoas que tenham ciência dos acontecimentos. Traz ainda à colação minuciosa observação sobre o cadáver, identidade, possíveis hábitos, características comportamentais sustentadas pela vitimologia, além de croqui descritivo, resguardados os preceitos estabelecidos no art. 6º, I, do Código de Processo Penal". Assim, mais que uma anamnese do ilícito penal, cuida-se de uma "radiografia panorâmica" do delito, que permite a construção de um perfil psicológico-criminal do seu autor.

**Esquema da recognição visuográfica de local de crime**

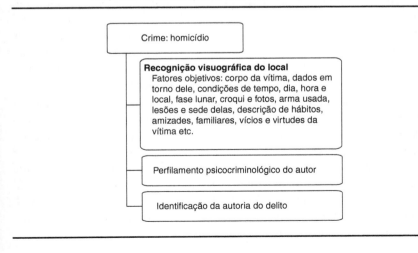

Estudo esquemático da investigação sociológica

### 3.3.1 Perfilamento criminal (Criminal Profiling)

#### 3.3.1.1 Esboço histórico

Antes de verificar o conceito de **perfil criminal** e sua interação com a investigação policial, é de suma importância conhecer suas origens históricas.

Os perfis criminais parecem ter sido originados primeiramente na literatura. O grande romancista da ficção Edgar Allan Poe teceu aspectos do uso do perfil como uma ferramenta para o detetive amador C. August Dupin em 1841. Os perfis podem também ser vistos nas explorações científicas e no uso da lógica dedutiva de Sherlock Holmes, de Sir Arthur Conan Doyle.

Afirma-se que o primeiro uso dos perfis criminais ocorreu quando o Dr. W. C. Langer, psiquiatra, foi chamado pelo OSS (*Office of Strategic Services*) para fornecer um perfil de Adolph Hitler. Coletada toda a informação acerca de Hitler, Langer traçou um perfil psicodinâmico de sua personalidade, mirando decisões que Hitler pode ter tomado, perfil esse que provou ser muito preciso, nos termos da lição de Marina Rodrigues (2010, p. 3).

Após seu uso durante a Segunda Guerra Mundial, os perfis foram documentados em 1957, quando policiais do NYCPD (*New York City Police Department*) pediram ao psiquiatra James Brussels que os ajudasse a identificar o *Mad Bomber*, responsável por mais de 30 explosões criminosas ao longo de 15 anos. O Dr. Brussels estudou as cenas dos crimes e analisou as cartas que o *Mad Bomber* enviou para os jornais, e, em 1964, usou uma técnica similar ao perfil do Estrangulador de Boston do BPD (*Boston Police Department*). Albert DeSalvo, o homem identificado como o Estrangulador de Boston, encaixava-se também no perfil efetuado pelo Dr. Brussels.

A sua técnica de identificar o comportamento incomum desses assassinos e, em seguida, traduzir o conhecimento psiquiátrico em realidades investigativas provou, com esses casos, ser uma tática muito eficaz no auxílio da aplicação da lei, uma vez que possibilitou a identificação e prisão do *Mad Bomber*, George Metesky, diagnosticado como doente mental e enviado a um manicômio onde morreria pouco tempo depois de tuberculose.

Em 1976 e 1977, David Berkowitz, conhecido como o *Filho de Sam (Son of Sam)*, aterrorizou Nova Iorque disparando sobre jovens casais que estavam parados em seus carros em vários locais por toda a cidade.

Na dependência dos peritos forenses, que foram convidados a ajudar na elaboração do perfil desse assassino, foi pedido ao Dr. Murray Miron da Universidade de Syracuse que fornecesse uma análise psicolinguística das notas enviadas pelo Filho de Sam aos jornais locais.

O perfil psicológico foi feito pela polícia em 26 de maio de 1977. Ele foi descrito como um neurótico e provavelmente paranoico e esquizofrênico, que acreditava ser vítima de possessão demoníaca. Quando finalmente foi preso, o perfil de Miron acabou por se mostrar certíssimo.

Por volta de 1972, o FBI teve o seu início nos perfis criminais, por intermédio da Unidade de Ciência Comportamental (*Behavioral Science Unit* – BSU). Howard Teten, instrutor da Academia do FBI, ensinava Criminologia Aplicada e começou a desenvolver perfis para agentes que estavam investigando crimes.

Depois disso, começaram a ser formalmente desenvolvidos os perfis, ao que Ressler, Burgess e Douglas afirmaram que os agentes da BSU (*Behavioral Science Unit*) da Academia do FBI traçavam perfis de homicidas há aproximadamente 20 anos.

Contudo, só depois de 1978 é que o FBI estabeleceu um Programa de Perfis Psicológicos (*Psychological Profiling Program*) formal. Em 1982, a BSU recebeu uma bolsa do Instituto Nacional de Justiça – Departamento de Justiça (*National Institute of Justice – Department of Justice*) para que seus agentes pudessem expandir suas capacidades de construir um fichamento de entrevistas gravadas com homicidas assumidos.

Em 1985, surgiu o segundo maior desenvolvimento na história dos perfis de agressores, quando foi pedido ao Dr. David Canter, psicólogo da Universidade de Surrey, Inglaterra, que colaborasse com a Polícia de Surrey, a Polícia Metropolitana de Londres e a Polícia de Hertfordshire na investigação de uma série de trinta estupros e dois homicídios. Canter desenvolveu um perfil do não identificado estuprador-homicida que seria apelidado pela imprensa como o *estuprador da ferrovia*. O perfil de Canter foi notavelmente preciso e provou ser extremamente útil na apreensão do estuprador-homicida John Duffy.

Demais disso, em 1994, o Dr. Canter criou a primeira Academia Graduada de Psicologia Investigativa, na Universidade de Liverpool.

Mais dois desenvolvimentos merecem ser mencionados na história dos perfis de assassinos: os esforços do Dr. Milton Newton no final dos anos 1980, com uma análise preliminar da sua investigação intitulada "Identificação Geoforense de Crimes em Série Localizados", na qual foram usados princípios geográficos e, em 1995, surgiu a investigação e dissertação de D. Kim Rossmo, o criador dos Perfis Geográficos.

Por derradeiro, mas não menos falada, existe a investigação sobre, possivelmente, o primeiro assassino em série contemporâneo, o *Assassino de Whitechappel* (mais conhecido como *"Jack, O Estripador"*), que envolveu a consulta do psiquiatra Dr. Thomas Bond, ao fornecer ao inquérito policial alguma descrição do potencial ofensor com base no comportamento exibido nas cenas dos crimes.

Em oposição a outras técnicas forenses, tais como impressões digitais, DNA ou *kits* faciais de identidade, as origens do perfil criminal provêm da investigação de crimes atípicos, incomuns, que geralmente apresentam um indivíduo com comportamento desviante, cujos motivos aparecem fora dos padrões típicos da polícia judiciária e dos procedimentos de investigação.

A maneira como uma atividade é realizada exprime a composição psicológica da pessoa em realizá-la. Atividade criminosa não é nenhuma exceção. Assim, o conhecimento dos hábitos e dos traços de personalidade de pessoas que tenham cometido crimes pode ser usado para desenvolver a personalidade e as descrições comportamentais do criminoso típico.

Na verdade, a gênese do perfil como uma técnica parece indissociável do conceito de assassino em série. Vários estudos têm mostrado que a polícia é, muitas vezes, afortunada quando solicita perfis em suas investigações, porém sua aplicabilidade não se resume apenas aos crimes de morte em série.

Dados mais recentes indicam que a técnica dos Perfis Criminais foi aplicada por 12 oficiais do FBI em cerca de 1.000 casos por ano. Os agentes de polícia no Reino Unido também incorporaram a técnica dos Perfis Criminais em suas investigações com maior frequência.

Apesar de não haver uma estimativa exata da prevalência da técnica de Perfis Criminais, o seu uso tem sido documentado em diversos países, incluindo Suécia, Finlândia, Canadá, Alemanha e Holanda.

No Brasil, o professor Marco Antonio Desgualdo, da Academia de Polícia de São Paulo, iniciou em 2007, quando diretor daquela Escola de Polícia, os primeiros contatos com agentes norte-americanos do FBI, com vistas à criação do projeto de perfilamento criminal (*criminal profiling*), como segunda etapa aliada à recognição visuográfica do local de crime (técnica investigativa por ele criada e desenvolvida nos idos de 1994).

Nesse sentido, Desgualdo levava consigo a experiência de mais de 25 anos à frente de investigações sobre homicídios e latrocínios na Grande São Paulo, tendo duas vezes dirigido o Departamento de Homicídios. Todavia, o projeto não obteve êxito por conta do descaso e ignorância das autoridades governamentais sobre o assunto, o que revelava a ausência de um projeto de segurança pública voltado para o futuro.

Desde 2011, um grupo especial de professores da Academia de Polícia de São Paulo, sob a coordenação deste autor (Nestor) e composto pelos Drs. Marco Antonio Desgualdo, Ciro de Araújo Martins Bonilha, Vlamir de Jesus Sandei, Luis Fernando da Cunha Lima, Ugo Osvaldo Frugoli e Paulo Argarate Vasques, retomou o projeto anterior, realizando uma verdadeira imersão sobre o tema de perfis criminais, culminando com a criação da disciplina Perfilamento Criminal (obrigatória para todos os cursos de formação de novos policiais civis em São Paulo a partir de 2012); a criação de um curso de aperfeiçoamento em perfis criminais (destinado a policiais veteranos), bem como a elaboração de um Programa de Pós-graduação *lato sensu* em Perfilamento Criminal, todos os três referendados por unanimidade pela Congregação da Academia de Polícia Civil de São Paulo. Por outro lado, iniciou-se um projeto de cooperação com agentes especiais do FBI, com vistas à realização de um curso especial de perfis criminais, ministrados por autoridades norte-americanas para policiais civis de São Paulo, o que se pretende estabelecer anualmente.

A Corregedoria-Geral da Polícia Civil do Estado de São Paulo, regida pelo Decreto Estadual n. 47.236/2002, prevê em seu art. 2º, II, 3, "d", o Serviço Técnico de Análise de Perfis Criminais e Transgressores, introduzido pelo Decreto Estadual n. 59.373/2013, com o objetivo de fazer estudos técnicos e pesquisas comportamentais para documentar perfis criminais e transgressores funcionais, alimentando um cadastro com informações sobre policiais civis flagrados em desvios de conduta (crimes ou faltas administrativas). Certamente, a coleta e o processamento desses dados serão ferramentas a serem utilizadas na identificação de policiais que ultrapassam seus deveres, obrigações, prevenção de atos ilícitos e, principalmente, em operações investigativas.

### 3.3.1.2 Conceito e técnicas de perfilamento

O **perfilamento criminal**, ou simplesmente **perfil criminal** (*criminal profiling*), reflete a aplicação de conhecimentos múltiplos (psicologia, criminologia, antropologia, sociologia, biologia, geografia etc.) à investigação criminal.

A efetiva análise das características de autores de delitos relaciona-se ao *profiling*, que é, em verdade, uma **técnica de investigação policial** voltada à sincronia entre personalidade e comportamento criminal. Ao *profiling* é indispensável a compreensão do crime e do criminoso.

Nesse sentido, a elaboração de perfis criminais envolve uma completa análise criminal, que adiciona às competências do investigador de campo o conhecimento do comportamento humano.

Para se ter uma noção mais ampla do que vem a ser o perfil criminal, o policial experiente procura deduzir e/ou induzir uma imagem biopsicossocial rigorosa de um indivíduo, a partir da análise minuciosa do conjunto de informações do local de crime, reunidas nos autos de inquérito policial.

A captação de dados e sua inferência podem fornecer informes específicos sobre criminosos em potencial.

Por meio do *profiling* estrutura-se a autópsia psicológica do autor de um delito, com o fim de obter respostas a três questões principais:

1) O que se passou na cena do crime?

2) Por quais razões os fatos se deram?

3) Que tipo de indivíduo está envolvido?

Assim, podemos afirmar que o perfilamento criminal é a construção virtual de um perfil psicológico, tipológico, social, físico e geográfico de um indivíduo não identificado, passível de ter cometido um ou mais delitos, bem como sua área de atuação.

Os principais **objetivos do perfil criminal** consistem em apoiar a investigação policial com base nas ciências humanas e criminais auxiliares; identificar crimes semelhantes que contenham os mesmos dados característicos e expedir orientações criminológicas.

O **objetivo comum de um perfil criminal** é fornecer informações para auxiliar na investigação criminal de crimes violentos aparentemente insolúveis.

A técnica ou arte de elaboração de um perfil criminal, tendo em conta os objetivos tradicionais associados, pretende responder às cinco questões nucleares da investigação criminal:

1) Quem cometeu o crime?

2) Quando cometeu o crime?

3) Como foi executado o crime?

4) Qual a motivação que está na base desse(s) comportamento(s)?

5) Onde foi cometido o crime?

O perfil é basicamente usado nos casos de crimes violentos sequenciais ou não, sem motivos aparentes, evidentes e não elucidados. Não se limita apenas aos casos extremados de ação de *serial killers*.

O perfilamento criminal pode ser usado nos casos de homicídio (em série ou não), estupro, sequestro, incêndio doloso, tortura, roubo, terrorismo, corrupção, desaparecimento de crianças, tráfico de pessoas e demais delitos que deixem vestígios.

Uma investigação de homicídios em série pode acabar perdendo o foco, em virtude da quantidade de informações recebidas sobre cada uma das vítimas, por isso é recorrente exibir mapas e fotos importantes em quadros. Os mapas podem ser marcados com alfinetes coloridos para determinar o lugar onde os corpos foram encontrados, as informações secundárias e eventuais lugares de rapto. Na utilização desses recursos visuais, é fundamental que as fotos sejam mostradas de acordo e na ordem cronológica em que ocorreram as mortes e não na ordem em que os corpos foram encontrados, na esteira da lição de Paul Roland (*Por dentro das mentes assassinas*, 2010, p. 118).

No fim dos anos 1960, os agentes do FBI (*Federal Bureau of Investigation*) Mullany e Teten fundaram a **Unidade de Ciência Comportamental** (*Behavioral Science Unit – BSU*) e iniciaram os primeiros estudos sistemáticos com o fim de determinar a personalidade e as características comportamentais de *serial killers*.

A Unidade de Ciência Comportamental (BSU-FBI) desenvolveu, posteriormente, em meados dos anos 1980, o **programa de captura de criminosos violentos** (*Violent Criminal Apprehension Program – VICAP*), que contém uma base de dados informatizada para a análise comparativa de casos não solucionados. No VICAP são coletadas, organizadas e informatizadas todas as informações sobre casos não resolvidos e relacionados a homicídios em série nos EUA.

Desde então criou-se a **Análise de Investigação Criminal** (*Criminal Investigative Analysis – CIA*), composta de **quatro fases**:

1) **Coleta de dados** (o máximo possível).

2) **Classificação e tipificação do crime** (com a convergência de dados).

3) **Reconstituição do crime** (cronologia fática de vítima e autor quando do crime e o levantamento do local).

4) **Elaboração de perfil** (probabilidades físicas, da personalidade, hábitos etc.).

Dessa forma, o perfil aparece como um método que permite limitar a lista de suspeitos na investigação da polícia judiciária e deduzir certos elementos da "fotografia" psicossocial do criminoso, possibilitando fazer um interrogatório direcionado.

É importante registrar que o perfilamento ou perfil é **técnica profissional de investigação policial**, significando mais uma **arte** do que uma ciência,

38

na exata medida em que se utiliza muito mais da lógica dedutiva do que de teorias existentes.

Apesar de glorificada pelo cinema e pela imprensa, sobretudo nos EUA, a técnica policial do perfil criminal sozinha não resolve o crime.

Ao lado do *profiling* caminham a investigação de campo e as **ciências auxiliares (criminalística, criminologia, antropologia, medicina legal**[1]**, geografia, psicologia investigativa** etc.), que proporcionam estratégias policiais relativas à diminuição do número de suspeitos, direcionando o interrogatório policial e a própria captura do agressor.

Nesse sentido – é bom que se diga –, **a técnica de perfil criminal não pode ser exercida por qualquer pessoa,** sob pena de indivíduos neófitos, despreparados e mal-intencionados usurparem tal arte, com consequências e resultados desastrosos, quer do ponto de vista jurídico, quer do ponto de vista ético, moral ou social.

Portanto, ressalta-se, **apenas os policiais mais experientes na investigação (polícia judiciária) estarão aptos a legitimar tal técnica investigativa.**

Mostra-se evidente, por exemplo, a **inexistência de capacitação técnica e jurídica para policiais envoltos no patrulhamento ostensivo** das ruas lançarem-se na "aventura" de **elaboração de perfis de criminosos.** No mesmo sentido, **falta capacidade tecno-profissional (de investigação) aos órgãos do Ministério Público para elaboração de perfil:** uma **arte tipicamente ligada à investigação policial de campo.** É a lição autorizada de Bret Turvey (2011, p. 29), uma das mais respeitáveis autoridades norte-americanas sobre o tema.

A **elaboração de perfis** é uma espécie de **engenharia reversa do crime.**

O policial responsável pela elaboração do perfil (*profiler* – perfilador) deve, antes de mais nada, observar o comportamento exibido numa cena de crime e, a partir dos fragmentos reconstituídos pela recognição visuográfica, fazer uma anamnese na procura do tipo de personalidade do autor do delito. Janire Rámila (2012, p. 193) informa que, basicamente, "a técnica da perfilação criminal consiste em elaborar um esboço físico e psicológico, o mais próximo possível, do acusado por um determinado crime. Robert Ressler a define

---

[1]  Um dado curioso: nos **EUA** há dois sistemas médico-legais, o que emprega *coroners* e o que emprega médicos legistas. O sistema de *coroners* (Inglaterra, séc. X) ainda vigora em 40% dos 3.144 condados (comarcas) norte-americanos. Nesses lugares, o *coroner* é quase sempre eleito e raramente é formado em medicina. Ou seja, não tem aptidão técnica em patologia forense. Geralmente, são **agentes funerários ou empregados de cemitérios das cidades (coveiros).** É a lição autorizada do Dr. Vincent Di Maio (*O segredo dos corpos*. Rio de Janeiro: Darkside Books, 2017. p. 69).

como a técnica que permite 'elaborar um mapa da mente do assassino'. A ideia é que, se o investigador consegue pensar como ele, sentir o que o assassino sente, será capaz de adiantar-se ao seu próximo movimento e chegar a capturá-lo".

Paul Roland (2010, p. 116) anota que "O agente especial Jim Fitzgerald define o método de criar perfis como uma combinação de arte e ciência, sendo o criador de perfis uma mistura de policial com psicólogo".

Embora a elaboração de perfis – atente-se – não se limite a homicídios em série, é justamente nesse tipo de crime que os resultados aparecem de forma mais expressiva.

Por isso, na **elaboração de perfis**, cada investigação de homicídio se inicia com um **meticuloso estudo dos laudos necroscópicos**, com o tempo provável da morte e sua causa; a descrição das lesões sofridas pela vítima, incluindo as de defesa; eventuais vestígios de violência sexual etc.

Em seguida, verifica-se pormenorizadamente o relatório preliminar de investigação e a **recognição visuográfica do local do crime**, com a descrição da cena do crime, posição do corpo, localização de objetos, armas, projéteis, manchas de sangue, esperma, urina, fezes etc.; se há indícios de luta; se há janelas e portas abertas ou fechadas ou danificadas (local interno); se há pegadas, marcas de pneus, trilhas etc. Caso haja algum objeto subtraído, este pode ter sido levado como *souvenir* pelo agressor e, dependendo do caso, ser sua própria **assinatura**.

Brent Turvey (apud Innes, 2003, p. 70) explica ter aprendido uma lição muito importante: **"os agressores mentem"**. Geralmente as leis penais norte--americanas punem com muito rigor o crime de perjúrio (falso depoimento), atribuindo-lhe a mesma pena do crime principal (homicídio, estupro, roubo etc.). Turvey denominou o seu processo de criação de perfis de "análise da evidência comportamental", partindo do método dedutivo, em contraposição ao FBI, que se utilizava, com mais frequência, do método indutivo.

O **método indutivo** é o modelo científico que **obtém conclusões gerais a partir de premissas individuais**, caracterizando-se por ser o mais usual e seguir **quatro etapas básicas**, conforme esquema a seguir:

1ª) **Observação e registro** de todos os fatos.

2ª) **Análise** jurídica, científica e policial dos fatos e sua classificação.

3ª) **Derivação indutiva** de uma generalização (**padrão**) a partir dos fatos.

4ª) **Contraste/verificação** pela investigação de campo.

No **método indutivo** observa-se que crimes cometidos por indivíduos diferentes podem ser similares; daí os criminosos compartilharem **traços comuns** de personalidade.

Os **traços comuns** são coletados de crimes anteriores, de relatórios de investigação policial, de criminosos identificados e de outras fontes de informação (testemunhas, denúncias anônimas etc.).

As **vantagens** apresentadas pelo **método indutivo** são:

a)   menor custo, pois se aproveita de dados já conhecidos;

b)   maior rapidez, na medida em que se utiliza de dados já classificados;

c)   não exigir conhecimentos específicos e profundos em diversas áreas das ciências.

Brian Innes (2003, p. 72) afirma que "não há nada de errado com o raciocínio indutivo, mas, de acordo com Turvey, ele pode levar a uma conclusão enganosa. Turvey menciona um exemplo típico:

**PREMISSA**: os 'serial killers' conhecidos são em sua maioria brancos.

**PREMISSA**: os 'serial killers' conhecidos são em sua maioria homens.

**PREMISSA**: a maioria dos 'serial killers' conhecidos trabalha dentro de uma 'zona de conforto'.

**CONCLUSÃO**: é provável que um 'serial killer' seja um homem branco que age dentro de uma zona de conforto".

Existem ainda outras desvantagens na criação de perfis por indução. O levantamento de dados estatísticos vem de amostragens da população e pode não ter utilidade em alguns casos, além do fato de que pode haver manipulação de dados pelas autoridades governamentais. Ademais, os dados coletados advêm de agressores capturados e podem não dizer absolutamente nada em relação àqueles que não foram presos e continuam soltos.

Por derradeiro, um perfil indutivo pode frequentemente apresentar imprecisões que levem, perigosamente, a uma série de injustiças com pessoas inocentes.

De outro lado, o **método dedutivo**, utilizado por Bret Turvey, considera que **a conclusão está implícita nas premissas**. Daí por que se imagina que as conclusões acompanham necessariamente as premissas. Se o raciocínio dedutivo for válido e as premissas forem verdadeiras, então a conclusão será verdadeira.

Por intermédio de uma análise descritiva completa do local de crime, que se pode obter com a utilização técnica da recognição visuográfica do local de crime, bem como pela coleta fiel de provas, o policial perfilador (*policeman profiler*) estará munido das necessárias informações para elaborar um "retrato mental" ou autópsia psicológica de um criminoso desconhecido.

As evidências deixadas no local de crime demonstram a interação do criminoso com a vítima.

Nesse sentido, a vitimologia é de extrema importância, porque, na medida em que se investiga a vítima, mais se consegue obter sobre o autor do delito.

Assim, o estilo de vida da vítima; suas atividades; com quem, onde e como se relacionava etc. podem apresentar uma ligação importante com o agressor, quer sob o aspecto geográfico, escolar, laboral ou de lazer.

A maior **desvantagem do método dedutivo é não ser tão rápido** quanto se espera.

É claro que Brian Turvey inicia sua técnica de perfil dedutivo em bases muito diferentes daquelas utilizadas pelo FBI.

A análise de evidência comportamental (perfil criminal) de Turvey é elaborada a partir de quatro fases:

1ª) **Análise forense ambivalente** → é ambivalente porque pode haver mais de uma interpretação da prova coligida e se deve avaliar aquela que seja mais provável. As evidências devem incluir, entre outras, fotos, vídeos, *croquis* da cena do crime, relatórios de investigação, registros do local de crime (laudos, vistorias e a recognição visuográfica), cópias do laudo necroscópico, entrevistas com testemunhas, vizinhos e parentes da vítima e o mapa do caminho da vítima antes do crime e seus antecedentes penais.

2ª) **Vitimologia** → imprescindível aprofundar a investigação acerca da vida da vítima. Conhecer como, onde, quando e por que uma determinada vítima foi escolhida é válido para entender o seu agressor. Portanto, a descrição física da vítima, seus hábitos e estilo de vida devem ser anotados, pois compreendem a "avaliação de riscos". Sustenta Brian Innes (2003, p. 76) que "o criador de perfis está interessado não somente no grau de risco que a vítima leva graças a seu estilo de vida, mas também no risco em que estava no momento do ataque e o risco que o agressor estava disposto a enfrentar".

Não se pode deslembrar que os agentes estatais e as instituições devem estar ajustados na recepção das vítimas no contexto pós-crime, considerando os efeitos residuais decorrentes dos danos psicológicos e sociais diante das mudanças culturais na atualidade e da responsabilidade pela não observância da legislação que dispõe sobre o tema.

3ª) **Características da cena do crime** → aqui aparecem as características peculiares do crime, conforme a postura do agressor no que toca à vítima, ao local de crime e seu significado posterior para o agressor. Nessa fase incluem-se o método de abordagem da vítima, o tipo de ataque, o método de controle, o tipo de localização, a natureza e a sequência de eventuais atos sexuais, os objetos usados, a ação verbalizada e os cuidados tomados pelo ofensor, a simbologia do local etc.

4ª) **Características do agressor** → não se trata de algo definitivo, pois exige atualização e revisão, consoante apareçam novas informações. Emergem os seguintes dados característicos relacionados ao agressor: tipo físico, sexo, tipo de trabalho e hábitos, sentimentos de culpa ou remorso, tipo de veículo, histórico criminal (antecedentes), nível de habilidade, agressividade, moradia/trabalho em relação ao local de crime, histórico médico-psicológico, estado civil e raça.

A força do perfil dedutivo está na insistência sobre a especificidade de cada caso, evitando-se as falhas e os perigos da aplicação de médias estatísticas para um caso determinado. Por conseguinte, minúcias de cada crime analisado somadas à investigação de campo dão sustentação ao perfil.

---

**Premissas dedutivas de Brian Turvey**

---

• Nenhum agressor age sem motivação.

---

• Cada crime deve ser investigado como sendo único em suas características comportamentais e motivacionais.

---

• Agressores diferentes podem exibir comportamentos semelhantes por razões absolutamente diferentes.

---

• Não existem dois casos completamente iguais.

---

• O comportamento humano se desenvolve exclusivamente em resposta a fatores ambientais e biológicos.

---

• O *modus operandi* do criminoso pode evoluir com a prática de vários delitos.

---

• Um único agressor é capaz de ter vários motivos para cometer vários crimes ou mesmo para cometer um único crime.

---

O criminólogo francês Laurent Montet (2003, p. 45-112) deduz certa metodologia para elaboração de perfis criminais, a saber:

## Metodologia do *profiling*

### 1. Elementos do *profiling*

a) Análise da cena de crime

b) Análise do perfil vitimológico específico

c) Análise dos elementos das ciências legais

### 2. Modelos de classificação

a) Tipo de autor de homicídio(s)

b) Fatores espaço/tempo

c) Grau de vítima em risco

d) Grau de risco tomado pelo criminoso

e) Escalada criminal

f) Crime narcísico-sexual organizado, desorganizado ou misto

### 3. Síntese dos elementos recolhidos (avaliação do crime)

a) Assinatura psicológica e *modus operandi*

b) Posicionamento do corpo e *mise en scène*

c) Reconstituição do cenário criminal

d) Confrontação dos métodos indutivos e dedutivos

### 4. Perfil criminal

a) Sexo e raça

b) Idade

c) Perfil caracterológico

d) Situação familiar e relações sentimentais

e) Vida social, escolaridade e serviço militar

f) Antecedentes e pontos fortes da biografia

g) Criminosos conhecidos similares

h) Perfil físico (a título indicativo)

### 5. Detenção

### 3.3.1.3   Perfil geográfico do agressor

O perfil geográfico se baseia na premissa de que a maioria das pessoas tem "um ponto de ancoragem". A grande maioria das pessoas indica sua casa, mas também pode ser o local de trabalho ou a casa de um parente ou amigo próximo.

Alguns criminosos podem focar sua ação em um centro comercial, como, por exemplo, uma loja, um bar ou uma quadra esportiva.

Esse "porto seguro" situa-se dentro do "mapa mental" da pessoa.

Os **mapas mentais** (que todos invariavelmente acabam criando) incluem **informações espaciais e detalhes como cores, sons, sensações, sentimentos e símbolos significativos.**

Brian Innes (2003, p. 17) ensina que "os elementos espaciais são divididos em cinco tipos:

1) Caminhos: rotas de viagem que dominam a imagem que a maioria das pessoas tem das cidades e de outros locais centrais, como rodovias e ferrovias.

2) Limites: fronteiras como rios, trilhos de trem ou grandes rodovias.

3) Bairros: subáreas com características reconhecíveis e centros bem estabelecidos com fronteiras menos claras, como bairros comerciais, bairros de imigrantes ou 'favelas'.

4) Pontos Importantes: centros de intensa atividade, como cruzamentos rodoviários principais, estações ferroviárias ou grandes lojas.

5) Sinais: símbolos reconhecidos que são usados para orientação, como sinalização, placas, árvores ou edifícios altos".

Em 1991, quando estávamos (Nestor) à frente da Equipe Delta do Departamento de Homicídios e Proteção à Pessoa – DHPP, de São Paulo, investigávamos diversos homicídios ocorridos em Santo Amaro, bairro composto por vários minibairros, zona sul de São Paulo (capital), especialmente nas localidades de Jardim Irene, Parque Santo Antonio e Cidade Fim de Semana, as quais eram atribuídas a um indivíduo, afamado como justiceiro ou "matador de aluguel", apelidado de "Dió"[2]. As únicas informações recebidas davam conta de que se tratava de um homem negro, forte, tipo boxeador peso-pesado, aproximadamente 30 anos, 1,75 m de altura, que transitava por aqueles bairros com certa facilidade.

Traçamos um perfil geográfico com relação aos locais de homicídio ao suspeito atribuídos, o que perfazia uma área de atuação de aproximadamente 6 km². Depois de algumas investigações e de alguns informes coletados pelo perito criminal Paulo Hutterer, conseguimos identificar o seu ponto de ancoragem

---

[2]    Diógenes Ramos Conceição, vulgo Dió, atualmente cumpre pena no Presídio de Mongaguá-SP, local onde praticou, no início dos anos 2000, um triplo homicídio.

(casa da irmã do suspeito no Jardim Irene – Capão Redondo). Daí, identificamos o bairro onde anteriormente o suspeito residia (Parque Santo Antonio) e o caminho para o trabalho e residência de amigos e parentes (Cidade Fim de Semana). As suspeitas, indícios e investigações demonstravam que o criminoso agia sempre numa faixa espacial triangular, com menos de 6 km². Uma vez devidamente identificado e qualificado, soubemos que estava foragido, tendo escapado para a casa de parentes em Feira de Santana, na Bahia. Com a prisão preventiva decretada, viajamos para lá, ocasião em que o prendemos e o recambiamos para São Paulo. Em resumo, ele alegou espontaneamente para a imprensa televisiva que matou "de nove a dez pessoas", iniciando sua carreira de crimes porque teve sua casa invadida, sua esposa violada e ele próprio baleado no ombro por bandidos. Dizia que fazia uma limpeza nos bairros por onde passava...

Estudo de caso:

Perfil geográfico de atuação do *serial killer* Diógenes Ramos Conceição – "Dió"

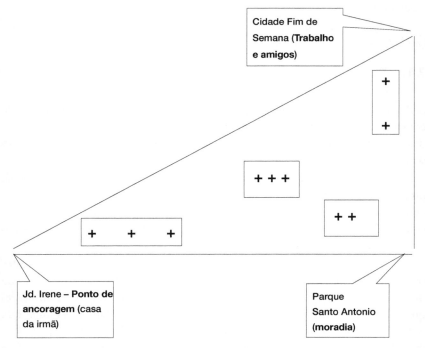

Legenda:
Cada vértice do triângulo representa um subdistrito ou minibairro da região de Santo Amaro, zona sul de São Paulo, em que transitava o suspeito.

As cruzes (+) indicam os homicídios.

### 3.3.1.4  Perfil genético do agressor no Brasil

Foi aprovada pelo Congresso Nacional brasileiro a Lei n. 12.654, de 28 de maio de 2012, com *vacatio legis* de 180 dias para entrada em vigor, que determina a criação de um banco de dados de perfis genéticos de criminosos.

A lei torna obrigatória a identificação genética, por meio de DNA, de condenados por crimes hediondos ou crimes violentos contra a pessoa, como homicídio, extorsão mediante sequestro, estupro, entre outros. O objetivo é utilizar os dados colhidos nas investigações de crimes cometidos por **ex-detentos**, ou seja, os **reincidentes**.

A nova lei é uma grande evolução, na visão do Instituto Nacional de Criminalística (INC) da Polícia Federal e de sua área de genética forense. A investigação criminal passa a contar com um auxílio essencial, que é a comparação do DNA encontrado em vestígios no local do crime com o de suspeitos.

A doação do material genético, anteriormente, só era feita de forma voluntária, em grande parte por familiares em busca de desaparecidos ou vítimas de acidentes.

Trata-se de mais um instrumento tecnológico posto à disposição das autoridades policiais e judiciárias do sistema criminal brasileiro.

## 3.4  Testes de personalidade projetivos

Os testes em criminologia são técnicas de investigação que, por meio de padrões ou tipos preestabelecidos, destacam as características pessoais e da constituição do indivíduo, mediante respostas a estímulos previamente planejados, visando traçar o perfil psicológico e a capacitação pessoal de cometimento ou recidiva no crime.

A realização de testes e exames criminológicos e, consequentemente, de prognósticos de futuras condutas criminosas e/ou perigosas, com certo grau de certeza ou ao menos de confiabilidade, depende muito das circunstâncias do cometimento delitivo, da natureza do teste e da capacitação profissional dos responsáveis pelos testes.

Nesse contexto, como leciona João Farias Junior (2009, p. 146), **testes projetivos** "são aqueles que procuram medir a personalidade através do uso de quadros, figuras, jogos, relatos etc., que imprimem estímulos no examinado, que provocam, consequentemente, reações das quais resultam as respostas que servirão de base para a interpretação dos resultados desejados". Exemplos: Teste de Rorschach (interpretação de manchas de vários formatos); Teste PMK – Psicodiagnóstico Miocinético da Periculosidade Delinquencial (estímulos musculares e postura mental); Teste do Desenho (árvore, casa, pessoa etc., que, associados a um questionário, dão o perfil do autor).

## 3.5 Testes de personalidade prospectivos

Os testes prospectivos compreendem o emprego de técnica voltada a explorar, com minúcias, as intenções presentes e futuras, retirando do paciente as suas crenças e potencialidades lesivas ou não; os freios de contenção de boas condutas; o estilo de vida presente e futuro; o porquê da vida criminal; os porquês da causação de sofrimento às vítimas; o temor ou não à justiça e à pena; sua sensibilidade moral ou insensibilidade etc.

Trata-se de teste muito mais profundo, que depende bastante da habilidade do responsável e da sinceridade do examinando.

Deve-se revelar ao paciente que o fim do teste é traçar sua personalidade, em caráter sigiloso, e que os eventuais benefícios dependerão da honestidade das respostas.

O professor João Farias Junior (2009, p. 149) anota que "o testador deve ser calmo, fraterno e usar um gravador, para que possa analisar com precisão as respostas, as pausas, as reticências, o tom, a acentuação prosódica e, enfim, todo o contexto da sequência de respostas... e reações do examinando".

## 3.6 Testes de inteligência

Não é tarefa fácil conceituar inteligência, porque no processo de conhecimento tem-se, de um lado, o objeto a ser delimitado, externo à inteligência, e, de outro, a inteligência, o instrumento mental que alcança o conceito desse mesmo objeto. Conceituar a inteligência é fazê-la objeto e instrumento simultaneamente, é ter consciência do instrumento mental que permite conhecer o mundo e que está integrado à própria consciência.

A inteligência é função psíquica complexa; talvez por isso se acredita não haver um conceito de inteligência universalmente aceito. Hoje em dia se relacionam vários conceitos de inteligência, imbricados e interdependentes, que são observáveis conforme sua utilidade.

Numa análise amplíssima, pode-se dizer que inteligência é raciocínio, capacidade de entendimento, poder de abstração, julgamento, percepção exterior, memorização, iniciativa e bom senso.

Na psicologia e, mais de perto, na criminologia se procura medir a inteligência por meio do denominado **Quociente de Inteligência – QI**.

O conceito de idade mental foi estabelecido por Alfredo Binet e Theodore Simon em 1905, fixando a maneira de mostrar diferentes graus ou níveis de inteligência.

Em 1912, Willian Stern propôs o termo "QI" (quociente de inteligência) para representar o nível mental, e introduziu os termos "idade mental" e "idade cronológica". Stern propôs que o QI fosse determinado pela divisão da idade mental pela idade cronológica. Assim, uma criança com idade cronológica de 10 anos e nível mental de 8 anos teria QI = 0,8, porque 8 / 10 = 0,8. Em 1916, Lewis Madison Terman propôs multiplicar o QI por 100, a fim de eliminar a parte decimal: QI = 100 x IM / IC, em que IM = idade mental e IC = idade cronológica. Com essa fórmula, a criança do exemplo teria QI 80.

Denomina-se **QI** a divisão da **Idade Mental (IM)** pela **Idade Cronológica (IC)**, multiplicada por 100.

$$QI = \frac{\text{Idade Mental}}{\text{Idade Cronológica}} \times 100$$

A idade cronológica não traz muitas dificuldades, porque é a expressão do decurso temporal vivido por uma pessoa, contabilizada em anos, meses ou dias.

No entanto, a delimitação da idade mental é difícil, porque se compara um adulto a uma criança. A definição leva em conta o nível intelectual de uma criança de 1 ano, 5 anos, 10 anos e assim por diante, caso seu nível intelectual seja baixo. Há que se ressaltar também que existem pessoas cujo índice de intelectualidade pode estar muito acima do de uma pessoa tida por normal.

Sabe-se que a idade mental em uma criança normal equivale à idade cronológica, todavia o nível mental atinge um ponto de "saturação" em torno dos 15 anos, momento em que a capacidade intelectual fica praticamente estagnada. Contudo, há indivíduos cujos níveis de inteligência superam muito os níveis daqueles tidos por normais (superdotados), da mesma forma que há indivíduos cujos níveis estão abaixo da média (hipodotados).

Para chegar a um nível correto, os pesquisadores têm elaborado testes, os mais variados, visando colher todas as habilidades do examinando.

Apenas para ilustrar, sem fugir do campo de estudo proposto, podem ser citados os seguintes tipos de testes usados para medição do QI: **teste de informação** (questionário de conhecimentos gerais); **teste de compreensão geral** (escolha de uma entre várias respostas); **teste de raciocínio aritmético** (questões matemáticas; leva-se em conta o grau de estudo do examinando); **teste de memória para números** (nível de controle mental e atenção); **teste de semelhança** (palavras que se relacionam umas com as outras); **teste do arranjo de figuras** (gravuras que, colocadas em dada ordem, contam uma pequena história); **teste de completar figuras** (completa-se uma figura, onde falta uma peça, oferecendo ao examinando peças diferentes para que ele a escolha; exemplo: relógio sem ponteiro); **teste de desenho de cubos** (indicação da sequência de composição das partes de um cubo); **teste de números e símbolos** (associação de símbolos determinados em razão de uma velocidade); **teste de arranjo de objeto** (três ou quatro peças decompostas, cabendo ao examinando recompô-las); **teste de vocabulário** (definição de coisas, pessoas e animais visando verificar o raciocínio e os recursos verbais).

Uma vez concluídos e coletados os resultados dos testes, o pesquisador estará habilitado a delimitar a idade mental do examinando. Se o indivíduo tem idade cronológica de 10 anos, mas idade mental de 11 anos, seu QI será de: IM / IC x 100 = 1100 / 10 = 110.

Para efeito de padronização de testes, a idade mental só é analisada até os 15 anos.

O estudo do QI é muito importante para a determinação dos estados doentios ou anormais do desenvolvimento mental, refletindo na consciência ou não do injusto e se relacionando diretamente com a culpabilidade ou não do agente.

Considera-se o homem, portanto, em razão de sua inteligência, hipofrênico (oligofrenias), normal ou hiperfrênico (superior ou genial).

Observe a **tabela de QI** referida por Farias Junior:

| Estado Mental | QI | Evolução Mental | Evolução Social |
| --- | --- | --- | --- |
| Hipofrenia | Abaixo de 90 | Abaixo de 12 anos | ------------------ |
| 1 – Idiota | Abaixo de 20 | Abaixo de 3 anos | Incapacidade de cuidar-se e de bastar-se a si mesmo |
| 2 – Imbecil | Entre 20 e 50 | Entre 3 e 7 anos | Incapacidade de prover a sua subsistência em condições normais |
| 3 – Débil mental | Entre 50 e 90 | Entre 7 e 12 anos | Incapacidade de lutar pela vida em igualdade de condições com pessoas normais |
| Normal | Entre 90 e 120 | Entre 12 e 18 anos | Capacidade de prover à vida e de manter relacionamento normal |
| Hiperfrenia | Acima de 120 | Acima de 18 anos | Excepcional capacidade de assimilação |
| 1 – QI super | Entre 120 e 140 | Entre 17 e 22 anos | Impaciência e irritabilidade |
| 2 – QI genial | Acima de 140 | Acima de 22 anos | Rapidez de assimilação, que o torna desajustado ou inadaptado |

50

Os idiotas, os imbecis e os débeis mentais estão inseridos na categoria dos oligofrênicos, cuja etiologia é variada, alçando desde fatores genéticos até os de desenvolvimento em vida.

Atualmente, prefere-se a expressão "retardos mentais" ao termo "oligofrenia".

É bom anotar que oligofrenia (do grego *olígos* = pouco; *phrĕn* → *phrenós* = espírito, inteligência) designa a gama de casos em que há um déficit de inteligência no ser humano, compondo a chamada **tríade oligofrênica**: debilidade, imbecilidade e idiotia, conforme tabela acima do prof. Farias.

# 4º Capítulo

## Estatística criminal, cifra negra e prognóstico criminal

### 4.1 Estatística criminal

Depois do século XIX, as ciências criminais alcançaram projeção, daí por que passaram a se preocupar com o estudo do fenômeno da criminalidade, levando em consideração suas causas. Nesse sentido, como já dissemos, destacou-se a atuação do matemático belga Quetelet, autor da Escola Cartográfica (verdadeira ponte entre clássicos e positivistas), que estabeleceu o conceito de homem médio e alertou para a questão dos crimes não comunicados ao Poder Público (**cifra negra, denomidada também de cifra oculta, zona escura, *dark number, ciffre noir* ou criminalidade oculta**).

Os criminólogos sustentam que, por intermédio das estatísticas criminais, pode-se conhecer o liame causal entre os fatores de criminalidade e os ilícitos criminais praticados.

Destarte, as estatísticas criminais servem para fundamentar a política criminal e a doutrina de segurança pública quanto à prevenção e à repressão criminais.

No entanto, é preciso ter cuidado ao analisar as estatísticas criminais oficiais, na medida em que há uma quantia significativa de delitos não comunicados ao Poder Público[1], quer por inércia ou desinteresse das vítimas, quer por outras causas, entre as quais os erros de coleta e a manipulação de dados pelo Estado[2].

Nesse sentido, convém diferenciar a **criminalidade real da criminalidade revelada e da cifra negra**: a primeira é a quantidade efetiva de crimes perpetrados pelos delinquentes; a segunda é o percentual que chega ao conhecimento do Estado; a terceira, a porcentagem não comunicada ou elucidada.

---

[1]  O Núcleo de Estudos de Violência da USP calcula que apenas a terça parte dos crimes é notificada ao Estado.

[2]  O jornal *Folha de S.Paulo*, em edição de 17-1-2005, noticia que casos de homicídio em São Paulo eram registrados como "encontro de cadáver" ou "morte a esclarecer", aduzindo o mascaramento de dados criminais.

Nesse passo, a porcentagem de crimes não solucionados ou punidos, à existência de um significativo número de infrações penais desconhecidas oficialmente, é conhecida pelo termo cifra negra (zona obscura, *dark number* ou *ciffre noir*) e segundo ensinamentos de Lola Aniyar de Castro (1983, p. 67-68): "(...) representa a diferença entre a criminalidade real (quantidade de delitos cometidos num tempo e lugar determinados) e a criminalidade aparente (criminalidade conhecida pelos órgãos de controle".

Como subtipo da cifra negra, convém mencionar a denominada **cifra dourada**, isto é, as infrações penais praticadas pela elite, não reveladas ou apuradas, como os crimes de sonegação fiscal, as falências fraudulentas, a lavagem de dinheiro, os crimes eleitorais etc.

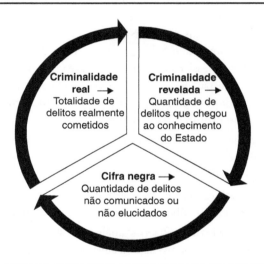

### 4.2 Cifra negra. Cifra dourada

A correta delimitação da quantidade de crimes cometidos em determinado Estado é fator preponderante para a correta elaboração das normas jurídico-penais. Lamentavelmente, mesmo em países com certa cultura de estatísticas, dúvidas são levantadas sobre a confiabilidade dos dados divulgados. Isso decorre do fato de que apenas uma parcela dos crimes reais é registrada oficialmente pelo Estado.

Ressalta-se que os dados somente se oficializam, em termos criminais, segundo uma lógica de atos tríplices: **detecção do crime + notificação + registro em boletim de ocorrência**.

Antes de observar os crimes misteriosos ou, ainda, o comportamento omissivo das vítimas que não denunciam os crimes sofridos, é preciso analisar a forma como são coletadas as estatísticas criminais.

A atividade de segurança pública no Brasil foi delegada aos Estados (art. 144 da CF), salvo os órgãos federais. Nesse sentido, cada ente federativo tem competência para organizar suas polícias (civil e militar). É importante ressaltar que, por força do art. 23 do Código de Processo Penal, a autoridade policial, ao relatar o inquérito policial e encaminhá-lo a juízo, deverá oficiar ao Instituto de Estatística para informar os dados do delito e do delinquente.

Assim, cada Estado tem um órgão central de coleta e apresentação das estatísticas oficiais de crime, para receber os dados provenientes da polícia, que os compila de duas maneiras: ou por ação direta ou pelo relato de vítimas e/ou testemunhas.

Dessa forma, a estatística oficial pode estar contaminada por alguns equívocos.

É sabido que governantes inescrupulosos determinam a manipulação das estatísticas de criminalidade, com propósitos eleitoreiros. Trata-se de uma maneira sórdida de mascarar os verdadeiros índices de criminalidade para demonstrar a falsa ideia de que a política de governo está sendo conduzida eficientemente na seara da segurança pública. Sabe-se que o aumento contínuo da criminalidade provoca clamor público e, o que é pior, a insatisfação perante os órgãos de justiça e polícia, levando a uma situação de fracasso governamental em face da opinião pública. Como no Brasil os órgãos que elaboram as estatísticas são públicos (vinculados a Ministérios ou secretarias de Estado), suas compilações estarão sempre sujeitas a pressões políticas e, portanto, postas sob a pecha de suspeição.

De outra banda, há que registrar que muitos delitos são registrados erroneamente, por falha da polícia, além da manipulação às avessas, isto é, reduz-se o índice de criminalidade por meio do aumento de casos esclarecidos e da diminuição de casos registrados oficialmente.

Por derradeiro, há uma série expressiva de delitos não comunicados pelas vítimas às autoridades, como, por exemplo, os crimes contra a honra, crimes contra a dignidade sexual, crimes de trânsito, crimes do "colarinho branco", contravenções penais, etc. Várias são as razões que as levam a isso: 1) a vítima omite o ato criminoso por vergonha ou medo (crimes sexuais); 2) a vítima entende que é inútil procurar a polícia, pois o bem violado é mínimo (pequenos furtos); 3) a vítima é coagida pelo criminoso (vizinho ou conhecido); 4) a vítima é parente do criminoso; 5) a vítima não acredita no aparato policial nem no sistema judicial etc.

Nesse contexto, ocorre aquilo que se denomina **cifra negra**, isto é, o número de delitos que por alguma razão não são levados ao conhecimento das autoridades, contribuindo para uma estatística divorciada da realidade fenomênica.

Importa destacar que os crimes de criminalidade oculta (cifra negra, denominada também de zona escura, *dark number, ciffre noir*) são considerados de gênero, havendo outros considerados de espécie, sustentando Eduardo Luiz Santos Cabette[3], com apoio em vasta doutrina, a existência de uma **cifra dourada,** que "representa a criminalidade de 'colarinho branco', definida como práticas antissociais impunes do poder político e econômico (a nível nacional e internacional), em prejuízo da coletividade e dos cidadãos e em proveito das oligarquias econômico-financeiras".

Esclarecendo: esses crimes do colarinho branco são cunhados pelas expressões: cifra dourada[4], *White-collar crimes*, referindo-se a criminalidade relacionada a corrupção, lavagem de dinheiro, evasão de divisas, geralmente cometidos por membros das classes sociais mais abastadas (são infrações penais praticadas pela elite, chamadas de macrocrimes, não reveladas ou não apuradas, ou apuradas tardiamente e na maioria das vezes sem responsabilização; trata-se de um subtipo da cifra negra). Essa terminologia foi criada em 1939 durante o discurso feito por Edwin Sutherland, em sua posse na presidência da American Sociological Association (Sociedade de Sociologia Americana), desde essas observações foram apresentadas as dificuldades para se investigar e se punir este tipo de crime. São exemplos dessa modalidade criminosa: desvios de verbas públicas, Crimes de lavagem de Capitais (Lei n. 9.613/98), Crimes contra o Sistema Financeiro Nacional (Lei n. 7.492/86), Crimes contra a ordem tributária, contra a ordem econômica e relações de consumo (Lei n. 8.137/90 e Lei n. 8.176/91), Crimes contra a ordem previdenciária (Lei n. 8.176/91) e os Crimes eleitorais (Lei n. 4.737/65). Nesse sentido, a doutrina especializada aponta o "Mensalão" e a "Operação Lava-Jato", entretanto, estas condutas foram apuradas pelo Estado, etc.

Então haveria dupla falha nos dados estatísticos oficiais: a cifra negra (representada pela ausência de dados dos crimes de rua, como furtos, roubos, estupros etc.) e a cifra dourada (ausência de registro dos crimes políticos, ambientais, de corrupção etc.).

*De lege ferenda,* mostra-se imprescindível a criação de uma **agência independente,** sem vínculos governamentais, com atribuições legais de controle e levantamento dos dados referentes à criminalidade, além da estabilidade de seus dirigentes.

---

[3]  As estatísticas criminais sob um enfoque criminológico crítico. *Jus Navigandi*, Teresina, ano 11, n. 1326, 17 fev. 2007. Disponível em: <http://jus2.uol.com.br/doutrina/texto.asp?id=9497>. Acesso em: 25 ago. 2009.

[4]  Na sua maioria, não revelados ou apurados pelo Estado.

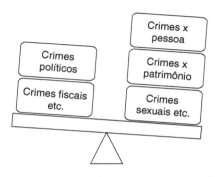

A professora Monica Resende Gamboa (2013, p. 109) ensina que "**cifras cinzas** são as ocorrências policiais registradas nos órgãos competentes, porém encontram nas próprias delegacias a solução dos conflitos". Em outras palavras, as ocorrências não são convoladas em processo ou ação penal, são as infrações penais que chegam nas Delegacias de Polícia, porém, ali resolvidas, entretanto, citamos também, como exemplo, as situações em que a lei condiciona o exercício do direito de ação ao preenchimento de condições específicas, por dependerem de condição objetiva de procedibilidade como, por exemplo, a representação do ofendido em crimes de ação penal pública condicionada à representação ou a requerimento da vítima (art. 5º, §§ 4º e 5º, c/c art. 24, CPP). E a mesma autora ainda afirma que **cifras amarelas** correspondem aos delitos praticados com violência policial e que não são levados ao conhecimento das corregedorias, por medo de as vítimas sofrerem represálias por parte dos policiais. *Data venia*, entendemos que tais fatos não deixam de integrar a denominada **cifra dourada** de criminalidade (crimes praticados por indivíduos de certa posição social). O ilustre Professor Diego Pureza (2024, p. 231-232), além de comentar que parte da doutrina entende que tal modalidade é uma subespécie de cifra negra, acresce que as cifras amarelas relacionam-se de maneira ampla com abusos e violências praticadas por qualquer funcionário público contra particulares, sendo registradas ou não (apenas nesta última hipótese seria também subespécie de cifra negra).

**Cifra verde**, adstrita ao meio ambiente (*Green Criminology*), revela fundamentalmente os crimes ambientais que não chegam ao conhecimento oficial. São crimes em que se percebe uma grande dificuldade do Estado para identificar sua autoria e coletar provas. Há necessidade de que os agentes envolvidos na fiscalização das infrações ambientais possuam capacitação técnica específica.

**Cifra azul** ou *blue colar crime* (crimes do colarinho azul) são aqueles atribuídos na sua maior parte às pessoas de menor poder econômico, economicamente menos favorecidas, e tem como característica a ausência de violência ou ameaça. Essas infrações penais são praticadas nas ruas, por esse motivo são denominadas "crimes de rua", as possibilidades das prisões em flagrante são de alta porcentagem, razão do número de encarcerados serem a maioria. É etiquetado como crime do colarinho azul em alusão ao uniforme que era utilizado por operários norte-americanos no início do século XX, então chamados *blue-collars*.

**Cifra branca** são os crimes em que a persecução penal chega ao final na sua persecução penal em ambas as fases (polícia/juízo). Há uma decisão judicial que pode desembocar em uma condenação ou absolvição.

**Cifra vermelha** (*cuello rojo*) trata-se de expressão pouco utilizada no Brasil, é mais usada na Europa (Espanha), ligada ao sangue, isto é, são delitos cometidos por assassinos em série, psicopatas ou sociopatas, denominados de *serial killers* e, em regra, os delitos são praticados contra a vida.

**Cifra rosa** são os crimes de caráter homofóbico que não chegam ao conhecimento das Autoridades com poder de investigar e responsabilizar a conduta criminosa.

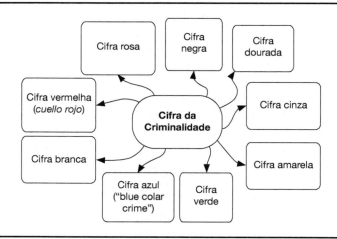

## 4.3 Técnicas de investigação da cifra negra

As cifras negras, ou campo obscuro da criminalidade, são uma preocupação histórica dos criminólogos.

Desde a criminologia tradicional já se acentuava a necessidade de investigar os delitos que não eram comunicados às instâncias de controle do Estado.

A maior crítica feita à criminologia tradicional, de cunho positivista, direcionava-se no sentido de que os estudos estatísticos levavam em conta apenas a população de encarcerados. Assim, o erro maior era procurar atribuir ao criminoso "fichado" os índices reais de delinquência. Ocorre que isso fugia à realidade sensível, pois inúmeros delitos deixavam de ser comunicados ou apurados pelos órgãos do Estado.

Acentua, com severa crítica, Alessandro Baratta (apud CERVINI, 2002, p. 186) que "o sistema só pode aplicar sanções penais previstas pela lei a um percentual dos reais infratores que, numa média relativa a todas as figuras delitivas, nas sociedades centrais, não é superior a um por cento".

É evidente que os estudos sobre criminosos incidem, majoritariamente, nas populações carcerárias, e isso facilita uma visão distorcida da realidade criminal, conduzindo o pesquisador aos erros decorrentes do *labelling approach* (os criminosos são etiquetados ou rotulados como tais pela sociedade).

Na verdade, o crime é um fenômeno generalizado na sociedade; não só os etiquetados, desviados ou bandidos violam as leis. Ainda que a maioria das condenações penais recaia sobre eles, existem grupos sociais que usufruem de uma impunidade virtual.

Muitas investigações, desenvolvidas sobretudo nos Estados Unidos e na Europa escandinava, demonstram que o risco de prisão aumenta sensivelmente em razão inversa à da situação econômica do acusado. Isso é corolário da chamada cifra dourada ou impunidade dos delitos de colarinho branco. Os crimes econômicos, por exemplo, não criam carreiras criminais e não estigmatizam seus autores. O estigma de delinquente é sentido no criminoso pobre, no proletário, que cresce em ambiente hostil e precário, divorciado das condições econômicas e afetivas de inserção social, transformado em adulto instável e marginalizado na comunidade.

Diante desse cenário, numerosos estudos foram realizados para detectar a real cifra negra de criminalidade. Os processos empregados são variados, na medida em que se pretende reduzir ao máximo a margem de erro.

Assim, são propostas as seguintes **técnicas de investigação da cifra negra** (apud CERVINI, 2002, p. 189):

---

a) investigação em face dos autores ou técnica de autodenúncia;

---

b) investigação em face de vítimas;

---

c) investigação em face de informantes criminais;

---

d) sistema de variáveis heterogêneas;

---

e) técnica do segmento operativo destinado aos agentes de controle formal (polícia e tribunais).

---

A **investigação em face de autores de crime (autodenúncia)** realiza-se com o interrogatório de pessoas em geral acerca dos fatos criminosos cometi-

58

dos, resultando deles ou não o processo penal. As falhas aqui existentes levam em conta a amostragem populacional e o grau de sinceridade dos interrogados, variando de acordo com o grau de cultura e cidadania do povo.

Já **a investigação em face de vítimas de delitos** traz uma vertente diferenciada, pois são interrogadas pessoas em geral que tenham suportado algum tipo de crime. Aqui também se procura a causa da não comunicação ou não indiciação dos implicados, variando da tipologia penal (estupros) à participação da vítima (jogos de azar) e mesmo à cumplicidade (favorecimento pessoal), o que pode induzir o investigador a erro. Aliás, é sabido que muitas vítimas não denunciam certos crimes por medo de represálias[5], por não considerarem grave a conduta lesiva, por não confiarem na polícia e na justiça; por serem novamente vitimizadas pelo sistema etc.

A **investigação em face de informantes criminais** tem a vantagem de apresentar uma amostragem de terceiras pessoas de forma muito desinibida e confiável.

Todavia, da mesma maneira que a autodenúncia, muitos informantes são criminosos que vivem da delação alheia, alimentados pela mecânica do sistema, de sorte que esse método pode muitas vezes significar um exercício de revanchismo ou retraimento (cúmplices).

O **sistema de variáveis heterogêneas** impõe três níveis de controle informático, quais sejam: a análise da cifra negra dos delitos leves, que é maior em razão dos crimes graves; a tendência à autocomposição das vítimas nos delitos leves; a variação dos métodos de análise de país para país.

Por derradeiro, a **técnica do segmento operativo dos agentes de controle formal** (polícia e tribunais) muda o foco e direciona seus estudos no sentido de pesquisar as causas reais de vulnerabilidade e de disfunções do Sistema Criminal.

Todos os órgãos do Sistema Criminal intervêm num processo de filtração por etapas, pois grande parcela das vítimas não denuncia os crimes que sofreram à polícia; esta, por sua vez, não instaura todas as investigações necessárias, não transmitindo a juízo tudo o que apurou; e os tribunais, por seu turno, arquivam boa parte das investigações sob o manto do garantismo penal.

## 4.4 Prognóstico criminológico

É a probabilidade de o criminoso reincidir, em razão de certos dados estatísticos coletados. Nunca haverá certeza, porque não se conhece por completo o consciente do autor.

---

[5] É conhecida nas favelas de São Paulo e do Rio a denominada "Lei do Silêncio", imposta pelo crime organizado, por meio da qual os integrantes da comunidade silenciam acerca dos crimes testemunhados ou sofridos, sob pena de sofrerem represália por parte dos criminosos.

Os **prognósticos criminais** podem ser clínicos e estatísticos.

**Prognósticos clínicos** são aqueles em que se faz um detalhamento do criminoso, por meio da interdisciplinaridade: médicos, psicólogos, assistentes sociais etc.

**Prognósticos estatísticos** são aqueles baseados em tabelas de predição, que não levam em conta certos fatores internos e só servem para orientar o estudo de um tipo específico de crime e de seus autores (condenados). Nesse contexto, é bom ter em mira o **índice de criminalidade** (vários fatores), pois devem ser levados em conta os fatores psicoevolutivos, jurídico-penais e ressocializantes (penitenciários).

Os **fatores psicoevolutivos** levam em conta a evolução da personalidade do agente, compreendendo: a) doenças graves infantojuvenis com repercussão somático-psíquica; b) desagregação familiar; c) interrupção escolar ou do trabalho; d) automanutenção precoce; e) instabilidade profissional; f) internação em instituição de tratamento para menores; g) fugas de casa, da escola etc.; h) integração com grupos improdutivos; i) distúrbios precoces de conduta; j) perturbações psíquicas.

Os **fatores jurídico-penais** desenham a vida delitiva do indivíduo, compreendendo: a) início da criminalidade antes dos 18 anos; b) muitos antecedentes penais e policiais ("folha corrida"); c) reincidência rápida; d) criminalidade interlocal; e) quadrilhas (facções criminosas), qualificadoras ou agravantes; f) tipo de crime (contra o patrimônio, a dignidade sexual, a pessoa).

Os **fatores ressocializantes** dizem respeito ao aproveitamento das medidas repressivas, embora no Brasil as instituições penitenciárias sejam, em regra, verdadeiras pocilgas, que funcionam como "universidade criminosa", tamanho o desrespeito aos direitos mínimos do homem. Registrem-se: a) inadaptação à disciplina carcerária e às regras prisionais; b) precário ou nulo ajuste ao trabalho interno; c) péssimo aproveitamento escolar e profissional na cadeia; d) permanência nos regimes iniciais de pena.

# 5º Capítulo

## Sociologia criminal

### 5.1 Sociologia criminal

A sociologia criminal, em seu início e postulados, confundiu-se com certos preceitos da antropologia criminal, uma vez que buscava a gênese delituosa nos fatores biológicos, em certas anomalias cranianas, na "disjunção" evolutiva.

O próprio Lombroso, no fim de seus dias, formulou o pensamento no sentido de que não só o crime surgia das degenerações, mas também certas transformações sociais afetavam os indivíduos, desajustando-os.

No entanto, a moderna sociologia partiu para uma divisão bipartida, analisando as chamadas teorias macrossociológicas, sob enfoques consensuais ou de conflito.

### 5.2 Modelos sociológicos de consenso e de conflito

Nessa perspectiva macrossociológica, as teorias criminológicas contemporâneas não se limitam à análise do delito segundo uma visão do indivíduo ou de pequenos grupos, mas sim da sociedade como um todo.

O **pensamento criminológico moderno** é influenciado por duas visões:

---

1) uma de cunho funcionalista, denominada teoria de integração, mais conhecida por **teorias de consenso**;

---

2) uma de cunho argumentativo, chamada de **teoria de conflito**.

---

São exemplos de teorias de consenso a Escola de Chicago, a teoria de associação diferencial, a teoria da anomia e a teoria da subcultura delinquente.

De outro lado, são exemplos de teorias de conflito o *labelling approach* e a teoria crítica ou radical.

As **teorias de consenso** entendem que os objetivos da sociedade são atingidos quando há o funcionamento perfeito de suas instituições, com os indivíduos convivendo e compartilhando as metas sociais comuns, concordando com as regras de convívio.

Aqui os sistemas sociais dependem da voluntariedade de pessoas e instituições, que dividem os mesmos valores.

As **teorias consensuais** partem dos seguintes **postulados**: toda sociedade é composta de elementos perenes, integrados, funcionais, estáveis, que se baseiam no consenso entre seus integrantes.

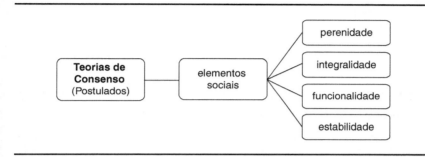

Por sua vez, as **teorias de conflito** argumentam que a harmonia social decorre da força e da coerção, em que há uma relação entre dominantes e dominados. Nesse caso, não existe voluntariedade entre os personagens para a pacificação social, mas esta é decorrente da imposição ou coerção.

Os **postulados das teorias de conflito** são: as sociedades são sujeitas a mudanças contínuas, sendo ubíquas, de modo que todo elemento coopera para sua dissolução. Haveria sempre uma luta de classes ou de ideologias a informar a sociedade moderna (Marx).

Os sociólogos contemporâneos afastam a luta de classes, argumentando que a violação da ordem deriva mais da ação de indivíduos, grupos ou bandos do que de um substrato ideológico e político[1].

Como bem ressaltou Shecaira (2008, p. 141): "Qualquer que seja a visão adotada para a análise criminológica, a sociedade é como a cabeça de Janus[2], e suas duas faces são aspectos equivalentes da mesma realidade".

---

[1] Uma atual facção criminosa dos presídios paulistas redigiu um "estatuto" alegando que seu fim é lutar contra a opressão do Estado, o que de certa forma nega a postura dos sociólogos contemporâneos.

[2] Na Antiguidade, muitas cidades eram cercadas por fortificações que as protegiam, tendo portas e arcos como entradas. Janus, deus romano, protetor das entradas ou começos, é representado por uma cabeça dotada de duas faces, posicionadas em direções opostas, conforme aparece em

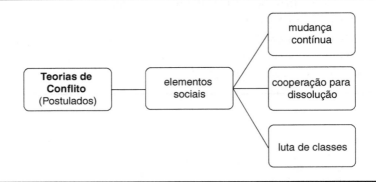

## 5.3 Teorias sociológicas explicativas do crime

Entre as diversas teorias sociológicas que buscam explicar todo o fenômeno criminal estão a Escola de Chicago, a associação diferencial, a anomia, a subcultura delinquente, o *labelling approach* e a teoria crítica (radical).

## 5.4 Escola de Chicago

A Revolução Industrial proporcionou uma forte expansão do mercado americano, com a consolidação da burguesia comercial.

Os estudos sociológicos americanos foram *a priori* marcados por uma influência significante da religião. Com a secularização, ocorreu a aproximação entre as elites e a classe baixa, sobretudo por uma matriz de pensamento, formada na Universidade de Chicago, que se denominou teoria da ecologia criminal ou desorganização social (Clifford Shaw e Henry Mckay).

Em função do crescimento desordenado da cidade de Chicago, que se expandiu do centro para a periferia (movimento circular centrífugo), inúmeros e graves problemas sociais, econômicos, culturais etc. criaram um ambiente favorável à instalação da criminalidade, ainda mais pela ausência de mecanismos de controle social.

---

antigas moedas romanas. Moeda romana em ouro representando as duas faces de Janus – 225-212 a.C.; depositada no *Keensthistoreshes Vienna Museum*.

A Escola de Chicago, atenta aos fenômenos criminais observáveis, passou a usar os **inquéritos sociais** (*social surveys*) na investigação daqueles.

Tais investigações sociais demandavam a realização de interrogatórios diretos, feitos por uma equipe especial junto a dado número de pessoas (amostragem). Ao lado desses inquéritos sociais, utilizaram-se análises biográficas de *individual cases*. Os casos individuais permitiram a verificação de um perfil de carreira delitiva.

Estabeleceu-se a metodologia de colocação dos resultados da criminalidade sobre o mapa da cidade, pois é a cidade o ponto de partida daquela (estrutura ecológica).

Os meios diferentes de adaptação das pessoas às cidades acabam por propiciar a mesma consequência: implicação moral e social num processo de interação na cidade.

Assim, com o crescimento das cidades começa a surgir uma relação de aproximação entre as pessoas, com a vizinhança se conhecendo. Passa a existir, por conseguinte, uma verdadeira identidade dos quarteirões. Esse mecanismo solidário de mútuas relações proporciona uma espécie de **controle informal** (polícia natural), na medida em que uns tomam conta dos outros[3] (ex.: família que viaja e pede ao vizinho que recolha o jornal, que mostre ao leiturista da água o local do hidrômetro etc.).

Os avanços do progresso cultural aceleram a **mobilidade** social, fazendo aumentar a alteração, com as mudanças de emprego, residência, bairro etc., incorrendo em ascensão ou queda social. A mobilidade difere da **fluidez**, que é o movimento sem mudança da postura ecológica, proporcionado pelo avanço da tecnologia dos transportes (automóvel, trens, metrô).

Portanto, a mobilização e a fluidez impedem o efetivo controle social informal nas maiores cidades.

### 5.4.1 A teoria ecológica e suas propostas

Há dois conceitos básicos para que se possa entender a ecologia criminal e seu efeito criminógeno: **a ideia de "desorganização social" e a identificação de "áreas de criminalidade"** (que seguem uma *gradient tendency*).

O crescimento desordenado das cidades faz desaparecer o controle social informal; as pessoas vão se tornando anônimas, de modo que a família, a igreja, o trabalho, os clubes de serviço social etc. não dão mais conta de impedir os atos antissociais.

Destarte, a ruptura no grupo primário enfraquece o sistema, causando aumento da criminalidade nas grandes cidades.

---

[3]   Até os anos 1970 era comum nas cidades do interior a existência de inspetores de quarteirão, que zelavam pela mantença do equilíbrio naquela microárea.

No mesmo sentido, a ausência completa do Estado (não há delegacias, escolas, hospitais, creches etc.) cria uma sensação de anomia e insegurança, potencializando o surgimento de bandos armados, matadores de aluguel que se intitulam mantenedores da ordem[4].

O segundo dado característico é a existência de áreas de criminalidade segundo uma *gradient tendency*.

Para Shecaira (2008, p. 167), "uma cidade desenvolve-se, de acordo com a ideia central dos principais autores da teoria ecológica, segundo círculos concêntricos, por meio de um conjunto de zonas ou anéis a partir de uma área central. No mais central desses anéis estava o Loop, zona comercial com os seus grandes bancos, armazéns, lojas de departamento, a administração da cidade, fábricas, estações ferroviárias, etc. A segunda zona, chamada de zona de transição, situa-se exatamente entre zonas residenciais (3ª zona) e a anterior (1ª zona), que concentra o comércio e a indústria. Como zona intersticial, está sujeita à invasão do crescimento da zona anterior e, por isso, é objeto de degradação constante".

Assim, a 2ª zona favorece a criação de guetos, a 3ª zona mostra-se como lugar de moradia de trabalhadores pobres e imigrantes, a 4ª zona destina-se aos conjuntos habitacionais da classe média e a 5ª zona compõe-se da mais alta camada social.

**Teoria das Zonas Concêntricas**

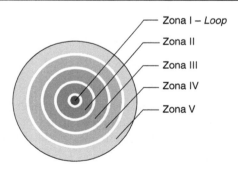

---

[4] Na cidade de São Paulo, na zona sul, em áreas favelizadas (Parque Arariba, Cidade Fim de Semana, Parque Santo Antonio, Jardim Ângela etc.), nos anos 1980 e 1990, surgiram grupos de extermínio, intitulados "justiceiros ou pés de pato", que cometeram inúmeros homicídios, formando um verdadeiro esquadrão da morte. Alguns desses criminosos foram mortos em confronto com a polícia, outros foram presos e condenados. Fenômeno similar deu-se, na mesma época, também nas zonas norte (Favela Funerária no Parque Novo Mundo) e leste da capital paulista (favelas de Guaianazes e Itaquera).

As principais propostas da **ecologia criminal** visando o combate à criminalidade são: alteração efetiva da situação socioeconômica das crianças; amplos programas comunitários para tratamento e prevenção; planejamento estratégico por áreas definidas; programas comunitários de recreação e lazer, como ruas de esportes, escotismo, artesanato, excursões etc.; reurbanização dos bairros pobres, com melhoria da estética e do padrão das casas.

Registra-se que a principal contribuição da Escola de Chicago deu-se no campo da metodologia (estudos empíricos) e da política criminal, lembrando que a consequência direta foi o destaque à prevenção, reduzindo a repressão.

Todavia, não há prevenção criminal ou repressão que resolvam a questão criminal se não existirem ações afirmativas que incluam o indivíduo na sociedade.

## 5.5 Associação diferencial

É considerada uma teoria de consenso, desenvolvida pelo sociólogo americano Edwin Sutherland (1883-1950), inspirado em Gabriel Tarde.

Cunhou-se, no final dos anos 1930, a expressão *white collar crimes (crimes de colarinho branco)* para designar os autores de crimes específicos, que se diferenciavam dos criminosos comuns.

Afirma que o comportamento do criminoso é aprendido, nunca herdado, criado ou desenvolvido pelo sujeito ativo. Sutherland não propõe a associação entre criminosos e não criminosos, mas sim entre definições favoráveis ou desfavoráveis ao delito.

Nesse contexto, a associação diferencial é um processo de apreensão de comportamentos desviantes, que requer conhecimento e habilidade para se locupletar das ações desviantes.

Isso é aprendido e promovido por gangues urbanas, grupos empresariais, aquelas despertadas para a prática de furtos e arruaças, e estes, para a prática de sonegações e fraudes comerciais.

A apreensão (aprendizagem) do comportamento delitivo se dá numa compreensão cênica, em decorrência de uma interação.

Conforme o ensino de Álvaro Mayrink da Costa (1976, p. 129), "a aprendizagem é feita num processo de comunicação com outras pessoas, principalmente, por grupos íntimos, incluindo técnicas de ação delitiva e a direção específica de motivos e impulsos, racionalizações e atitudes. Uma pessoa torna-se criminosa porque recebe mais definições favoráveis à violação da lei do que desfavoráveis a essa violação. Este é o princípio da associação diferencial".

Em outras palavras, a associação diferencial desperta as leis de imitação, porque, ao contrário do que suponha Lombroso, ninguém nasce criminoso, mas a criminalidade é consequência de uma socialização incorreta.

As classes sociais mais altas acabam por influenciar as mais baixas, inclusive em razão do monopólio dos meios de comunicação em massa, que criam estereótipos, modelos, comportamentos etc.

Portanto, não se pode dizer que o crime é uma forma de comportamento inadaptado das classes menos favorecidas. Não é exclusividade delas, porque assistimos a uma série de crimes de colarinho branco (sonegações, fraudes etc.), que são delitos praticados por pessoas de elevada estatura social e respeitadas no ambiente profissional (empresários, políticos, industriais etc.).

Nem todas as associações diferenciais têm a mesma força; variam na frequência, na duração, nos interesses e na intensidade.

Daí por que a teoria conduz à ideia de que a cultura mais ampla não é homogênea, levando a conceitos contraditórios do mesmo comportamento, porque se nega que o comportamento do delinquente possa ser explicado por necessidades e valores gerais.

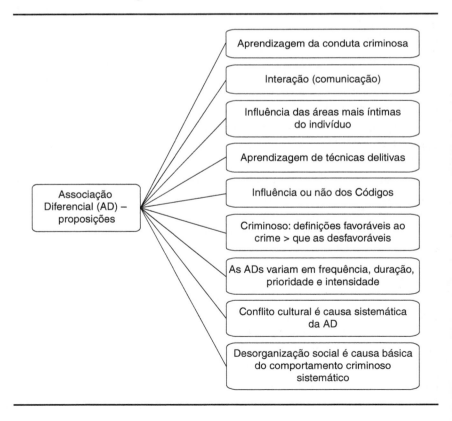

## 5.6 Anomia. Subcultura delinquente

A **teoria da anomia** também é vista como **teoria de consenso**, porém com *nuances* marxistas. Afasta-se dos estudos clínicos do delito porque não o compreende como anomalia.

De plano, convém citar que essa teoria se insere no plano das correntes funcionalistas, desenvolvidas por Robert King Merton, com apoio na doutrina de E. Durkheim (*O suicídio*). Para os funcionalistas, a sociedade é um todo orgânico articulado que, para funcionar perfeitamente, necessita que os indivíduos interajam num ambiente de valores e regras comuns.

No entanto, toda vez que o Estado falha é preciso resgatá-lo, preservando-o; se isso não for possível, haverá uma disfunção.

Merton explica que o comportamento desviado pode ser considerado, no plano sociológico, um sintoma de dissociação entre as aspirações socioculturais e os meios desenvolvidos para alcançar tais aspirações.

Assim, o fracasso no atingimento das aspirações ou metas culturais em razão da impropriedade dos meios institucionalizados pode levar à **anomia**, isto é, a manifestações comportamentais em que as normas sociais são ignoradas ou contornadas.

A anomia é uma situação de fato em que faltam coesão e ordem, sobretudo no que diz respeito a normas e valores. Exemplos: as forças de paz no Haiti tentaram debelar o caos anômico naquele país (2008); após a passagem do furacão Katrina em Nova Orleans (EUA, 2005), assistiu-se a um estado calamitoso de crimes naquela cidade, como se lá não houvesse nenhuma norma[5].

A anomia vista como um tipo de conflito cultural ou de normas sugere a existência de um segmento de dada cultura, cujo sistema de valores esteja em antítese e em conflito com outro segmento.

Então, o conceito de anomia de Merton atinge dois pontos conflitantes: as **metas culturais** (*status*, poder, riqueza etc.) e os **meios institucionalizados** (escola, trabalho etc.).

Nessa linha de raciocínio, Merton elabora um esquema no qual explica o modo de adaptação dos indivíduos em face das metas culturais e meios disponíveis, assinalando com um sinal positivo quando o homem aceita o meio institucionalizado e a meta cultural, e com um sinal negativo quando os reprova.

---

[5]  Na noite de 31 de agosto de 2005, o prefeito de Nova Orleans, Ray Nagin declarou "lei marcial" na cidade e disse que "os policiais não precisavam se preocupar com os direitos civis para deter os saqueadores". Fonte: <http://ultimosegundo.ig.com.br/mundo/2008/08/31/>.

| Modos de Adaptação | Meios Culturais | Meios Institucionalizados |
| --- | --- | --- |
| Conformidade | + | + |
| Inovação | + | − |
| Ritualismo | − | + |
| Evasão/Retraimento | − | − |
| Rebelião | ± | ± |

A **conformidade** ou comportamento modal (conformista), num ambiente social estável, é o tipo mais comum, pois os indivíduos aceitam os meios institucionalizados para alcançar as metas socioculturais. Existe adesão total e não ocorre comportamento desviante desses aderentes.

No modo de **inovação** os indivíduos acatam as metas culturais, mas não aceitam os meios institucionalizados. Quando se apercebem de que nem todos os meios estão a sua disposição, eles rompem com o sistema e, pela conduta desviante, tentam alçar as metas culturais. Nesse aspecto, o delinquente corta caminho para chegar às metas culturais.

Outro modo referido por Merton é o **ritualismo**, por meio do qual os indivíduos fogem das metas culturais, que, por uma razão ou outra, acreditam que jamais atingirão. Renunciam às metas culturais por entenderem que são incapazes de alcançá-las.

Na **evasão ou retraimento** os indivíduos renunciam tanto às metas culturais quanto aos meios institucionalizados. Aqui se acham os bêbados, drogados, mendigos e párias, que são derrotistas sociais.

Por derradeiro, cita-se a **rebelião**, caracterizada pelo inconformismo e pela revolta, em que os indivíduos rejeitam as metas e meios, lutando pelo estabelecimento de novos paradigmas, de uma nova ordem social. São, individualmente, os "rebeldes sem causa", ou, ainda, coletivamente, as revoluções sociais.

A **anomia**, como uma espécie de confusão de normas ou um encontro de normas conflitantes, é o primeiro passo para a análise das subculturas.

Lembra o festejado professor Sérgio Marcos de Moraes Pitombo[6] que a "anomia, portanto, funciona qual fator criminógeno, pela oscilação entre a desobediência tolerada e a impunidade ostensiva. O delito aflora, pois, como res-

---

[6] Disponível em: <www.sergio.pitombo.nom.br>. Acesso em: 23 jul. 2019.

posta esperada em face das estruturas sociais anormais. Solução que, sem culpa ou medo, se acentua na medida em que se abrem as oportunidades ilegítimas".

A sociedade pode ser ideologicamente igualitária, democrática ou não, mas em verdade desigual. Os meios legítimos, postos à disposição do corpo social para atingimento de suas aspirações, não significam oportunidades reais, iguais. E a partilha irregular das oportunidades produz subalternos e as oportunidades ilegítimas exsurgem escassas e distribuídas de maneira desigual. Esquematicamente[7]:

| Subcultura criminal | Aprendizagem dos valores e técnicas, para desempenho de papéis desviantes; possibilidade de desempenho de tais papéis; ausência de culpa ou medo, em relação aos meios legítimos. |
|---|---|
| Subcultura de conflitos | Saída para a violência, para os que não têm oportunidades legítimas e ilegítimas. |
| Subcultura de evasão | Abandono ou renúncia de tudo, como resultado de fracasso. Apatia. |

### Subcultura delinquente

A teoria da **subcultura delinquente** é tida como teoria de consenso, criada pelo sociólogo Albert Cohen (*Delinquent boys*, 1955).

Três ideias básicas sustentam a subcultura: 1) o caráter pluralista e atomizado da ordem social; 2) a cobertura normativa da conduta desviada; 3) as semelhanças estruturais, na gênese, dos comportamentos regulares e irregulares.

Essa teoria é contrária à noção de uma ordem social, ofertada pela criminologia tradicional.

Identificam-se como exemplos as gangues de jovens delinquentes, em que o garoto passa a aceitar os valores daquele grupo, admitindo-os para si mesmo, mais que os valores sociais dominantes.

Segundo Cohen, a subcultura delinquente se caracteriza por três fatores: **não utilitarismo da ação**; **malícia da conduta**; e **negativismo**.

O **não utilitarismo da ação** se revela no fato de que muitos delitos não possuem motivação racional (ex.: alguns jovens furtam roupas que não vão usar).

A **malícia** da conduta é o prazer em desconcertar, em prejudicar o outro (ex.: atemorização que gangues fazem em jovens que não as integram).

O **negativismo** da conduta mostra-se como um polo oposto aos padrões da sociedade.

A existência de subculturas criminais se mostra como forma de reação necessária de algumas minorias muito desfavorecidas diante das exigências sociais de sobrevivência.

---

[7]    Idem, ibidem.

Sustenta Alessandro Baratta (1999, p. 76) que "tanto a teoria funcionalista da anomia, quanto a teoria das subculturas criminais contribuíram, de modo particular, para esta relativização do sistema de valores e regras sancionadas pelo direito penal, em oposição à ideologia jurídica tradicional, que tende a reconhecer nele uma espécie de mínimo ético, ligado às exigências fundamentais da vida da sociedade e, frequentemente, aos princípios de toda convivência humana".

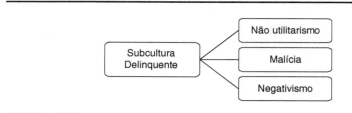

As soluções parecem fáceis de se elencar e difíceis de serem operacionalizadas. É indiscutível a necessidade de investimentos sociais com vistas à redução de desigualdades e à ampliação de oportunidades. Assim, investimentos em educação de qualidade, saúde e justa distribuição de rendas em paralelo com o soerguimento de valores éticos e no campo da justiça penal, a aplicação de penas alternativas, desjudicialização com a conciliação e a mediação de conflitos e a descriminalização de delitos e contravenções.

Trata-se de trabalho de longo prazo, caso haja vontade política dos governantes, com o objetivo de se restaurar a paz pública, a tranquilidade social e a harmonia de convivência.

## 5.7 Labelling approach

A teoria do *labelling approach* (interacionismo simbólico, etiquetamento, rotulação ou reação social) é uma das mais importantes **teorias de conflito**. Surgida nos anos 1960, nos Estados Unidos, seus principais expoentes foram Erving Goffman e Howard Becker.

Por meio dessa teoria ou enfoque, a criminalidade não é uma qualidade da conduta humana, mas a consequência de um processo em que se atribui tal "qualidade" (estigmatização).

Assim, o criminoso apenas se diferencia do homem comum em razão do estigma que sofre e do rótulo que recebe. Por isso, o tema central desse enfoque é o processo de interação em que o indivíduo é chamado de criminoso.

A sociedade define o que entende por "conduta desviante", isto é, todo comportamento considerado perigoso, constrangedor, impondo sanções àqueles que se comportarem dessa forma. Destarte, condutas desviantes são aquelas que as pessoas de uma sociedade rotulam às outras que as praticam.

A teoria da rotulação de criminosos cria um processo de estigma para os condenados, funcionando a pena como geradora de desigualdades. O sujeito acaba sofrendo reação da família, amigos, conhecidos, colegas, o que acarreta a marginalização no trabalho, na escola.

Sustenta-se que a criminalização primária produz a etiqueta ou rótulo, que por sua vez produz a criminalização secundária (reincidência). A etiqueta ou rótulo (materializados em atestado de antecedentes, folha corrida criminal, divulgação de jornais sensacionalistas etc.) acaba por impregnar o indivíduo, causando a expectativa social de que a conduta venha a ser praticada, perpetuando o comportamento delinquente e aproximando os indivíduos rotulados uns dos outros. Uma vez condenado, o indivíduo ingressa numa "instituição" (presídio), que gerará um processo institucionalizador, com seu afastamento da sociedade, rotinas do cárcere etc.

Uma versão mais radical dessa teoria anota que a criminalidade é apenas a etiqueta aplicada por policiais, promotores, juízes criminais, isto é, pelas instâncias formais de controle social. Outros, menos radicais, entendem que o etiquetamento não se acha apenas na instância formal de controle, mas também no controle informal, no interacionismo simbólico na família e escola ("irmão ovelha negra", "estudante rebelde" etc.).

As consequências políticas da teoria do *labelling approach* são reduzidas àquilo que se convencionou chamar de **"política dos quatro Ds"** (**Descriminalização, Diversão, Devido processo legal e Desinstitucionalização**). No plano jurídico-penal, os efeitos criminológicos dessa teoria se deram no sentido da prudente não intervenção ou do direito penal mínimo. Existe uma tendência garantista, de não prisionização, de progressão dos regimes de pena, de *abolitio criminis* etc.

O problema criminal brasileiro ultrapassa a ridícula dicotomia de esquerda ou direita na política penal.

É uma falácia pensar na criminalidade atual como subproduto de uma rotulação policial ou judicial.

Observa-se o crime organizado[8]: uma verdadeira empresa multinacional, com produção, gerências regionais, inteligência, infiltração nas universidades e

---

[8]    O jornal O *Estado de S. Paulo*, de 30-3-2008, revelou que integrantes de uma facção criminosa que opera nos presídios paulistas negociaram com guerrilheiros das Forças Armadas Revolucionárias da Colômbia (FARC) o tráfico internacional de cocaína, bem como o treinamento de seu pessoal.

no Poder Público, lavagem de dinheiro, hierarquia, disciplina, controle informal dos presídios. Isso seria produzido por etiquetamento? Certamente não, mas os penalistas brasileiros insistem na minimização do direito penal, na exacerbação de direitos dos presos, sendo "etiquetada" de reacionária, *démodé* ou "conservadora" qualquer medida de contenção e ordem imposta pelo Estado.

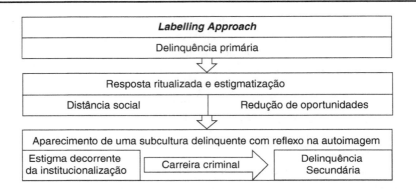

## 5.8 Teoria crítica ou radical

A origem histórica dessa teoria de conflito se encontra no início do século XX, com o trabalho do holandês Bonger, que, inspirado pelo marxismo, entende ser o capitalismo a base da criminalidade, na medida em que promove o egoísmo; este, por seu turno, leva os homens a delinquir.

Afirma, ainda, que as condutas delitivas dos menos favorecidos são as efetivamente perseguidas, ao contrário do que acontece com a criminalidade dos poderosos.

Portanto, essa teoria, de origem marxista, entende que a realidade não é neutra, de modo que se vê todo o processo de **estigmatização da população marginalizada**, que se estende à classe trabalhadora, alvo preferencial do sistema punitivo, e que visa criar um temor da criminalização e da prisão para manter a estabilidade da produção e da ordem social.

As principais características da **corrente crítica** são:

| | |
|---|---|
| a) | a concepção conflitual da sociedade e do direito (o direito penal se ocupa de proteger os interesses do grupo social dominante); |
| b) | reclama compreensão e até apreço pelo criminoso; |
| c) | critica severamente a criminologia tradicional; |
| d) | o capitalismo é a base da criminalidade; |
| e) | propõe reformas estruturais na sociedade para redução das desigualdades e, consequentemente, da criminalidade. |

É criticada por apontar problemas nos Estados capitalistas, não analisando o crime nos países socialistas.

Destacam-se as correntes do neorrealismo de esquerda; do direito penal mínimo e do abolicionismo penal, que, no fundo, apregoam a reestruturação da sociedade, extinguindo o sistema de exploração econômica.

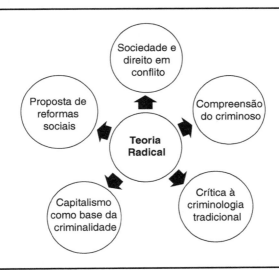

### 5.8.1 Neorretribucionismo (lei e ordem; tolerância zero; broken windows theory)

Uma vertente diferenciada surge nos Estados Unidos, com a denominação **lei e ordem** ou **tolerância zero** (*zero tolerance*), decorrente da **teoria das "janelas quebradas"** (*broken windows theory*), inspirada pela escola de Chicago, dando um caráter "sagrado" aos espaços públicos.

Alguns a denominam **realismo de direita** (apud SHECAIRA, 2004, p. 331) ou **neorretribucionismo**.

Parte da premissa de que os pequenos delitos devem ser rechaçados, o que inibiria os mais graves (fulminar o mal em seu nascedouro), atuando como **prevenção geral**; os espaços públicos e privados devem ser tutelados e preservados.

Alguns doutrinadores discordam dessa teoria, no sentido de que produz um elevado número de encarceramentos (nos EUA, em 2008, havia 2.319.258 encarcerados e aproximadamente 5.000.000 pessoas beneficiadas com algum tipo de instituto processual, como *sursis*, liberdade condicional etc.).

74

Em 1982 foi publicada na revista *The Atlantic Monthly* uma teoria elaborada por dois criminólogos americanos, James Wilson e George Kelling, denominada **Teoria das Janelas Quebradas** (*Broken Windows Theory*).

Essa teoria parte da premissa de que existe uma relação de causalidade entre a **desordem** e a **criminalidade**.

A teoria baseia-se num **experimento realizado por Philip Zimbardo**, psicólogo da Universidade de Stanford, com um automóvel deixado em um bairro de classe alta de Palo Alto (Califórnia) e outro deixado no Bronx (Nova York). No Bronx o veículo foi depenado em 30 minutos; em Palo Alto, o carro permaneceu intacto por uma semana. Porém, após o pesquisador quebrar uma das janelas, o carro foi completamente destroçado e saqueado por grupos de vândalos em poucas horas.

João Milanez da Cunha Lima e Luis Fernando da Cunha Lima (2009, p. 88) afirmam que "estes fatos estão a demonstrar que uma área se torna vulnerável ao crime quando os moradores se descuidam dos seus padrões de controle social, quando deixam de tomar as providências devidas para eliminar fatores adversos, quando se isolam em suas próprias casas, quando não se interessam pelo que se passa à sua volta, evitando até os vizinhos. O ambiente de desleixo e abandono, por falta de coesão social, dando a sensação de que as pessoas 'não estão nem aí', constitui claro indício do afrouxamento do controle social, que não deixará de fomentar desordens, pequenas infrações, arruaças e bebedeiras, em detrimento da qualidade de vida. Não tarda mudarem-se dali as pessoas ordeiras, mais apegadas ao bairro, sendo substituídas por moradores mais instáveis, que passam a habitá-lo em caráter provisório. O caminho fica aberto para o tráfico de entorpecentes e o crime violento, pragas de nossa época".

Irretocável a lição dos ilustres autores, valendo apenas acrescentar que, no Brasil da "social-democracia", houve um enxugamento do Estado, proporcionado pela bisonha política econômica do neoliberalismo, com o consequente sucateamento e desvalorização dos órgãos policiais, bem como pela pífia atuação na infraestrutura da sociedade. Isso tudo, aliado ao estrangulamento do mercado de trabalho (cada vez mais competitivo), vem causando a favelização centrípeta dos grandes centros urbanos (São Paulo, Rio de Janeiro, Recife, Campinas etc.) que, uma vez deteriorados, se mostram como terreno fértil à criminalidade[9].

---

[9]     A título de exemplo, apenas no Estado de São Paulo, no ano de 2018, ocorreram 1.235.574 delitos, sobretudo crimes contra a vida, a dignidade sexual e o patrimônio, excetuando-se crimes como tráfico de drogas e estelionato, segundo dados da Coordenadoria de Análise e Planejamento da Secretaria Estadual de Segurança Pública – CAP (disponível em: <www.ssp.

Nesse sentido, caso se quebre uma janela de um prédio e ela não seja imediatamente consertada, os transeuntes pensarão que não existe autoridade responsável pela conservação da ordem naquela localidade. Logo todas as outras janelas serão quebradas.

Assim, haverá a decadência daquele espaço urbano em pouco tempo, facilitando a permanência de marginais no lugar; criar-se-á, dessa forma, terreno propício para a criminalidade.

A **teoria das janelas quebradas** (ou *broken windows theory*), desenvolvida nos EUA e aplicada em Nova York, quando Rudolph Giuliani era prefeito, por meio da **Operação Tolerância Zero**, reduziu consideravelmente os índices de criminalidade naquela cidade.

O resultado da aplicação da *broken windows theory* foi a redução satisfatória da criminalidade em Nova York, que antigamente era conhecida como a capital do crime. Hoje, essa cidade é considerada a mais segura dos Estados Unidos.

Uma das principais críticas a essa teoria está no fato de que, com a política de tolerância zero, houve o encarceramento em massa dos menos favorecidos (prostitutas, mendigos, sem-teto etc.).

Na verdade, a crítica não procede, porque a política criminal analisava a conduta do indivíduo, não a sua situação pessoal.

Em 1990 o americano Wesley Skogan realizou uma pesquisa em várias cidades dos EUA que confirmou os fundamentos da teoria. A relação de causalidade existente entre desordem e criminalidade é muito maior do que a relação entre criminalidade e pobreza, desemprego, falta de moradia.

O estudo foi de extrema importância para que fosse colocada em prática a política criminal de tolerância zero, implantada pelo chefe de polícia de Nova York, Willian Bratton, que combatia veementemente os vândalos no metrô. Do metrô para as ruas implantou-se uma **teoria da lei** e **ordem**, em que se agia contra os grupos de vândalos que lavavam os para-brisas de veículos e extorquiam dinheiro dos motoristas. Essa conduta era punida com serviços comunitários e não levava à prisão. Assim, as pessoas eram intimadas e muitas não cumpriam a determinação judicial, cujo descumprimento autorizava, então, a prisão. As prisões foram feitas às centenas, o que intimidava os demais, levando os nova-iorquinos a acabar em semanas com um temor de anos.

---

sp.gov.br/Estatistica/Pesquisa.aspx>, acesso em: 23 jul. 2019), o que se mostra absolutamente preocupante, bem como o desastre na condução da Pasta da segurança pública por neófitos e despreparados.

Em Nova York, após a atuação de Rudolph Giuliani (prefeito) e de Willian Bratton (chefe de polícia) com a "zero tolerance", os índices de criminalidade caíram 57% em geral e os casos de homicídio caíram 65%, o que é, no mínimo, elogiável.

Índices semelhantes foram obtidos em Los Angeles, Las Vegas e São Francisco, que, guardadas as devidas proporções, adotaram a "zero tolerance" em seus domínios, valendo ressaltar que Willian Bratton foi chefe de Polícia em Los Angeles por 7 anos, aposentando-se em outubro de 2009. Hoje em dia (2016) o Comissário Chefe de Polícia de Nova York é novamente William Bratton, reeleito para novo mandato, por conta do altíssimo grau de confiança popular na Polícia, que efetivamente preenche os espaços públicos, causando sensação de segurança.

Como ensina Eduardo Viana (2014, p. 189), "em síntese, os problemas derivados da criminalidade devem ser combatidos com a expansão do Direito Penal e Processual Penal, seja no endurecimento das sanções já existentes, seja pela criação de novos tipos penais, seja pela redução de garantias processuais".

As **características principais do movimento Lei e Ordem** são:

a) a pena criminal é justificada como castigo e retribuição, mas não no sentido de retribuição jurídica, e sim no sentido clássico do tema, punição porque errou;

b) os delitos hediondos e que ferem os principais bens jurídicos devem ser punidos com o máximo rigor, com penas de morte e de longo encarceramento;

c) as penas aplicadas em decorrência de crimes violentos devem ser cumpridas em estabelecimentos prisionais de segurança máxima, com um regime de cumprimento de pena severo por parte do condenado, separando-o do convívio com os demais apenados;

d) a ampliação da prisão provisória para garantir imediatidade de resposta ao crime[10];

e) diminuição dos poderes e controle da execução penal judicial e aumento dos poderes das autoridades penitenciárias.

---

[10] Defendemos a alteração da Lei n. 7.960, de 21-12-1989, no sentido de se atribuir ao delegado de polícia a competência para decretação de prisão temporária por cinco dias nos crimes hediondos, com comunicação imediata ao juiz de direito competente, como medida a garantir pronta resposta à criminalidade violenta.

Em contrapartida, no Brasil a criminalidade é crescente e organizada a partir dos presídios. Como se não bastasse, progridem também as medidas despenalizadoras, na contramão da história e da necessidade de maior proteção do direito à segurança da sociedade, um direito constitucional fundamental e difuso. Mais disso, na periferia dos grandes centros urbanos brasileiros predomina uma indiscutível ausência estatal e, via de regra, uma desordem crescente, formando o ambiente favorável à instalação do crime organizado, das milícias etc. Parece até que alguns penalistas brasileiros pretendem uma neoanomia do "quanto pior, melhor".

A corroborar o que se disse anteriormente, em alusão à promíscua ausência de políticas públicas de segurança no Brasil dos últimos trinta anos, cite-se o pensamento de Carlos Alberto Elbert, professor de criminologia da Universidade Nacional de Buenos Aires, para quem "o 'encolhimento do Estado', objetivo essencial das políticas neoliberais, que – como vimos – já se haviam posto (com outro nome) na Argentina do Centenário, afetou fortemente as estruturas do controle social. As restrições orçamentárias e a filosofia do novo 'Estado frágil' fizeram com que as polícias diminuíssem suas funções até privatizá-las, tarifando-as como 'serviços extraordinários'. Isso significa que numerosas atividades que antes contavam com a vigilância pública, como as esportivas, tiveram que contratar serviços de mercado à polícia. A passagem declarada das funções policiais ao livre mercado fez com que cada vez mais funcionários ficassem afetados para cobrir horas extras de serviços, com tarifas especiais, ou fossem diretamente recrutados por agências de segurança e vigilância privadas. Os serviços policiais 'de mercado' abarcam uma grande diversidade: vigilância domiciliar, custódia pessoal, trâmites, apoio a empresas de recuperação de carros roubados, seguradoras, serviços privados de controle de trânsito etc. Com tais 'ganhos', o Estado tirou um peso de seus ombros com os custos de manutenção de uma polícia pública a serviço (ao menos teórico) de todos os cidadãos, debilitando sua identidade e sua legitimação sociais. (...) No Brasil e na Venezuela, os empresários e as autoridades se deslocam a seus locais de trabalho somente em helicópteros, para não terem de transitar pela cidade, expondo-se a seus perigos".

A incompetência do neoliberalismo da social-democracia fragilizou os órgãos policiais do Estado, culminando com um alarmante crescimento da criminalidade, em paralelo com a multiplicação de agências e setores de "segurança privada" e o fortalecimento de facções criminosas diretamente ligadas à estrutura prisional do Estado, o que, por si só, mostra que a crise de segurança construída pelo neoliberalismo deixa danos irreparáveis para reedificação por uma só geração.

Não é demais perguntar, a quem interessa que a polícia seja enfraquecida, corrompida, ultrajada em seus salários e sem os poderes legais necessários ao enfrentamento da criminalidade organizada? Quem lucra com a "indústria do medo", com a segurança privada, câmeras, blindagens, cercas elétricas etc.?

Aos responsáveis por esse estado de coisas, a história deixará sua marca e respectivo débito.

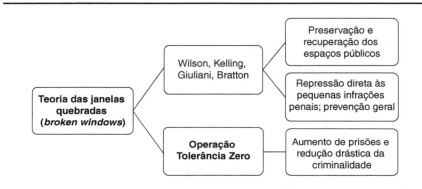

Vale exemplificar com dados estatísticos da Secretaria de Segurança Pública do Estado de São Paulo, conforme tabela oficial abaixo, retirada do *site* da SSP/SP[11]. O número astronômico de infrações penais praticadas durante o ano de 2023 no Estado de São Paulo (**1.425.673 – um milhão e quatrocentos e vinte e cinco mil e seiscentos e setenta e três delitos**) e que significou um aumento de 6.915 (seis mil novecentos e quinze) delitos em relação ao ano de 2018, retratado na última edição (1.418.758), **sem mencionar o tráfico de drogas, o estelionato, a apropriação indébita, as fraudes** etc., bem como a **cifra negra dos crimes patrimoniais**, levaria ao *impeachment* dos governantes em qualquer país pretensamente sério.

| Natureza | Jan. | Fev. | Mar. | Abr. | Maio | Jun. | Jul. | Ago. | Set. | Out. | Nov. | Dez. | Total |
|---|---|---|---|---|---|---|---|---|---|---|---|---|---|
| HOMICÍDIO DOLOSO (2) | 250 | 222 | 243 | 225 | 195 | 191 | 162 | 204 | 239 | 196 | 209 | 269 | 2.605 |
| N. DE VÍTIMAS EM HOMICÍDIO DOLOSO (3) | 258 | 240 | 254 | 231 | 200 | 205 | 171 | 212 | 251 | 204 | 224 | 278 | 2.728 |
| HOMICÍDIO DOLOSO POR ACIDENTE DE TRÂNSITO | 1 | 2 | 0 | 0 | 1 | 2 | 0 | 0 | 0 | 0 | 3 | 1 | 10 |

---

11 Disponível em: <https://www.ssp.sp.gov.br/estatistica/dados-mensais>. Acesso em: 5 nov. 2024.

| | | | | | | | | | | | | |
|---|---|---|---|---|---|---|---|---|---|---|---|---|
| N. DE VÍTIMAS EM HOMICÍDIO DOLOSO POR ACIDENTE DE TRÂNSITO | 1 | 5 | 0 | 0 | 1 | 3 | 0 | 0 | 0 | 0 | 7 | 1 | 18 |
| HOMICÍDIO CULPOSO POR ACIDENTE DE TRÂNSITO | 263 | 236 | 358 | 274 | 338 | 304 | 361 | 313 | 361 | 371 | 310 | 381 | 3.870 |
| HOMICÍDIO CULPOSO – OUTROS | 19 | 9 | 14 | 24 | 16 | 5 | 10 | 16 | 11 | 14 | 14 | 9 | 161 |
| TENTATIVA DE HOMICÍDIO | 320 | 291 | 346 | 308 | 285 | 260 | 265 | 292 | 313 | 272 | 315 | 348 | 3.615 |
| LESÃO CORPO-RAL SEGUIDA DE MORTE | 13 | 4 | 9 | 4 | 5 | 6 | 4 | 7 | 9 | 5 | 6 | 10 | 82 |
| LESÃO CORPORAL DOLOSA | 11.422 | 11.333 | 13.482 | 11.402 | 11.691 | 10.726 | 11.038 | 12.264 | 13.248 | 13.095 | 13.590 | 13.920 | 147.211 |
| LESÃO CORPO-RAL CULPOSA POR ACIDENTE DE TRÂNSITO | 4.833 | 4.716 | 6.238 | 5.114 | 5.905 | 6.063 | 5.823 | 6.433 | 6.160 | 6.006 | 5.740 | 5.789 | 68.820 |
| LESÃO CORPO-RAL CULPOSA – OUTRAS | 258 | 246 | 300 | 265 | 281 | 267 | 248 | 273 | 264 | 273 | 228 | 228 | 3.131 |
| LATROCÍNIO | 12 | 11 | 13 | 16 | 13 | 13 | 16 | 9 | 16 | 14 | 12 | 19 | 164 |
| N. DE VÍTIMAS EM LATROCÍNIO | 12 | 11 | 14 | 16 | 14 | 13 | 16 | 9 | 16 | 14 | 13 | 19 | 167 |
| TOTAL DE ESTUPRO (4) | 1.157 | 1.110 | 1.384 | 1.126 | 1.299 | 1.112 | 1.061 | 1.314 | 1.249 | 1.267 | 1.270 | 1.165 | 14.514 |
| ESTUPRO | 314 | 267 | 329 | 265 | 285 | 259 | 243 | 259 | 297 | 291 | 282 | 282 | 3.373 |
| ESTUPRO DE VULNERÁVEL | 843 | 843 | 1.055 | 861 | 1.014 | 853 | 818 | 1.055 | 952 | 976 | 988 | 883 | 11.141 |
| TOTAL DE ROUBO – OUTROS (1) | 20.782 | 18.418 | 21.605 | 18.344 | 19.264 | 18.110 | 18.312 | 18.901 | 17.899 | 19.301 | 18.592 | 18.500 | 228.028 |
| ROUBO – OUTROS | 20.273 | 17.954 | 20.992 | 17.868 | 18.746 | 17.627 | 17.855 | 18.414 | 17.422 | 18.804 | 18.019 | 17.981 | 221.955 |
| ROUBO DE VEÍCULO | 3.172 | 2.945 | 3.592 | 3.079 | 2.957 | 2.820 | 2.837 | 2.821 | 3.046 | 3.328 | 3.293 | 3.581 | 37.471 |
| ROUBO A BANCO | 0 | 0 | 1 | 1 | 1 | 2 | 1 | 1 | 1 | 0 | 2 | 0 | 10 |
| ROUBO DE CARGA | 509 | 464 | 612 | 475 | 517 | 481 | 456 | 486 | 476 | 497 | 571 | 519 | 6.063 |
| FURTO – OUTROS | 47.688 | 44.001 | 51.596 | 45.232 | 50.173 | 48.218 | 46.379 | 49.684 | 48.174 | 50.660 | 47.788 | 46.685 | 576.278 |
| FURTO DE VEÍCULO | 7.716 | 6.974 | 8.848 | 7.522 | 8.353 | 7.774 | 7.882 | 7.901 | 7.494 | 8.177 | 8.094 | 7.523 | 94.258 |

## 5.8.2 *Teoria dos testículos despedaçados ou quebrados (*breaking balls theory*)*

Trata-se de uma variante da teoria das janelas quebradas, igualmente originária dos EUA, que defende o **combate veemente às pequenas infrações penais**. Parte da premissa empírico-policial de que **os delinquentes devem ser perseguidos de forma eficaz pela polícia**; devem, ainda, ser sufocados em seus nichos por meio de ações contínuas da polícia que inviabilizam seu proceder criminoso. Assim a **repressão imediata e rigorosa aos pequenos delitos** faria com que os criminosos migrassem para outro lugar, pois seriam afugentados pela polícia. Não resolve a questão da criminalidade, apenas a transfere para outro bairro ou cidade[1].

## 5.9 Teoria behaviorista

O psicólogo norte-americano John Broadus Watson (1878-1958) é tido como o fundador do **behaviorismo**. A palavra deriva de *behavior*, que significa comportamento, na língua inglesa. Parte da ideia de que o comportamento humano deve ser observado e, a partir daí, criar um mecanismo de estímulos e respostas.

José César Naves de Lima Junior (2014, p. 81) afirma que o behaviorismo decorre da "ideia de que os organismos humanos e animais se adaptam ao meio ambiente por meio de fatores hereditários e hábito, e alguns estímulos conduzem os organismos a apresentar respostas. Por essa lógica, conhecendo-se a resposta pode-se prever o estímulo, e com isso controlar o comportamento".

Sustenta B. F. Skinner (2003, p. 16) que "o comportamento é uma matéria difícil, não porque seja inacessível, mas porque é extremamente complexo. Desde que é um processo, e não uma coisa, não pode ser facilmente imobilizado para observação. É mutável, fluido e evanescente, e, por esta razão, faz grandes exigências técnicas da engenhosidade e energia do cientista".

Malgrado as críticas ao behaviorismo, certo é que tal teoria proporcionou um estudo objetivo do comportamento, que procurou modificar a conduta do criminoso por meio de estímulos positivos.

## 5.10 Teoria das técnicas de neutralização

Os meios de se racionalizar a conduta delitiva usados em paralelo com os comportamentos humanos desviantes são chamados de "técnicas de

---

[1] Em São Paulo no ano de 1974 ocorreu a famigerada **Operação Camanducaia**, em que policiais civis lotaram três ônibus com menores infratores do centro da cidade (trombadinhas e pequenos viciados) e os levaram até a cidade de Camanducaia, Minas Gerais, onde foram soltos, agredidos e deixados nus. O fato teve grande repercussão e diversos policiais foram processados, mostrando um péssimo exemplo empírico antecipado da "teoria dos testículos despedaçados".

neutralização", porque buscam neutralizar alguns valores e regras apreendidos pelo criminoso.

Nesse sentido, os criminosos que vivem uma subcultura delinquencial não perdem um mínimo de contato com a realidade normativa social, de modo que procuram justificar seu comportamento desviante como algo proibido, mas não incriminado. Aqui o criminoso se vê como vítima da sociedade e busca pôr a culpa na vítima do crime, criticando os órgãos de controle social (Polícia, Ministério Público, Justiça) e sobrevalorizando o grupo criminoso a que pertence. Um exemplo bastante claro disso é a postura de certos bandidos integrantes de facções criminosas que as exultam e execram o Estado.

## 5.11 Teoria da aprendizagem social (*social learning*)

Na verdade, é um grupo de teorias que desponta no século XIX e defende a aprendizagem de técnicas de cometimento do delito e os mecanismos correlatos de neutralização psicológica. Integram esse grupo: teoria da associação diferencial: teoria do reforço diferencial; teoria do condicionamento operante e teoria da neutralização.

### 5.11.1 Teoria da identificação diferencial (Daniel Glaser)

Segundo Natacha Alves de Oliveira[2], esta teoria defende "a aprendizagem da conduta delitiva a partir da identificação diferencial com criminosos tomados como referência, e não pela comunicação ou interação, conforme defendido pela teoria da associação diferencial".

Tal teoria conjugou a importância dos papéis desempenhados por cada um e a presença dos meios de comunicação em massa. Assim, por exemplo, critica a exibição de programas televisivos em que criminosos (traficantes, ladrões, estelionatários etc.) são glamourizados pela mídia com *status* de heróis, vitoriosos, poderosos etc., pois influenciam, por mimetismo, outros que tais, sobretudo os adolescentes.

### 5.11.2 Teoria do condicionamento operante (Ronald Akers e Robert Burgees)

Esta teoria propugna que a conduta criminosa deriva de uma série de estímulos na vida do sujeito, relacionando-se à sua vida passada. Exemplo: indivíduo que sofreu abuso na infância é mais tendente a praticar abusos também.

Destarte, o comportamento se acha vinculado à exposição de estímulos negativos ou positivos, decorrentes de experiências já vividas, como gratificações

---

[2] Oliveira, op. cit., p. 124.

82

ou castigos. É o que cientistas fazem com ratos de laboratório, que são condicionados positivamente com o recebimento de ração em razão da conduta certa perpetrada e punidos com eletrochoque no caso de errarem a conduta esperada.

### 5.11.3 Teoria do reforço diferencial (Jeffery)

Jeffery assevera a importância de fatores extrassociedade no comportamento humano, incorporando elementos biológicos e bioquímicos. A teoria parte da premissa de que o comportamento criminoso é operante, que interage com o meio continuamente, guiado pelo condicionamento, sobretudo pelas ideias de privação e saciedade.

### 5.11.4 Teoria dos instintos

É uma das teorias freudianas. Aqui o delito por sentimento de culpa se traduz na ideia de que os instintos delituosos, embora contidos pelo superego, não são destruídos, permanecem *in potentia* no inconsciente, onde vinculam-se a um sentimento de culpa e a uma tendência de confessar. Portanto, com a prática da infração penal, o criminoso passa por cima do sentimento de culpa e realiza sua propensão à confissão.

# 6º Capítulo

## Bioantropologia criminal

### 6.1 Teorias bioantropológicas

Pode-se afirmar que os primeiros estudos bioantropológicos, ou melhor, biológicos, foram desenvolvidos por Lombroso, com predomínio das análises morfológicas e fisiognômicas.

Nesse prisma, ganhou relevo a **antropometria** (estudos das medidas e proporções do organismo humano para fins de estatística e comparação), que serviria de base para os estudos subsequentes. É indispensável citar **Alphonse Bertillon** (Paris, 22 de abril de 1853 – 13 de fevereiro de 1914), que foi um criminólogo e oficial de polícia francês. Em 1870, fundou o primeiro laboratório de identificação criminal baseada nas medidas do corpo humano, criando a **antropometria judicial**, conhecida como **sistema Bertillon**, um sistema de identificação adotado rapidamente em toda a Europa e nos Estados Unidos, e utilizado até 1970. Esse sistema de identificação humana consistia na medição das diferentes partes do corpo.

Na era pós-lombrosiana desenvolveram-se estudos biotipológicos, endocrinológicos e psicopatológicos, estes três relacionados sobretudo à criminologia clínica, conforme veremos adiante.

Na medida em que as teses anatômicas acerca da conduta humana foram se revelando insuficientes para a causalidade criminal, surgiram novas teses, se bem que críticas, de conteúdo psiquiátrico.

Merecem destaque as **teorias dos tipos de autor** (Kretschmer, 1921) e **das personalidades psicóticas** (Schneider, 1923).

Kretschmer (**tipos de autor**) diferenciou quatro tipos de constituição corporal:

1) **Leptossômicos**: alta estatura, tórax largo, peito fundo, cabeça pequena, pés e mãos curtos, cabelos crespos (propensão ao furto e estelionato).

2) **Atléticos**: estatura média, tórax largo, musculoso, forte estrutura óssea, rosto uniforme, pés e mãos grandes, cabelos fortes (crimes violentos).

3) **Pícnicos**: tórax pequeno, fundo, curvado, formas arredondadas e femininas, pescoço curto, cabeça grande e redonda, rosto largo e pés, mãos e cabelos curtos (menor propensão ao crime).

4) **Displásicos**: pessoas com corpo desproporcional, com crescimento anormal (crimes sexuais).

As maiores críticas a essa corrente foram no sentido de que tinham forte tendência discriminatória, adotadas pelo nazifascismo para justificar a eliminação de "raças inferiores".

Por seu turno, Kurt Schneider (1923) desenvolveu o conceito de **personalidades psicóticas**, sustentando tratar-se de personalidades alteradas na afetividade e nos sentimentos individuais. Importante notar que, para essa teoria, as anomalias são mais de caráter que de inteligência, conforme a lição de Winfried Hassemer e Muñoz Conde (2008, p. 27).

## 6.2 Teorias bioantropológicas modernas

Estas teorias acreditam que há pessoas predispostas para o crime, cuja explicação depende de variáveis congênitas (relativas à estrutura orgânica do indivíduo). O criminoso é um ser organicamente diferente do cidadão normal.

Desde a segunda metade do século XX, a genética médica vem procurando destacar a possibilidade de transmissão de fatores hereditários na gênese do delito. É certo que os fatores genéticos são transmitidos por meio dos cromossomos, valendo citar que o homem tem 46 deles. Por outro lado, sabe-se, igualmente, que o substrato da hereditariedade é o denominado DNA (ácido desoxirribonucleico), molécula em duplo espiral que contém até 200 mil genes, encontrada com mais quantidade nos glóbulos brancos, fios de cabelo, esperma etc.

O **DNA** é formado pela associação de bases nitrogenadas na seguinte conformidade: adenina/timina; citosina/guanina.

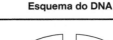

**Esquema do DNA**

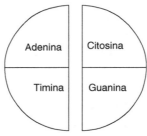

A partir do ano 2000 vários cientistas começam a decifrar o genoma humano, traçando o esboço do mapa genético de três cromossomos (11% do todo).

Sustenta-se que a herança genética se manifesta ao mesmo tempo por semelhanças e diferenças. As semelhanças derivam diretamente dos caracteres passados de pai para filho, ao passo que as diferenças aparecem em consequência da herança de outros ancestrais (atavismo).

Assim, na bagagem genética estariam inseridos os caracteres morfológicos (sexo, raça, estatura etc.), fisiológicos (sexualidade, força muscular etc.) e psicológicos (sensibilidade, inteligência etc.).

Existem ainda estudos sobre gêmeos e sobre alterações cromossômicas, que fogem do proposto a este trabalho.

Por fim, comungamos do pensamento de Hassemer (2008), no sentido de que só pode ser estudada a desviação criminal por meio de investigações sobre a pessoa *in concreto* e sobre sua interação com o ambiente e a sociedade.

# 7º Capítulo

# Vitimologia

## 7.1 Conceito de vitimologia

A **vitimologia** é o terceiro componente da antiga tríade criminológica: criminoso, vítima e ato (fato crime). Acrescentamos ainda os meios de contenção social.

É, na verdade, um conceito evolutivo, passando do aspecto religioso (imolado ou sacrificado; evitar a ira dos deuses) para o jurídico.

A vítima, que sofre um resultado infeliz dos próprios atos (suicida), das ações de outrem (homicídio) e do acaso (acidente), esteve relegada a plano inferior desde a Escola Clássica (preocupava-se com o crime), passando pela Escola Positiva (preocupava-se com o criminoso).

Por conta de razões culturais e políticas, a sociedade sempre devotou muito mais ódio pelo transgressor do que piedade pelo ofendido.

---

Oportuno é o conceito de vítima previsto expressamente na Resolução n. 243, de 18 de outubro de 2021, do Conselho Nacional do Ministério Público[1], que estabelece, no art. 3º, que: *entende-se por vítima qualquer pessoa natural que tenha sofrido danos físicos, emocionais, em sua própria pessoa, ou em seus bens, causados diretamente pela prática de um crime, ato infracional, calamidade pública, desastres naturais ou graves violações de direitos humanos, sendo destinatários da proteção integral de que trata a presente Resolução.*

---

A vitimologia é a ciência que se ocupa da vítima e da vitimização, cujo objeto é a existência de menos vítimas na sociedade, quando esta tiver real interesse nisso.

(Benjamim Mendelsohn)

---

## 7.2 Fases da evolução histórica da vítima

a vítima (ofendido), desde o início da década de 1950 até os dias atuais, ganha destaque muito importante no sistema processual penal. Mas nem sempre foi assim. A história registra basicamente três fases no estudo das vítimas:

---

[1] CONSELHO NACIONAL DO MINISTÉRIO PÚBLICO. Resolução n. 243, de 18 de outubro de 2021. Dispõe sobre a Política Institucional de Proteção Integral e de Promoção de Direitos e Apoio às Vítimas. Uberlândia: Conselho Universitário, 2007. Disponível em: <https://www.cnmp.mp.br/portal/images/Resolucoes/2021/Resoluo-n-243-2021.pdf>. Acesso em: 25 nov. 2024.

1) **Idade de ouro**, com o protagonismo da vítima, tal qual ocorria com a vingança privada, "**o olho por olho**", a denominada **vingança de sangue**, atribuindo-se à vítima o poder de revide a agressão na mesma intensidade. Isso perdurou até a fase das monarquias absolutistas, que, com a concentração de poderes nas mãos do rei, institui-se a "**vingança pública**", com proeminência do papel do direito penal e do processo penal na repressão criminal, minimizando a importância da vítima. Assim pondera Eduardo Viana (2014, p. 63): "(...) o progresso do processo penal no modelo de justiça repressiva desampara a vítima no quadro do fenômeno criminal".

2) **Neutralização**, com o **monopólio da jurisdição penal nas mãos do Estado**, a vítima é relegada a segundo plano, tornando-se de somenos importância no processo penal. Nesse sentido, basta observar a opção do legislador ao propiciar ao Estado iniciar, na imensa maioria dos crimes, a persecução penal (ação penal pública), atribuindo, em casos específicos (*numerus clausus*), a iniciativa do processo à vítima (ação penal privada). Talvez o Poder Público receasse que a vítima assumisse a justiça pelas próprias mãos, tornando-se justiceira ou vigilante.

3) **Revalorização**, a partir do desenvolvimento da **Escola Clássica do Direito Penal** (Beccaria, Carrara, Carmignani), passando pela **macrovitimização** causada por **duas grandes guerras mundiais no século XX**, bem como pela **atuação acadêmica, com os estudos efetuados no Congresso Internacional de Vitimologia em Israel (1973)**. Nesse sentido, despontam não apenas ações efetivas de Política Criminal (delegacias de polícia de defesa da mulher, promotorias de justiça de defesa da mulher, defensorias públicas etc.), mas também alterações legislativas muito significativas (Lei Maria da Penha), que protagonizam novamente a vítima na sistemática criminal.

Posicionamento relevante sobre o papel da vítima na evolução da criminologia é apresentado pela brilhante professora e Delegada de Polícia Mônica Resende Gamboa (2013, p. 46), explicando que, "Ao longo da história, a vítima migrou por três importantes períodos. No primeiro, denominado fase de **protagonismo ou idade de ouro**, a vítima era titular do *jus puniendi*, em que, apoiada no exercício das próprias razões, revidava a ofensa sofrida. O segundo e mais árduo período, denominado fase de **neutralização**, caracterizou-se pelo total abandono da vítima pelo Estado, não havendo qualquer ressarcimento do dano ocorrido, restituição de seus bens ou mero amparo psicológico oferecido a seu favor. Finalmente, em meados da década de 1950, após inúmeras barbáries contra vítimas distintas, surge o período de redescobrimento, com a chegada da vitimologia fundada por Benjamin Mendelsohn, ocasião em que foram reconhecidos os direitos da vítima, passando a ser protegida pelo Estado.

Os primeiros trabalhos sobre vítimas, segundo o professor Marlet (1995), foram de Hans Gross (1901). Somente a partir da década de 1940, com Von Hentig e Benjamin Mendelsohn, é que se começou a fazer um estudo sistemático das vítimas. Mendelsohn passou a ser considerado o Pai da Vitimologia a partir da conferência "Um horizonte novo na ciência biopsicossocial: a vitimologia", na Universidade de Bucareste, no ano de 1947, enquanto Hentig se consolidou no estudo das vítimas com a obra *O criminoso e sua vítima*, em 1948.

Depois, com o 1º **Simpósio Internacional de Vitimologia, de 1973, em Israel**, sob a supervisão do famoso criminólogo chileno Israel Drapkin, impulsionaram-se os estudos e a atenção comportamentais, buscando traçar perfis de vítimas potenciais, com a interação do direito penal, da psicologia e da psiquiatria.

Por sua vez, no Brasil, o estudo da vitimologia ganhou maior importância através da obra *Vítima*, publicada por Edgard de Moura Bittencourt, em 1971.

## 7.3 Classificação das vítimas, segundo Benjamin Mendelsohn, Hans von Hentig, Paulo Sumariva, vitimização direta e indireta e Criminologia e vitimologia corporativas ou empresariais

Uma primeira classificação importante das vítimas é atribuída a Benjamin Mendelsohn, considerado o pai da vitimologia, que leva em conta **a participação ou provocação da vítima**: a) **vítimas ideais** (completamente inocentes); b) **vítimas menos culpadas que os criminosos** ou por ignorância; c) **vítimas tão culpadas quanto os criminosos** (dupla suicida, aborto consentido, eutanásia); d) **vítimas mais culpadas que os criminosos** (vítimas por provocação que dão causa ao delito); e) **vítimas como únicas culpadas** (vítimas agressoras, simuladas e imaginárias).

Dessa forma, **Mendelsohn** sintetiza a classificação em três grupos: a) **vítima inocente**, que não concorre de forma alguma para o injusto típico; b) **vítima provocadora**, que, voluntária ou imprudentemente, colabora com o ânimo criminoso do agente; c) **vítima agressora, simuladora ou imaginária, suposta ou pseudovítima**, que acaba justificando a legítima defesa de seu agressor.

É muito importante aferir o binômio criminoso/vítima, sobretudo quando esta interage no fato típico, de forma que a análise de seu perfil psicológico desponta como fator a ser considerado no desate judicial do delito (*vide*, nos casos de extorsão mediante sequestro, a ocorrência da chamada "**síndrome de Estocolmo**", denominada também de **Vinculação Afetiva de Terror ou Traumática**, na qual **a vítima se afeiçoa ao criminoso e interage com ele pelo próprio instinto de sobrevivência**).

Segue abaixo quadro sinótico objetivando ao leitor fixar a classificação das vítimas segundo Benjamin Mendelsohn:

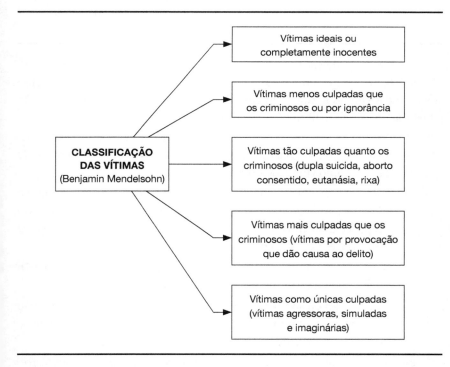

Por sua vez, **Hans von Hentig** elaborou a seguinte classificação: **1º grupo: criminoso – vítima – criminoso (sucessivamente)**, reincidente que é hostilizado no cárcere, vindo a delinquir novamente pela repulsa social que encontra fora da cadeia; **2º grupo: criminoso – vítima – criminoso (simultaneamente)**, caso das vítimas de drogas que de usuárias passam a ser traficantes; **3º grupo: criminoso – vítima (imprevisível)**, por exemplo, linchamentos, saques, epilepsia, alcoolismo etc.

A seguir, lançamos o quadro sinótico da classificação das vítimas na visão de Hans von Hentig:

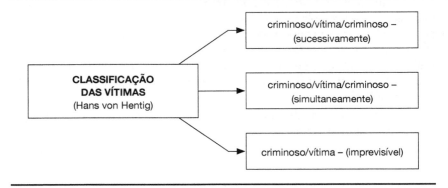

Como se pode verificar, Paulo Sumariva[2], experiente Delegado de Polícia do Estado de São Paulo e destacado Professor Universitário, expõe sua classificação das vítimas levando em consideração a participação ou a provocação da vítima no evento delituoso, classificando estas como:

a) Vítima nata: indivíduo que apresenta, desde o nascimento, predisposição para ser vítima, tudo fazendo, consciente ou inconsciente, para figurar como vítima de crimes.

b) Vítima potencial: é aquela que apresenta comportamento, temperamento ou estilo de vida que atrai o criminoso, uma vez que facilita ou prepara o desfecho do crime. Essa vítima padece de um impulso fatal e irresistível para ser vítima dos mesmos delitos.

c) Vítima eventual ou real: é aquela que é verdadeiramente vítima, não tendo em nada contribuído para a ocorrência do crime.

d) Vítima falsa ou simuladora: é aquela que está consciente de que não foi vítima de nenhum delito, mas, agindo por vingança ou interesse pessoal, imputa a alguém a prática de um crime contra si.

e) Vítima voluntária: é aquela que consente com o crime e, inclusive, exerce papel participativo na prática delituosa. Exemplificando, no caso da "roleta russa", onde ocorre o suicídio por adesão da vítima que sofre de enfermidade incurável e que pede para que a matem, por não mais suportar a dor.

f) Vítima acidental: é aquela que é vítima de si mesma, que dá causa ao fato geralmente por negligência ou imprudência.

---

[2] SUMARIVA, Paulo. *Criminologia*: teoria e prática. 8. ed. Indaiatuba: Foco, 2023. p. 128-189.

g) **Vítima ilhada:** é aquela que se afasta das relações sociais e se torna solitária.

h) **Vítima indefesa:** é aquela que se vê privada do auxílio do Estado, ou seja, que tem que tolerar a lesão sofrida, pois a perseguição do autor da agressão seria muito mais danosa. Exemplo: vítimas de corrupção policial.

i) **Vítima imune:** é aquela que o criminoso evita agredir em virtude da imensa repercussão social que o evento delituoso pode vir a causar. Exemplo: sacerdotes, celebridades, jornalistas etc.

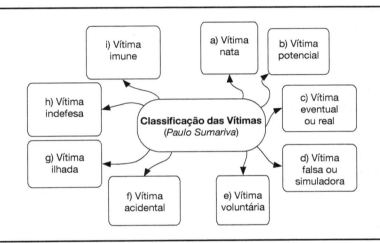

## Vitimização direta e vitimização indireta

A classificação das vítimas diretas e indiretas é um conceito utilizado pelos institutos de criminologia, psicologia e direito, e outros afins, servindo como ferramenta para a identificação de impactos causados em situações traumáticas.

Na classificação contemporânea encontramos na doutrina diversos institutos que tratam da matéria, conforme veremos a seguir.

**Vitimização direta** é a vitimização de pessoas que sofreram lesão direta causada pela ação ou omissão do agente. Essa é a definição expressa prevista no art. 3º, I, da Resolução n. 243/2021 do Conselho Nacional do Ministério Público (CNMP). São aquelas pessoas que sofrem diretamente os efeitos de um evento traumático, decorrente de uma ação criminosa, um acidente, um desastre natural ou outra forma de dano. São exemplos as vítimas de homicídio, de desastres naturais (perdem a vida em uma enchente), vítimas de violência doméstica, vítimas de acidente de trânsito (que foram atropeladas ou que vieram a óbito na direção de veículo) e vítimas de roubo etc.

**Vitimização indireta** é a vitimização de pessoas que possuam relação de afeto ou parentesco com a vítima direta, até o terceiro grau, desde que convivam, estejam sob seus cuidados ou desta dependam, no caso de morte ou desaparecimento causado por crime, ato infracional ou calamidade pública, conforme estabelece o art. 3º, II, da Resolução n. 243/2021 do CNMP. Colegas de trabalho de empresas após um acidente de trabalho fatal ou familiares de uma pessoa que morreu ou ficou gravemente ferida podem ser vítimas indiretas do evento, assim como parentes de uma pessoa assassinada podem ser considerados vítimas indiretas, pois experimentam um sofrimento emocional profundo devido à perda. Aqui citamos o exemplo de Mariana de Barros Barreiras[3], explicando que, nos crimes de feminicídio, é muito comum que os filhos sejam vítimas indiretas, tanto pelo fato de perderem a mãe, como pelo fato de presenciarem o crime. A grande maioria dos crimes de feminicídio é cometida no local de residência da mulher e em muitos casos o delito é praticado na presença de outros moradores do lar.

Concluímos que a classificação de vítimas diretas e indiretas é importante para a compreensão dos impactos de um evento traumático, não somente para quem foi diretamente atingido, mas também para aquelas pessoas que possuem relação com a vítima direta, estendendo-se à sociedade e ao meio em que vive. O tipo de vítima precisa ser individualizado e dispensado cuidados específicos ao cuidar dos danos advindos das situações danosas.

Importante ainda destacar que a Resolução n. 243/2021 do Conselho Nacional do Ministério Público (CNMP) ainda conceitua outras tipologias de vítima:

art. 3º, III – **vítima de especial vulnerabilidade**: a vítima cuja singular fragilidade resulte, especificamente, de sua idade, do seu gênero, do seu estado de saúde ou de deficiência, bem como do fato de o tipo, o grau e a duração da vitimização terem resultado em lesões com consequências graves no seu equilíbrio psicológico ou nas condições de sua integração social.

IV – **vítima coletiva**: grupo social, comunidades ou organizações sociais atingidas pela prática de crime, ato infracional ou calamidade pública que ofendam bens jurídicos coletivos, tais como a saúde pública, o meio ambiente, o sentimento religioso, o consumidor, a fé pública, a administração pública.

## Criminologia e vitimologia corporativas ou empresarial

A criminologia corporativa, também chamada de criminologia empresarial, tem como objeto de estudo os crimes cometidos no ambiente de corporações,

---

[3] BARREIRAS, Mariana Barros. *Manual de criminologia*. 3. ed., rev., atual. e ampl. São Paulo: JusPodivm, 2023. p. 349.

organizações empresariais e instituições financeiras. Envolve infrações penais praticadas por pessoas em posições de poder, como executivos, funcionários e pessoas que se encontram em cargos de liderança dentro de uma empresa ou organização. De forma exemplificativa, citamos os crimes corporativos de fraudes financeiras, lavagem de dinheiro, corrupção, concorrência desleal, poluição ambiental, violação de direitos trabalhistas, entre outros.

Essas modalidades de crimes corporativos (aqueles cometidos por organizações ou por pessoas que atuam em nome delas) contam com planejamento, execução e encobrimento sofisticados, com consequências na maioria das vezes devastadoras, às vezes levando ao extermínio, não apenas de pessoas relacionadas diretamente ao meio corporativo, mas também de outras pessoas. A criminologia corporativa busca compreender os mecanismos, estratégias e operacionalização geradores desses crimes e os impactos sociais e econômicos deles decorrentes.

De acordo com as indispensáveis lições de Christiano Gonzaga[4] sobre esse "tema contemporâneo no campo da Criminologia, a chamada vitimologia corporativa enfoca o comportamento de diversos personagens que atuam no cenário corporativo de grandes empresas, tais como presidentes, executivos e diretores. Tais funcionários são fortemente expostos a vários escândalos envolvendo as atividades das empresas, centrando-se neles todas as responsabilidades possíveis (civil, administrativa e penal), como se fossem os únicos responsáveis pelos acontecimentos. A sociedade precisa encontrar algum personagem concreto (carne e osso) para impor a sua sanha acusatória, sendo os executivos, por exemplo, a pessoa ideal para tanto. Todavia, presidentes, executivos e diretores são moldados dentro das empresas para receberem esse tipo de tratamento, num processo claro de vitimologia corporativa. Altos salários, elevados bônus e tratamento especial compensam toda a sorte de imputações civil, administrativa e criminal que possam a vir sofrer. (…) O instituto do *compliance* pode ser visualizado como um exemplo dos estudos da Criminologia e vitimologia corporativas, uma vez que institui boas práticas de mercado e monitora, internamente, as condutas de seus funcionários, evitando-se comportamentos que possam gerar algum tipo de responsabilização, além de separar, claramente, aquele que violou algum tipo de lei e mereça a punição por tanto".

Com efeito, a criminologia tem ignorado as vítimas da criminalidade corporativa, entretanto, não se pode deslembrar que empresas podem ser enquadradas como vítimas, com direitos e necessidades semelhantes às das vítimas individuais. Hoje, no Brasil, uma das obras importantes para aqueles que desejam se aprofundar nesse estudo é, sem dúvida, o livro *Vitimologia corporativa*, de Eduardo Saad-

---

[4]    GONZAGA, Christiano. *Manual de criminologia*. 5. ed. São Paulo: SaraivaJur, 2024. E-book.

94

-Diniz[5]. Nesse trabalho, o autor explora a **vitimologia aplicada ao ambiente corporativo**, analisando como as organizações podem ser vistas como vítimas de crimes, atos de negligência, ou condutas lesivas. Saad-Diniz amplia o conceito tradicional de vitimologia, incluindo o impacto psicológico, financeiro e organizacional sofrido pelas corporações, e propõe métodos para prevenção e resposta.

## 7.4 Síndromes de Estocolmo, de Londres, de Lima, da Mulher de Potifar, de Otelo, de Dom Casmurro, da Barbie, de Oslo, de Ganser, da Mulher Agredida, da Gaiola de Ouro, do Desamparo Aprendido, da Rainha Vermelha, da Periculosidade Vitimal e Efeito *Copycat*

### Síndrome de Estocolmo

**Síndrome de Estocolmo** trata-se de expressão utilizada devido a um caso real, em razão de um estado psicológico particular em que uma pessoa, submetida a um tempo prolongado de liberdade tolhida, passa a ter empatia, dependência, afinidade e até mesmo amor ou amizade pelo seu agressor. Nessa perturbação de ordem psicológica, a vítima desenvolve o fenômeno da transferência[6]. O termo Síndrome de Estocolmo, conforme leciona Jorge Trindade[7] e Natacha Alves de Oliveira[8], foi cunhado pelo psicólogo Nils Bejerot, entretanto, divergindo, Rogério Greco (2020, p. 196) e Diego Pureza (2024, p. 173) apontam como criador da expressão o psicólogo clínico Harvey Schossberg. Tem como origem o roubo ao banco Sveriges Kreditbank realizado em 1973 em **Estocolmo, na Suécia**, fato ocorrido entre os dias 23 e 28 de agosto de 1973, quando o criminoso Jan-Erik Olsson ingressou armado no banco e submeteu algumas pessoas como reféns por seis dias. É um afeto construído pelo instinto de sobrevivência da vítima, que passa a acreditar que o agressor se importa com ela. É um estado psicológico decorrente das relações de afinidade, afetividade e simpatia que se instala entre os captores e as vítimas, isto é, as vítimas desenvolvem uma resposta afetiva e protetora por seus sequestradores, elas se identificam com o sequestrador que passa a ser o seu ponto de referência e segurança. Finalizando, no caso concreto, a vítima se afeiçoa ao agressor.

Explica **Jorge Trindade** (2010, p. 213) que a Síndrome de Estocolmo ocorre: Quando uma pessoa passa por uma situação extremamente crítica em que sua existência fica completamente à mercê de outra, que detém o poder de vida ou

---

[5]  SAAD-DINIZ, Eduardo. *Vitimologia corporativa*. São Paulo: Tirant Lo Blanch, 2019. E-book.

[6]  É um fenômeno que ocorre na relação entre a vítima e o sequestrador, este termo é utilizado pela psicologia para se referir ao relacionamento entre o psiquiatra e o paciente.

[7]  *Manual de Psicologia Jurídica para operadores do Direito*. 6. ed. rev., atual. e ampl. Porto Alegre: Livraria do Advogado Editora, 2012. p. 232.

[8]  OLIVEIRA, Natacha Alves de. *Criminologia*. 3. ed. Salvador: JusPodivm, 2022. p. 199.

de morte sobre ela, pode-se estabelecer um tipo de relação dependente em que a vítima adere psicologicamente ao agressor. Nesses casos, pode-se estabelecer uma espécie de amor ou paixão que decorre de um processo inconsciente de preservação cujo mecanismo mais evidente se expressa pela idealização e pela identificação, notadamente pela identificação projetiva, através da qual características da vítima são projetadas no agressor, com o fim de manter o controle do outro, defender-se dele e proteger-se de um mal grave e inesperado que ele pode causar.

A Síndrome de Estocolmo pode se desenvolver (de forma inconsciente almejando sua autopreservação) em vítimas de sequestro, cárcere privado, em cenários de guerra, sobreviventes de campos de concentração, pessoas que são submetidas à prisão domiciliar por familiares e também em vítimas de abusos pessoais/agressões físicas e/ou virtuais, submetidas a **violência doméstica** e familiar ou, ainda, em outras situações em espécie onde o direito da vítima de ir e vir é impedido (liberdade de movimento). Nos dias atuais, o melhor exemplo a ser citado e que se amolda a síndrome referenciada são os casos de violência doméstica e familiar em que a vítima é agredida pelo cônjuge/companheiro e continua a amá-lo e defendê-lo como se as agressões fossem normais, não formalizando denúncia das agressões impostas aos órgãos Estatais ou entidades assistenciais, acreditando que ele vai mudar seu comportamento agressivo. Interessante destacar que as vítimas, reféns no caso citado (Estocolmo), se recusaram a testemunhar no tribunal contra os seus sequestradores, além de os protegerem contra a polícia utilizando como escudo o próprio corpo.

Vale destacar que a Síndrome de Estocolmo cuida-se de uma resposta do inconsciente quando a vítima é submetida a uma situação de perigo, podendo estabelecer uma conexão emocional entre a vítima e o sequestrador.

Exemplo clássico dessa síndrome, além do assalto ao banco em Estocolmo (Suécia), é o de Patricia Hearst (Patty), que desenvolveu a síndrome em 1974, após ser sequestrada durante um assalto a banco realizado pelo grupo de extrema-esquerda (o *Exército Simbionês de Libertação*), posteriormente a sua libertação, Patty se tornou cúmplice ativa dos sequestradores passando a integrar o grupo na prática de crimes.

O cinema abordou a Síndrome de Estocolmo em vários filmes: 365 dias, La Casa de Papel, Átame, Cega Obsessão, O Colecionador, Miss Violence, Um Dia de Cão, Entre Dois Fogos, Aurora, e no conto de fadas A Bela e a Fera.

Em sentido oposto, fala-se em **síndrome de Londres**[9], **que consiste no comportamento psicológico totalmente oposto àquele relacionado com a**

---

[9] A expressão "**síndrome de Londres**" surgiu após o sequestro em que seis terroristas árabes iranianos invadiram a Embaixada do Irã em Londres e fizeram 26 pessoas reféns em 30 de abril de 1980. Dentre as vítimas, havia um funcionário que discutia constantemente com os sequestradores. Em um determinado momento, os criminosos decidiram que um dos reféns deveria

96

síndrome de Estocolmo. Enquanto na síndrome de Estocolmo o refém desenvolve um vínculo de afetividade com o seu sequestrador, na **síndrome de Londres a vítima discute e discorda dos criminosos, causando uma atmosfera de antipatia e animosidade que pode ser fatal.**

## Síndrome de Lima

A **Síndrome de Lima** ocorre quando uma reação psicológica acomete sequestradores que desenvolvem simpatia, cumplicidade, afeto ou um vínculo emocional em relação à vítima. A síndrome de Lima foi cunhada durante o ataque à embaixada japonesa em 1996, em Lima (capital do Peru), pelo grupo MRTA (Movimento Revolucionário Túpac Amaru), tendo na ocasião esse movimento feito grande número de pessoas como reféns. Trata-se de uma inversão em relação à **Síndrome de Estocolmo** (onde sequestrados desenvolvem uma forte afeição pelos seus raptores); vale dizer, na **Síndrome de Lima** os criminosos (sequestradores) é que estabelecem sentimentos de afeição pelas vítimas, no caso concreto, liberando-as.

Fala-se ainda em síndrome da mulher de Potifar[10] para designar **a conduta de uma pessoa rejeitada por outra e que passa a lhe imputar, falsamente, a prática de crime contra a dignidade sexual** (estupro, importunação etc.).

## Síndrome de Otelo[11]

"Meu Senhor, livrai-me do ciúme! É um monstro de olhos verdes, que escarnece do próprio pasto que o alimenta. Quão felizardo é o enganado que, cônscio de o ser, não ama a sua infiel! Mas que torturas infernais padece o homem que, amando, duvida, e, suspeitando, adora."

— William Shakespeare

Desde há muito tempo a literatura universal embala seus leitores narrando casos amorosos que desagregam raízes sociais e são contrapontos para famílias tradicionais, políticas locais e costumes sociais.

---

ser morto para que passassem a acreditar nas ameaças deles e, assim sendo, decidiram executar aquele com quem estavam frequentemente discutindo.

[10] Tal fenômeno faz referência à narrativa bíblica na qual Potifar, um capitão egípcio da guarda do palácio real, prende José, filho de Jacó, com base somente nas palavras da sua esposa, que, após frustradas tentativas de se relacionar sexualmente com José, decide acusá-lo de tentativa de estupro.

[11] **Otelo, o Mouro de Veneza** (no original, *Othello, the Moor of Venice*) é uma peça de teatro de William Shakespeare escrita por volta do ano 1603. A história gira em torno de quatro personagens: Otelo (um general mouro que serve o reino de Veneza), sua esposa Desdêmona, seu tenente Cássio, e seu sub-oficial Iago.

Como esquecer histórias como a do mouro Otelo, um general que servia o reino de Veneza, e de Desdêmona, filha do rico Brabâncio, senador de Veneza, o qual deu a filha permissão de escolher o marido e, acreditando que a opção da moça fosse por um nobre da sociedade, não se preocupa. Porém, para seu desespero, a moça apaixona-se perdidamente pelo mouro Otelo que, anteriormente, nomeia Cássio – seu grande amigo – como seu tenente. O alferes Iago, irritado com a escolha do general, busca a infelicidade de todos ao seu redor e semeia no coração do mouro a desconfiança de traição entre a amada Desdêmona e seu grande amigo e agora tenente. Açoitado pelo ciúme, nascido de falsa denúncia de Iago, Otelo mata Desdêmona asfixiando-a e ao descobrir que Desdêmona não o traiu, tratava-se de um plano de vingança de Iago, Otelo cheio de culpa, suicida-se utilizando um punhal e o amor é vencido pela intransigência do racismo, amor, ciúme, inveja, traição e pela sede de poder.

A Síndrome de Otelo é constituída pelo ciúme doentio, delirante, exagerado e patológico, cuida-se de um transtorno complexo que leva a um comportamento totalmente irracional, ainda que a pessoa do seu relacionamento afetivo seja fiel, ele não acredita, sendo alimentado por intensa desconfiança buscando de forma recorrente evidências sobre sua fidelidade e que há outra pessoa na relação, ainda que não exista qualquer motivo ou prova indicando a traição. Trata-se de uma doença psicológica relacionada a múltiplos aspectos dentre os quais a insegurança, baixa estima e medo da perda da relação afetiva. O ciúme manifesta-se, indistintamente, entre homens e mulheres, figurando como vítimas, mais acentuadamente, as pessoas de sexo feminino.

Apenas para exemplificar, é comum o ciúme excessivo em relacionamentos afetivos através da violação de privacidade de condutas consistentes em revirar bolsos, bolsas, além de vasculhar celulares, e-mails buscando nomes, números desconhecidos ou colocar rastreador no veículo ou celular. O ciúme patológico pode levar ao extremo da violência (agressões físicas, homicídios e/ou suicídios), prejudicando a relação afetiva.

Para Mourão Cavalcante (2017, p. 24) assim caracteriza o ciúme patológico: "... uma perturbação total, um transtorno afetivo grave. O ciumento sofre em seu amor: em sua confiança, em sua tranquilidade, em seu amor próprio, em seu espírito de dominação e em seu espírito de posse. O ciúme corrói-lhe o sentimento em sua base e destrói, com uma raiva furiosa, suas próprias raízes. Propicia a invasão da dúvida que perturba a alma, fazendo com que ame e odeie ao mesmo tempo, a pessoa objeto de sua afeição. O maior sofrimento do ciumento é a incerteza em que vive, pela impossibilidade de saber, com segurança, se o parceiro o engana ou não".

A Síndrome de Otelo possui diversos graus de incidência, sua mente vê coisas onde não há. "O ciumento não perdoa e não confia. Se lhe faltam motivos no presente, busca-os no passado e até no imprevisível futuro, ainda que ilusórios, frutos de sua imaginação atormentada" (ROSA, 2005, p. 19).

## Síndrome de Dom Casmurro

A Síndrome de Dom Casmurro ou quadros mentais paranoicos dá-se quando um juiz, durante a fase de instrução processual, exerce as funções de investigar, acusar e julgar um determinado caso e na sua inabalável convicção acredita que está promovendo a verdadeira justiça. No seu íntimo já decidiu qual decisão vai aplicar, pouco importando outras provas ou indícios. Entretanto, é possível afirmar que o sistema processual brasileiro afastou quase por completo a síndrome de Dom Casmurro, com a edição do pacote anticrime, instituído pela Lei n. 13.964/2019, que trata de medidas legais que alteram a Legislação Penal e Processual Penal. Essa conduta, sem dúvida alguma, ofende o sistema acusatório previsto na Constituição Federal.

Nas lições de Renato Brasileiro de Lima (2022, p. 46), esse sistema é o inquisitivo onde "não há separação das funções de acusar, defender e julgar, que estão concentradas em uma única pessoa, que assume as vestes de um juiz inquisidor". Entretanto, o sistema adotado no Brasil é o acusatório, prossegue o consagrado autor que "no sistema acusatório há separação das funções de acusar, defender e julgar. Por consequência, caracteriza-se pela presença de partes distintas (*actum trium personarum*), contrapondo-se acusação e defesa em igualdade de condições, sobrepondo-se a ambas um juiz, de maneira equidistante e imparcial".

A terminologia vem da interface entre o direito e uma das grandes obras de Machado de Assis intitulada "Dom Casmurro", publicada pela primeira vez em 1899, pela Livraria Garnier, abordando com brilhantismo as temáticas ciúme e traição tendo relação com uma das principais personagens femininas da literatura brasileira, vale dizer, Capitu (Capitolina). A narrativa se dá durante o Segundo Império, no Rio de Janeiro, e tem como personagens centrais o próprio Bentinho, sua esposa Capitu e o amigo Escobar. Ao longo do livro, o narrador relata suas suspeitas a respeito de sua esposa e Escobar, apresentando indícios da suposta traição de Capitu e pondo em dúvida a paternidade do filho do casal.

Ao se debruçarem sobre o assunto os respeitados professores Eduardo Fontes e Henrique Hoffmann (2021, p. 221-222) explicam que, transportando a ideia para o Direito e a Criminologia, o mesmo acontece quando o magistrado desenvolve a ideia fixa de que um alvo da persecução penal é autor do fato apurado e passa a determinar de ofício a produção de provas que confirmem seu raciocínio pré-concebido, bem como decretar prisões sem requerimento algum. Lecionam ainda que, no contexto dessa Síndrome podemos citar como exemplos de atuação inquisitorial do juiz: a) no âmbito legislativo, a revogada possibilidade de o magistrado decretar de ofício a prisão preventiva ou medidas cautelares diversas da prisão (o Código de Processo Penal ganhou nova redação com o Pacote Anticrime – Lei n. 13.964/19); b) na seara jurisprudencial, a instauração de inquérito policial de ofício.

## Síndrome da Barbie

A coisificação da mulher ocorre quando ela é tratada ou transformada em "coisa"pela sociedade ou familiares, sua vida perde o valor essencial e ela passa a ser vista como um objeto e não como sujeito de direitos como determina a Constituição Federal, ela própria acredita nisso, passa a se ver como coisa, pois sofreu forte influência na construção da personalidade desde a infância e foi tratada dessa forma, trata-se de uma doença psicossocial chamada de Síndrome da Barbie.

Como bem ensina o professor Christiano Gonzaga (2024, E-book): "por tal síndrome, a mulher é vista socialmente como objeto de desejo, nos mesmos moldes de uma boneca, daí o nome alusivo à Barbie. Sabe-se que desde cedo muitas crianças são criadas como se fossem bonecas dos pais, sem vontade própria e sempre visando à subserviência ao futuro marido. Pelos simples brinquedos que os pais dão às meninas isso é claramente percebido, como aqueles utilizados para fazer comida (fogões de plástico que representam uma cozinha), estojos de maquiagem para cuidar do visual (ideia de fazer a mulher ser objeto de desejo pela beleza) e, principalmente, a boneca Barbie, em que a criança irá pentear, vestir roupa e desfilar como se fosse uma modelo. Tudo isso gera a perspectiva de uma preparação futura para ser objeto, e não sujeito de direitos. Tal síndrome irá retirar totalmente a ideia de a mulher ser independente, com voz própria e dona do seu próprio corpo, o que facilitará a prática de crimes como o citado 'estupro coletivo', em que a vítima somente reclamou do ocorrido quando o fato ocorrera uma segunda vez, posto que, da primeira vez, houve o medo de alertar as autoridades locais, uma vez que ela já se acostumou e aceitou a sua condição de objeto nas mãos dos homens, sendo quase que uma obrigação implícita servir aos caprichos de seus algozes. Percebe-se que as crianças são preparadas desde cedo para exercer papéis sociais no futuro, sendo de grande contribuição para a formatação desse perfil os brinquedos que elas ganham na infância. Meninas que são criadas à semelhança da boneca Barbie tendem no futuro a repetir esse tipo de comportamento, daí a aceitação mais natural de ser objeto de direito".

## Síndrome de Oslo

Cuida-se de reação psicológica que atinge pessoas ou de grupos de vítimas maltratadas ou ameaçadas em sua integridade física e mental. Nesse caso, a vítima atribui a si mesma a responsabilidade pelos acontecimentos, acreditando que efetivamente é merecedora dessa violência imposta pelo agressor/abusador, isto é, a vítima passa a achar que as agressões que sofre são justas. Como forma de autodefesa, o subconsciente estimula um comportamento de culpabilização em face do agressor. A Síndrome de Oslo apresenta como característica dificuldades para sua identificação. Ela possui alguns traços semelhantes a Síndrome de Estocolmo (as vítimas sofrem agressões e possuem sentimentos de culpabilidade pelos seus atos). São exemplos dessa síndrome, as mulheres que sofrem violência doméstica e mesmo assim não separam de seus cônjuges, e crianças abusadas fisicamente.

Sobre o assunto, vale registrar os ensinamentos de João Biffe Junior, Joaquim Leitão Junior (2016, p. 34), que a Síndrome de Oslo corresponde a um estado psicológico que as pessoas desenvolvem perante situações em que enfrentam grande perigo ou ameaça. Essas pessoas nutrem a convicção de que realmente as agressões perpetradas e direcionadas contra elas são merecidas. A vítima, diante da situação de impotência, cria o mecanismo de defesa e passa a ter a ilusão de que o seu comportamento pode controlar a situação, assim, a depender das suas reações, poderá controlar o agressor, acreditando que, se mudar, o agressor mudará de comportamento. É um autoengano que a vítima cria e desenvolve sobre as verdadeiras intenções da ameaça ou do perigo.

## Síndrome de Ganser (SG), síndrome das respostas aproximadas, pseudodemência histérica ou psicose da prisão (carcerária)

A privação de liberdade de pessoa humana em estabelecimento carcerário inadequado, tais como, excesso de presos em pequenos espaços (celas), ausência de iluminação, ventilação e alimentação, pode desencadear a **Síndrome de Ganser** (síndrome das respostas aproximadas).

A Síndrome de Ganser[12], pseudodemência histérica ou psicose da prisão é uma condição rara e controversa em que há uma simulação de transtorno dissociativo com sintomas psiquiátricos severos, exuberantes e inusitados. Durante o exame desses pacientes é comum respostas incoerentes, movimentos de intimidação e discurso despropositado com objetivo de convencer o observador de que ele está de fato louco.

---

[12]  ABCMED, 2020. *Síndrome de Ganser – como ela é?* Disponível em: <https://www.abc.med.br/ p/ psicologia-e-psiquiatria/1366948/sindrome-de-ganser-como-ela-e.htm>. Acesso em: 7 ago. 2023.

101

A síndrome de Ganser foi originalmente descrita pelo psiquiatra Sigbert Ganser, em 1897, em uma instituição penal em Halle, Alemanha. O preso responde de forma errada ou ilógica as questões que lhe são dirigidas, apresenta "fuga de ideias", realizando movimentos intimidantes, tentando demonstrar que possui distúrbio mental.

É comumente diagnosticada em criminosos[13] tentando escapar da prisão ou obter tratamento especial.

A ressaltar e deixar ainda mais clara a Síndrome de Ganser, Catarina da Costa Campos e Joana Mesquita[14], no excelente trabalho com o título *Síndrome de Ganser: O Mundo em que 2+2=5*, apontam com fundamento em doutrina[15] abalizada a materialização dessa síndrome, exemplificando que quando questionado "quantas patas tem um cavalo" o doente responde "3" ou "de que cor é a neve" o doente responde "preto".

### Síndrome da mulher agredida, Síndrome da mulher maltratada ou Síndrome da mulher espancada

Elenca a Lei Maria da Penha (Lei n. 11.340/2006) um rol[16] exemplificativo e alternativo de formas de violência doméstica ou familiar contra a mulher, entretanto, evidente a fragilidade do mecanismo estatal no acolhimento à vítima e no combate imediato a essa modalidade de crime, a vitimização acaba ocorrendo especialmente quando se trata de crime de violência doméstica ou familiar e de natureza sexual. Nesse sentido, importante os comentários de Costa, Araujo e Tavora, 2022 (p. 1211) ao tratar da **Síndrome da mulher agredida**. A psicóloga norte-americana Lenore E. A. Walker (*The Battered Woman Syndrome*, 2009),

---

[13] BRUGHA, T.; SINGLETON, N.; MELTZER, H. et al. (2005). "Psychosis in the community and in prisons: a report from the British National Survey of psychiatric morbidity". *The American journal of psychiatry*, 162 (4): 774–80. doi:10.1176/appi.ajp.162.4.774.

[14] *Revista do Serviço de Psiquiatria do Hospital Prof. Doutor Fernando Fonseca*, EPE, dezembro de 2017, vol. 15, n. 2, p. 82.

[15] SCHNEIDER, D.; SZETELA, B.; DALY, R. Ganser Syndrome. Medscape. 2013. Disponível em: http://emedicine.medscape.com/article/287390-overview. Acessado em: 30 de maio de 2015.

[16] Art. 5º Para os efeitos desta Lei, configura violência doméstica e familiar contra a mulher qualquer ação ou omissão baseada no gênero que lhe cause morte, lesão, sofrimento físico, sexual ou psicológico e dano moral ou patrimonial: (*Vide* Lei Complementar n. 150, de 2015) I – no âmbito da unidade doméstica, compreendida como o espaço de convívio permanente de pessoas, com ou sem vínculo familiar, inclusive as esporadicamente agregadas; II – no âmbito da família, compreendida como a comunidade formada por indivíduos que são ou se consideram aparentados, unidos por laços naturais, por afinidade ou por vontade expressa; III – em qualquer relação íntima de afeto, na qual o agressor conviva ou tenha convivido com a ofendida, independentemente de coabitação. Parágrafo único. As relações pessoais enunciadas neste artigo independem de orientação sexual. Art. 6º A violência doméstica e familiar contra a mulher constitui uma das formas de violação dos direitos humanos.

102

professora da Universidade de Southeastern, é a maior estudiosa da chamada *battered woman syndrome* (BWS) – em tradução livre: síndrome da mulher agredida ou espancada. Trata-se do conjunto de sintomas e sinais que mulheres adquirem após serem agredidas, paulatinamente, física, sexual ou psicologicamente por homens, geralmente seus companheiros (ex.: sentir o agressor onipresente; achar que é a culpada pelas agressões; temer pela sua vida e de seus familiares; interromper relações interpessoais; reviver a agressão etc. – além, claro, da própria dor da violência experimentada). A origem do termo diz respeito à agressão de homens em mulheres, embora, atualmente, já se admita o inverso também – não obstante inexista dados empíricos para tanto. A mulher que sofre de BWS está, comumente, dentro de um longo ciclo de violência, não avistando fim nas agressões que vem sofrendo. Há um verdadeiro sequestro emocional, de modo que a única salvação que enxerga é a eliminação, de alguma forma, do seu ofensor. Nos EUA, a BWS é classificada no "Manual de Diagnóstico e Estatística dos Transtornos Mentais" (DSM-IV) como um transtorno mental relacionado a abuso ou negligência, físico ou sexual, de adultos, quando o foco de atenção for a vítima (V 61.1 – Código 995.81), bem como pode caracterizar PTSD (*post-traumatic stress disorder* – transtorno de estresse pós-traumático). Por vezes, então, diante desses quadros de violência repetida, a mulher pratica um crime contra seu agressor, como homicídio, a fim de interromper, de uma vez por todas, a longa e sofrida sequência de fatos violentos. Nos EUA, tem se tornado comum que as defesas dessas mulheres aleguem a BWS em seu benefício – por vezes, a depender do caso concreto, a defesa é aceita. No Brasil, conforme a situação fática, pode-se reconhecer a exclusão de ilicitude (ex.: legítima defesa) ou mesmo de culpabilidade (ex.: inimputabilidade ou inexigibilidade de conduta diversa).

### Síndrome da Gaiola de Ouro ou Síndrome da Gaiola Dourada

Cuida-se de violência moral e psicológica praticada contra a vítima (mulheres que vivem na alta sociedade) e se manifesta no relacionamento abusivo através de ofensas, agressões verbais, ameaça, humilhação, usa-se de violência moral e psicoisolamento e insultos de toda natureza, causando dano emocional, diminuição da autoestima, amor-próprio, desequilíbrio, tristeza, angústia, depressão, transtorno de ansiedade, medo de iniciar novos relacionamentos afetivos, chantagens financeiras e não raras vezes ideação de morte, afetando a honra ultrapassando os limites do corpo físico e visível, invadindo seu estado de saúde psicológico convertendo-se em cativeiro emocional. Esta forma de agressão nos dias atuais ocorre especialmente no contexto da violência doméstica e familiar e no relacionamento amoroso. Diferentemente da lesão física, o dano emocional não deixa vestígio material, daí a importância da prova testemunhal, filmagens, gravações, mensagens, sendo possível ainda pelo Delegado de Polícia o encaminhamento da vítima para exame pericial de avaliação psicológica ao Instituto Médico Legal. A violência psicológica é chamada também de "violência invisibilizada" ou, ainda, "feridas invisíveis" (abuso não físico contra mulheres) nem sempre fácil de identificar e neutralizar.

Entretanto, essa situação pode ser rompida a qualquer momento, mas a vítima decide pela convivência e permanece com o agressor diante da estabilidade financeira, privilégios e *status* social que ocupa proporcionada pelo relacionamento. A terminologia síndrome da gaiola de ouro encontra correlação com os pássaros que não deixam o cativeiro, apesar da porta da gaiola aberta.

Sobre o tema, indispensável os ensinamentos do culto professor Diego Pureza[17]: "Também conhecida como *síndrome da Gaiola Dourada*, foi inspirada na obra escrita por Clarissa Pínkola, intitulada *Mulheres que correm com os lobos* (...). Trata-se de condição psicológica em que a vítima reclama do relacionamento que possui com alguém, sabe que tem a possibilidade de rompimento, mesmo assim decide pela manutenção do estado atual. Funciona como uma prisão em que a vítima é carcereira de si mesma. Em geral, a decisão de permanecer em um relacionamento destrutivo está vinculada a algum benefício secundário (...). Daí a ideia de gaiola dourada (eu acrescentaria ainda a ideia de que a porta da gaiola está aberta), onde o pássaro (representando a vítima), apesar de ter a possibilidade de escapar, acaba por decidir se manter "engaiolado" diante do *status* e da crença de que ali não passará por nenhuma necessidade ou vergonha".

Com efeito, importante também, a doutrina de João Biffe Junior[18] e Joaquim Leitão Junior, elucidando o tema de forma brilhante, confira: A Síndrome da Gaiola de Ouro ou Dourada situa-se no contexto da violência doméstica e familiar contra a mulher (violência de gênero), explicando as peculiaridades dos relacionamentos de mulheres que se encontram no ápice da pirâmide social e que, em razão do alto *status* social, não conseguem deixar o relacionamento. Tal síndrome se manifesta quando o agressor passa a encarar a mulher inserida na alta sociedade como um enfeite ou mero adorno para um relacionamento de fachada, aprisionando-a de forma sutil numa gaiola de ouro, impedindo-a, assim, de seguir seu próprio destino, de ditar os rumos da própria vida. Trata-se de uma forma de violência psicológica contra a mulher, mas que está fora daquelas estatísticas de violência doméstica ocorrida na linha da pobreza, da linha marginalizada. Essa síndrome reserva-se à violência de âmbito doméstico dirigida a uma vítima *sui generis* que, apesar de ser alvo de toda sorte e grau de violência, acaba refém da luxúria, da boa vida e do *status* da "high society", preferindo se submeter a violência e fingir um relacionamento de sucesso para

---

[17]  *Manual de Criminologia*. 3. ed. rev., atual. e ampl. São Paulo: JusPodivm, 2024. p. 178-179.
[18]  BIFFE JUNIOR, João; LEITÃO JUNIOR, Joaquim. *Concursos públicos*: terminologias e teorias inusitadas. Rio de Janeiro: Forense; São Paulo: Método, 2017. p. 153-155.

prestigiar seus anseios e o ego social. O agressor, por desfrutar de uma posição social que lhe confere fama e poder, estabelece uma relação de aprisionamento e dependência de sua parceira, estabelecendo regras e normas que guiaram a vida de seu consorte, a ponto de criar um verdadeiro cativeiro emocional, como uma "gaiola de ouro" (em alusão ao padrão financeiro, que permitiria, na consciência do agressor e da vítima, essa submissão).

Vale lembrar que a violência psicológica encontra-se positivada no ordenamento jurídico brasileiro no inciso II do art. 7º da Lei n. 11.340/2006 (Lei Maria da Penha) e seu conceito possui conteúdo variado[19] e também no Código Penal, art. 147-B: Causar dano emocional à mulher que a prejudique e perturbe seu pleno desenvolvimento ou que vise a degradar ou a controlar suas ações, comportamentos, crenças e decisões, mediante ameaça, constrangimento, humilhação, manipulação, isolamento, chantagem, ridicularização, limitação do direito de ir e vir ou qualquer outro meio que cause prejuízo à sua saúde psicológica e autodeterminação. Pena – reclusão, de 6 (seis) meses a 2 (dois) anos, e multa, se a conduta não constitui crime mais grave.

## Síndrome do desamparo aprendido ou Síndrome do abandono aprendido

Síndrome do desamparo aprendido (ligada mais à psicologia e ao comportamento animal), termo cunhado nos anos 1960 pelo psicólogo Martin Seligman, que, em estudos na Universidade da Pensilvânia, investigou e efetuou vários testes com cães objetivando verificar comportamentos decorrentes de estímulos, e através da dedução concluiu que o sentimento de desamparo poderia ser aprendido. O desamparo aprendido ocorre quando um animal é reiteradamente exposto a condições incontroláveis e aversivas das quais não consegue evadir-se, a situações de repetida impotência, momento em que internaliza a sensação de falta de controle sobre seu cenário, havendo ausência de motivação para escapar da situação em que se encontra. Evidentemente, o animal em dado momento evitará o estímulo, adotando um comportamento de desistência, entendendo que é incapaz de alterar a situação em que se encontra. Submetidos a choques elétricos sem possibilidade de escape, os cães desistiam de tentar evitar os choques, mesmo quando lhes era dada a oportunidades de fuga. O desamparo aprendido inibirá qualquer ação ou reação.

---

[19] A violência psicológica, entendida como qualquer conduta que lhe cause dano emocional e diminuição da autoestima ou que lhe prejudique e perturbe o pleno desenvolvimento ou que vise degradar ou controlar suas ações, comportamentos, crenças e decisões, mediante ameaça, constrangimento, humilhação, manipulação, isolamento, vigilância constante, perseguição contumaz, insulto, chantagem, violação de sua intimidade, ridicularização, exploração e limitação do direito de ir e vir ou qualquer outro meio que lhe cause prejuízo à saúde psicológica e à autodeterminação. (Redação dada pela Lei n. 13.772, de 2018)

105

Essa teoria foi escrita por Seligman em seu livro *Learned Optimism*, publicado em 1990, e traduzido para o português como *Aprenda a ser otimista*.

Anote-se, todavia, que, apesar de o desamparo aprendido ter sido constatado em diversas espécies animais – como cães –, restou demonstrado, após esse experimento, que essa síndrome pode ser estendida aos seres humanos que passaram por situações de opressão, marginalização, sofrimento, desesperança, fracassos ou abuso repetido. A síndrome do desamparo aprendido pode ainda causar distúrbios psicológicos diferentes, tais como depressão, ansiedade, fobias, timidez, solidão, sensação de impotência e falta de controle sobre a própria vida.

A síndrome do desamparo aprendido pode ser entendida como um mecanismo psicológico em que o indivíduo internaliza a ideia de que, independentemente de suas ações, a mudança não é possível. A criminologia clínica explica que, na maioria das vezes, as pessoas que cometem crimes estão imersas em contextos sociais e econômicos que limitam suas opções, muitas vezes, retiram suas perspectivas de mudança por se encontrarem em ambientes de violência constante e, assim, desenvolver um quadro de desamparo aprendido.

Quando analisada à luz da criminologia, essa teoria oferece uma nova perspectiva sobre certos comportamentos, sejam eles criminosos ou de vitimização. Nesse último caso, a vítima pode internalizar a ideia de que é impotente diante do agressor ou da situação, como em casos de abuso doméstico, violência de gênero ou abuso institucional, mormente quando percebe que, não importa o que faça, as situações de violência continuarão a se repetir. Nesse caso, ela pode experimentar uma paralisação emocional ou até mesmo aceitar a violência como uma parte inevitável de sua realidade, vale dizer, uma aceitação resignada do sofrimento. Quanto ao comportamento criminoso, além de punição justa e adequada, é necessário criar políticas públicas que ofereçam oportunidades reais de mudança, sejam elas educacionais, de emprego ou de apoio psicossocial para aqueles que vivem em contextos de marginalização social. É necessário atuar com forma de prevenir o desamparo aprendido, interrompendo o ciclo de violência e comportamentos desviantes antes que se solidifiquem.

### Síndrome da Rainha Vermelha

A Síndrome da Rainha Vermelha é uma metáfora cunhada pelo sociólogo e criminologista brasileiro Marcos Rolim[20] como forma de demonstração da atual crise na segurança pública vivida no país, dentre as quais o sucateamento e a ineficiência da polícia. Marcos Rolim busca em uma passagem do livro *Alice no país das maravilhas* – publicado pela primeira vez em 1865 –, de Lewis Carroll, o momento em que a personagem principal corria alucinadamente a

---

[20]  ROLIM, Marcos. *A Síndrome da Rainha Vermelha*: policiamento e segurança pública no século XXI. Rio de Janeiro: Zahar, 2006. p. 37.

pedido da Rainha, mas acabava voltando sempre ao mesmo lugar. A descrição é utilizada para demonstrar a situação produzida pelo modelo atual de policiamento. Por maior que seja o empenho da polícia, a impressão é de que os esforços policiais costumam chegar a lugar nenhum. Essa constatação parece ser ainda mais evidente quando se trata da polícia civil.

Sob o enfoque da criminologia, a Síndrome da Rainha Vermelha é usada para apontar que as políticas de segurança pública, planejamentos de prevenção, repressão e respostas rápidas no combate à criminalidade não são eficazes para reduzir as estatísticas criminais e não chegam a soluções reais, levando as instituições de segurança pública ao descrédito perante a sociedade. O implemento de medidas que não combatem suas raízes acabam mantendo ou ampliando o problema, como se estivessem correndo sem sair do lugar, vale dizer, inexistindo resultados práticos na diminuição dos índices criminais.

Com efeito, Marcos Rolim descreve a dinâmica de Alice e da Rainha comentando (2006, p. 37):

> De um momento para o outro, sem que Alice saiba exatamente o motivo, as duas passam a correr de mãos dadas em uma velocidade crescente. A Rainha gritava o tempo todo: "Mais rápido, mais rápido!" E a menina mal conseguia acompanhá-la. Correram tão depressa que se sentiram como se estivessem flutuando, até que, exaustas, pararam para descansar. Nesse momento, Carroll (2002) construiu o seguinte diálogo:
> Alice olhou ao seu redor muito surpresa:
> — Ora, eu diria que ficamos sob esta árvore o tempo todo! Tudo está exatamente como era!
> — Claro que está, esperava outra coisa?, perguntou a Rainha.
> — Bem, na nossa terra, responde Alice, ainda arfando um pouco, geralmente você chegaria a algum outro lugar... se corresse muito rápido por um longo tempo, como fizemos.
> — Que terra mais pachorrenta!, comentou a Rainha. Pois aqui, como vê, você tem que correr o mais que pode para continuar no mesmo lugar.

Comenta Rolim:

> A passagem poderia descrever perfeitamente a situação produzida pelo modelo reativo de policiamento. Os esforços policiais, mesmo quando desenvolvidos em sua intensidade máxima, costumam redundar em "lugar nenhum", e o cotidiano de uma intervenção que se faz presente apenas e tão somente quando o crime já ocorreu parece oferecer aos policiais uma sensação sempre renovada de imobilidade e impotência. "Corre-se", assim, para se permanecer onde está, diante das mesmas perplexidades e temores. Para a visão que possuem a respeito de si mesmos e de seu trabalho, o ciclo permanente de chamadas a serem atendidas e a baixa produtividade das providências adotadas no que se refere à identificação

e responsabilização dos infratores faz com que uma determinada sensação de inutilidade passe a definir o "espírito objetivo" do policiamento contemporâneo.

## Teoria da Periculosidade Vitimal

A periculosidade vitimal é uma ferramenta conceitual útil para analisar o papel da vítima na dinâmica do crime; entretanto, deve ser aplicada com cuidado nos estudos dentro do campo da **vitimologia**.

Conforme ensinamentos de Diego Pureza[21]:

A Teoria da Periculosidade (ou Perigosidade) Vitimal sugere que há pessoas predispostas à condição de vítima diante de alguns fatores a saber:

- Pessoas briguentas e encrenqueiras, causadoras de confusão. Pessoas assim são extremamente propensas a serem vitimadas em alguma discussão, briga ou confusão;
- Pessoas que provocam certas pessoas entendidas como passivas acreditando que não haverá reações;
- Pessoas descuidadas com os próprios pertences, ostentando objetos de valor chamativos em localidades sabidamente perigosas etc.

Este respeitado autor, prossegue, ensinando:

Todavia, cuidado para não confundir a teoria acima com as chamadas vítimas latentes ou potenciais ("potencial de receptividade vitimal"). A ideia da existência de vítimas potenciais surge por meio de alguns resultados estatísticos que apontam que há certos grupos de indivíduos em situação de fragilidade, por características pessoais, de profissão ou personalidade, propensas a se tornarem vítimas de crimes.

## Efeito Copycat (efeito contágio, efeito imitador)

Na literatura criminológica encontramos o fenômeno do **Efeito *Copycat*,** tratando-se de um estímulo que leva à reprodução da violência por meio da modelagem, imitação ou contágio da conduta criminosa (crime real, originário) divulgada através da mídia ou retratado na ficção (literatura, filmes, videogames) influenciando o indivíduo imitador pela repercussão social. A motivação é diversificada, entretanto citamos a busca pela fama, sensacionalismo, predisposição individual, suicídio copiador e feminicídio. Nos crimes *Copycat* o imitador reproduz elementos específicos no cometimento da conduta criminosa, tais como, motivação, *modus operandi*, local e vestimentas. A expressão *Copycat* vem do inglês *copy* (cópia) mais a palavra *cat* (gato) espelhado nos filhotes de gato que imitam o comportamento da mãe.

---

21 PUREZA, Diego. *Manual de criminologia*. 3. ed. rev., atual. e ampl. São Paulo: JusPodivm, 2024. p. 168.

A principal fonte de estudos sobre o tema é o livro *The Copycat Effect* (Efeito *Copycat*), escrito em inglês, pelo autor **Loren Coleman**, onde descreve o efeito da mídia sobre a mente criminosa.

O comportamento criminoso na prática de crimes imitadores é recheado de atos de crueldade, desprezo pelas normas sociais, ausência de sentimentos, consciência, culpa ou arrependimento. O grau de maldade é de alta visibilidade. No Brasil, amolda-se ao efeito *Copycat* o ataque à Escola de Cambé (PR), provavelmente inspirado no massacre de Columbine, ocorrido em 1999, nos Estados Unidos, Escola Estadual Thomazia Montoro em São Paulo (no dia 27 de março de 2023, o agressor era aluno da escola e tinha treze anos), Escola Estadual Professor Raul Brasil (SP), em Suzano[22] no dia 13 de março de 2019 e Aracruz (ES), no dia 25 de novembro de 2022 .

### 7.5 Complexo criminógeno delinquente e vítima

É importante analisar a relação entre criminoso e vítima (***par penal***) para aferir o dolo e a culpa daquele, bem como a responsabilidade da vítima ou sua contribuição involuntária para o fato crime. Isso repercute na adequação típica e na aplicação da pena (art. 59 do CP). É inegável o papel da vítima no homicídio privilegiado, por exemplo.

Da mesma maneira que existem criminosos reincidentes, é certa para a criminologia a existência de vítimas latentes ou potenciais (*potencial de receptividade vitimal*).

Determinadas pessoas padecem de um impulso fatal e irresistível para serem vítimas dos mesmos crimes. Exemplos: vigias de bancos e lojas; médicos vitimados por denúncias caluniosas; policiais acusados de agressões etc.

Assim é que, como há delinquentes recidivos, há vítimas voluntárias, como os "encrenqueiros", os "truculentos", os "piadistas" etc.

No entanto, muitas pessoas – **vítimas autênticas** – não contribuem para o evento criminal por ação ou omissão nem interagem com o comportamento do autor do delito. São completamente **inocentes** na compreensão cênica do delito.

### 7.6 Política criminal de tratamento da vítima

Fundado em São Paulo em 1987, o Instituto de Ensino e Pesquisa – **Insper** é uma instituição de ensino sem fins lucrativos que tem o compromisso de ser um centro de referência em ensino e pesquisa nas áreas de negócios e economia.

Nesse terreno, coadjuvado pelo Centro de Políticas Públicas do Instituto Futuro Brasil (IFB), realizou importante pesquisa acerca da vitimização na

---

[22] Dois atiradores, ex-alunos, mataram cinco estudantes e duas funcionárias da escola. Antes do ataque, num comércio próximo à escola, a dupla também matou o tio de um dos assassinos. Após o massacre, um dos atiradores matou o comparsa e em seguida cometeu suicídio.

cidade de São Paulo no período de 2003 a 2008, revelando dados inéditos sobre a criminalidade. O estudo mostra a evolução da violência em São Paulo nesse período, com dados de criminalidade como estelionato, agressão verbal, agressão física, trânsito, crime contra a pessoa, roubo de veículos e roubos a residências. O estudo utilizou como base pesquisa domiciliar com 2.967 pessoas na cidade de São Paulo no ano de 2008.

À guisa de ilustração, transcrevemos as tabelas[23] acerca da pesquisa de vitimização acima referida:

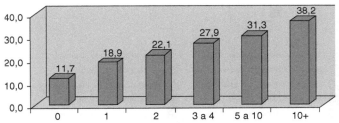

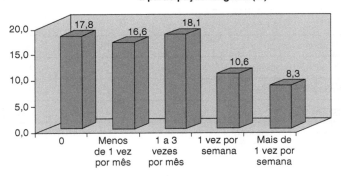

---

[23] Dados obtidos no *site*: <http://www.insper.org.br/docentes-e-pesquisa/centro-de-politicas-publicas/pesquisa-vitimizacao>. Acesso em: 2 out. 2009.

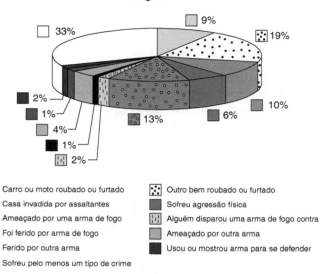

Percentual de pessoas afetadas pelo crime ao longo da vida

- Carro ou moto roubado ou furtado
- Casa invadida por assaltantes
- Ameaçado por uma arma de fogo
- Foi ferido por arma de fogo
- Ferido por outra arma
- Sofreu pelo menos um tipo de crime
- Outro bem roubado ou furtado
- Sofreu agressão física
- Alguém disparou uma arma de fogo contra
- Ameaçado por outra arma
- Usou ou mostrou arma para se defender

| Criminalidade ao longo da vida e renda | Baixa | | Média | |
|---|---|---|---|---|
| | N | % | N | % |
| Carro ou moto roubado ou furtado | 78 | 6,6 | 316 | 15,8 |
| Outro bem roubado ou furtado | 315 | 26,6 | 675 | 33,8 |
| Casa invadida por assaltantes | 148 | 12,5 | 361 | 18,1 |
| Sofreu agressão física | 131 | 11,1 | 218 | 10,9 |
| Ameaçado por uma arma de fogo | 185 | 15,6 | 470 | 23,5 |
| Alguém disparou uma arma de fogo contra | 41 | 3,5 | 75 | 3,8 |
| Foi ferido por arma de fogo | 20 | 1,7 | 21 | 1,1 |
| Ameaçado por outra arma | 67 | 5,7 | 151 | 7,6 |
| Ferido por outra arma | 28 | 2,4 | 31 | 1,6 |
| Usou ou mostrou arma para se defender | 24 | 2,0 | 59 | 3,0 |
| **Sofreu pelo menos um tipo de crime** | **556** | **47,1** | **1177** | **59,0** |

| Criminalidade ao longo da vida e renda | Alta | | Total | |
|---|---|---|---|---|
| | N | % | N | % |
| Carro ou moto roubado ou furtado | 267 | 33,3 | 816 | 16,3 |
| Outro bem roubado ou furtado | 408 | 50,7 | 1727 | 34,5 |
| Casa invadida por assaltantes | 223 | 27,8 | 916 | 18,3 |
| Sofreu agressão física | 118 | 14,7 | 568 | 11,4 |
| Ameaçado por uma arma de fogo | 266 | 33,1 | 1142 | 22,8 |
| Alguém disparou uma arma de fogo contra | 43 | 5,4 | 193 | 3,9 |
| Foi ferido por arma de fogo | 8 | 1,0 | 58 | 1,2 |
| Ameaçado por outra arma | 116 | 14,4 | 402 | 8,0 |
| Ferido por outra arma | 13 | 1,6 | 85 | 1,7 |
| Usou ou mostrou arma para se defender | 36 | 4,5 | 148 | 3,0 |
| **Sofreu pelo menos um tipo de crime** | **616** | **76,8** | **2889** | **57,9** |

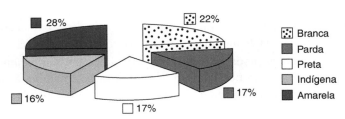

Taxa de roubo e furto por cor

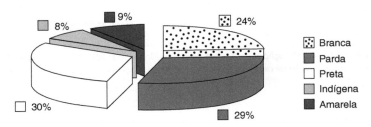

Taxa de agressão física por cor

112

Por sua vez, a Secretaria de Segurança Pública do Estado de São Paulo elaborou pesquisa, coordenada pelo sociólogo Túlio Kahn[24], que asseverou, entre outros relevantes criminais, que o homicídio é o tipo de crime com consequências mais graves para a sociedade, o que eleva muito a importância de estudar sua ocorrência com o objetivo de entendê-lo e encontrar ações efetivas no seu combate e prevenção.

A ocorrência de homicídios tem predominância noturna; após as 19h a incidência aumenta muito, atingindo o pico às 22h. Depois o número de ocorrências decresce durante a madrugada, mas ainda com altas taxas, até atingir o ponto mínimo por volta das 10h.

Tendo em vista os dias da semana, a ocorrência de homicídios se concentra nos finais de semana, tanto no sábado como no domingo. A diferença na distribuição dos dois dias reside no fato de que no sábado existe um aumento de homicídios durante todo o dia, enquanto no domingo o aumento ocorre praticamente só no período da manhã.

Por derradeiro, ao contrário da maioria dos tipos de crime, os homicídios estão mais relacionados a favelas do que a qualquer outro tipo de infraestrutura urbana, relacionando-se, num só contexto, às precárias condições ambientais e fatores socioeconômicos e até culturais.

Esse introito deu-se para demonstrarmos a importância do estudo estatístico para o fim de criar uma política pública de suporte às vítimas da criminalidade.

As modernas tendências criminológicas aparecem desde o final do século XX como consequência de mobilizações sociais em prol de vítimas.

O direito penal moderno sofreu um forte golpe em seu parâmetro de observação da vítima com neutralidade. A neutralização da vítima é cada vez mais afetada pelos anseios sociais que a empurram para um papel de maior relevância no processo penal.

Na **Europa** (Alemanha e Espanha) e nos **EUA** as **tendências político-criminais** desenham-se em quatro grandes vertentes:

---

1) Maior proteção de vítimas, mediante a **redução de direitos e garantias do criminoso no processo penal** (por exemplo, uso de prova ilícita; maior valor ao depoimento da vítima que do réu; facilitação da prisão preventiva etc.), o que provocou a indignação e a perplexidade de Hassemer (2008, p. 148).

2) Investimento na **aplicação e execução de penas de prisão, sobretudo a perpétua, assim também a pena de morte**, afastando a reinserção social para estupradores, terroristas,

---

[24] Apud <http://www.ssp.sp.gov.br/estatisticas/downloads/manual_estudos_criminologicos_2.pdf>. Acesso em: 2 out. 2009.

traficantes, assassinos em série etc.; paralelamente, a adoção de medidas rígidas de policiamento com base na **lei e ordem** e **tolerância zero** para todos os crimes, inclusive os de menor poder ofensivo, o que também provocou a ira do renomado penalista alemão.

3) Ampliação da **participação da vítima no processo penal**, auxiliando na produção de provas e mesmo substituindo o acusador oficial.

4) Por derradeiro, o **fomento à ajuda e atenção à vítima por parte das instituições públicas**, com a criação de órgãos de apoio e proteção, bem como o dever estatal de indenização, caso o réu seja insolvente, prevenindo-se a vitimização terciária.

A tendência atual de maior proteção e destaque à vítima ganha importância também no âmbito de aplicação de pena. Ensinam Muñoz Conde e Hassemer (2008, p. 149) que "insiste-se na prevenção geral intimidatória, deixando de lado a finalidade de reinserção social, pleiteando a prisão perpétua (inclusive a pena de morte) para o delinquente estuprador, terrorista, traficante ou assassino em série ou, pelo menos, que este cumpra integralmente a pena de prisão imposta sem redução de sua duração ou atenuação do regime de cumprimento, eliminando institutos como progressão de regime, liberdade condicional e outros benefícios penitenciários. Paralelamente, os meios de comunicação desencadeiam campanhas de 'lei e ordem', solicitando um maior rigor na atuação policial e uma 'tolerância zero', inclusive nos delitos de escassa gravidade".

No Brasil, as ações afirmativas de tutela de vítimas da violência são ainda extremamente tímidas, na medida em que se vive uma crise de valores morais, culturais e da própria autoridade constituída, com escândalos de corrupção grassando nos três poderes da República.

Contudo, particular destaque merece a edição da recente Lei n. 11.340/2006 (Lei Maria da Penha), que refletiu a preocupação da sociedade brasileira com a violência doméstica contra a mulher.

## 7.7 Vitimização primária, secundária, terciária e vitimização quaternária

A legislação penal e processual penal brasileira emprega os termos "vítima", "ofendido" e "lesado" indistintamente, por vezes até como sinônimos. Porém, entende-se que a palavra "vítima" tem cabimento específico nos crimes contra a pessoa; "ofendido" designa aquele que sofreu delitos contra a honra; e "lesado" alcança as pessoas que sofreram ataques a seu patrimônio.

Para a **Declaração dos Princípios Fundamentais de Justiça Relativos às Vítimas da Criminalidade e de Abuso de Poder**, das Nações Unidas (ONU-1985), define-se "vítimas" como "as pessoas que, individual ou coletivamente, tenham sofrido um prejuízo, nomeadamente um atentado à sua integridade física ou mental, um sofrimento de ordem moral, uma perda material, ou um grave atentado aos seus direitos fundamentais, como consequência de atos ou de omissões violadores das leis penais em vigor num Estado membro, incluindo as que proíbem o abuso de poder".

Assim, vítima é quem sofreu ou foi agredido de alguma maneira em razão de uma infração penal, cometida por um agente.

A criminologia, ao analisar a questão vitimológica, classifica a vitimização em quatro grandes grupos, conforme veremos adiante.

- **Vitimização primária**: é normalmente entendida como aquela provocada pelo cometimento do crime, pela conduta violadora dos direitos da vítima – pode causar danos variados, materiais, físicos, psicológicos, de acordo com a natureza da infração, a personalidade da vítima, sua relação com o agente violador, a extensão do dano etc. Então, **é aquela que corresponde aos danos à vítima decorrentes do crime.**

- **Vitimização secundária**: também é conhecida por termos sinônimos **sobrevitimização**, revitimização ou vitimização processual; entende-se ser aquela causada pelas instâncias formais de controle social, no decorrer do processo de registro e apuração do crime, com o **sofrimento adicional causado pela dinâmica do sistema de justiça criminal** (inquérito policial e processo penal).

  Na lição de Anderson Burke (2022, p. 98), atente-se pela publicação da Lei n. 14.245/2021, a qual ficou publicamente conhecida como "Lei Mariana Ferrer", que buscou a prevenção do fenômeno da vitimização secundária ao se coibir a prática de atos atentatórios à dignidade da vítima e de testemunhas, bem como o estabelecimento de causa de aumento de pena no crime de coação no curso do processo, tanto para mulheres como para homens.

  Vale mencionar nessa senda o novo crime inserido pela Lei n. 14.321/2022 (art. 15-A) sob o *nomem iuris* de violência institucional que prende-se à Lei n. 14.245/2021, conhecida como Lei Mariana Ferrer com objetivo de estabelecer a responsabilidade penal das autoridades que desrespeitam a dignidade das pessoas que integram os procedimentos de natureza criminal.

- **Vitimização terciária**: falta de amparo dos órgãos públicos às vítimas; nesse contexto, a própria sociedade não acolhe a vítima, e muitas vezes a incentiva a não denunciar o delito às autoridades, ocorrendo o que se chama de **cifra negra** (quantidade de crimes que não chegam ao conhecimento do Estado).

- **Vitimização quaternária**: refere-se aos impactos negativos produzidos pelos veículos de imprensa e redes sociais. Esse processo de vitimização é muito frequente na atualidade, decorrendo do medo internalizado de tornar-se vítima de um crime. Ela é acometida pela insegurança psicológica ocasionada pelas notícias divulgadas pela mídia em geral, considerando que na maioria das vezes a criminalidade é retratada de modo sensacionalista na divulgação de crimes causando impacto na sociedade através do medo e da insegurança psicológica ou quando for vítima na esfera individual ou alguém de seu relacionamento. Trata-se de manifestação da vitimização subjetiva.

Importante destacar a visão de Caio Abou Haidar e Isabela Bossoloni Rossino no brilhante texto, conforme lançado a seguir:

"A vitimização quaternária[25] é, portanto, o medo de se converter em vítima – manifestação da vitimização subjetiva – que se internaliza pela falsa percepção da realidade a partir das informações levantadas pela mídia – os tais 'forjadores de opinião pública' – que apresenta a criminalidade de acordo com uma série de interesses particulares (econômico-políticos), sem se preocupar com uma visão criminológica crítica. Até por essa razão, afirma-se que, em geral, nem sempre se temem realmente as pessoas mais perigosas, nem se tem noção dos índices reais da criminalidade dentro do contexto de cada lugar".

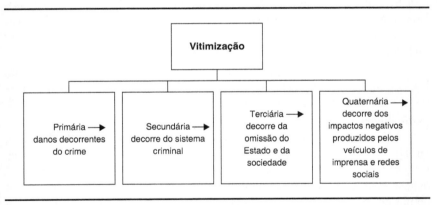

Além do conceito, a precitada Declaração afirma alguns **direitos fundamentais das vítimas,** como, por exemplo, o **direito à informação** (acerca da marcha da investigação e do processo penal), o **direito à proteção** (minimiza-

---

[25] HAIDAR, Caio Abou; ROSSINO, Isabela Bossolani. *Redescobrindo a Vitimologia*: estudos contemporâneos da vitimização quaternária e da influência midiática na Criminologia. Seminário de Pesquisa em Direito, FDRP USP. Mesa Temática 2: Novos Desenvolvimentos da Vitimologia: Criminologia, Política Criminal, Dogmática e Processo. Disponível em <https://sites.usp.br/pesquisaemdireito-fdrp/wp-content/uploads/sites/180/2017/01/caio-haidar.pdf>. Acesso em: 21 nov. 2024.

116

ção dos efeitos da vitimização secundária), o **direito de participação** (maior participação e papel no processo penal), o **direito à assistência** (médica, psicológica etc.), o **direito à reparação** (indenização), dentre outros.

A importância dos estudos científicos sobre a vítima do delito no âmbito da criminologia e do próprio direito penal, a partir da Segunda Guerra Mundial, ganhou relevante interesse e está em constante evolução. Dessa forma, verifica-se que os concursos públicos passaram a inserir questões dessa natureza e o tema foi objeto de cobrança em certame, como se verifica no Anexo de Questões de concursos públicos.

### 7.8 Vulnerabilidade da vítima e vitimização psicológica

Não se pode deixar de mencionar que a vulnerabilidade da vítima está relacionada a diversos fatores que, nessa linha, adquirem relevância de acordo com a pessoa e o próprio delito.

Com efeito, oportuna a transcrição do texto exemplificativo na visão de Antonio García-Pablos de Molina (2013, p. 28): "São muitos – e diversos – os fatores moduladores de vulnerabilidade nas vítimas. Citam-se, entre outros: fatores biológicos (ex.: idade crítica, sexo, sensibilização); biográficos (ex.: estresse acumulativo, vitimização prévia, antecedentes psiquiátricos etc.); sociais (ex.: recursos laborais e econômicos, apoio social informal, sistema de redes e habilidades sociais etc.); assim como certas *dimensões da personalidade* (ex.: baixa inteligência, ansiedade, *locus* de controle externo, instabilidade, impulsividade etc.)".

Constata-se, ainda, que as vítimas do delito frequentemente adquirem lesões psíquicas, dentre elas, ansiedade, depressão, transtorno por estresse póstraumático (TEPT), transtorno por estresse agudo e desatabilização da própria personalidade.

Outros quadros de interferências remanescem nas vítimas de violência, em linhas gerais, variando de pessoa, trata-se de humilhação, raiva, agressividade, vergonha, impotência, autoculpabilização – em que constantemente se revivem os acontecimentos, acentuando o sofrimento psicológico –, tendência ao suicídio conforme a violência sofrida, disfunções sexuais, alteração do sono, perda da autoestima, isolamento repetitivo, desconfiança generalizada, medo de sair de casa, de andar sozinha e de frequentar determinados locais etc.

### 7.9 *Iter victimae* (caminho ou fases da vitimização)

Consiste no trajeto seguido por um indivíduo para ser convertido em vítima. Assim como o *iter criminis*[26] (é o "caminho ou fases do crime", é dizer,

---

[26] O *iter criminis* pode ser dividido em quatro etapas: 1 – cogitação (*cogitatio*); 2 – atos preparatórios (*conatus remotus*); 3 – atos executórios; e 4 – consumação. Obs.: exaurimento é uma etapa

o itinerário percorrido pelo agente até a consumação do delito), também ocorre a divisão do *iter victimae* em fases, quais sejam: **"intuição, atos preparatórios, início da execução, execução e consumação"** (MAZZUTTI, 2012, p. 77). Contudo, não há duvida alguma de que, na maioria das vezes, as vítimas em nada contribuem com o evento criminoso, a culpa pelo desencadear da ação delitiva é inteiramente do agente violador da Lei. Não há que se falar na **criminalização da vítima**, isto é, a vítima não contribuiu de modo algum para a ocorrência da ação delitiva do agente criminoso.

Sobre a temática colocada, a conceituação de vítima ultrapassa a pessoa humana no direito penal atual, por exemplo, pessoa física, jurídica, ente coletivo e qualquer pessoa que tenha sido prejudicada por conduta humana que constitua uma infração penal.

## 7.10 Heterovitimização

A heterovitimização corresponde à autorrecriminação da vítima (auto-culpabilização) diante de um crime cometido, por meio da busca pelas razões que a tornaram, de modo provável, responsável pela prática delitiva. Por exemplo, ter deixado a porta de um automóvel sem a trava, ter assinado uma folha de cheque que estava em branco, ter esquecido uma vela acessa ou o gás aberto no interior de qualquer local de abrigo humano.

## 7.11 Vitimodogmática

Conforme leciona a ilustre Professora Mônica Resende Gamboa[27], "é o estudo da contribuição da vítima na ocorrência do delito e a influência dessa participação na dosimetria da pena. Alicerçado no princípio da 'autorrespon-sabilidade' pode acarretar desde a atenuação da reprimenda (vítima mais culpada que o criminoso), como ocorre nos crimes considerados privilegiados, até a isenção de pena do autor (vítima exclusivamente culpada), nos casos de legítima defesa".

Outro conceito esclarecedor é de Alessandra Orcesi Pedro Greco[28], no sentido de que a "Vitimodogmática é uma série de postulados vitimológicos na qual se estuda o comportamento da vítima em face do crime — mais especificamente, sua contribuição para que este ocorresse".

---

"pós-crime", um acontecimento posterior à consumação do delito, não alterando a tipificação da conduta, portanto, não integra o *iter criminis*.

[27] GAMBOA, Mônica Resende. *Criminologia. Questões comentadas*. 1. ed. Rio de Janeiro: Forense; São Paulo: Método, 2013. p. 116.

[28] GRECO, Alessandra Orcesi Pedro. *A autocolocação da vítima em risco*. São Paulo: Revista dos Tribunais, 2004. p. 39.

No direito tradicional foca-se apenas na conduta do criminoso, entretanto, no direito penal brasileiro o comportamento da vítima é balizado pelo art. 59[29] (CP) e não se pode deslembrar que há vítimas provocadoras, vale dizer, existem vítimas que se expõem intensamente ao perigo, mas esses postulados vitimodogmáticos não podem justificar de forma absoluta a conduta do autor dos fatos, nesse passo, deve ser analisado com cautela, sob pena de inverter a ordem processual e provocar a revitimização. Nessse contexto, caso a vítima sofra violência, todo o esforço da rede de proteção tem como objetivo evitar que a vítima seja submetida a uma revitimização. Assim, a vítima, de violência sexual, que muitas vezes foi exposta a situações vexatórias durante a instrução processual não pode mais ser relegada a um plano inferior ao do acusado. Agora não mais. A Lei Mariana Ferrer (n. 14.425) veio para coibir a prática de atos atentatórios à dignidade da vítima e de testemunhas evitando, principalmente, estigmatizar a mulher, impedir humilhações ou tratá-la com descrédito, como às vezes se verificava nos crimes sexuais.

Inegável os avanços que buscam a proteção das vítimas quanto ao tratamento, prevenção e reparação do dano, como, por exemplo, se vê no art. 387 do CPP, alterado pela Lei n. 11.719/2018, a saber:

"Art. 387. O juiz, ao proferir sentença condenatória:

(...)

IV – fixará valor mínimo para reparação dos danos causados pela infração, considerando os prejuízos sofridos pelo ofendido;"

Como se vê, não restam dúvidas de que o objetivo do legislador foi simplificar e acelerar a reparação patrimonial da vítima no momento da sentença condenatória proferida pelo juiz criminal, considerando a produção probatória do processo penal.

Na mesma linha de intelecção, o Código de Trânsito Brasileiro (Lei n. 9.503/97 dispõe em seu art. 297, a multa reparatória:

Art. 297. A penalidade de multa reparatória consiste no pagamento, mediante depósito judicial em favor da vítima, ou seus sucessores, de quantia calculada com base no disposto no § 1º do art. 49 do Código Penal, sempre que houver prejuízo material resultante do crime.

---

[29] Art. 59. O juiz, atendendo à culpabilidade, aos antecedentes, à conduta social, à personalidade do agente, aos motivos, às circunstâncias e consequências do crime, bem como ao comportamento da vítima, estabelecerá, conforme seja necessário e suficiente para reprovação e prevenção do crime: I – as penas aplicáveis dentre as cominadas; II – a quantidade de pena aplicável, dentro dos limites previstos; III – o regime inicial de cumprimento da pena privativa de liberdade; IV – a substituição da pena privativa da liberdade aplicada, por outra espécie de pena, se cabível.

§ 1º A multa reparatória não poderá ser superior ao valor do prejuízo demonstrado no processo.

§ 2º Aplica-se à multa reparatória o disposto nos arts. 50 a 52 do Código Penal.

§ 3º Na indenização civil do dano, o valor da multa reparatória será descontado.

Assim, transitada em julgado a sentença condenatória, a multa será executada perante o juiz da execução penal e será considerada dívida de valor.

Sob tais argumentos, é o espírito das Leis n. 9.099/95, que dispõe sobre os Juizados Especiais Cíveis e Criminais, e n. 9.807/98 que estabelece normas para a organização e a manutenção de programas especiais de proteção a vítimas e a testemunhas ameaçadas, institui o Programa Federal de Assistência a Vítimas e a Testemunhas Ameaçadas.

Expõe Eduardo Viana[30] que a vitimodogmática é vista sob duas direções, uma moderada e outra radical. Segundo a direção moderada, o comportamento da vítima somente pode repercutir no âmbito da dosimetria da pena, funcionando, portanto, como critério de atenuação da responsabilidade do autor. Para a direção radical, a vitimodogmática funcionaliza-se à luz da lógica de imposição de pena com princípio de *ultima ratio*; é dizer, se a imposição de pena deve ser o último recurso do Estado, não parece adequado impor pena naqueles casos nos quais a vítima não merece (ou não necessita) de proteção.

Thais Bandeira e Daniela Portugal (2017, p. 17) destacam que o comportamento da vítima pode influenciar na decisão do processo. Observe:

> [...] O comportamento vitimal agressivo muitas vezes pode ensejar a prática criminosa, isso inclusive está contemplado em alguns elementos do Código Penal (Exemplo: art. 59 que determina que o juiz no momento da fixação da pena irá considerar o comportamento da vítima, dentre outros elementos). Além disso, no crime de homicídio, há previsão no art. 121, parágrafo único, de causa de diminuição de pena que diz respeito ao criminoso que atuou sob o domínio de violenta emoção logo em seguida a uma injusta provocação da vítima. Supondo que uma pessoa bata em outra pessoa que, em resposta, mata quem o agrediu. Neste caso, não há legítima defesa, visto que houve excesso (legítima defesa só exclui a ilicitude quando a reação é proporcional à injusta agressão). Assim, houve um comportamento punível, criminoso, mas que ensejará diminuição de pena em virtude de um comportamento vitimal agressivo. [...]

---

[30] VIANA, Eduardo. *Criminologia*. 6. ed. rev., atual. e ampl. Salvador: Juspodivm, 2018. p. 171.

# 8º Capítulo

## Criminologia e crime organizado

### 8.1 Crime organizado (Organização criminosa)

No Brasil havia basicamente duas leis que se referiam à criminalidade organizada, a Lei n. 9.034/95 e a Lei n. 10.217/2001. Nenhuma delas definia crime organizado, o que não deixava de ser um lapso lamentável do Legislativo. No entanto, com o advento da **Lei n. 12.850**[1], de 2 de agosto de 2013, houve a definição legal de **organização criminosa**, a saber: "Art. 1º (...) § 1º Considera-se organização criminosa a associação de 4 (quatro) ou mais pessoas estruturalmente ordenada e caracterizada pela divisão de tarefas, ainda que informalmente, com objetivo de obter, direta ou indiretamente, vantagem de qualquer natureza, mediante a prática de infrações penais cujas penas máximas sejam superiores a 4 (quatro) anos, ou que sejam de caráter transnacional". Além disso, a nova lei estabeleceu meios de investigação, tais como a colaboração premiada, a infiltração etc.

Do que se vê na citada Lei, ela assenta a possibilidade de aplicá-la também aos **crimes previstos em tratados ou convenções internacionais**[2] quando, iniciada a execução no Brasil, o resultado tenha ou devesse ter ocorrido no exterior, ou ao contrário, quando a execução do crime se iniciar no exterior e o resultado tenha ou devesse ter ocorrido no Brasil. Essa incidência socorre também as **organizações terroristas**[3], entendidas como aquelas voltadas para a prática dos atos de terrorismo legalmente definidos (Lei n. 13.260/2016).

---

[1] Revogou a Lei n. 9.034/95, que até 2013 tratava da utilização de meios operacionais para a prevenção e repressão de ações praticadas por organizações criminosas.

[2] Por exemplo, tráfico internacional de pessoas para fins de exploração sexual, crime previsto no art. 231 do CP, promover ou facilitar a entrada, no território nacional, de alguém que nele venha a exercer a prostituição ou outra forma de exploração sexual, ou a saída de alguém que vá exercê-la no estrangeiro.

[3] Lei n. 13.260/2016, referindo-se às organizações terroristas, incidindo sobre aquelas voltadas à prática dos atos de terrorismo legalmente definidos.

Importa lembrar que a Lei n. 12.850/2013 (define organização criminosa e dispõe sobre a investigação criminal, os meios de obtenção da prova, as infrações penais correlatas e o procedimento criminal) promoveu, ainda, alterações no Código Penal, modificando o tipo penal de quadrilha ou bando, instituindo o de **associação criminosa (art. 288 do CP)**.

Nesse contexto, indispensável explicar o objeto de incidência da associação criminosa e da organização criminosa: a associação criminosa é composta por três ou mais pessoas, com o fim específico de cometer crimes, enquanto a organização criminosa precisa ter quatro ou mais pessoas, além das especificidades: ordenamento estrutural, divisão de tarefas, com o objetivo de obter, direta ou indiretamente, vantagem de qualquer natureza, mediante a prática de crimes graves, com penas máximas superiores a quatro anos.

A criminalidade organizada pressupõe uma potencialidade destruidora e lesiva extremamente grande, pior ainda para a sociedade do que as infrações individuais, daí a justa preocupação dos Estados com a repressão ao tráfico de drogas e pessoas, ao terrorismo, ao contrabando etc.

Alberto Silva Franco[4] apresenta sua aguçada visão sobre o tema, que se amolda perfeitamente aos tempos atuais:

"O crime organizado possui uma textura diversa: tem caráter transnacional na medida em que não respeita as fronteiras de cada país e apresenta características assemelhadas em várias nações; detém um imenso poder com base numa estratégia global e numa estrutura organizativa que lhe permite aproveitar as fraquezas estruturais do sistema penal; provoca danosidade social de alto vulto; tem grande força de expansão, compreendendo uma gama de condutas infracionais sem vítimas ou com vítimas difusas; dispõe de meios instrumentais de moderna tecnologia; apresenta um intrincado esquema de conexões com outros grupos delinquenciais e uma rede subterrânea de ligações com os quadros oficiais da vida social, econômica e política da comunidade; origina atos de extrema violência; exibe um poder de corrupção de difícil visibilidade; urde mil disfarces e simulações e, em resumo, é capaz de inerciar ou fragilizar os poderes do próprio Estado".

## 8.2 Aspectos criminológicos do crime organizado

No âmbito penal são conhecidas duas espécies de criminalidade organizada, com reflexos evidentes para os estudos criminológicos: a do tipo mafiosa e a do tipo empresarial.

---

[4] FRANCO, Alberto Silva. O difícil processo de tipificação. *Boletim IBCCrim*, n. 21. São Paulo, 1995. p.5.

- Criminalidade organizada do tipo mafiosa (*Cosa Nostra, Camorra, Ndrangheta* e *Stida*, na Itália; *Yakuza*, no Japão; *Tríade*, na China; e *Cartel de Cali*, na Colômbia), cuja atividade delituosa se baseia no **uso da violência e da intimidação**, com **estrutura hierarquizada, distribuição de tarefas e planejamento de lucros**, contando com clientela e impondo a **lei do silêncio**. Seus integrantes vão desde os agentes do Estado até os executores dos delitos; as **vítimas são difusas**, e o controle social encontra sério óbice na corrupção governamental.

- **A criminalidade organizada do tipo empresarial** não possui apadrinhados nem rituais de iniciação; tem uma **estrutura empresarial que visa apenas o lucro econômico de seus sócios**. Trata-se de uma empresa voltada para a atividade delitiva. Busca o anonimato e **não lança mão da intimidação ou violência**. Seus criminosos são empresários, comerciantes, políticos, *hackers* etc. As vítimas também são difusas, mas, quando individualizadas, muitas vezes sequer sabem que sofreram os efeitos de um crime. Nesse contexto, ganha relevo a discussão doutrinária do direito penal do cidadão contra o direito penal do inimigo. Este, conforme a doutrina de Gunther Jakobs (2007), volta-se para a preservação do Estado e propõe tratamento gravoso aos criminosos que violam bens jurídicos mais importantes (vida, liberdade, dignidade sexual), à semelhança do que ocorre com os terroristas, e aquele de cunho minimalista, em que se defende um sistema mais garantista ao imputado.

Na atualidade, no Brasil, originado em São Paulo, o mais conhecido é o Primeiro Comando da Capital (PCC). Sua formação se deu em 1993 no interior, no anexo "Piranhão" da Casa de Custódia e Tratamento de Taubaté por oito detentos, com o objetivo de "combater a **opressão** dentro do sistema prisional paulista". É considerada a maior organização criminosa no Brasil e da América do Sul, atuando principalmente no tráfico de drogas nacional e transnacional, roubo de cargas, bancos e sequestros. O PCC também é identificado pelos números 15.3.3 e "Partido do Crime".

São três os requisitos para a configuração de uma organização criminosa:

a) Considera-se organização criminosa a associação de 4 (quatro) ou mais pessoas estruturalmente ordenada e caracterizada pela divisão de tarefas, ainda que informalmente, com o objetivo de obter, direta ou indiretamente, vantagem de qualquer natureza, mediante a prática de infrações penais cujas penas máximas sejam superiores a 4 (quatro) anos, ou que sejam de caráter transnacional.

b) Associação de 4 ou mais pessoas: a associação pressupõe estabilidade, permanência e deve ser estruturada, ordenada e caracterizada pela divisão de tarefas, ainda que informalmente.

c) Com o objetivo de obter, direta ou indiretamente, vantagem de qualquer natureza, mediante a prática de infrações penais cujas penas máximas sejam superiores a 4 anos ou que sejam de caráter transnacional.

Fonte: Sinótico extraído da obra do Prof. Habib, Gabriel. *Leis Penais Especiais*, volume único. 13. ed. rev., atual e ampl. São Paulo: JusPodivm, 2023. p.753.

| Associação criminosa | Organização criminosa |
|---|---|
| Exige-se o mínimo de 3 pessoas | Exige-se a união de, no mínimo, 4 pessoas |
| Destina-se à prática de crimes, independentemente da pena cominada. | Destina-se à prática de infrações penais cujas penas máximas sejam superiores a 4 (quatro) anos, ou que sejam de caráter transnacional. |
| Não se exige a divisão de tarefas entre os agentes para a sua configuração. | Exige-se que a organização crimonosa seja estruturalmente ordenada e seja também caracterizada pela divisão de tarefas. |
| Exige-se o especial fim de agir de cometer crimes. | Exige-se como especial fim de agir o objetivo de obter, direta ou indiretamente, vantagem de qualquer natureza. |

O Estado deve ampliar ações sociais capazes de prover as necessidades da população (saúde, educação, trabalho, segurança etc.), pois a criminalidade organizada ocupa espaços e coopta os indivíduos abandonados por ele, mediante um projeto de médio prazo, alterando a legislação criminal, fortalecendo o sistema de persecução penal, entre outras medidas.

## 8.3 Crimes do colarinho branco[5] (ou crime corporativo)

A expressão *white collar crimes* (crimes do colarinho branco) foi apresentada pela primeira vez em 1939, à Sociedade Americana de Sociologia, por Edwin Sutherland.

Malgrado elaborada a partir de uma visão sociológica da criminalidade, a definição de Sutherland obteve o respeito da comunidade científica e acelerou os estudos acerca do crime organizado no aspecto empresarial a partir da metade do século XX.

---

[5] Lei n. 9.613/98 (crimes de lavagem ou ocultação de bens, direitos e valores).

Os crimes do colarinho branco têm duas características próprias e simultâneas: o *status* respeitável do autor e a interação da atividade criminosa com sua profissão.

Nesse ambiente, destacam-se os crimes contra a ordem tributária, as relações de consumo, a economia popular, o mercado de ações, os crimes falimentares, os crimes ambientais e contra a ordem previdenciária (arts. 168-A e 337-A do CP) etc., de modo que seus autores, em regra, são pessoas ou grupos de pessoas de amplo prestígio social e político, com fácil trânsito em todas as áreas governamentais. As propinas, o tráfico de influência e favorecimento são, de igual raiz, atividades correlacionadas àqueles ilícitos, que contam com o apoio de agentes públicos ímprobos e desonestos.

De maneira irrespondível, anota o mestre Alvino Augusto de Sá (SÁ; SHECAIRA, 2008, p. 211) que, "se os crimes violentos (criminalidade de massa) têm alto poder de sedução sobre as pessoas, exercem sobre elas verdadeiro fascínio, o mesmo não acontece com os crimes de colarinho branco e, em particular, com os crimes ambientais. Os crimes ambientais raramente provocam, se é que provocam, fortes impactos emocionais nas pessoas, na opinião pública em geral. Uma coisa é lesar o meio ambiente, definido como bem da humanidade no art. 225, *caput*, da Constituição Federal, outra coisa é lesar, sobretudo com violência, os bens fundamentais das pessoas, definidos como tais no art. 5º da mesma Constituição".

Os crimes do colarinho branco, à vista de sua pretensa impunidade, acabam propiciando a ocorrência da chamada **cifra dourada** de criminalidade, isto é, o percentual de tais delitos que sequer chega ao conhecimento das autoridades.

Ensina Elbert (2009, p. 165) que "a realização dos delitos de colarinho branco, no meio cultural empresarial, era considerada, então, mais um mérito que uma mácula, conformando uma concepção subcultural dos poderosos. Dali deduz Sutherland que o comportamento e os valores se aprendem no curso da vida social e se expressam em sistemas de trabalho, ideias e modos de relação comuns". Aí estava desenhado um modelo de subcultura delinquente, proporcionado pela associação diferencial.

Claro fica que, nos crimes de colarinho branco, a impunidade é uma característica que incentiva sua prática reiterada, considerando que tais delitos, não raro, não possuem vítima ou têm vítimas difusas, o que conduz a consideráveis cifras negras, possuindo, ainda, difusão da responsabilidade. O Conselho de Controle de Atividades Financeiras (Coaf) pode requerer aos órgãos da Administração Pública as informações cadastrais bancárias e financeiras de pessoas envolvidas em atividades criminosas ou condutas que direcionam a indícios de práticas ilegais, entretanto, não tem competência para promover a quebra de sigilo bancário, devendo, se for o caso, requerer judicialmente.

Eventual processo de crime de lavagem de dinheiro (também denominado branqueamento de capitais) não depende do processo correlato ao crime que deu origem aos bens ou recursos ilícitos. O juiz designado para julgar o crime de lavagem de dinheiro poderá decidir pela união dos processos, caso conclua tratar-se de medida adequada com fundamento na economia processual. Veja-se ainda a dicção do art. 2º, § 1º, da Lei n. 9.613/98, que determina que "a denúncia deve ser instruída com indícios suficientes de existência da infração penal antecedente, sendo puníveis os fatos previstos nesta Lei, ainda que desconhecido ou isento de pena o autor, ou extinta a punibilidade da infração penal antecedente".

## 8.4 Criminalidade moderna

Trata-se de tema abordado no contexto atual de forma bastante intensa e, assim, confiram-se os ensinamentos do ilustre Professor Cezar Roberto Bitencourt[6], **"criminalidade moderna"**, que abrangeria a criminalidade ambiental internacional, criminalidade industrial, tráfico internacional de drogas, comércio internacional de detritos, na qual se incluiria a delinquência econômica ou criminalidade de "colarinho branco". Essa dita "criminalidade moderna" tem uma dinâmica estrutural e uma capacidade de produção de efeitos incomensuráveis, que o Direito Penal clássico não consegue atingir, diante da dificuldade de definir bens jurídicos, de individualizar culpabilidade e pena, de apurar a responsabilidade individual ou mesmo de admitir a presunção de inocência e o *in dubio pro reo*.

Para Hassemer[7], "nestas áreas, espera-se a intervenção imediata do Direito Penal, não apenas depois que se tenha verificado a inadequação de outros meios de controle não penais. O venerável princípio da subsidiariedade ou a *ultima ratio* do Direito Penal é simplesmente cancelado, para dar lugar a um Direito Penal visto como *sola ratio* ou *prima ratio* na solução social de conflitos: a resposta penal surge para as pessoas responsáveis por estas áreas cada vez mais frequentemente como a primeira, senão a única saída para controlar os problemas". (...) Hassemer[8] sugere a criação de um novo Direito, ao qual denomina

---

[6] BITENCOURT, Cezar Roberto. *Tratado de direito penal*: parte especial: crimes contra a pessoa. 23. ed. São Paulo: Saraiva Jur, 2023. v. 2. E-book.

[7] HASSEMER, Winfried. *Três temas de Direito Penal*. Porto Alegre, Escola Superior do Ministério Público, 1993.

[8] HASSEMER, 1993. p. 59.

*Direito de Intervenção*, que seria um meio-termo entre o Direito Penal e o Direito Administrativo.

Não há como deixar de novamente buscar porto seguro na doutrina do Professor Bitencourt[9], sua abordagem sobre o assunto é indispensável para compreensão do assunto, observe: "Para combater a 'criminalidade moderna' o *Direito Penal da culpabilidade* seria absolutamente inoperante, e alguns dos seus princípios fundamentais estariam completamente superados. Nessa criminalidade moderna, é necessário orientar-se pelo perigo em vez do dano, pois quando o dano surgir será tarde demais para qualquer medida estatal. A sociedade precisa dispor de meios eficientes e rápidos que possam reagir ao simples perigo, ao risco, deve ser sensível a qualquer mudança que possa desenvolver-se e transformar-se em problemas transcendentais"(...). Na criminalidade moderna, inclui-se particularmente a delinquência econômica, com destaque especial aos crimes praticados por meio das pessoas jurídicas. Nesse tipo de criminalidade, as instituições, as organizações empresariais não agem individualmente, mas em grupo, realizando a exemplar divisão de trabalho. (...) Normalmente, as decisões são tomadas por diretoria, de regra por maioria. Assim, a decisão criminosa não é individual, como ocorre na **criminalidade de massa**, mas coletiva, embora, por razões estatutárias, haja adesão da maioria vencida. E mais: punindo um ou outro membro da organização, esta continuará sua atividade, lícita ou ilícita, por intermédio dos demais.

Samuel Ebel Braga Ramos[10], em sua consagrada obra *Análise Econômica do Direito Penal*, comenta se o custo da sanção penal é mensurado pelo agente ofensor, em seguida, esclarece que:

[...] Os modelos apresentados de verificação do comportamento humano pautam-se na premissa do *"valer a pena"*, isto é, a obtenção de um bom resultado com facilidade e em pouco tempo, ou seja, a melhor alocação de recursos (tempo), objetivando o maior benefício esperado (ganho esperado com a atividade). O mercado do crime passa a ser um sistema de incentivos, onde resta buscar as alternativas possíveis onde o indivíduo se comporte de forma adversa ao crime. A decisão racional passa pelo crivo do instrumental econômico do custo-benefício. [...] Ao longo do tempo, os transgressores das normas penais buscarão novas alternativas e meios de vida, sendo desencorajado ao risco, optando por atividades dentro da legalidade. O crime é desincentivado quando os custos (certeza da punição) forem maiores que os benefícios. Entretanto,

---

[9]   BITENCOURT, 2023. E-book.
[10]  Análise Econômica do Direito Penal. O crime, a sanção penal e o criminoso sob a ótica da Economia. Editora Brasil: Débora Corn. Ed., 2021. p. 99 e 101.

se faz importante verificar se a quantidade de sanção penal ou sua certeza de aplicação é mais benéfica quanto a dissuasão esperada.

## 8.5 Criminalidade de massa (Criminalidade tradicional, Criminalidade clássica ou Microcriminalidade)

São os crimes tradicionais, há muito tempo previstos e identificados em nosso ordenamento jurídico, provocando lesão a bens jurídicos descriminados no Código e Penal e na legislação especial, por exemplo: homicídio, furto, roubo, lesão corporal, estelionato, injúria, calúnia, difamação, crimes de trânsito e outros do cotidiano. Esses crimes possuem vítima e autoria conhecida na maioria das vezes, sendo os mais registrados nas Delegacias de Polícia diariamente, portanto, são os crimes que possuem maior incidência e causam além de danos físicos e econômicos, efeitos psicológicos nefastos na sociedade contemporânea, tais como temor de andar e dirigir veículos nas ruas, isolamento e, principalmente, descrédito nas instituições de controle formal (Polícia, Ministério Público, Judiciário, o sistema penitenciário, e outros).

Cabe aqui mencionar a afirmação de Guinote, sobre a criminalidade de massa: "... inclui todos os tipos de crimes que são cometidos frequentemente e em que as vítimas são facilmente identificáveis" (GUINOTE, 2009, p. 126).

Nesse panorama, há repercussão com reflexos negativos e traumáticos na vida de muitos, propiciando àqueles que tomam conhecimento da conduta criminosa um forte sentimento de impunidade e insegurança, muito além da criminalidade organizada, em outras palavras, a criminalidade massificada, isto é, a criminalidade de massa é a que mais atinge a população, assusta e repercute. Importante ressaltar que a criminalidade de massa possui grande repercussão midiática, pois estes crimes são amplamente divulgados pelos meios de comunicação.

Nesse passo, é de todo oportuno o entendimento do mestre Cezar Roberto Bitencourt[11]. Esse *medo coletivo difuso* decorrente da criminalidade de massa permite a manipulação e o uso de uma *política criminal populista* com o objetivo de obter meios e instrumentos de combate à criminalidade, restringindo, quando não ignorando, as garantias de liberdades individuais e os princípios constitucionais fundamentais, sem apresentar resultados satisfatórios. São em circunstâncias como essas que surgem leis como a dos Crimes

---

[11] BITENCOURT, Cezar Roberto. *Tratado de direito penal*: parte especial: crimes contra a dignidade sexual até crimes contra a fé pública. 17. ed. São Paulo: Saraiva Jur, 2023. v. 4. E-book.

Hediondos, do Crime Organizado e dos Crimes de Especial Gravidade etc., na forma tradicional de usar simbolicamente o Direito Penal.

Sabe-se, contudo, que a criminalidade de massa atualmente se vale dos meios tecnológicos – especialmente da internet – para atingimento de seus objetivos criminosos em relação ao patrimônio individualizado, a exemplo do *phishing*[12] e do *ransonware*[13], entre vários outros. Novamente, destacamos a importância das instituições de controle social formal (polícia, justiça) estar capacitadas tecnicamente com ferramentas, profissionais e Delegacias de Polícia especializadas, como é o caso da Polícia Civil de São Paulo, além de legislação atualizada, para enfrentar essa nova modalidade de crimes de massa cometidos pelos meios tecnológicos.

---

[12] O nome vem de um termo inglês que significa "pescaria". O criminoso cibernético objetiva enganar as vítimas para conseguir compartilhamento de informações confidenciais (números e senhas de cartões de crédito) utilizando-se de e-mails ou mensagens de texto.

[13] O *ransomware* é um tipo de *malware*. É um *software* de extorsão que pode bloquear o seu computador e depois exigir um resgate para desbloqueá-lo.

# 9º Capítulo

## Classificação dos criminosos

### 9.1 Classificação dos criminosos

O professor Afrânio Peixoto (1953, p. 83), há mais de meio século, ensinava na Faculdade de Direito da UERJ que classificação é "uma disposição de fatos ou de coisas, em certa ordem, (por classes) para melhor julgar-se da totalidade deles, e de cada um, nas suas relações com os demais".

É verdade que a classificação de criminosos oferece ampla utilidade criminológica, sobretudo nos aspectos atinentes a um diagnóstico correto, como também a um prognóstico delitivo, assumindo, portanto, papel preponderante na função ressocializadora do direito penal.

Assim, à terapêutica criminal (conjunto de medidas que visam reeducar o criminoso) interessa conhecer os tipos de delinquentes, a fim de lhes traçar um perfil de ação.

Ressalta-se, por oportuno, que hoje em dia as classificações de criminosos perderam um pouco da importância que cintilavam em meados do século XX, alcançando maior valor o chamado *individual case study*, que personalizou a casuística criminal, conforme alerta Hilário Veiga de Carvalho (1987).

### 9.2 Classificação etiológica de Hilário Veiga de Carvalho

Procurando fugir das classificações que levavam mais em conta a personalidade do autor, o festejado mestre Hilário Veiga de Carvalho propôs a famosa classificação etiológica de delinquentes, conforme a prevalência de fatores biológicos ou mesológicos, a saber: **biocriminoso puro; biocriminoso preponderante; biomesocriminoso; mesocriminoso preponderante; mesocriminoso puro.**

#### 9.2.1 Biocriminosos puros (pseudocriminosos)

São aqueles que apresentam apenas fatores biológicos; aplica-se-lhes tratamento médico psiquiátrico em manicômio judiciário; é o caso dos psicopatas ou epiléticos que, em crise, efetuam disparos de arma de fogo ou dos retardados mentais severos, esquizofrênicos e outros.

### 9.2.2 Biocriminosos preponderantes (difícil correção)

São aqueles que tendem ao delito *motu proprio*; neles já se apresentam alguns fatores mesológicos, porém em menor quantidade; portadores de alguma anomalia biológica, insuficiente para desencadear a ofensiva criminosa, cedem a estímulos externos e a eles respondem facilmente ("a ocasião faz o ladrão"); sugere-se o tratamento em colônias disciplinares, casas de custódia ou institutos de trabalho, com assistência médico-psiquiátrica e eventual internação em hospital psiquiátrico, temporária ou definitivamente, conforme o caso; reincidência potencial; engendram sequestros, roubos e/ou latrocínios, que "cometem por cometer". Reincidentes com eficácia por vezes ouvem vozes que os encorajam ao crime.

### 9.2.3 Biomesocriminosos (correção possível)

São aqueles que sofrem influências biológicas e do meio, mas é impossível decidir quais os fatores que mais pesam na conduta delituosa; reincidência ocasional; sustenta-se o tratamento em regime de reformatório progressivo e apoios médico e pedagógico; exemplo: o jovem, inconformado com a sujeição paterna, sonha com um carro (objeto do desejo) e, vivendo num ambiente em que vigoram a impunidade e o sucesso, vale qualquer preço, rouba um automóvel a mão armada.

### 9.2.4 Mesocriminosos preponderantes (correção esperada)

Em geral, são tíbios no caráter; fraqueza da personalidade (eram chamados por Hilário Veiga de Carvalho de "Maria vai com as outras"); embora presentes ambos os fatores, os mesológicos ou ambientais são mais numerosos; reincidência excepcional; aponta-se o tratamento em colônias, com apoio sociopedagógico.

### 9.2.5 Mesocriminosos puros

Nestes só atuam fatores mesológicos, isto é, do meio social; agem antissocialmente por força de ingerências do meio externo, tornando-se quase "vítimas das circunstâncias exteriores", caso do brasileiro que, a serviço no Oriente, é surpreendido bebendo pelas autoridades locais após o término de sua jornada de trabalho, apenado com chibatadas, por se tratar de ilícito naquele lugar. No Brasil, tal conduta é irrelevante para o direito penal. É o caso ainda do índio que, no seio do grupo "civilizado", pratica ato tido como delituoso, mas aceito com normalidade em seu meio. São pseudocriminosos, tendo em vista que o crime emana apenas do meio ambiente em que vivem.

## Classificação dos criminosos de Hilário Veiga de Carvalho

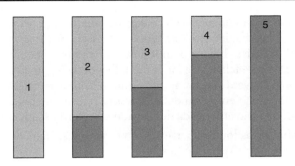

Observação: em tom claro, o fator mesológico; em tom escuro, o fator biológico.

Figura 1 – mesocriminoso puro
Figura 2 – mesocriminoso preponderante
Figura 3 – mesobiocriminoso ou biomesocriminoso
Figura 4 – biocriminoso preponderante
Figura 5 – biocriminoso puro

Em relação ao esquema acima exposto, anote-se que o mesocriminoso puro (fig. 1) e o biocriminoso puro (fig. 5) são considerados pseudocriminosos, por faltar ao primeiro o elemento anímico (*animus delinquendi*) e ao outro a capacidade de imputação penal (imputabilidade). Nesse sentido, uma classificação de criminosos séria é aquela que propicia prever o comportamento futuro do delinquente, em relação à reincidência (prognóstico).

Quanto aos demais, aplica-se a seguinte tabela (apud AMAR, 1987, p. 103):

| Tipo | Correção | Reincidência |
|---|---|---|
| Mesocriminoso preponderante | Esperada | Excepcional |
| Mesobiocriminoso | Possível | Ocasional |
| Biocriminoso preponderante | Difícil | Potencial |

### 9.3 Classificações de Cesare Lombroso, Enrico Ferri e Rafael Garófalo

Os três expoentes da Escola Positiva, cada qual a sua moda, todos influenciados pela construção da teoria do criminoso nato de Lombroso, elencaram suas classificações de delinquentes.

## 9.3.1 Classificação de Cesare Lombroso

- **Criminoso nato**: influência biológica, estigmas, instinto criminoso, um selvagem da sociedade, o degenerado (cabeça pequena, deformada, fronte fugidia, sobrancelhas salientes, maçãs afastadas, orelhas malformadas, braços compridos, face enorme, tatuado, impulsivo, mentiroso e falador de gírias etc.). Depois agregou ao conceito a epilepsia. Na verdade, Lombroso estudou as características físicas do criminoso, não empregando a expressão "criminoso nato", como se supõe, na lição autorizada de Newton e Valter Fernandes (2002).
- **Criminosos loucos**: perversos, loucos morais, alienados mentais que devem permanecer no hospício.
- **Criminosos de ocasião**: predispostos hereditariamente, são pseudocriminosos; "a ocasião faz o ladrão"; assumem hábitos criminosos influenciados por circunstâncias.
- **Criminosos por paixão**: sanguíneos, nervosos, irrefletidos, usam da violência para solucionar questões passionais; exaltados.

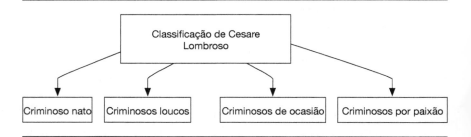

## 9.3.2 Classificação de Enrico Ferri

- **Criminoso nato**: degenerado, com os estigmas de Lombroso, atrofia do senso moral (*Macbeth*, de Shakespeare); aliás, a expressão "criminoso nato" seria de autoria de Ferri e não de Lombroso, como erroneamente se pensava (apud FERNANDES; FERNANDES, 2002, p. 91).
- **Criminoso louco**: além dos alienados, também os semiloucos ou fronteiriços (*Hamlet*, de Shakespeare).
- **Criminoso ocasional**: eventualmente comete crimes; "o delito procura o indivíduo".
- **Criminoso habitual**: reincidente na ação criminosa, faz do crime sua profissão; seria a grande maioria, a transição entre os demais tipos; começaria ocasionalmente até degenerar-se.
- **Criminoso passional**: age pelo ímpeto, comete o crime na mocidade; próximo do louco, tempestade psíquica (*Otelo*, de Shakespeare).

### 9.3.3 Classificação de Garófalo (que propôs a pena de morte sem piedade aos criminosos natos ou sua expulsão do país)

- **Criminosos assassinos**: são delinquentes típicos; egoístas, seguem o apetite instantâneo, apresentam sinais exteriores e se aproximam dos selvagens e das crianças.
- **Criminosos enérgicos ou violentos**: falta-lhes a compaixão; não lhes falta o senso moral; falso preconceito; há um subtipo, os impulsivos (coléricos).
- **Ladrões ou neurastênicos**: não lhes falta o senso moral; falta-lhes probidade, atávicos às vezes; pequenez, face móvel, olhos vivazes, nariz achatado etc.

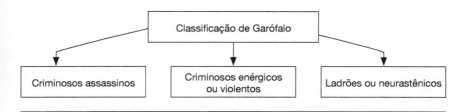

### 9.4 Classificação natural de Odon Ramos Maranhão

Citando lição de Abrahamsen, o saudoso mestre da USP, Odon Ramos Maranhão (2008, p. 28), ensina que "o ato criminoso é a soma de tendências criminais de um indivíduo com sua situação global, dividida pelo acervo de suas resistências".

Esquematicamente:

$$C = \frac{T + S}{R}$$

Equação:
C = ato criminoso;
T = tendências criminais;
S = situação global;
R = resistências.

Na sistemática proposta, Odon adotou uma **classificação natural de criminosos**, a saber:

- **Criminoso ocasional:** personalidade normal, poderoso fator desencadeante, e ato consequente do rompimento transitório dos meios contensores dos impulsos.

- **Criminoso sintomático**[1]**:** personalidade com perturbação transitória ou permanente; mínimo ou nulo fator desencadeante; ato vinculado à sintomatologia da doença.

- **Criminoso caracterológico:** personalidade com defeito constitucional ou formativo do caráter; mínimo ou eventual fator desencadeante e ato ligado à natureza do caráter do agente.

## 9.5 Classificação de Quintiliano Saldaña

Quintiliano Saldaña (2006, p. 229), catedrático da Universidade de Madri, expunha na década de 1930 a existência de duas grandes categorias de criminosos: os passionais e os habituais. Assim, o eminente criminalista tipificou-os em seis graus criminais, subdivididos em duas séries criminais, quais sejam, a da **paixão** e a do **hábito**. Graficamente:

**Primeira série (da paixão)**

| Nomenclatura | Característico | Diagnóstico | Qualificação |
|---|---|---|---|
| Primeiro grau: passionais simples (*farens*, de Sêneca; loucura breve, dos moralistas do século XVII) | Prazer da paixão do crime | Delírio | Impulsivos afetivos |
| Segundo grau: perverso (criminoso nato, de Cubi e Lombroso; criminoso instintivo, de Ferri) | Prazer do crime | Inversão do sentido moral | Impulsivos viciosos |
| Terceiro grau: loucos morais (*moralis insônia*, de Abercromby; louco criminoso, de Ferri) | Insensibilidade do crime | Loucura moral | Impulsivos possessos |

---

[1] Para Odon, esse tipo deve ser analisado pela psicopatologia forense.

135

## Segunda série (do hábito)

| Nomenclatura | Característico | Diagnóstico | Qualificação |
|---|---|---|---|
| Primeiro grau: acidentais ou momentâneos (*augenblicksverbrecher*, de von Liszt; criminaloide, de Lombroso; criminoso de acidente, de Inginieros; paradelinquência, de A. Aubert) | Descontinuidade mental e moral | Tendência oculta | Estreantes honestos |
| Segundo grau: ocasionais (ocasionários, de Bernardi) | Continuidade mental e descontinuidade moral | Tendência visível passiva | Repetentes corrompidos |
| Terceiro grau: habituais (*consuetudo delinquendi*, dos praxistas); simples, especializados ou profissionais | Continuidade mental e moral | Tendência visível ativa | Reincidentes perversos |

### 9.6 Classificação de Alexandre Lacassagne

Para Lacassagne, os criminosos poderiam ser classificados por perturbações:

1) **Frontais**: perturbações referentes à intelectualidade;

2) **Parietais**: perturbações da vontade; impulsivos;

3) **Occipitais**: perturbações na esfera afetiva e sobretudo instintiva: o poder do freio cerebral está diminuído, são violentos e os mais perigosos de todos; correspondem aos instintivos de Garófalo e ao criminoso nato de Lombroso.

# 10º Capítulo

## Prevenção criminal

### 10.1 Conceito de prevenção

Entende-se por **prevenção delitiva** o conjunto de ações que visam evitar a ocorrência do delito.

A noção de prevenção delitiva não é algo novo, suportando inúmeras transformações com o passar dos tempos em função da influência recebida de várias correntes do pensamento jusfilosófico.

Para que possa alcançar esse verdadeiro objetivo do Estado de Direito, que é a prevenção de atos nocivos e, consequentemente, a manutenção da paz e harmonia sociais, mostra-se irrefutável a necessidade de **dois tipos de medidas**: a primeira delas atingindo **indiretamente o delito** e a segunda, **diretamente**.

Em regra, as medidas indiretas visam as causas do crime, sem atingi-lo de imediato. O crime só seria alcançado porque, cessada a causa, cessam os efeitos (*sublata causa tollitur effectus*). Trata-se de excelente ação profilática, que demanda um campo de atuação intenso e extenso, buscando todas as causas possíveis da criminalidade, próximas ou remotas, genéricas ou específicas.

Tais **ações indiretas** devem focar dois caminhos básicos: o indivíduo e o meio em que ele vive.

Em relação ao indivíduo, devem as ações observar seu aspecto personalíssimo, contornando seu caráter e seu temperamento, com vistas a moldar e motivar sua conduta.

O meio social deve ser analisado sob seu múltiplo estilo de ser, adquirindo tal atividade um raio de ação muito extenso, visando uma redução de criminalidade e prevenção; até porque seria utopia zerar a criminalidade. Todavia, a conjugação de medidas sociais, políticas, econômicas etc. pode proporcionar uma sensível melhoria de vida ao ser humano.

A criminalidade transnacional, a importação de culturas e valores, a globalização econômica, a desorganização dos meios de comunicação em massa, o desequilíbrio social, a proliferação da miséria, a reiteração de medidas criminais pífias e outros impelem o homem ao delito.

137

Porém, da mesma forma que o meio pode levar o homem à criminalidade, também pode ser um fator estimulante de alteração comportamental, até para aqueles indivíduos com carga genético-biológica favorável ao crime. Nesse aspecto, a urbanização das cidades, a desfavelização, o fomento de empregos e reciclagem profissional, a educação pública, gratuita e acessível a todos etc. podem claramente imbuir o indivíduo de boas ações e oportunidades.

Na *profilaxia indireta*, assume papel relevante a medicina, por meio dos exames pré-natal, do planejamento familiar, da cura de certas doenças, do uso de células-tronco embrionárias para a correção de defeitos congênitos e a cura de doenças graves, da recuperação de alcoólatras e dependentes químicos, da boa alimentação (*mens sana in corpore sano*) etc., o que poderia facilitar, por evidente, a obtenção de um sistema preventivo eficaz.

Por sua vez, as **medidas diretas de prevenção criminal** direcionam-se para a infração penal *in itinere ou* em formação (*iter criminis*).

Grande valia possuem as medidas de ordem jurídica, entre as quais se destacam aquelas atinentes à efetiva punição de crimes graves, incluindo os de colarinho branco; repressão implacável às infrações penais de todos os matizes (tolerância zero), substituindo o direito penal nas pequenas infrações pela adoção de medidas de cunho administrativo (*police acts*); atuação da polícia ostensiva[1] em seu papel de prevenção, manutenção da ordem e vigilância; aparelhar e treinar as polícias judiciárias para a repressão delitiva em todos os segmentos da criminalidade; repressão jurídico-processual, além de medidas de cunho administrativo, contra o jogo, a prostituição, a pornografia generalizada etc.; elevação de valores morais, com o culto à família, religião, costumes e ética, além da reconstrução do sentimento de civismo, estranhamente ausente entre os brasileiros.

## 10.2 Prevenção criminal no Estado Democrático de Direito

Sustenta-se que o crime não é uma doença, mas sim um grave problema da sociedade, que deve ser resolvido por ela.

---

[1] É desarrazoada, além de inconstitucional, a atuação das polícias militares na apuração de infrações penais, como ocorre com o malfadado "ciclo completo", que turva e subtrai competências das polícias judiciárias, em grave ofensa à Constituição e às regras orientadoras do processo penal brasileiro. Nesse sentido, decidiu o STF (ADI 3.614/PR, rel. Min. Cármen Lúcia, DJ de 23-11-2007) que caracteriza desvio de função e ofensa à Constituição Federal o emprego de policiais militares nas atividades de polícia civil. Nada justifica o escárnio à Constituição Federal, salvante a sanha autoritária e o desvio de conduta (psicopatia) que alimentam alguns detentores do poder aventureiros e descompromissados com o Estado Democrático de Direito. Nada obstante, reconhece-se o papel importante das PMs na prevenção criminal, por meio do policiamento ostensivo e fardado.

A criminologia moderna defende a ideia de que o delito assume papel mais complexo, de acordo com a dinâmica de seus protagonistas (autor, vítima e comunidade), assim como pelos fatores de convergência social.

Enquanto a criminologia clássica vislumbra o crime como um enfrentamento da sociedade pelo criminoso (luta do bem contra o mal), numa forma minimalista do problema, a criminologia moderna observa o delito de maneira ampla e interativa, como um ato complexo em que os custos da reação social também são demarcados.

No Estado Democrático de Direito em que vivemos, a prevenção criminal é integrante da "agenda federativa", passando por todos os setores do Poder Público, e não apenas pela Segurança Pública e pelo Judiciário. Ademais, no modelo federativo brasileiro a União, os Estados, o Distrito Federal e sobretudo os Municípios devem agir conjuntamente, visando a redução criminal (art. 144, *caput*, da CF).

A prevenção delituosa alcança, portanto, as ações dissuasórias do delinquente, inclusive com parcela intimidativa da pena cabível ao crime em vias de ser cometido; a alteração dos espaços físicos e urbanos com novos desenhos arquitetônicos, aumento de iluminação pública etc. (neoecologismo + neorretribucionismo), bem como atitudes visando impedir a reincidência (reinserção social, fomento de oportunidades laborais etc.).

## 10.3 Prevenção primária, secundária e terciária

### 10.3.1 Primária

Ataca a raiz do conflito (educação, emprego, moradia, segurança etc.); aqui desponta a inelutável necessidade de o Estado, de forma célere, implantar os direitos sociais progressiva e universalmente, atribuindo a fatores exógenos a etiologia delitiva; a prevenção primária liga-se à garantia de educação, saúde, trabalho, segurança e qualidade de vida do povo, instrumentos preventivos de médio e longo prazo.

### 10.3.2 Secundária

Destina-se a setores da sociedade que podem vir a padecer do problema criminal e não ao indivíduo, manifestando-se a curto e médio prazo de maneira seletiva, ligando-se à ação policial, programas de apoio, controle das comunicações etc.

### 10.3.3 Terciária

Voltada ao recluso, visando sua recuperação e evitando a reincidência (sistema prisional); realiza-se por meio de medidas socioeducativas, como a laborterapia, a liberdade assistida, a prestação de serviços comunitários etc.

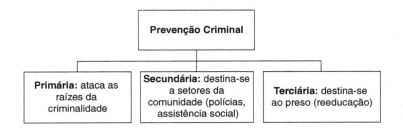

## 10.4 Teoria da reação social

A ocorrência de ação criminosa gera uma reação social (estatal) em sentido contrário, no mínimo proporcional àquela. Da evolução das reações sociais ao crime prevalecem hodiernamente três modelos: **dissuasório, ressocializador** e **restaurador** (integrador).

1. **Modelo dissuasório (direito penal clássico):** repressão por meio da punição ao agente criminoso, mostrando a todos que o crime não compensa e gera castigo. Aplica-se a pena somente aos imputáveis e semi-imputáveis, pois aos inimputáveis se dispensa tratamento psiquiátrico.

2. **Modelo ressocializador:** intervém na vida e na pessoa do infrator, não apenas lhe aplicando uma punição, mas também lhe possibilitando a reinserção social. Aqui a participação da sociedade é relevante para a ressocialização do infrator, prevenindo a ocorrência de estigmas.

3. **Modelo restaurador (integrador):** recebe também a denominação de "justiça restaurativa" e procura restabelecer, da melhor maneira possível, o ***status quo ante***, visando à reeducação do infrator, à assistência à vítima e ao controle social afetado pelo crime. Gera sua restauração, mediante a reparação do dano causado.

## 10.5 Teoria da pena. A penologia

O Estado existe para propiciar o bem comum da coletividade administrada, o que não pode ser alcançado sem a manutenção dos direitos mínimos dos integrantes da sociedade. Por conseguinte, quando se entrechocam direitos fundamentais para o indivíduo e para o próprio Poder Público e as outras sanções (civis, administrativas etc.) são ineficazes ou imperfeitas, advém para este o *jus puniendi*, com a reprimenda penal, que é a sanção mais grave que existe, na medida em que pode cercear a liberdade daquele e, em casos extremos, privá-lo até da vida.

A pena é uma espécie de retribuição, de privação de bens jurídicos, imposta ao delinquente em razão do ilícito cometido.

O estudo da pena constata a existência de três grandes correntes sobre o tema: **teorias absolutas, relativas** e **mistas**.

140

As **teorias absolutas** (Kant, Hegel) entendem que a pena é um imperativo de justiça, negando fins utilitários; pune-se porque se cometeu o delito (*punitur quia peccatum est*).

As **teorias relativas** ensejam um fim utilitário para a punição, sustentando que o crime não é causa da pena, mas ocasião para que seja aplicada; baseia-se na necessidade social (*punitur ne peccetur*). Seus fins são duplos: prevenção geral (intimidação de todos) e prevenção particular (impedir o réu de praticar novos crimes; intimidá-lo e corrigi-lo).

Por fim, as **teorias mistas** conjugam as duas primeiras, sustentando o caráter retributivo da pena, mas acrescentam a este os fins de reeducação do criminoso e intimidação.

A **penologia** é a disciplina integrante da criminologia que cuida do conhecimento geral das penas (sanções) e castigos impostos pelo Estado aos violadores da lei.

## 10.6 Prevenção geral e prevenção especial

Por meio da **prevenção geral**, a pena se dirige à sociedade, **intimidando os propensos a delinquir**. Como expõe Magalhães Noronha (2003, p. 226), a pena "dirige-se à sociedade, tem por escopo intimidar os propensos a delinquir, os que tangenciam o Código Penal, os destituídos de freios inibitórios seguros, advertindo-os de não transgredirem o mínimo ético".

A **prevenção especial** atenta para o fato de que o delito é instado por fatores endógenos e exógenos, de modo que busca alcançar a reeducação do indivíduo e sua recuperação. Por esse motivo, sua individualização se trata de preceito constitucional (art. 5º, XLVI).

## 10.7 Prevenção geral negativa e prevenção geral positiva

A prevenção geral da pena pode ser estudada sob dois ângulos: negativo e positivo.

Pela **prevenção geral negativa** (**prevenção por intimidação**), a pena aplicada ao autor do delito reflete na comunidade, levando os demais membros do grupo social, ao observar a condenação, a repensar antes da prática delituosa.

A **prevenção geral positiva ou integradora** direciona-se a atingir a consciência geral, incutindo a necessidade de respeito aos valores mais importantes da comunidade e, por conseguinte, à ordem jurídica.

## 10.8 Prevenção especial negativa e prevenção especial positiva

A prevenção especial, por seu turno, também pode ser vista sob as formas negativa e positiva.

Na **prevenção especial negativa** existe uma espécie de **neutralização** do autor do delito, que se materializa com a segregação no cárcere. Essa retirada provisória do autor do fato do convívio social impede que ele cometa novos delitos, pelo menos no ambiente social do qual foi privado.

Por meio da **prevenção especial positiva**, a finalidade da pena consiste em fazer com que o autor desista de cometer novas infrações, assumindo caráter ressocializador e pedagógico.

# 11º Capítulo

## Aspectos criminológicos das drogas

### 11.1 Toxicomanias e alcoolismo

Desde os mais longínquos tempos de que se tem notícia, o homem utilizava drogas[1] psicoativas no seu dia a dia, para os mais diversos fins ou propósitos.

Aliás, registre-se que **o vocábulo "droga" é de origem persa e significava demônio** (apud PENTEADO, 1982, p. 13).

Hoje seu duplo sentido, **medicamento ou tóxico**, vem de encontro a certas conceituações religiosas de demônio, que, atuando no interior do indivíduo, menos ou mais, inclina-o para o bem ou para o mal.

As drogas estão presentes nas histórias mais antigas de quase todos os povos do mundo, algumas das quais somente recentes escavações arqueológicas permitiram descobrir. Por exemplo, os sumerianos, na região da antiga Mesopotâmia (Rios Tigre e Eufrates), há mais de 5.000 anos, usavam certas drogas que, sob a forma de incensos e beberagens, teriam o condão de curar doenças ou mesmo de elevar seus espíritos, ou ainda de atrair a atenção dos deuses.

É sabido também que no vedantismo os deuses ingeriam o *soma*, e, na civilização grega, o manjar divino era conhecido por *ambrosia*. As civilizações indígenas não fugiram à regra: utilizavam abertamente certas substâncias psicotrópicas. Os astecas cultuavam o *peyotl*, cacto mexicano mais conhecido por peiote, do qual se extrai a mescalina (*lophopora williamsi*), poderoso alucinógeno; os incas se alucinavam com a *coca*, retirada de um arbusto natural dos países andinos, sobretudo Peru e Bolívia, e também da floresta amazônica, chamado de *Erytroxilon Coca*, ou simplesmente *epatu* ou *epadu*, na língua dos índios brasileiros.

Com o passar dos séculos, a evolução da humanidade e o progresso tecnológico, principalmente no campo das pesquisas científicas, com os avanços da genética, da biologia etc., o homem começou a sintetizar em laboratórios certas

---

[1] A Lei n. 11.343/2006 usa o termo "drogas" para se referir aos entorpecentes, fazendo menção expressa à necessidade de buscar nas listas elaboradas pelo Executivo Federal quais são as substâncias ilícitas. Trata-se, portanto, de lei penal em branco.

143

drogas, cuja função inicial seria a cura e/ou o controle de certas doenças. É bem verdade que se alcançou um notável progresso para a medicina, no entanto malefícios enormes foram desencadeados colateralmente.

Esse progresso ou desenvolvimento de ponta, em todos os seus aspectos, revolucionou a vida do homem, sobretudo após as décadas de 1940 e 1950, quando se sintetizou uma série infindável de fármacos, entre os quais as famigeradas anfetaminas ("bolinhas") ou moderadores de apetite; as telecomunicações evoluíram, com o rádio e a televisão, os avanços da informática, da rede mundial de computadores (internet); as viagens espaciais, a robótica, enfim, tudo o que de certa forma propiciou a facilitação da vida, mas, por outro lado, encurtou o tempo e o espaço, retirando o ineditismo da vida.

Não só os eventos dignificantes da natureza humana, mas também aqueles bestiais, degradantes, pornográficos, são divulgados no globo terrestre em segundos, incitando, o que é bem pior, uma nova série de eventos deletérios, maliciosos, permissivos, licenciosos. As pessoas se corrompem moral e fisicamente nos quatro cantos do mundo.

O **uso de drogas**, que no passado se reduzia a uma porção nítida da sociedade (prostitutas, marginais), passou a aflorar indistintamente em todos os segmentos (escolas, universidades, serviços públicos, empresas etc.); ocorreu uma espécie de **globalização de consumo** de entorpecentes.

Antes de serem conceituadas as substâncias que determinam a dependência física ou psíquica, é bom conhecer os principais termos utilizados nessa área.

- **Tóxico** é qualquer substância de origem animal, vegetal ou mineral que, introduzida em quantidade suficiente num organismo vivo, produz efeitos maléficos, podendo ocasionar a morte.

- **Psicotrópico** (*psico* = mente + *tropismo* = atração) é toda substância que exerce efeito sobre a mente, alterando sua funcionalidade.

- **Toxicomania**, de acordo com a Organização Mundial de Saúde (OMS), é um estado de intoxicação periódica ou crônica, nociva ao indivíduo e à sociedade, produzido pelo consumo repetido de uma droga natural ou sintética.

- **Dependência ou farmacodependência** é um estado psíquico e às vezes físico causado pela interação entre um organismo vivo e um fármaco; caracteriza-se por modificações comportamentais e outras reações que compreendem um impulso irrefreável para tomar o fármaco, em forma contínua ou periódica, a fim de experimentar seus efeitos psíquicos e, às vezes, evitar o mal-estar produzido pela privação. A dependência pode ser ou não acompanhada de tolerância, e se divide em **dependência psíquica** (compulsão de consumo) e **dependência física** (transtornos físicos e síndrome de abstinência pela ausência de consumo da droga).

- **Tolerância** é a tendência a aumentar paulatinamente a dosagem da droga para obtenção dos mesmos efeitos.

- **Compulsão** é o desejo irrefreável de consumir droga.

144

Nessa abordagem da temática sobre drogas é importante, ainda que de forma superficial, conhecer sua classificação. Assim, levando em conta os **efeitos** que as drogas produzem sobre o sistema nervoso central (**S.N.C.**), são catalogadas em quatro grandes grupos:

---

**I – Psicoanaléticos (estimulantes):** são as drogas que aceleram o sistema nervoso central, fazendo-o funcionar mais depressa, causando euforia, prolongando a vigília e dando sensação de aceleração da atividade do intelecto; são exemplos as anfetaminas e os anorexígenos.

**II – Psicolépticos (depressores):** são as drogas que deprimem o sistema nervoso central, reduzindo sua motricidade, sedando e diminuindo o raciocínio e as emoções; incluem-se aí os barbitúricos ou hipnóticos, tranquilizantes e analgésicos.

**III – Psicodislépticos (alucinógenos):** são as drogas que distorcem o sistema nervoso central, causando delírios e alucinações (maconha, LSD, mescalina, chá do Santo Daime).

**IV – Pan-psicotrópicos:** são as drogas atuais, usadas como anticonvulsivantes (depressão e angústia), que podem induzir à dependência física ou psíquica.

---

Digna de nota e transcrição a sinopse geral sobre drogas psicotrópicas estampada na obra do Prof. Protásio de Carvalho, sob o título *A didática dos tóxicos* (1977, p. 30), considerando que psicotrópicos são substâncias químicas ou naturais que agem na mente, causando excitação, depressão ou reação no psiquismo.

---

**DROGAS PSICOTRÓPICAS SINOPSE GERAL**

**1 – PSICOLÉPTICOS**

**Hipnossedativos**
- Barbitúricos
- Não barbitúricos

**Neurolépticos**
- Clorpromazina e outros derivados fenotiazínicos
- Proclorpemazina e outros derivados piperazínicos da fenotiazina
- Reserpina
- Butirofenona: Haloperidol
- Tioxanteno: Ro 4-0403

**Tranquilizantes**
- Derivados do difenilmetano: Hidroxizina, Benactiniza, Azaciclonol
- Miorrelaxantes com atividade neurossedativa: Meprobamato, Fenaglicodol, Clordiazepóxido etc.
- Miorrelaxantes sem atividade neurossedativa: Mefenezina, Clorzoxazona, Zoxazolamina etc.

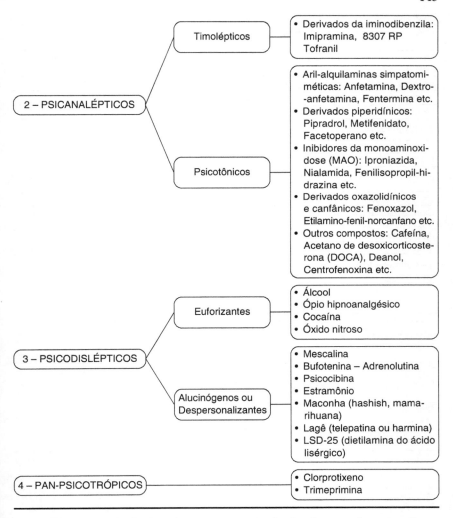

Para a criminologia, é importante o estudo das drogas e de seus reflexos na sociedade e na própria criminalidade. João Farias Junior (2009) aponta os principais efeitos do consumo indevido de tóxicos como a maconha, a cocaína, a morfina, a heroína e outros: a dependência, a tolerância, a depauperação da saúde, a destruição de famílias e os reflexos na criminalidade. A seguir, uma classificação das drogas, seu uso na medicina, consumo e efeitos.

| Drogas | Uso na Medicina | Consumo usual | Efeitos possíveis |
|---|---|---|---|
| 1 – Narcóticos | | | |

*(continua)*

146

*(continuação)*

| Ópio | Antidiarreico, analgésico | Oral | Euforia, tonturas, depressão respiratória |
|---|---|---|---|
| Morfina | Analgésico | Oral ou injetada | Euforia, tonturas, depressão respiratória |
| Codeína | Antitussígeno | Oral ou injetada | Contração da pupila |
| Heroína | Em análise | Oral ou injetada | Náuseas |
| Mepirina | Analgésico | Oral ou injetada | Náuseas |

**2 – Depressores**

| Barbitúricos | Anticonvulsivo, sedativo hipnótico | Oral ou injetada | Voz pastosa, sonolência, hipotensão arterial, apatia |
|---|---|---|---|
| Benzodiazepínicos | Antiansiedade, sedação hipnótica | Oral ou injetada | Estado de embriaguez, desorientação |
| Solventes orgânicos | Nenhum | Inalados | Estado de embriaguez |
| Clorofórmio, Lança--Perfume (cloreto de etilo), benzina, colas | Anestésico | Inalados | Estado de embriaguez, tonturas, taquicardia, delírios |

**3 – Estimulantes**

| Anfetaminas | Moderador de apetite | Oral ou injetada | Anorexia, hiperatividade, euforia, insônia, hipertensão, taquicardia, convulsão, coma e morte |
|---|---|---|---|
| Metanfetamina, Ecstasy (MDMA) | Moderador de apetite | Oral ou injetada | Excitação, euforia, hiperatividade, sudorese intensa, perda de apetite, pupilas dilatadas, hipertensão, coma e morte |
| Efedrina | Asma | Oral ou injetada | Excitação, euforia, insônia, perda de apetite, dilatação de pupilas, hipertensão, síndrome amotivacional (fissura), convulsões, coma e morte |
| Cocaína | Anestésico | Aspirada, injetada ou fumada | |
| Crack (pedra), Merla (pasta) | Nenhum | Fumada e aspirada | |

**4 – Alucinógenos**

| LSD | Nenhum | Oral ou injetada | Distorções de tempo e espaço, parestesias e cinestesias, pânico, alucinações |
|---|---|---|---|
| Mescalina, Psilocibina | Analgésico | Oral ou injetada | Perda de afetividade, agressividade, indiferença, autismo, alucinações visuais, delírios, insônia, midríase, taquicardia, hiperglicemia, astenia etc. |
| Maconha | Nenhum | Fumada ou ingerida | Apatia, hipertrofia dos ventrículos cerebrais, redução de linfócitos T (defesa), impotência nos homens e esterilidade em mulheres |
| Haxixe | Nenhum | Fumada ou ingerida | Apatia, hipertrofia dos ventrículos cerebrais, redução de linfócitos T (defesa), impotência nos homens e esterilidade em mulheres |

147

Sustentam Elias Abdalla-Filho, Everardo Furtado de Oliveira e Issam Ahmad Jomaa[2] que "o uso dessas substâncias ocorre em todas as classes, em ambos os sexos e em todos os grupos raciais, étnicos e geográficos. Nos últimos anos, o uso de alucinógenos, maconha e fenilciclidina (PCP) tem decrescido em relação ao uso de cocaína, que tem aumentado drasticamente, em especial na forma de crack". Informam referidos professores, ainda, que os custos do uso indevido de drogas para a sociedade são estimados em **US$ 150 bilhões por ano**, incluindo aí redução de horas de trabalho, queda de desempenho escolar ou profissional, prejuízos nas linhas de produção e montagem, absenteísmo, crimes violentos etc., constituindo os adolescentes o grupo mais vulnerável à ação nociva e destruidora das drogas psicoativas.

Tanto quanto as drogas, o **álcool** acompanha a história da humanidade, desde os tempos mais remotos.

Sabe-se que as civilizações greco-romanas usavam bebidas alcoólicas em seus cerimoniais, da mesma forma que os egípcios cultivavam a cerveja e o vinho.

Hoje em dia, a cerveja, o uísque, o vinho, a aguardente, a vodca e os destilados em geral são as bebidas dos tempos modernos, sabendo-se que o alcoolismo é um problema antiquíssimo que degenera o homem e a família. Lamenta-se a exposição excessiva que a mídia, em especial a televisão, faz das bebidas alcoólicas, incentivando por via indireta o consumo.

Entende-se o **alcoolismo** como o consumo compulsivo e excessivo de bebidas alcoólicas, muitas vezes motivado por baixa autoestima, fracassos profissionais etc. Desde 1950 a **OMS** deliberou que "alcoolismo é toda e qualquer forma de absorção de álcool que exceda o consumo alimentar diário, tradicional e comum, em cada região, ou que ultrapasse o quadro dos hábitos sociais, próprios do conjunto de cada comunidade".

No aspecto criminológico, os impulsos do alcoólatra muitas vezes descambam para a prática de delitos contra a vida, a liberdade ou os costumes (dignidade sexual), quase sempre vitimando familiares e amigos mais próximos.

No corpo humano o álcool pode agir de várias formas, desde a simples embriaguez eventual até a psicose alcoólica (transtorno psicótico induzido pelo álcool), mas tais psicoses e alterações da saúde devem ser objeto de estudo da medicina legal (toxicologia médico-legal). É bem verdade que a intoxicação alcoólica pode apresentar duas fases fundamentais: **alcoolismo agudo** e **alcoolismo crônico**.

A título de ilustração, mostrando os malefícios do **alcoolismo agudo**, transcrevemos a lição do arguto professor Hilário Veiga de Carvalho (1973, p. 327): "O alcoolismo agudo decorre de três fases, quando prossegue até a sua manifestação última. Essas três fases têm a sua representação em uma lenda sempre citada, a este propósito: Noé, após o dilúvio, ao plantar, de novo, uma

---

[2]   In: *Psiquiatria forense de Taborda*. 3. ed. Porto Alegre: Artmed, 2016. p. 415.

videira, veio-lhe por trás o Demônio e regou o pé da vide com o sangue de três animais – o macaco, o leão e o porco. Esses três animais repetiriam, depois, em quem usasse o vinho, as suas características próprias. Na primeira fase da embriaguez alcoólica (a do macaco), o indivíduo faz-se de engraçado, conta anedotas, parece brilhante, de olhos acesos, jocoso, buliçoso, animado, de palavra mais fácil, dando uma aparência de maior vivacidade mental (ainda que o conteúdo intelectual de suas palavras não o revele tanto assim: apenas, diminui-lhe o mecanismo da censura, das inibições). Vem, depois, a segunda fase; não sendo sempre bem recebida a sua loquacidade e nem as suas brincadeiras (em geral, de mau gosto) ou macaquices, põe-se o indivíduo a se irritar, o que é suscitado e condicionado mesmo pelo aumento das libações alcoólicas e da consequente intoxicação: faz-se ele, então, de rixento, provocador, valentão (fase de leão). Aumentando o grau de intoxicação, pela ingestão de mais bebida, vem, por fim, a fase última, em que o indivíduo perde o domínio motor e psíquico, sem se aguentar em pé, caindo e apresentando incontinência estomacal, a vomitar; chega, afinal, o coma, a insolvência total, de porco, a sujar-se no seu próprio vômito. É a inconsciência e, se forte a intoxicação, o próprio êxito letal".

O **alcoolismo crônico** caminha para os mesmos efeitos do agudo, destruindo a saúde, corrompendo a mente humana, despersonalizando o homem, aniquilando sua dignidade, fazendo aflorar, quando instalado, as psicoses alcoólicas.

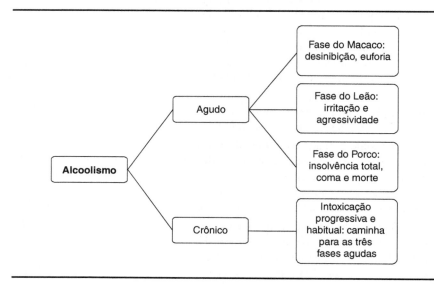

Por oportuno, um lembrete: os entorpecentes e o álcool integram aquilo que se denomina juridicamente como droga, salientando que **droga**, etimologicamente, é sinônimo de ***demônio***.

149

### 11.1.1 Fatores endógenos e exógenos

Entre os fatores endógenos apontam-se certa predisposição hereditária, bem como as chamadas personalidades toxicofílicas.

Já os fatores exógenos se multiplicam: desagregação do lar e da família, curiosidade, modismo, procura de *status*, contestação de padrões vigentes, falta de religiosidade, desemprego, prostituição etc.

## 11.2 Fatores de risco. Fatores de proteção

A prevenção ao uso indevido de drogas deve voltar-se para o resgate da dignidade humana, premissa constitucional indeclinável. Trata-se de tarefa muito difícil, pois exige uma ação multifacetada, no sentido de restabelecer condições de vida social, econômica e de restaurar valores éticos e morais que defendam a tolerância e o respeito às diferenças culturais, religiosas, políticas etc.

A isso os humanistas e internacionalistas denominam "**melhoria de qualidade de vida**", focalizando não o produto, nem o combate às drogas, mas sim o homem como cidadão, titular de direitos fundamentais na ordem jurídica.

Ao optar pela valorização da vida e da **qualidade de vida** como preceitos básicos para o desenvolvimento de ações preventivas, considera-se que o problema da toxicomania é amplo e não se limita a uma causa, o que revela a existência de **fatores de risco** e **fatores de proteção ao uso indevido de drogas**.

**Fatores de risco** são aqueles que ocorrem **antes** do uso indevido de drogas, e estão associados, estatisticamente, a um aumento da probabilidade do abuso de drogas.

Tais fatores podem expor o indivíduo a riscos de agressões; o que se procura é prevenir o uso indevido de drogas, com a redução ou eliminação desses fatores. Exemplos: **fatores legais** (inexistência de leis que proíbam o uso de drogas ou a venda de bebidas a menores); **disponibilidade das drogas** (fácil acesso); **fatores econômicos** (pobreza, riqueza, desemprego); **fatores comunitários** (mudanças de residência, violência urbana); **fatores familiares** (famílias desfeitas, pais usuários); **fatores comportamentais** (uso de drogas na infância); **fatores escolares** (repetência, faltas, violência nas escolas); e **fatores de pressão do grupo** (más companhias).

Os **fatores de proteção** são aqueles que tutelam o indivíduo contra fatos e situações que possam agredi-lo física, psíquica ou socialmente, garantindo um desenvolvimento saudável.

Esses fatores minimizam ou eliminam a exposição a situações de risco. Exemplos: **dinâmica familiar estruturada** (a família é o vínculo referencial do homem); **diversidade de opção de vida; postura ética e moral; respeito aos direitos humanos; estrutura social adequada,** com saúde, educação, segurança etc.

## 11.3 Prevenção ao uso indevido de drogas

As drogas não elegem suas vítimas. Proliferam como pandemia, em todos os níveis da sociedade. Estão no submundo, nos cárceres, nas indústrias, nas escolas e universidades, nos bares, danceterias, no meio artístico, na realeza etc.

Sabe-se que o usuário é um escravo que se ajoelha para obter a droga.

Assim, além das medidas legais de combate a esse malefício que destrói, a princípio, a família e, em seguida, a Nação, é preciso urgentemente adotar medidas polifacetadas na prevenção ao uso indevido de drogas.

A prevenção ao uso indevido de drogas abrange os aspectos **formal** e **informal**.

No **aspecto formal**, a prevenção atinge três níveis: **primário, secundário** e **terciário**. A ação **primária** tem o escopo de evitar o uso ilegal de drogas ou reduzir ao máximo sua incidência (a lei como imperativo restaurador, em seus aspectos penais e administrativos; planejamentos educativos e esportivos etc.); no plano **secundário**, busca-se a detecção e o tratamento do usuário (cumprimento da pena, assistência médica e terapêutica); o plano **terciário** cuida da recuperação ou reinserção do usuário de drogas, com amplo apoio da sociedade e do Estado, possibilitando verdadeiramente sua ressocialização.

No Brasil, a Constituição Federal[3] estabelece em seu art. 5º, XLIII, que "a lei considerará crimes inafiançáveis e insuscetíveis de graça ou anistia a prática da tortura, o tráfico ilícito de entorpecentes e drogas afins, o terrorismo e os definidos como crimes hediondos, por eles respondendo os mandantes, os executores e os que, podendo evitá-los, se omitirem".

Nesse passo, o legislador ordinário estabeleceu tratamento jurídico mais severo aos crimes hediondos propriamente ditos, listados no art. 1º da Lei n. 8.072/90, estendendo-se também aos **equiparados ou assemelhados a hediondos**, quais sejam, **tráfico de drogas**, tortura e terrorismo.

Revelam-se indispensáveis as lições de Masson e Marçal (2019, p. 23), ressaltando que, "visando concretizar o **mandado constitucional de criminalização explícito**, foi promulgada a Lei n. 11.343/2006 – Lei de Drogas, a qual, além de revogar expressamente suas antecessoras – Leis n. 6.368/76 e 10.409/2002 –, instituiu o Sistema Nacional de Políticas Públicas sobre Drogas – Sisnad (arts. 3º a 17), prescreveu medidas para prevenção do uso indevido (arts. 18 e 19), atenção e reinserção social de usuários e dependentes de drogas (arts. 20 a 26), estabeleceu normas para a repressão à produção não autorizada e ao tráfico ilícito (arts. 31 e 32), definiu diversos crimes (arts. 28 e 33 a 39), dispôs sobre o 'procedimen-

---

[3] Cuida-se de mandado constitucional de criminalização explícito.

to penal' (arts. 48 a 59), disciplinou meios especiais de investigação (arts. 41 e 53), tratou da apreensão, arrecadação e destinação de bens do investigado ou réu (arts. 60 a 64) e previu a cooperação internacional (art. 65)".

Observe-se, porém, que na Lei n. 11.343/2006 (Lei de Drogas) os ilícitos são normas penais em branco em sentido estrito (ou heterogêneas), ou, ainda, cegas ou abertas, por serem completadas por Lei ou em âmbito administrativo, vale dizer, por meio da Portaria SVS/MS n. 344/98, editada pela Agência Nacional de Vigilância Sanitária. Para ser considerada droga ilícita, a substância deve necessariamente estar listada nessa Portaria, caso contrário, o fato será atípico.

É mister esclarecer que no Brasil é proibida a plantação e colheita de substâncias vegetais que possam ser transformadas em drogas, sob pena de responsabilidade criminal, exceto em casos de autorização legal ou regulamentar das autoridades competentes (Agência Nacional de Vigilância Sanitária – Anvisa). Como exemplo, citamos a utilização dessas plantas com finalidades **ritualístico-religiosa** (chá "ayahuasca", feito com cipós amazônicos de efeitos alucinógenos e empregado nos rituais da manifestação religiosa chamada "santo daime"), **medicinal**, exclusivamente pela indústria farmacêutica (as substâncias extraídas da *cannabis sativa* – maconha – podem ser transformadas em medicamentos) e indicada por profissional com capacitação técnica no tratamento de pessoas que apresentam quadro de epilepsia, autismo, Alzheimer, Parkinson, dores crônicas, câncer, entre outras), ou **científica**.

A **Lei n. 11.343/2006 (Lei de Drogas)** instituiu o **Sistema Nacional de Políticas Públicas sobre Drogas – Sisnad**. Além disso, prescreve as medidas para a prevenção ao **uso indevido** e a reinserção social de usuários e dependentes químicos, fixando normas para a repressão à produção não autorizada e ao tráfico ilícito de drogas.

O **Sisnad** tem a finalidade de articular, integrar, organizar e coordenar as atividades relacionadas à prevenção ao uso indevido, à atenção e à reinserção social de usuários e dependentes de drogas; à repressão da produção não autorizada e ao tráfico ilícito de drogas.

São **princípios** do Sisnad: o respeito aos direitos fundamentais da pessoa humana, especialmente quanto a sua autonomia e a sua liberdade; o respeito à diversidade e às especificidades populacionais existentes; a promoção dos valores éticos, culturais e de cidadania do povo brasileiro, reconhecendo-os como fatores de proteção para o uso indevido de drogas e outros comportamentos correlacionados; a promoção de consensos nacionais, de ampla participação social, para o estabelecimento dos fundamentos e estratégias do Sisnad; a promoção da **responsabilidade compartilhada** entre Estado e sociedade, reconhecendo a importância da **participação social** nas atividades do Sisnad; o reconhecimento da **intersetorialidade** dos fatores correlacionados ao uso indevido de drogas, com sua produção não autorizada e seu tráfico ilícito; a **integração das estratégias** nacionais e internacionais de prevenção do uso indevido, atenção e reinserção social de usuários e dependentes de drogas e de repressão a sua produção não autorizada e a seu tráfico ilícito; a **articulação com os órgãos do Ministério Público e dos Poderes Legislativo e Judiciário** visando a cooperação mútua nas atividades do Sisnad; a adoção de **abordagem multidisciplinar** que reconheça a interdependência e a natureza complementar das atividades de prevenção do uso indevido, atenção e reinserção social de usuários e dependentes de drogas, repressão da produção não autorizada e do tráfico ilícito de drogas; a observância do equilíbrio entre as atividades de prevenção do uso indevido, atenção e reinserção social de usuários e dependentes de drogas e de repressão a sua produção não autorizada e a seu tráfico ilícito, visando garantir a estabilidade e o bem-estar social; a observância das orientações e normas emanadas do Conselho Nacional Antidrogas – Conad.

O **Sisnad** tem como objetivos: contribuir para a **inclusão social** do cidadão, visando torná-lo menos vulnerável a assumir comportamentos de risco para o uso indevido de drogas, seu tráfico ilícito e outros comportamentos correlacionados; **promover a construção e a socialização do conhecimento sobre drogas** no País; promover a **integração entre as políticas de prevenção** do uso indevido, atenção e reinserção social de usuários e dependentes de drogas e de repressão a sua produção não autorizada e ao tráfico ilícito e as políticas públicas setoriais dos órgãos do Poder Executivo da União, Distrito Federal, Estados e Municípios; assegurar as condições para a coordenação, a integração e a articulação das atividades preventivas ao uso indevido de drogas e repressivas a seu tráfico ilícito.

A **prevenção informal** pretende a adoção de medidas educativas e repressivas, com divulgações, cursos e palestras de esclarecimentos para jovens, a ação preventiva de clubes de serviço (*Rotary, Lions*, lojas maçônicas); a criação de programas legais de prevenção, tratamento e reabilitação de dependentes químicos; a inserção do problema de drogas na "agenda Brasil"; a adoção de estatísticas de aferição de uso de drogas etc.

Nesse sentido, a Divisão de Prevenção e Educação (DIPE) do Departamento de Narcóticos de São Paulo realiza, há mais de 30 anos, cursos de prevenção ao uso indevido de drogas, bem como de formação de agentes multiplicadores, levando conhecimento, apoio e capacitação a inúmeras pessoas. É, como disse um antigo policial, um "santuário" da polícia que, mercê do descaso de muitos da administração superior, sobrevive a duras penas, não fossem o esforço e a abnegação de seus funcionários.

153

## 11.4 Repressão ao uso indevido e ao tráfico de drogas

O crime organizado no Brasil, liderado pelo narcotráfico, deu mostras em meados de 2006 de que é um Estado dentro do Estado, ocupando os espaços abandonados pelo Poder Público nas favelas, morros e periferias dos grandes centros urbanos e, mais, desencadeando uma série de ataques contra delegacias de polícia, bases militares, veículos oficiais etc., o que causou a morte de dezenas de policiais e impôs um inusitado toque de recolher ou sítio espontâneo na maior cidade do País.

No que diz respeito à **repressão delitiva** do tráfico de drogas, a lei de drogas (Lei n. 11.343/2006) não ousou o necessário. Foi tímida, aliás, como de fato é o realismo esquerdista do direito penal brasileiro, na contramão da história.

Pode-se dizer que a atual Lei de Drogas é uma falácia no aspecto repressivo... Insiste nos erros do passado. Despenalizou o usuário, como se ele não integrasse o macrossistema criminal. Não avançou no procedimento investigatório; limitou-se a aumentar o prazo de conclusão do inquérito com o réu preso; exigiu, no plano administrativo, prévia licença da autoridade para preparação ou qualquer forma de manipulação de drogas; impôs aos delegados de polícia o dever de incinerar de imediato as plantações ilegais de drogas; tipificou o crime de oferecimento ocasional para consumo conjunto e lhe impôs pena branda (favorecendo o tráfico entre os próximos); estabeleceu a cooperação internacional (intercâmbio de informações legislativas, de inteligência e de informações sobre criminosos), bem como outras similitudes decorrentes do direito penal mínimo, adotado e venerado no País.

A sociedade contemporânea, inspirada em Rousseau (o homem nasce bom, a sociedade é que o corrompe), relativiza de tal forma a conduta dos usuários de drogas, minimizando ou afastando sua responsabilidade, que acaba produzindo um gravíssimo erro "histórico".

Nesse sentido, a política de **Redução de Danos (RD)**, iniciada em 1926 na Inglaterra, por meio da qual profissionais da área da saúde (médicos, terapeutas etc.) poderiam prescrever legalmente opiáceos e outras drogas para dependentes químicos, como parte do tratamento, mostrou-se rigorosamente uma falácia. A preocupação primária das autoridades brasileiras no programa de redução de danos está direcionada à contenção de doenças sexualmente transmitidas (AIDS, sífilis etc.), porquanto os usuários compartilham da mesma seringa na aplicação de drogas injetáveis. Em outros países que adotaram tal política, como a Holanda, os usuários trocavam a droga licitamente distribuída (metadona) por heroína no mercado negro. Ademais, a burocracia estatal na distribuição de drogas lícitas é facilmente superada pelo informalismo e baixo custo do mercado negro.

É preciso desencadear uma política nacional antidrogas, com projetos educacionais que exponham a verdade sobre o tema (certas drogas são prazerosas no início do consumo), sobretudo as consequências físicas, emocionais, jurídicas e sociais do uso indevido de drogas. Não se deve simplesmente condicionar o agir estatal à premissa errada de que os usuários são vítimas do sistema. É que os usuários de **drogas não são vítimas de seu próprio agir**; usam drogas por voluntariedade e porque o estado mental de torpor é mais atraente do que sua realidade. Assim, o raciocínio dos drogados é o seguinte: sou vítima de uma sociedade que não me deu oportunidades e, enquanto ela não mudar, não tenho culpa por me drogar. Ora, é só transportar esse raciocínio desonesto para outros infratores (ladrões, homicidas, traficantes, sequestradores) que se assiste a um panorama de associação diferencial desastroso, ou seja, o estabelecimento de uma cultura indevida de valores, uma cultura inconsequente de que "**os criminosos têm razão**". É o fim do ordenamento jurídico e, consequentemente, o aniquilamento do Estado.

Em contrapartida, foi promulgada recentemente a Lei n. 13.840/2019, que, dentre outras alterações na Lei de Drogas, criou a figura da **internação involuntária** de dependentes químicos, isto é, aquela que se dá, sem o consentimento do dependente, a pedido de familiar ou do responsável legal ou, na absoluta falta deste, de servidor público da área de saúde, da assistência social ou dos órgãos públicos integrantes do Sisnad, com exceção de servidores da área de segurança pública, que constate a existência de motivos que justifiquem a medida.

A **internação involuntária** deve ser realizada após a formalização da decisão por médico responsável e será indicada depois da avaliação sobre o tipo de droga utilizada, o padrão de uso e na hipótese comprovada da impossibilidade de utilização de outras alternativas terapêuticas previstas na rede de atenção à saúde. Tal medida impositiva perdurará apenas pelo tempo necessário à desintoxicação, no prazo máximo de 90 (noventa) dias, tendo seu término determinado pelo médico responsável e pela família, ou o representante legal poderá, a qualquer tempo, requerer ao médico a interrupção do tratamento.

Experiências sociais deploráveis nas últimas duas décadas, como a "cracolândia" no centro velho da cidade de São Paulo, onde usuários de drogas perambulam como mortos-vivos (zumbis) em busca de uma dose (pedra) de "crack", praticando furtos, roubos e violência à pessoa, bem como prostituição a céu aberto, revelaram o equívoco histórico do abandono dos dependentes e da descriminalização do uso de drogas.

É preciso, definitivamente, enfrentar o problema do consumo de drogas como um binômino: saúde pública + segurança pública. Irrompe observar que o uso de drogas se insere na cadeia causal do narcotráfico e alimenta essa tragédia urbana social há décadas.

# 12º Capítulo

## Criminologia dialética ou crítica

De origem marxista, a criminologia crítica ou dialética (Roberto Lyra Filho) entende que a realidade não é neutra, de modo que se vê todo o processo de **estigmatização da população marginalizada**, que se estende à classe trabalhadora, como alvo preferencial do sistema punitivo, e que visa criar um temor da criminalização e da prisão para manter a estabilidade da produção e da ordem social.

É criticada por apontar problemas nos Estados capitalistas, não analisando o crime nos países socialistas. Destacam-se as correntes do **neorrealismo de esquerda, do direito penal mínimo e do abolicionismo penal**, que, no fundo, apregoam a reestruturação da sociedade, extinguindo o sistema de exploração econômica.

Merece destaque também a corrente denominada **criminologia verde**, que assinala a exclusão social das mulheres e outras minorias nos processos decisivos ambientais; insiste no realismo de esquerda, atacando as grandes corporações e responsabilizando-as pela lavagem de dinheiro em decorrência de crimes contra o meio ambiente (*greenwashing*).

### 12.1 Criminologia fenomenológica

Com a clareza de hábito, Newton e Valter Fernandes (2002) ensinam que a criminologia fenomenológica criou o conceito de número, para a essência das coisas, enquanto o fenômeno representa a realidade objetiva. **Busca-se a essência das coisas por meio de sua aparência**.

Sustenta-se que a criminologia fenomenológica não integra a teoria crítica, porque se divorciou da essência criminógena, na exata medida em que não analisou os sistemas de controle social, despreocupando-se com as mudanças das leis penais e processuais penais.

## 12.2 Teses de Juarez Cirino dos Santos e Roberto Lyra

Juarez Cirino dos Santos (2008) adverte que a criminologia radical tem por objeto geral as relações sociais de produção (estrutura de classes) e de reprodução político-jurídica (superestruturas de controle) da formação social, voltada para a análise de seu objeto, isto é, o crime e o controle social.

Para o ilustre criminalista, a base social da criminologia radical é composta das classes trabalhadoras e de outros oprimidos, o que justifica a luta contra o imperialismo, a construção do socialismo e a criação de uma teoria materialista do direito penal e do delito no plano capitalista. E arremata, numa postura de extremo radicalismo: "São tarefas complementares da política criminal alternativa da Criminologia Radical (a) conjugar os movimentos de presos com as lutas dos trabalhadores, (b) inverter a direção ideológica dos processos de formação da opinião pública pela intensificação da produção científica radical e a difusão de informações sobre a ideologia do controle social, (c) coordenar as lutas contra o uso capitalista do Estado e a organização capitalista do trabalho e (d) desenvolver o contrapoder proletário" (2008, p. 132).

Por seu turno, o eminente professor Roberto Lyra Filho (1972) afirma que é visível o insucesso das correntes puramente biológicas ou psicológicas, da mesma forma que o neossociologismo da aberração (*deviant behavior*), devendo o criminólogo se ocupar também da gênese das normas éticas e jurídicas.

# 13º Capítulo

## Responsabilidade penal

Em direito penal, crime, sob o aspecto analítico, é toda ação ou omissão típica, antijurídica e culpável (finalismo tripartido, causalismo). Ou, ao menos, todo comportamento típico e ilícito (finalismo bipartido). Os penalistas modernos entendem que o conceito analítico de crime envolve toda conduta típica, antijurídica e ameaçada por pena (teoria constitucionalista do delito).

Esquematicamente:

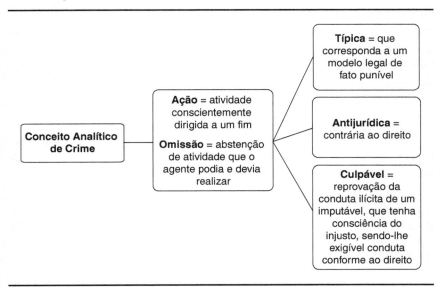

A responsabilidade penal corresponde ao dever jurídico de responder pela ação delituosa que recai sobre o agente imputável.

Entende-se que a culpa penal consiste na censurabilidade da conduta ilícita (típica e antijurídica) daquele que tem a capacidade profana de entender o caráter ilícito do fato (consciência potencial da ilicitude) e de se determinar de maneira ajustada ao direito (exigibilidade de conduta conforme ao direito).

158

## 13.1 Imputabilidade

Imputabilidade é **capacidade de culpa**, compreendendo-se em pressuposto e não elemento da culpabilidade.

Da leitura do atual Código Penal brasileiro (arts. 26 e s.), extrai-se que a imputabilidade é a capacidade de entender e de querer, isto é, do entendimento da ilicitude de sua conduta e de seu autodomínio, que tem o **maior de 18 anos**.

O professor Heleno Cláudio Fragoso (1986, p. 203) preleciona que "a imputabilidade é a condição pessoal de maturidade e sanidade mental que confere ao agente a capacidade de entender o caráter ilícito do fato ou de se determinar segundo esse entendimento".

## 13.2 Inimputabilidade e semi-imputabilidade

Sabe-se que a imputabilidade é a capacidade de culpabilidade. No entanto, em razão de doença mental, desenvolvimento mental incompleto ou retardado, a higidez biopsíquica do agente pode restar comprometida.

Assim, a inimputabilidade ou incapacidade de culpabilidade pode decorrer da norma, ao se presumir o desenvolvimento incompleto dos menores de 18 anos, bem como nos casos de ausência de sanidade mental. O **menor de 18 anos**, por força do art. 228 da Constituição Federal, é tido por **penalmente irresponsável**, ou seja, é inimputável. Idêntica disposição se verifica no art. 27 do Código Penal.

Razões de política criminal influenciaram o legislador a adotar a menoridade como fator de inimputabilidade absoluta.

Além da menoridade, o Código Penal consagra outras três causas biológicas que podem conduzir o agente à inimputabilidade, quais sejam, doença mental, desenvolvimento mental incompleto e desenvolvimento mental retardado.

Há certas condições psíquicas, de que são exemplos algumas neuroses, transtornos obsessivo-compulsivos, em que o sujeito, apesar de saber o valor de seu comportamento, não detém a capacidade de autodeterminação ou de autogoverno para refrear seu agir, daí ser considerado, para o direito penal, um doente mental, de forma a ser rotulado de absolutamente incapaz.

Essa falta de capacidade decorre de **doença mental ou do desenvolvimento mental incompleto ou retardado**.

O eminente Cezar Roberto Bitencourt (2023, E-book) ensina que se devem entender por **doença mental** as psicoses, os estados de alienação mental por desintegração da personalidade, a evolução deformada de seus componentes (esquizofrenia, psicose maníaco-depressiva, paranoia) e assim por diante, incluindo também o hipnotismo (falta de consciência e vontade).

Já o **desenvolvimento mental incompleto** é aquele que não se concluiu, alcançando, além dos menores, os surdos-mudos e os silvícolas (índios) não adaptados. Nesse caso, a **psicopatologia forense** verificará, no caso concreto, se a anormalidade produz a referida incapacidade (cf. n. 5, *infra*).

Por desenvolvimento mental retardado compreende-se a oligofrenia em todas as formas tradicionais: idiotia, imbecilidade e debilidade mental.

Todos esses estados de enfermidade mental carecem de exame médico--legal para comprovar a gravidade que ostentam, podendo este ser realizado tanto na fase do inquérito policial como no processo penal, mediante a instauração de incidente de insanidade mental do acusado (arts. 149 a 154 do CPP).

Uma vez determinada a **inimputabilidade** do agente, sua absolvição se impõe (art. 26 do CP), aplicando-se, no entanto, **medida de segurança** (absolvição imprópria – arts. 96 a 99 do CP).

Existe uma situação anômala que se situa entre a imputabilidade e a inimputabilidade, em que, à vista de certas gradações, pode haver uma influência decisiva na capacidade de entendimento e autogoverno do indivíduo. Trata-se da **semi-imputabilidade.**

Aqui se situam os denominados **fronteiriços (limítrofes)**, os quais apresentam situações *atenuadas* ou residuais de psicoses, de oligofrenias ou, ainda, quadro de psicopatias. Tais estados ou situações afetam a higidez mental do indivíduo, sem, contudo, privá-lo completamente dela (art. 26, parágrafo único, do CP).

Nesse sentido é a lição autorizada de Cezar Roberto Bitencourt (2023, E-book): "A culpabilidade fica diminuída em razão da menor censura que se lhe pode fazer, em razão da maior dificuldade de valorar adequadamente o fato e posicionar-se de acordo com essa capacidade".

Critica-se o termo semi-imputabilidade (apud BITENCOURT, 2023, E-book), que soaria parecido com semivirgem, semigrávida, pessoa semibranca ou semi-honesta, pois as pessoas nessas condições são dignas de um juízo de censurabilidade menor à vista da redução de sua capacidade de autocensura.

No caso dos **fronteiriços ou semi-imputáveis**, como sua culpabilidade está diminuída, em caso de **condenação é obrigatória** a redução da pena e, somente depois, numa segunda etapa, perquirir a necessidade ou não de aplicação de medida de segurança substitutiva (princípio vicariante).

Abordaremos com mais ênfase as questões referentes aos transtornos mentais na segunda parte deste livro, no campo da criminologia clínica.

Com o objetivo de proporcionar ao leitor melhor compreensão sobre a imputabilidade penal, adicionamos o quadro sinótico a seguir:

| Situação pessoal do agente | Características | Sanção penal |
|---|---|---|
| Imputável | Inteiramente capaz de entender o caráter ilícito do fato e de se autodeterminar | Pena |
| Semi-imputável | Parcialmente incapaz de entender o caráter ilícito do fato e de se autodeterminar | Medida de segurança ou pena reduzida |
| Inimputável | Inteiramente incapaz de entender o caráter ilícito do fato e de se autodeterminar | Medida de segurança |

| Embriaguez | Consequência |
|---|---|
| Voluntária | Não exclui a imputabilidade penal |
| Culposa | Não exclui a imputabilidade penal |
| Caso fortuito ou força maior – completa | A pessoa é considerada inimputável |
| Caso fortuito ou força maior – incompleta | A pessoa é considerada semi-imputável |
| Preordenada (a pessoa se coloca na situação de embriaguez para "ter coragem" de cometer crime) | Não exclui a imputabilidade penal e incide a agravante do art. 61, II, *l*, do CP |

# 14º Capítulo

## Fatores sociais de criminalidade

### 14.1 Abordagem sociológica

A vertente sociológica da criminalidade alcança níveis de influência altíssimos na gênese delitiva.

Entre os fatores mesológicos, logo no início da vida humana destaca-se a **infância abandonada** (lares desfeitos, pais separados, crianças órfãs). Assiste-se a um número crescente de crianças que ganham as ruas, transformando-se em pedintes profissionais, viciados em drogas, criminalizados, sob o tacão do "pai de rua", que as explora economicamente.

Se for verdade que os avanços da engenharia genética, com a progressiva decodificação do genoma humano, podem contribuir para o esclarecimento definitivo de propulsões criminógenas herdadas, não é diferente, também, que a multiplicidade de fatores externos desencadeia um fator criminógeno, muitas vezes ausente no homem. Vejamos alguns desses fatores sociais.

### 14.2 Pobreza. Emprego, desemprego e subemprego

As estatísticas criminais demonstram existir uma relação de proximidade entre a **pobreza** e a **criminalidade**. Não que a pobreza seja um fator condicionante extremo de criminalidade, tendo em vista a ocorrência dos chamados "crimes do colarinho branco", geralmente praticados pelas camadas mais altas da sociedade.

Por outro lado, nos crimes contra o patrimônio, a imensa maioria dos assaltantes é semialfabetizada, pobre, quando não miserável, com formação moral inadequada. Percebe-se que nutrem ódio ou aversão àqueles que detêm posses e valores. Esses sentimentos fazem crescer uma tendência criminal violenta no indivíduo.

Nesse sentido, as causas da pobreza, conhecidas de todos – má distribuição de renda, desordem social, grandes latifúndios improdutivos etc. –, somente funcionam como fermento dos sentimentos de exclusão, revolta social e consequente

162

criminalidade. Por conseguinte, a repressão policial[1] tem valor limitado, na medida em que ataca as consequências da criminalidade patrimonial e não as causas, justificando, no mais das vezes, as premissas da criminologia crítica ou radical.

Entre 55 milhões e 90 milhões de pessoas caíram na pobreza extrema no Brasil em 2009 como resultado da recessão global decorrente da crise financeira internacional. Mais de um bilhão de pessoas sofrem de fome crônica ao redor do mundo. Além disso, em 2020, pesquisas mostram que havia 54 milhões de brasileiros pobres — com esse último percentual representando cerca de 25,4% de toda a população do país, de acordo com dados da **PNAD Contínua do IBGE**[12]. Isso significa que quatro em cada dez brasileiros podem estar vivendo em pobreza absoluta. Pobreza extrema significa a perda total da pouca dignidade humana que resta a alguém que vive na pobreza.

Em países como o Brasil, grandes desequilíbrios entre as populações jovem e idosa e alta instabilidade das áreas rurais e urbanas removem esse nexo entre o tamanho da área urbana e a população contingente. Esse nexo é removido não apenas pelo êxodo rural, mas também pela migração interna aleatória. Altas taxas de natalidade e declínio do nível de oferta de empregos combinados com a globalização que requer cada vez mais mão de obra especializada significam que há um grande número de pessoas desempregadas, o que pode ser uma importante força criminogênica. Em 2020, a taxa de desemprego no Brasil disparou para **13,5%**, com mais de **14 milhões de brasileiros** sendo registrados como desempregados pela **PNAD Contínua do IBGE**[3].

Em fevereiro-março de 2009, o número de desempregados nos 39 municípios da região metropolitana de São Paulo aumentou em 154 mil, totalizando 1,551 milhão. Esse número foi 11% maior que o do mês que havia acabado e o maior desde 1985, ano-base da pesquisa de emprego **PesqED**. O **Departamento Intersindical de Estatística e Estudos Socioeconômicos (Dieese)** e a **Fundação Sistema Estadual de Análise de Dados (Seade)** começaram a realizá-la naquele ano[4].

No tocante à segurança pública, no Estado de São Paulo, em 2020, foram registrados 1.032.963 delitos de roubos e furtos, o que equivale a dizer que

---

[1]   No Estado de São Paulo, a corroborar nosso entendimento, editou-se a Resolução da Secretaria de Segurança Pública n. 240, de 5 de outubro de 2009, que cria um programa de prevenção e repressão aos roubos em condomínios.

[2]   BRASIL. Instituto Brasileiro de Geografia e Estatística (IBGE). Pesquisa Nacional por Amostra de Domicílios (PNAD Contínua), 2020. Disponível em: <https://www.ibge.gov.br>. Acesso em: 7 nov. 2024.

[3]   Ibidem.

[4]   BRASIL. Departamento Intersindical de Estatística e Estudos Socioeconômicos (Dieese). Pesquisa de Emprego e Desemprego (PED), 2009. Disponível em: <https://www.dieese.org.br>. Acesso em: 7 nov. 2024.

passaram a ocorrer 2.830 casos por dia. Ainda em relação ao quantitativo, a cifra negra, compreendida como delitos não denunciados ou não registrados, mantém-se elevada e alcança 70% deles, conforme informações da Secretaria da Segurança Pública do Estado de São Paulo[5].

É bem verdade que, se a **pobreza** pode facilitar a vida delitiva, a **abastança** também, caso contrário não haveria crimes do colarinho branco, lavagem de dinheiro, delitos ambientais, corrupção do Poder Público etc.

Ressalta-se que o subemprego ou desemprego disfarçado ("homem-placa", "vendedores de balas em semáforos" etc.), à vista da baixíssima remuneração e da instabilidade pessoal e familiar que proporciona, não deixa de ser um fator coadjuvante na escala ascendente da criminalidade. Lembre-se também dos *sacoleiros de fronteira*, que, para aumentar seus ganhos, estimulam o descaminho e o contrabando com a revenda desses produtos País afora.

Finalizando, atente-se para a advertência formulada por Newton e Valter Fernandes (2002, p. 404): "Não obstante a corrupção também seja um problema de personalidade moral, é inescondível que sua ocorrência, no seio do funcionalismo público, igualmente se deve ao pequeno vencimento que a maioria dos servidores recebe".

### 14.3 Meios de comunicação. Habitação

Dentre os fatores sociais de criminalidade, destaca-se a ação dos meios de comunicação em massa, sobretudo da televisão.

A televisão, a partir dos anos 1970, é o meio de comunicação que mais alcança os brasileiros, desbancando o rádio da posição que até então desfrutava.

Todavia, mediante o discurso libertário da absoluta liberdade de imprensa, assiste-se nas TVs à banalização do sexo e da violência em todos os horários.

As concessionárias de rádio e televisão, nas respectivas programações, descumprem um fundamento constitucional do Estado brasileiro: os programas da mídia devem se voltar para o respeito aos valores éticos da pessoa humana e da família (art. 221, IV, da CF).

É claro que a televisão assume um papel pedagógico exponencial nos dias modernos, criando estereótipos de comportamento, enaltecendo o amor livre, incitando a banalização de violência, entre outras atividades nefastas.

Dizem os policiais experimentados[6]: "o indivíduo chega em casa do trabalho, liga o televisor e desliga a família", tamanha a influência que ela ocupa

---

[5] SECRETARIA DE SEGURANÇA PÚBLICA DO ESTADO DE SÃO PAULO (SSP-SP). Indicadores de Criminalidade, 2020. Disponível em: <https://www.ssp.sp.gov.br>. Acesso em: 7 nov. 2024.

[6] Apud Roberto Pacheco de Toledo, delegado de Polícia em São Paulo, em discurso proferido por ocasião do evento social em homenagem ao Dia das Crianças, na Delegacia Seccional Norte/Capital, em outubro de 2006.

na vida humana, papel que vem sendo desempenhado pelos computadores, *smartphones* e assemelhados, com a conexão diuturna à internet. As pessoas conectam-se à internet e desconectam-se da família, dos amigos etc. A moderna sociedade da informação empurra o homem à ausência "de corpo presente", transformando-o em refém da conexão digital, despersonalizando-o, retirando dele aquilo que tem de mais valioso: a capacidade de pensar, enfim, sua razão, pois transforma-o em autômato.

Em menor escala, mas ainda com relativa influência, registre-se o papel do rádio, do cinema e do teatro, sobretudo do primeiro, com o sensacionalismo de certos programas policiais, além da preocupante e crescente atuação das revistas, jornais e da própria mídia digital (internet), que intermedeiam a prostituição, o tráfico, o contrabando e outras mazelas.

Por seu turno, as **condições desfavoráveis de habitação ou moradia**, como ocorrem nos países em desenvolvimento ou emergentes, com a proliferação de favelas, cortiços, casas de tapera, de pau a pique etc., propiciam a promiscuidade, a perdição, o desaparecimento de valores, o desrespeito ao próximo e outros desvalores de comportamento, empurrando aqueles que vivem ou sobrevivem nessas situações à prostituição, ao tráfico de drogas, aos crimes contra o patrimônio e contra a vida.

## 14.4 Migração

A migração como movimento interno populacional dentro de um país pode causar dificuldades de adaptação em face da diferença de costumes, usos, hábitos, valores etc. de uma região para outra.

Essa alteração de culturas e valores, como ocorre com os migrantes nordestinos e os nisseis (MARLET, 1995) em São Paulo, gera um antagonismo de convivência, isto é, os migrantes são obrigados a conviver com uma cultura do lar e outra fora do lar, causando desorientação, que pode, diante de uma situação anormal, obter como resposta uma conduta delituosa.

É razoável também que nos países em desenvolvimento a absorção dos migrantes ao mercado de trabalho seja muito difícil, quando não rara, contribuindo para o aumento de pobreza e miséria, fatores que sabidamente fomentam a criminalidade.

## 14.5 Crescimento populacional

O crescimento populacional desordenado ou não planejado figura como fator delitógeno.

O aumento das taxas criminais por áreas geográficas é proporcional ao crescimento da respectiva densidade demográfica populacional, conforme estudos levados a efeito pela Escola de Chicago.

Assim, o crescimento desmedido da população de dada área fortalece o índice de desempregados e de subempregados, desencadeando o fenômeno pelo qual se aumenta a criminalidade na exata medida em que as condições econômicas aumentam a pobreza, incidindo aí a componente social.

Dessa forma, quanto mais fermento (pobreza), maior o tamanho do bolo (criminalidade), ocorrendo aquilo que se chama de "fermento social da criminalidade".

No mesmo sentido, já tivemos a oportunidade de ressaltar que ao Estado cabe realizar o bem comum do povo, mediante diversas ações, incluindo a mantença da ordem pública, de sorte que "manter o equilíbrio entre a área territorial e a população é exercício puro do poder de polícia estatal" (ANGE-RAMI; PENTEADO FILHO, 2009, p. 157).

Inexistindo esse necessário equilíbrio demográfico, afloram os conflitos de convivência, de modo que, nos morros, cortiços, favelas, loteamentos clandestinos etc., o fermento social da criminalidade aparece diuturnamente, ensejando a continuidade, ou melhor, um progressivo, contínuo, perigoso e alarmante crescimento do número de infrações penais, de todos os matizes (crimes contra a vida, o patrimônio, a saúde pública etc.).

## 14.6 Preconceito. A criminalidade feminina

Preconceito é **estereótipo negativo**, ideia negativa preconcebida. Discriminação é o preconceito em ação, em atividade.

A doutrina da superioridade baseada em diferenças raciais é cientificamente falsa, moralmente condenável, socialmente injusta e perigosa. Não existe justificação para a discriminação racial, em teoria ou na prática, em lugar algum.

A discriminação entre as pessoas por motivo de raça, cor ou origem étnica é um obstáculo às relações amistosas e pacíficas entre as nações, sendo capaz de perturbar a paz e a segurança entre os povos e a harmonia de pessoas vivendo lado a lado, até dentro do mesmo Estado, muitas vezes causando escaramuças e guerrilhas.

A existência de barreiras raciais repugna aos ideais de qualquer sociedade humana digna e concretizada em um Estado de Direito.

Daí por que a tolerância é a harmonia dos opostos, a igualdade na diferença, a convivência pacífica dos desiguais.

No Brasil, a escravatura deixou máculas inapagáveis nos descendentes da diáspora africana, que, torturados, aprisionados, retirados à força de seu continente e submetidos à opressão do colonizador europeu, até hoje encontram dificuldades de acesso na pirâmide social e econômica.

166

Depois da abolição da escravatura, o que se viu foram três consequências: a **migração** (não só de negros, mas de brancos espoliados), a **favelização** (nos morros e na periferia das grandes cidades) e, finalmente, a **instalação da criminalidade** nesses espaços.

Quem se propõe a estudar a **criminalidade da mulher** não encontrará material adequado e profícuo, existindo certa negligência no assunto.

O criminólogo Ayush Morad Amar (1987) afirma haver duas hipóteses acerca da menor relevância da criminalidade feminina: **divergência de frequência entre os delitos praticados por homens e mulheres** e **diferença de tratamento** que os órgãos públicos (Polícia, Ministério Público, Poder Judiciário, Sistema Penitenciário) dispensam às mulheres, resultando daí os problemas atinentes à dinâmica do concurso destas na criminalidade masculina; as cifras negras da criminalidade da mulher; a discriminação do Poder Público e da sociedade.

Registra-se que o crime organizado nos grandes centros urbanos (São Paulo, Rio de Janeiro, Belo Horizonte, Porto Alegre, Curitiba, Recife, Salvador etc.) vem cooptando a mulher quer para auxílio material, quer para favorecimento pessoal de seus "irmãos", ou, ainda, na condição de "mulas" para o narcotráfico.

Todavia, o maior dos preconceitos que pode funcionar como fator criminógeno é o de natureza econômica, na medida em que a pobreza e a miséria destroem a dignidade humana, rebaixando o homem para a sarjeta da vida.

## 14.7 Educação

A educação e o ensino são fatores inibitórios de criminalidade. No entanto, sua carência ou defeitos podem contribuir para estabelecer um senso moral distorcido na primeira infância. Assim, a educação informal (família, sociedade) e a formal (escola) assumem relevância indisfarçável na modelagem da personalidade humana.

## 14.8 Mal-vivência. Classes sociais

Entende-se por **mal-vivência**, no dizer do douto Hilário Veiga de Carvalho (1973), um grupo polimorfo de indivíduos que vivem à margem da sociedade, em situação de **parasitismo**, sem aptidão para o trabalho, em razão de causas endógenas e exógenas que representam um perigo social.

Na verdade, são seres excluídos, doentes biológica e socialmente. O Estado os incrimina por vadiagem (art. 59 da Lei das Contravenções Penais), mas a criminologia sabe que esses seres infelizes são uma consequência da sociedade discriminatória e violenta em que vivem.

A demonstrar que as condições econômicas são o fator maior de discriminação entre os homens, referendadas, inclusive, pelo direito penal, verifique-se, a título de humor tão somente, o parágrafo único do art. 59 da Lei das Contravenções Penais, ao afirmar que "a superveniência de *renda que assegure ao condenado meios bastantes de subsistência, extingue a pena*". Em outras palavras, como alertava há mais de meio século o professor Afrânio Peixoto (1953): um vagabundo pobre é um vagabundo, mas um vagabundo rico é um rico excêntrico...

Contribuem para esse estado de patologia social dois tipos de fatores: **biológicos** e **mesológicos**.

Entre os **fatores biológicos** (CARVALHO, 1973, p. 310) destacam-se:

a) **mal-vivência étnica** (povo cigano, que não se adapta às regras sociais de convivência útil);

b) **mal-vivência constitucional ou orgânica** (impulsão à instabilidade, não fincando raízes em lugar nenhum, como ocorre com andarilhos, tropeiros, guias etc.);

c) **mal-vivência de neuróticos**, paranoicos, epiléticos, oligofrênicos, que se lançam num **automatismo ambulatório**, saindo a esmo mundo afora.

No campo **mesológico** vislumbram-se os seguintes fatores (CARVALHO, 1973, p. 310):

a) **infância abandonada** (lares desfeitos, órfãos, "órfãos de pais vivos");

b) **nomadismo** (fluxo migratório de desempregados);

c) **desemprego, subemprego** (consequência da economia voraz de mercado, da globalização, do industrialismo etc.).

Nas sociedades modernas, nas quais se insere a brasileira, tradicionalmente as **classes sociais** se dividem em três grupos: classe baixa, classe média e classe alta.

A classe baixa é aquela composta de indivíduos carentes de toda ordem, não só nos aspectos financeiro e cultural, mas também daquele segmento esquecido pelos governantes.

A classe média ou burguesia é composta de pequenos comerciantes, industriais, profissionais liberais etc.

A classe alta (*high society*) é composta dos detentores do poder econômico, quais sejam, grandes empresários, aristocratas, políticos, que manipulam a vida em sociedade ao sabor de seus interesses.

A prática delitiva não é a desgraça de uma só classe, embora se saiba que os integrantes da classe baixa abarrotam os presídios.

No mesmo compasso, as **cifras negras de criminalidade empresarial** ou cifras douradas (crimes do colarinho branco; evasão de divisas; licitações fraudulentas; sonegação fiscal etc.) estão a esconder o pior tipo dos criminosos, tendo em vista sua nocividade social.

Nesse esgrimir de classes sociais na luta pela melhoria de vida, contra a exploração do homem pelo homem (a fundamentar a criminologia radical), a politização do crime é algo que preocupa juristas, psicólogos, criminólogos etc.

# 15º Capítulo

## Instâncias de controle

Toda sociedade politicamente organizada utiliza o monopólio da força para manutenção da ordem, da paz social e da harmonia entre seus cidadãos.

Trata-se de um corolário da teoria do contrato social de Rousseau.

Assim é que no plano político são eleitos objetivos fundamentais de atuação social, mediante os quais há que imperar uma comunhão de esforços para alcançá-los; esforços e atitudes estes limitados por um processo de normatização de comportamentos pessoais e sociais.

Estabelece-se, por conseguinte, o **controle social** como o conjunto de mecanismos e sanções sociais que visam à submissão do homem aos modelos e normas de convívio comunitário (SHECAIRA, 2008).

Destarte, para que os fins de interesse público possam ser alcançados, as instituições sociais utilizam dois sistemas que interagem reciprocamente.

Num primeiro plano tem-se o **controle social informal**, que reflete nos órgãos da sociedade civil: família, escola, ciclo profissional, opinião pública, clubes de serviço, igrejas etc.

De outro lado, destaca-se o **controle social formal**, representado pelas instâncias políticas do Estado, isto é, a Polícia (1ª seleção), o Ministério Público (2ª seleção), a Justiça (3ª seleção), as Forças Armadas, a Administração Penitenciária etc.

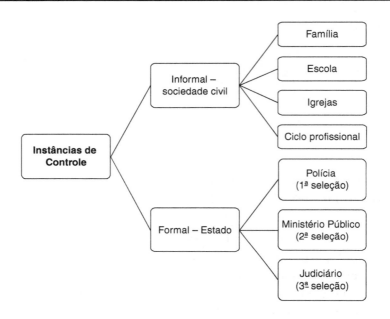

## 15.1 Órgãos informais de controle

Os órgãos da sociedade civil que operam o controle informal atuam na educação do indivíduo, inserindo-o no contexto social, vale dizer, trata-se do processo de socialização que se prolonga durante toda a existência do indivíduo.

Nesse contexto, destaca-se o **comunitarismo** (vida e sentimento de comunidade): nos pequenos lugares existe maior proximidade entre os habitantes, gerando um recíproco e mútuo estado de respeito, dependência e controle.

Na medida em que esse controle informal acaba por contribuir para que o indivíduo absorva os valores e normas da comunidade, resta claro que ele é muito mais importante e funcional que a ameaça de sanção do controle formal do Estado.

Entre os elementos que primeiro aparecem no controle informal, ganha relevo o papel da **família**. Aliás, a família, como célula nuclear da sociedade, é diretamente responsável pela moldura do caráter e comportamento de seus integrantes, caracterizando-se a necessária autoridade dos pais em decorrência do binômio exemplaridade – amor.

Também digno de nota é o controle informal feito pela **escola**. Embora intimamente ligada ao Estado, não é a presença deste que formaliza ou informaliza o controle, mas sim seu vínculo mais estreito ou não com a sociedade civil.

A **escola** sempre teve íntima ligação com a sociedade civil na consecução da tarefa de educar mediante a persuasão. Hoje, com o péssimo tratamento dado pelo Estado às escolas públicas, sobretudo com a desvalorização salarial e profissional dos educadores, esse tipo de controle informal é quase nulo ou mínimo.

O **ciclo profissional** (trabalho) é de suma importância na instância informal de controle, porque, no modelo capitalista, a autoridade e o poder se apoiam naqueles que detêm os meios de produção, de sorte que a permanência no emprego dependerá, entre outros requisitos, da disciplina laboral do empregado e de suas múltiplas irradiações: no trato com os superiores, nas relações com os colegas, no atendimento aos clientes etc.

O culto à divindade ou a um ser superior sempre acompanhou o homem e lhe servia de mecanismo de contenção de comportamentos antissociais. Daí a importância da religião e das **igrejas**[1] no processo informal de controle social.

Além desses mecanismos, podem ser citados outros, como a **vizinhança** (solidariedade social) e os **meios de comunicação em massa** (indução de comportamento pela mídia), instrumentos que contribuem para a padronização de comportamentos.

Nesse sentido, a lição do festejado Shecaira (2008), para quem, "em épocas como a atual, em que se assiste ao aprofundamento das complexidades sociais, e em que são enfraquecidos os laços comunitários, cada vez mais os mecanismos informais de controle social tornam-se enfraquecidos ou até mesmo inoperantes".

---

[1]　Sustenta Benedito Xavier de Souza Corbelino (disponível em: <www.buscalegis.ufsc.br>, acesso em: 9 out. 2009): "Desde as mais antigas civilizações, percebe-se o culto ao sobrenatural como algo muito importante, mostrando que o espírito de religiosidade acompanha o homem desde os primórdios. Cada povo tem o culto ao sobrenatural como motivo de estabilidade social e de obediência às normas sociais. As religiões, as liturgias variam, mas o aspecto religioso é bem evidente. A religião inclui a crença em poderes sobrenaturais ou misteriosos. Essa crença está associada a sentimentos de respeito, temor e veneração, e se expressa em atitudes públicas destinadas a lidar com esses poderes. Geralmente, todos se unem numa comunidade espiritual denominada igreja. É preciso ficar bem claro que essa abordagem se restringe ao campo específico do fenômeno religioso e, especificamente, à instituição igreja como aparelho ideológico a serviço das relações sociais. Muitos líderes religiosos têm defendido a necessidade de a Igreja lutar por maior justiça entre os homens; de buscar uma participação cada vez maior nos problemas sociais, e têm ressaltado mais o conteúdo ético do que os dogmas religiosos. Por outro lado, setores conservadores procuram impedir essas modificações, defendendo o apego à tradição. A igreja está agora dividida, enfraquecida, distanciada do povo; está perdendo sua função natural de defesa dos oprimidos e se enroscou em conflitos internos e externos, que arruínam sua credibilidade e desequilibram relações básicas do trato social".

172

## 15.2 Instância formal de controle

Quando os meios informais de controle da sociedade falham, entra em cena o **controle formal**, representado pela ameaça de punição (sanção), impondo-se coercitivamente.

O controle social formal é **seletivo e discriminatório**, pois o *status* prima sobre o merecimento, mas também é **estigmatizante**, porque acaba por desenvolver carreiras criminais e desvios secundários.

O controle social jurídico-penal fixa por escrito e publicamente, com todas as minúcias possíveis (*lex certa et scripta*) e antes do fato (anterioridade), qual comportamento se entende por desviado, qual a penalidade cabível, qual a forma de sua imposição (*due process of law*) e por meio de quais autoridades (Polícia e Judiciário).

Assiste razão, portanto, a Hassemer (2008, p. 307) quando anuncia que "o controle social jurídico-penal restabelece a ordem jurídica perturbada, indeniza as vítimas, ainda que não exclua definitivamente o autor do delito do grupo social, impõe uma pena que, ao mesmo tempo em que um castigo, expressa uma desaprovação do fato que tenha realizado".

Não se deve esperar demais do controle formal penal, pois este somente deve entrar em cena em última instância (*ultima ratio*), até porque o direito penal não pode perder seu papel fragmentário e subsidiário (executor de reserva). Isso quer dizer que nem todas as condutas podem ser tidas como incriminadas, mas apenas aquelas que ofendem com certa gravidade os bens jurídicos mais relevantes; o direito penal somente deve atuar quando os demais ramos do direito e instrumentos do controle social se mostrarem impotentes para a manutenção da paz social.

### 15.2.1 Primeira seleção

Fala-se em primeira seleção do controle social formal em face da atuação de seus órgãos de repressão jurídica, isto é, da atuação da polícia judiciária.

Pode-se afirmar que, quando ocorre um crime, surge para o Estado o poder-dever de exercitar o *ius puniendi* em desfavor do criminoso.

A premissa da monopolização da jurisdição e a finalidade de realização do bem comum, com a indispensável necessidade da garantia da ordem pública, exigem tal comportamento estatal, pois o direito existe exatamente para manter a harmonia social.

Só que o *ius puniendi* não pode ser exercitado de forma atrabiliária. Ele é exercido por meio de um caminho, de um *iter*, que é a persecução penal (*persecutio criminis*), em que, por força constitucional, deve-se estabelecer a "paridade de armas" entre acusação e defesa. Assim, a persecução criminal põe cara a cara a pretensão punitiva estatal e o direito de liberdade do autor do delito.

O vigente sistema processual penal pátrio (acusatório) tem uma etapa preliminar, destinada à apuração da infração penal e respectiva autoria, a que a doutrina denomina "investigação policial", formalizada no inquérito policial; este é ultimado pela Polícia Civil ou Federal (Judiciária).

Apesar do nome "polícia judiciária", é incontroversa a sua atividade eminentemente administrativa, atividade esta decorrente do poder de polícia do Estado. Evidente está que as atividades policiais encontram-se enfeixadas no Poder Executivo, isto é, na Administração Pública, representada pelo delegado de polícia. Daí se pode concluir que temos, na realidade, administração a serviço do direito penal.

Lembra-nos Frederico Marques (1959): "O Estado, quando pratica atos de investigação, após a prática de um fato delituoso, está exercendo seu poder de polícia. A investigação não passa do exercício do poder cautelar que o Estado exerce, através da polícia, na luta contra o crime, para preparar a ação penal e impedir que se percam os elementos de convicção sobre o delito cometido".

No Brasil, a polícia civil (judiciária) prepara a ação penal, não apenas praticando os atos essenciais da investigação, mas também organizando uma *instrução provisória* a que se dá o nome de inquérito policial.

Importante frisar que o inquérito policial, verdadeiro procedimento que é, não pode ser rotulado de "simples peça informativa", como precipitada e preconceituosamente fazem alguns autores, até mesmo diante da impactante atuação sobre o investigado, mormente quando recaem sobre ele os indícios formais de autoria delitiva (indiciamento) estabelece-se aí a primeira seleção de controle social.

Desde o instante em que se registra um boletim de ocorrência na delegacia de polícia, passando pela instauração de inquérito em desfavor de algum suspeito ou de seu indiciamento formal, e até na situação extremada de prisão em flagrante, a polícia age, por vezes discricionariamente, fazendo a primeira etapa de filtragem social, inclusive instruindo na apuração as provas definitivas necessárias à comprovação subjetiva e material do delito. Na esfera das infrações penais de menor potencial ofensivo (Lei n. 9.099/95), à polícia judiciária incumbe exclusivamente a lavratura dos termos circunstanciados de ocorrência (art. 69), que recebem expressiva conotação de controle formal.

Daí a expressão popular que macula: "Fulano é ficha suja na Polícia", relembrando a teoria da etiquetagem social (*labelling approach*).

Na esteira do professor Sérgio Pitombo, "no procedimento de inquérito, encontra-se, portanto, conjunto de atos de instrução; transitório uns de relativo efeito probatório e definitivos outros, de efeito judiciário absoluto" (*Inquérito policial – novas tendências*, Cejup, 1986, p. 22).

## 15.2.2 Segunda seleção

Na segunda seleção insere-se a atuação do Ministério Público, não apenas com a propositura da ação penal e consequente instauração da instância judicial, mas também por meio de outros instrumentais de sua alçada, como o inquérito civil, a ação civil pública e o termo de ajustamento de conduta.

É claro que a denúncia criminal, como proposta de estabelecimento de pena ao autor de um fato delituoso, imprime o caráter estigmatizante com maior intensidade.

## 15.2.3 Terceira seleção

A denominada terceira seleção decorre do processo judicial, culminando com a sentença condenatória[2] transitada em julgado. Mas não apenas. As hipóteses de prisão cautelar simbolizam a restrição da liberdade, quer no aspecto repressivo, quer no aspecto preventivo.

Aqui o Estado se impõe de maneira absoluta sobre o indivíduo, excluindo-o do contexto mediante a sanção mais gravosa que existe: a pena privativa de liberdade.

Sabe-se, igualmente, que as penitenciárias brasileiras são depósitos de lixo humano, ofendem a consciência jurídica e ética do País e transformam o homem naquilo de pior que lhe poderiam rotular: *ex-homem*, porque a própria arquitetura do cárcere muitas vezes é responsável por sua despersonalização, convertendo-o em autômato, desmontando sua dignidade.

---

**Controle Formal do Estado**

1ª Seleção – Polícia Judiciária –
BO, Inquéritos, Termos
Circunstanciados

2ª Seleção – Ministério Público –
Denúncia Criminal, Inquérito Civil,
Ação Civil Pública

3ª Seleção – Poder Judiciário –
Sentença Condenatória, Decretação
de Prisão Cautelar etc.

---

[2] A chamada sentença absolutória imprópria, em que o réu é absolvido, mas a ele é imposta medida de segurança em virtude de sua periculosidade derivada da inimputabilidade (art. 26 do CP), carrega traço seletivo característico, configurando hipótese de 3ª seleção.

## 15.3 Reincidência e prognóstico criminológico

A reincidência, na sistemática adotada pelo nosso legislador, de elencar as circunstâncias agravantes que deverão ser analisadas na segunda fase de fixação da pena, foi colocada logo em primeiro lugar, conforme se pode ver do art. 61 do Código Penal.

Etimologicamente, a palavra "reincidência" exprime o ato ou efeito de incidir novamente, de recair, isto é, uma obstinação, uma teimosia na prática ou abstenção de certa conduta, genericamente determinada.

Embora o significado de "reincidência" encampe qualquer espécie de recaída, interessa-nos, em sede de direito penal, especificamente a reincidência criminosa, a qual se encontra definida pelo nosso diploma penal no art. 63, nos seguintes termos: "Verifica-se a reincidência quando o agente comete novo crime, depois de transitar em julgado a sentença que, no País ou no estrangeiro, o tenha condenado por crime anterior".

Assim, temos que a reincidência exige pelo menos a prática de dois crimes, sendo constituída somente quando da prática do segundo delito, desde que o agente já tenha sido condenado criminalmente, em definitivo, pela prática do primeiro.

Nesse sentido, dois são os elementos constitutivos da reincidência, quais sejam, *condenação penal anterior irrecorrível* e *prática de novo crime*.

Apesar de os sujeitos identificados como psicopatas no meio carcerário serem minoria, sua influência maléfica é relativamente muito maior.

Seu reconhecimento é de importância fundamental para questões essenciais como a previsão da reincidência criminal, a possibilidade de reabilitação social e a concessão de benefícios penitenciários.

A **reincidência criminal dos psicopatas** é cerca de três vezes maior que em outros criminosos. Para crimes violentos, a taxa dos psicopatas é quatro vezes maior que a dos não psicopatas.

O Departamento Penitenciário Nacional – Depen (2003) estima a reincidência criminal no Brasil em 82%. A reincidência criminal na cidade de São Paulo é de 58%, ou seja, a cada dois presos egressos da cadeia, um retorna.

**Prognóstico criminológico** é a probabilidade de o criminoso reincidir, em razão de certos dados estatísticos coletados. Nunca se tem certeza, dado não se conhecer por completo o consciente do autor.

Os prognósticos criminais podem ser **clínicos** e **estatísticos**.

**Prognóstico clínico** é aquele em que é feito um detalhamento do criminoso, por meio da interdisciplinaridade: médicos, psicólogos, assistentes sociais etc.

**Prognóstico estatístico** é aquele em que há tabelas de predição que não levam em conta certos fatores internos e só servem para orientar o estudo de um tipo específico de crime e de seus autores (condenados).

Para aferição do **índice de criminalidade,** devem ser levados em conta os fatores psicoevolutivos, jurídico-penais e ressocializantes (penitenciários).

**Os fatores psicoevolutivos** são aqueles que levam em conta a evolução da personalidade do agente, por exemplo: a) doenças graves infantojuvenis com repercussão somático-psíquica; b) desagregação familiar; c) interrupção escolar ou do trabalho; d) automanutenção precoce; e) instabilidade profissional; f) internação em instituições de atendimento socioeducativo etc.; g) fugas de casa, da escola etc.; h) integração com grupos improdutivos; i) distúrbios precoces de conduta; j) perturbações psíquicas.

Por sua vez, os **fatores jurídico-penais** são aqueles que levam em consideração a vida delitiva do agente, por exemplo: a) início da criminalidade antes dos 18 anos; b) muitos antecedentes penais e policiais ("folha corrida"); c) reincidência rápida; d) criminalidade interlocal; e) quadrilhas (facções criminosas) ou qualificadoras ou agravantes; f) tipo de crime (patrimônio, costume, pessoa).

Por derradeiro, os **fatores ressocializantes** são aqueles que revelam aproveitamento ou não das medidas repressivas no que toca à reinserção social, por exemplo: a) inadaptação à disciplina carcerária e às regras prisionais; b) precário ou nulo ajuste ao trabalho interno; c) péssimo aproveitamento escolar e profissional na cadeia; d) permanência nos regimes iniciais de pena. Quanto mais desses fatores estiverem presentes, maiores a periculosidade e a reincidência penal.

A isso são acrescentados outros fatores condicionantes: biológicos (sexo, idade etc.), genéticos (anomalias) e sociais (desemprego, cooptação por gangues etc.).

Há uma carência muito forte de estudos científicos nos criminosos brasileiros, notadamente a ausência de exame criminológico para a delimitação de **personalidades amorais** ou de **psicopatas.**

A reincidência penal é uma realidade sensível, a que se devem acrescer, malgrado a insossa opinião dos penalistas, a periculosidade e a pobreza social, que impelem o indivíduo para a criminalidade, sobretudo aquela de moldes empresariais (crime organizado).

# 16º Capítulo

## Criminologia cultural

### 16.1 Criminologia cultural: noções iniciais

Neste século XXI vivemos a sociedade da informação. A mídia se reinventou. A velocidade de informação é quase instantânea. Os computadores, notebooks, smartphones conectam em frações de segundo o homem ao universo digital. A rede mundial de computadores propaga informação em segundos. Propaganda, política, comércio, notícias, esporte etc. são veiculados em instantes. Transmissões ao vivo são vistas no Facebook e outras mídias eletrônicas. Espaços e distâncias são abreviados. Tudo isso trouxe comodidade, rapidez e acabou por facilitar a vida do homem moderno. A televisão, ícone da informação e glamour dos anos 1950/1970, perdeu espaço para os computadores e smartphones. A internet desconhece limites.

Todavia, como acontece com a humanidade, as coisas não fluem só para o bem. Ofensas, ameaças, *bullying*, racismo, terrorismo, fraudes, pedofilia, prostituição e outras práticas antissociais são crescentes na mídia digital. O ciberespaço torna-se terra livre, e a *dark web*[1] não é só uma lenda.

Nesse sentido a sociedade moderna tem acesso ilimitado à informação, e a interação multicultural veiculada pela mídia é diuturna. Assim, choque de culturas é inevitável. E, por vezes, é imprescindível analisar sua influência na questão criminal e dos mecanismos sociais de contenção.

E a partir da década de 1990, recrudesceram a insegurança e a violência urbana com roubos, homicídios, sequestros, estupros e demais crimes hediondos, conduzindo-se a uma falsa noção de que os atores do sistema policial/penal eram incapazes de realizar sua tarefa. Nesse aspecto, a divulgação das estatísticas oficiais (embora questionáveis) e o desenvolvimento da mídia policial

---

[1] *Dark web* ou internet obscura não deve ser confundida com a *Deep web*, nem com a rede de compartilhamento de arquivos *Darknet*. Ao passo que *Deep web* e *Darknet* referem-se a *websites* difíceis de serem acessados, e redes secretas ou paralelas à internet, a internet obscura (*Dark Internet*) é qualquer porção da internet que não pode ser acessada por meios convencionais.

(programas vespertinos policialescos) davam à sociedade a sensação de insegurança plena nos grandes centros urbanos e a ideia de que a polícia fracassava. Estados como São Paulo, desde os anos 1980, tinham como dirigentes da Secretaria de Segurança Pública membros do Ministério Público, instituição sabidamente adversária da Polícia Civil e sua concorrente nas investigações criminais. Não é preciso ser gênio para se perceber que tais dirigentes, com raras exceções, não desejavam o sucesso da Polícia Civil... Antes o contrário, trabalharam nos bastidores do Poder para o desmonte institucional da polícia com um triplo trunfo: péssimos salários + não reposição dos cargos + falta de investimentos materiais. A par disso, divulgavam-se com alarde os casos de corrupção na polícia. O desastre dessas administrações pífias e levianas aflorou, como um tsunami, agora em 2019, com a carência de recursos humanos[2] (estima-se que a polícia de SP tenha mais de 14 mil cargos vagos, de um total de 41 mil), péssimos salários[3] e ritmos circadianos de trabalho. Nesse aspecto a estupidez governamental assumiu contornos de lesa-pátria, com a criação indiscriminada de delegacias e unidades policiais sem a consequente criação de cargos policiais civis para desempenho das funções nessas mesmas unidades novas. **A explicação técnica é deprimente: a criação de delegacias e distritos policiais se dá por decreto, ao passo que a criação de cargos públicos se dá apenas por lei, de iniciativa reservada do Executivo, uma vez que gera despesa para o erário, com dificuldade de aprovação e trâmite mais demorado no Parlamento estadual.**

Assim, com o apoio da grande imprensa, construiu-se no imaginário popular, aterrorizado pela "criminalidade escancarada", a ideia de que a polícia estava sucateada e corrompida, incapaz de deter os criminosos. E, em paralelo, fazia-se a propaganda massiva do Ministério Público, que se mostrava como a única instituição honesta, competente e preparada para conter a crescente criminalidade. Essa orquestração político-institucional revelou-se muito mais uma caixa de Pandora que qualquer outra coisa. O desastre no sistema de justiça criminal brasileiro irrompeu evidente, sobretudo nas pirotecnias e nos abusos verificados em atuações do estilo "Operação Lava Jato".

Daí a **falsa sensação de insegurança absoluta e de anomia**, com a proliferação de "especialistas em segurança pública" (que jamais pisaram em uma delegacia, apenas para tirar carteira de identidade), bem como o desenvolvimento da **"indústria do pânico"**, com o comércio milionário de cercas elétricas, câmeras, alarmes, blindagens automotivas, ofendículos para muros, segurança privada etc.

---

[2]    Disponível em: <https://folhadirigida.com.br/noticias/concurso/policia-civil-sp/concurso-policia-civil-sp-deficit-ultrapassa-14-mil-cargos-vagos>. Acesso em: 25 jul. 2019.

[3]    Disponível em: <http://g1.globo.com/sao-paulo/videos/t/sptv-1-edicao/v/policia-civil-tem-14--mil-vagas-ociosas-e-delegados-desistem-da-carreira-por-salario-baixo/7651881/>. Acesso em: 10 set. 2019.

Nem os processos, nem as ações penais e nem os inquéritos policiais têm donos. Cada qual – delegado de polícia, MP, investigado, indiciado, acusado, réu e Juiz penal – tem seu papel na busca da verdade real. São servos na busca da justiça criminal, como lembrava o saudoso professor Sérgio Marcos de Moraes Pitombo.

Ensinam Saulo Ramos Furquim e Luiz Gustavo Stefanuto Lima[4] que "a criminologia cultural, nesse sentido, emerge por meio da **análise das expressões culturais urbanas** em caráter de resistência e confrontação da estética cultural dominante e é importante ferramenta na verificação de tais fenômenos, vez que seu estudo parte de um **modelo intervencionista** que busca observar o **crime sob o enfoque da cultura**, ou seja, a compreensão sobre o que se define como criminologia cultural deve passar pela **análise do crime e do controle social com olhos atentos às interações culturais**".

Os criminólogos analisam todo o contexto cultural de uma sociedade para a verificação dos fatores que influenciam as interações sociais, quer sob a forma de arte, pintura, música ou qualquer outro símbolo que possa servir de suporte a comportamentos humanos contemporâneos.

## 16.2 Criminologia cultural, subculturas delinquentes e comportamentos desviantes

Foi através do estudo das subculturas nos anos 1970 que se desenhou o início do que se entende hoje por criminologia cultural.

Algumas subculturas desempenhavam um papel de resistência alternativa às instâncias de controle social e político, por intermédio da simbologia e da influência da mídia.

Porém, a criminologia cultural, uma vertente vanguardista e pós- -moderna, recebeu influxos das teorias críticas e da subcultura delinquente sem necessariamente ter rompido com esses paradigmas. Não aceita limites nos seus métodos de estudo, na medida em que a sociedade está em constante mutação, sempre passível de inovações comportamentais.

É bom relembrar que **a noção de subcultura implica a existência de padrões normativos opostos ou divergentes da cultura dominante.** Muitas vezes a subcultura irrompe em consequência de uma frustração social ou de um conflito cultural dentro de uma mesma estrutura, de que são exemplos as subculturas religiosas messiânicas, os grupos extremistas religiosos etc.

---

[4] In: *Revista Transgressões – Ciências Criminais em Debate*, UFRN, vol. 3, n. 1, p. 150-151, 2015, grifos nossos.

180

Assim é que a subcultura emerge como um modelo de desvio da cultura geral ou de ruptura e resistência, significando um tipo de fuga.

Ressalte-se que a subcultura não rompe totalmente com a cultura geral e acaba, muitas vezes, reproduzindo certos valores e princípios dela, com significado antinômico. Assim ocorre com certas condutas aceitas pela subcultura que, *a priori*, seriam repugnadas pelo tradicionalismo, como, por exemplo, os jogos de azar, vandalismos etc.

As ações desviantes das subculturas são produzidas por grupos e tipificadas como crimes nos limites de seus comportamentos, geralmente vinculadas a certas minorias ou grupos específicos que orientam sua própria existência, como acontecem com os grafiteiros, os *punks*, os funkeiros, os integrantes dos bailes de rua ("pancadões") etc.

Assim, a teoria da subcultura criminosa destaca que há movimentos contraculturais que são ligados a certos crimes, ganhando destaque na mídia – sobretudo televisiva – como ilícitos criminais.

É que a mídia televisiva, talvez a única forma de acesso cultural de milhões de pessoas, está nas mãos dos detentores do poder econômico; e destarte investe milhões em propaganda estimuladora do consumismo com o escopo de aumentar sua clientela. Por conta disso, a mídia escolhe ser o reflexo do comportamento cultural dominante em prejuízo das assim chamadas minorias. E acaba por ser utilizada para criminalizar as condutas tidas por desviantes (*labelling approach* ou interacionismo simbólico).

Vislumbra-se, por assim dizer, um jogo de interesses, alimentado pelo poder e pelo dinheiro, em que aqueles que os detêm definem seus padrões culturais, estéticos e simbólicos, criminalizando, por consequência, qualquer estilo antagônico[5].

Desponta então o direito penal como instrumento de contenção social que, nas mãos da elite dominante, impõe seus valores e sanciona seu triunfo em face dos subjugados.

A sociedade da informação, em pleno desenvolvimento tecnológico deste século, fermenta e novas interações emergem e se mostram conflitantes com o *status quo*.

Assim sendo, lembramos os exemplos dos grafiteiros (acusados de crime ambiental por pichação de prédio público), os cultores do *hip-hop*, dos bailes *funk* de rua, o *funk* ostentação etc. Não é demais lembrar que no final do século XIX e início do século XX a capoeira, o batuque e o samba foram objetos de incriminação. O jogo de bilhar ou *snooker* era tido como contravencional e seria praticado por

---

[5]   Vale lembrar que, nos anos 1960, o presidente da República Jânio Quadros proibiu o uso do biquíni como traje de banho nas praias brasileiras, as rinhas de galo e as corridas de cavalo durante a semana.

indivíduos vadios ou malandros. E assim nascia o tipo contravencional de "vadiagem" para reprimir condutas execradas pela elite dominante.

Vale ressaltar que o simples fato de se fazer um baile *funk*, um "pancadão" etc., por si só, não pode ser visto como delito. No entanto, a presença de indivíduos armados de fuzis, comercializando drogas e usando de violência física contra pessoas não merece guarida da ordem jurídica.

Bem se observa a importância dessa nova concepção criminológica – **criminologia cultural** –, que procura ampliar a visão global da sociedade, no aspecto macro, incluindo elementos culturais como arte, música, pintura, dança etc. e suas interações com eventuais condutas desviantes.

Finalizando, é perceptível um esgrimir de tendências políticas como pano de fundo da criminologia cultural. Há uma forte influência da Teoria Crítica ou radical de esquerda (neorrealismo) que pugna pela dominação da mídia cultural em antagonismo com as culturas de minoria ou populares, que lança mão do direito penal como ferramenta de domínio e imposição. De outra banda, movimentos de lei e ordem (neorretribucionismo), reflexos do ressurgimento de uma forte posição conservadora, com defesa intransigente do porte e uso de armas, polícia nas ruas, novos tipos penais etc., utilizando-se da mesma mídia para os mesmos fins, com a agravante limitação de direitos fundamentais.

Enfim, a denominada criminologia cultural é um campo fecundo e vasto para a análise ampla da criminalidade, seus efeitos midiáticos e reflexos no sistema criminal.

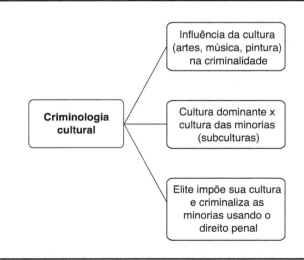

# 17º Capítulo

## Terrorismo e suas implicações criminológicas

### 17.1 Terrorismo: conceito histórico e finalidade

**Terrorismo** *é o uso de violência, física ou psicológica, através de ataques localizados a elementos ou instalações de um governo ou da população governada, de modo a incutir medo, pânico e, assim, obter efeitos psicológicos que ultrapassem largamente o círculo das vítimas, incluindo, antes, o resto da população do território.* É utilizado por uma grande gama de instituições como forma de alcançar seus objetivos, como organizações políticas, grupos separatistas, facções religiosas extremistas e até por governos no poder.

Em consequência da Revolução Francesa instalou-se um período denominado **Terror**, compreendido entre 5 de setembro de 1793 (queda dos girondinos) e 27 de julho de 1794 (prisão de Maximilien de Robespierre, ex-líder dos jacobinos que foi um precursor da ideia de um terrorismo de Estado nos séculos posteriores). Entre junho de 1793 e julho de 1794, cerca de 16.594 pessoas foram executadas durante o Reinado de Terror na França, sendo 2.639 mortes só em Paris. Apesar disso, há um consenso de que o número é muito maior devido às mortes na prisão.

Robespierre, de início, determinou uma perseguição velada aos girondinos que descambou para uma perseguição geral a todos os "rotulados de inimigos" da Revolução, inclusive contra lideranças que apoiaram decisivamente a revolta, como, por exemplo, Danton (jacobino). O Comitê de Salvação Pública era o órgão que conduzia a política do Terror; sua figura de maior destaque, **Robespierre**, agia arbitrariamente perseguindo a todos que desconfiasse discordar de suas ideias violentas. Após a instituição da Convenção, o governo, precisando do apoio das massas populares (os *sans-culottes*), promulgou diversas leis de assistência e garantia dos direitos humanos estabelecidos pela revolução (*liberdade, igualdade, fraternidade*). Houve certa resistência contra essas leis, que se somava à pressão externa contra a França.

183

O Terror terminou com o golpe de Termidor (27/28 de julho de 1794), que desalojou Robespierre do cargo de presidente do Comitê de Salvação Pública. No dia seguinte, **Robespierre e Saint-Just e mais de uma centena de jacobinos foram executados na guilhotina.** Após o fim do período do Terror, a Revolução Francesa assumiu definitivamente um caráter burguês, com o poder nas mãos do Diretório (alta burguesia).

Ao longo dos séculos anteriores, inúmeros atos terroristas foram praticados: o homicídio do czar Alexandre II por anarquistas russos em 1881; o famoso atentado de Sarajevo em 1914, que culminou com a morte do arquiduque Francisco Ferdinando e serviu de estopim para a 1ª Guerra Mundial; o massacre dos atletas olímpicos judeus em Munique (1972) pelos terroristas palestinos do Setembro Negro; o assassinato de 334 civis, dos quais 186 crianças, na Escola de Beslan, Rússia (2004), pelos separatistas chechenos que usaram explosivos contra as vítimas. E o pior deles ocorreu em 11 de setembro de 2001 nos EUA: os ataques de fundamentalistas islâmicos (jihadistas), com o sequestro e lançamento de quatro aviões de carreira, dois deles contra cada uma das torres gêmeas do World Trade Center em Nova York, outro contra o prédio do Pentágono em Washington, D.C., e o último, que caiu em um campo aberto próximo de Shanksville, na Pensilvânia, depois de alguns de seus passageiros e tripulantes terem tentado retomar o controle da aeronave dos sequestradores, que a tinham reencaminhado na direção da capital norte-americana. Quase 3.000 (três mil) mortos em decorrência do mais sórdido, sujo e covarde atentado de que se teve notícia na história. O grupo terrorista islâmico Al-Qaeda reivindicou a autoria desse ataque.

O terrorismo não deixa de ser uma estratégia política radical, consistente no uso de violência física (*vis physica*), ou de coação psicológica (*vis compulsiva*) em tempos de paz ou de guerra não declarada[6].

**A finalidade ou objetivo** mais **comum** dos atentados terroristas é incutir o **medo na população atingida** ou uma **mudança de comportamento** ou a **obtenção de dividendos políticos.** Mas eles também irrompem como **objetivos a publicidade, exibição de poder, vingança, represálias a embargos econômicos etc.**

Os atentados terroristas aumentaram desde a segunda metade do século XX e o início do século XXI em virtude da globalização e consequente quebra de barreiras e fronteiras entre países. A tensão cultural, derivada da fragmenta-

---

6    Apud Abdalla-Filho et al. *Psiquiatria Forense de Taborda*, op. cit., p. 616 e s.

ção política, social e econômica, alimentou diferenças, intolerância e xenofobia, abrindo caminho para o desenvolvimento de ideologias radicais.

Na atualidade, entende-se por terrorismo o uso sistemático da violência para intimidar um governo ou uma população, de modo a alcançar um objetivo político, ideológico ou religioso, tratando-se de fenômeno antigo, que busca alcançar visibilidade globalizada através da implantação do terror e de medidas violentas, causando medo e sentimento difuso de insegurança, principalmente após o atentado às Torres Gêmeas e ao Pentágono ocorrido em 11 de setembro de 2001, nos Estados Unidos (Nova York).

O ato terrorista perpassa a figura das vítimas diretas, atingindo e disseminando o medo e o terror na sociedade onde estas convivem, despertando, como principal objetivo, a preocupação mundial, dada a dimensão da violência de seus atos, violando direitos humanos. Na atualidade, podemos citar como exemplos o Boko Haram, que significa "educação ocidental é um pecado" (este grupo atua de modo intenso na Nigéria), o Estado Islâmico, o Al Qaeda do Iêmen, Al Shabab e o Hamas, este último que ganhou repercussão internacional com os recentes ataques a Israel, em especial o praticado no dia 7 de outubro de 2023, que foi um dos mais devastadores da história.

Inobstante, alguns grupos revolucionários ultrapassam os limites de toda sociedade e leis mundiais, decepando e degolando pessoas, ateando fogo enquanto elas ainda estão vivas, estuprando mulheres, usando-as, juntamente com crianças e adolescentes, como escudo, além dos últimos acontecimentos que causaram perplexidade e comoção mundial, como nos casos dos atentados em Paris contra o semanário "Charlie Hebdo" (2015), na Bélgica (2016) e o *Massacre de Munique*, também conhecido como *Tragédia de Munique*, ocorrido durante os Jogos Olímpicos de 1972 na Alemanha.

Contudo, a definição de "terrorismo" ainda encontra divergência na atualidade do mundo jurídico, variando conforme a doutrina. Nesses termos, as lições de Cancio Meliá (2010, p. 22-23): "Desde el terrorismo 'normal' (comissión de infracciones penales gravíssimas para la consecución de fines políticos), pasando por los 'terroristas domésticos' (hombres que maltratan sus mujeres), los ciberterroristas (que pretenden causar daños en los ordenadores atacados) o los 'terroristas medioambientales', hasta llegar al terrorismo forestal)".

Nessa conjuntura, disseminam ideias terroristas, como discurso de ódio e perseguição, através das ferramentas virtuais, além de angariar simpatizantes e integrantes.

Como se sabe, no Brasil tivemos um episódio relacionado à preocupação de conduta terrorista (denominada de Operação Hashtag pela Polícia Federal) durante a realização do evento esportivo de alcance internacional, isto é, as Olimpíadas do Rio de Janeiro, que se deram em agosto de 2016, com abertura em 5 de agosto e encerramento no dia 21 de agosto do ano mencionado.

185

Outro ataque que lembramos trata-se da estátua do bandeirante Borba Gato, em São Paulo, na qual atearam fogo.

Com efeito, amparado no comando constitucional do disposto no inciso XLIII do art. 5º da CF[7], objetivando regulamentá-lo[8], o legislador brasileiro editou a Lei n. 13.260, de 16 de março de 2016, disciplinando a tipificação do crime de terrorismo, atividades investigatórias e processuais, definindo os contornos do conceito de organização terrorista, alterando, ainda, as Leis n. 7.960/89 e n. 12.850/2013. Certo é que o art. 2º da Lei n. 13.260/2016 expressamente definiu que "o terrorismo consiste na prática por um ou mais indivíduos dos atos previstos neste artigo, por razões de xenofobia, discriminação ou preconceito de raça, cor, etnia e religião, quando cometidos com a finalidade de provocar terror social ou generalizado, expondo a perigo pessoa, patrimônio, a paz pública ou a incolumidade pública".

Para que se configure o crime do art. 5º da Lei n. 13.260/2016 (atos preparatórios de terrorismo) exige-se que o sujeito tenha agido por razões de xenofobia, discriminação ou preconceito de raça, cor, etnia e religião, expostas no art. 2º do mesmo diploma legal (STJ, 6ª Turma, HC 537.118-RJ, Rel. Min. Sebastião Reis Júnior, julgado em 5-12-2019) (Info 663).

Conforme lúcidas lições de Renato Brasileiro de Lima (2020, p. 920-921), o crime de terrorismo no Brasil é equiparado a hediondo, "logo, como o dispositivo constitucional determina que lhes seja dispensado tratamento idêntico, tortura, tráfico e terrorismo são tidos como *crimes equiparados a hediondos*. A justificativa para o constituinte originário ter separado os *crimes hediondos* dos *equiparados a hediondos* está diretamente relacionada à necessidade de assegurar maior estabilidade na consideração destes últimos como crimes mais severamente punidos. Em outras palavras, a Constituição Federal autoriza expressamente que uma simples Lei Ordinária defina e indique quais crimes serão considerados hediondos. No entanto, para os *crimes equiparados a hediondos*, o constituinte não deixou qualquer margem de discricionariedade para o legislador ordinário, na medida em que a própria Constituição Federal já impõe tratamento mais severo à tortura, ao tráfico de drogas e ao terrorismo".

Vale mencionar que o legislador inseriu no art. 10 Lei n. 13.260/2016 (Lei Antiterrorismo) uma ponte de ouro antecipada prevendo a possibilidade da aplicação dos institutos de desistência voluntária e arrependimento eficaz

---

[7]   A lei considerará crimes inafiançáveis e insuscetíveis de graça ou anistia a prática da tortura, o tráfico ilícito de entorpecentes e drogas afins, o terrorismo e os definidos como crimes hediondos, por eles respondendo os mandantes, os executores e os que, podendo evitá-los, se omitirem.

[8]   Trata-se de mandado constitucional de criminalização, isto é, são comandos, ordens, emitidos pelo legislador constituinte para a proteção de determinados bens jurídicos com dignidade penal, sendo atendido com a edição da Lei n. 13.260, de 16 de março de 2016 (Lei Antiterrorismo).

(art. 15 do CP), mesmo antes de iniciada a execução, quando o agente realiza atos preparatórios, mas desiste de iniciar a execução do crime de terrorismo.

## 17.2 Classificação tipológica e metodológica do terrorismo[9]

O terrorismo pode ser classificado de acordo com os tipos de terroristas ou os métodos empregados.

### 17.2.1 Tipos de terroristas

a) **Criminosos** – buscam lucros pessoais.
b) **Irracionais** – agem em função de doença mental, geralmente guiados por delírios.
c) **Políticos** – imbuídos por causas políticas ou sociais.
d) **Religiosos ou étnico-culturais** – guiados por uma interpretação falsa da religião ou por preconceito.
e) **Estrangeiros** (indivíduos de outros países) ou **Domésticos/nacionais** (de origem nacional, interna).

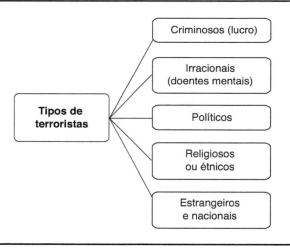

### 17.2.2 Métodos terroristas

a) Bombardeios[10], explosões, homicídios, sequestros de pessoas e aeronaves.

---

[9] Apud Abdalla-Filho et al. *Psiquiatria Forense de Taborda*, op. cit., p. 619.
[10] Os ataques a bomba respondem por metade de todos os atentados terroristas, pois demandam menor custo e risco evidentemente menor também. Há que se mencionar, por oportuno, a utilização de ataques contra os meios de transporte público, que causam rebuliço e pânico na população.

b) Bioterrorismo, terrorismo químico, radiológico, nuclear.

c) Terrorismo financeiro.

d) Terrorismo suicida, torturas, linchamentos ou matanças indiscriminadas.

Como a maior parte dos atentados terroristas é feita por bombardeios, é importante trazer neste trabalho o pensamento de John Douglas, pioneiro e fundador da Unidade de Ciência Comportamental e de Perfis Criminais do FBI.

Para John Douglas[11], "há três categorias nas quais bombardeadores tendem a se encaixar. Existem aqueles motivados pelo poder, atraídos pela destruição. Existem os orientados por missões, atraídos pela emoção de desenvolver, produzir e posicionar os dispositivos. E existem os tipos técnicos, que se alimentam do brilhantismo e da esperteza por trás de seu projeto e sua construção. Quanto aos motivos, eles variam entre extorsão, questões trabalhistas, vingança e até suicídio".

Ainda, segundo John Douglas[12], a experiência prática sobre atentados à bomba possibilitou o traçado de um **perfil geral repetitivo**: geralmente, costumam ser **homens brancos cuja idade é determinada pela vítima ou alvo; inteligência mediana e muitas vezes acima da média** (embora sem realizações pessoais na vida); **personalidade não conflituosa e não atlética, covarde e desajustada**. O perfil é determinado mais pela análise da vítima ou do alvo, bem como do **dispositivo utilizado** (explosivo ou incêndio), da mesma maneira que o perfil de um assassino em série é analisado a partir da cena ou local de crime. Considerou-se também a análise dos **fatores de risco associados tanto à vítima quanto ao criminoso**, se o **alvo** foi **aleatório ou preestabelecido**, se era **acessível ou não, horário do ataque, método de transferência** (pelo correio, por exemplo), bem assim as **qualidades** singulares e **idiossincrasias** dos componentes e **fabricação do artefato explosivo**.

### 17.3 Causas dos atos de terror

Abdalla-Filho[13] e outros sustentam que, com base no Congresso de Oslo (Noruega/2003), J. K. Trivedi apontou o **surgimento do terrorismo** em uma sociedade em razão dos seguintes **fatores políticos e sociais**, dentre outros:

a) **Falta de democracia e de liberdades civis** como pré-condição para o terrorismo doméstico.

b) **Estados fragilizados sem controle do território.**

c) **Modernização rápida e terrorismo ideológico.**

d) **Extremismo religioso e ideologias ultrapassadas.**

---

[11] In: *Mindhunter*: o primeiro caçador de *serial killers* americano. Rio de Janeiro: Intrínseca, 2017. p. 323.

[12] Idem, p. 323-324.

[13] Apud Abdalla-Filho et al. *Psiquiatria Forense de Taborda*, op. cit., p. 619-620.

e) Antecedentes históricos de violência civil, revoltas, convulsões internas etc., que facilitariam a aceitação de atos de terror.
f) Desigualdade de poderes e hegemonia.
g) Corrupção e ilegitimidade de governos.
h) Repressão por ocupação estrangeira e colonização.
i) Discriminação étnica ou religiosa.
j) Discriminação contra classes sociais emergentes e contra imigrantes.
k) Injustiça social (elevada ao quadrado com a corrupção governamental).
l) Eventos-gatilho com a predisposição à revanche ou à ação (ato ultrajante cometido por inimigos, guerras perdidas, massacres, contestação de eleições, brutalidade policial).

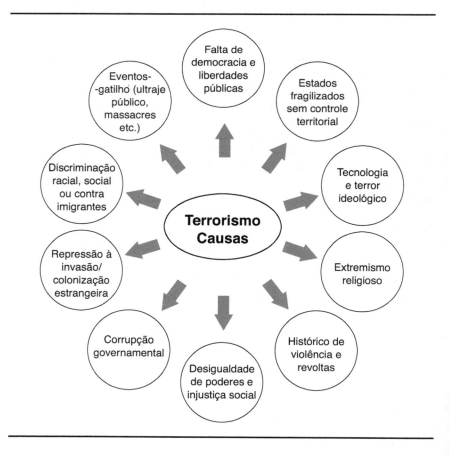

## 17.4 Aspectos criminológicos do terrorismo e suas consequências às vítimas

Hoje em dia já não se sustenta mais a noção de que os terroristas sejam indivíduos portadores de transtornos mentais, mas, sim, pessoas racionais, movidas por objetivos e estratégias políticas muito bem desenhadas. Daí nos EUA os Tribunais reiteradamente têm condenado à prisão perpétua terroristas, rejeitando a tese de insanidade mental deles.

A criminologia, quer por meio do viés sociológico, quer por meio do viés clínico, por si só, não consegue decifrar o fenômeno do terrorismo. Todavia, empiricamente, ele pode ser visto como um ato consciente, deliberado e intencional, com grande influxo psicodinâmico. *Terroristas seriam afetados por lesões narcísicas graves e um self incapaz de integrar ações boas e más, ou ainda de ser entendido na dinâmica do seu grupo social*[14].

De acordo com essa **dinâmica grupal**, o **terrorismo político** apresenta **três características:**

a) quebra de confiança no sistema político vigente;

b) refutar a legitimidade do sistema;

c) visão desumana e despersonalizada dos indivíduos que integram a sociedade, o que favorece a prática de atrocidades.

Nesse sentido, o grupo passa a ter uma existência soberana e narcisista que se impõe por meio de atentados. Outros exemplos: Setembro Negro (palestinos), Sendero Luminoso (Peru), Farc (Forças Armadas Revolucionárias da Colômbia), Al-Qaeda ("base"), ETA (Pátria Basca e Liberdade), IRA (Exército Revolucionário Irlandês), Hamas (Movimento de Resistência Islâmica), Boko Haram ("educação ocidental está proibida") e, entre nós, nos anos 1960 e 1970, o MR-8 (Movimento Revolucionário 8 de outubro) e a Var-Palmares (Vanguarda Armada Revolucionária Palmares), que foram grupos de extrema esquerda que lutaram contra a ditadura militar no Brasil, responsáveis por atentados a bomba, roubos, sequestros e homicídios.

Os integrantes do **grupo** não podem ter identidade própria, então assumem a identidade do grupo, rompendo seus laços com trabalho, amigos e, sobretudo, família. Dentro do grupo forjam-se relações de dominação e solidariedade pela coerção. Assim, **seus componentes, exceto suas lideranças, despersonalizam-se, diluindo suas personalidades e misturando-as à identidade única do grupo.** Divergências e questionamentos são pouco ou nada tolerados e, em ocorrendo, geralmente são fatais para os insurgentes.

---

[14] Apud Abdalla-Filho et al. *Psiquiatria Forense de Taborda*, op. cit., p. 621.

Segundo lição autorizada de Abdalla-Filho[15] e outros, "a observação de grupos políticos organizados indica as seguintes características de seus membros:

- traços de personalidade orientados à ação, à agressividade, à busca de novidades, à excitação e à externalização de sentimentos estão associados a maior potencial de ação direta. São os executores das ações mais arriscadas;

- fortes traços narcisistas, antissociais, psicopáticos, borderlines ou paranoides. São os que comandam e tornam a execução das ações possível. Esse grupo muitas vezes busca pessoas que tenham perdido a esperança na vida, na família e na sociedade, visto que são mais frágeis e vulneráveis e, por consequência, mais fáceis de arregimentar e manipular".

O progresso da tecnologia da informação com o desenvolvimento da internet possibilitou a divulgação e arregimentação de "simpatizantes de teclado" a grupos extremistas. Por conseguinte, ao contrário do que se possa imaginar, não existe um único tipo de personalidade terrorista, pois há uma variedade de comportamentos associados ao terrorismo, e boa parcela desses indivíduos não apresenta sintomas de psicopatologia severa.

As **consequências de atos terroristas** para as vítimas são múltiplas e incidem em diversos matizes da vida.

Via de regra, o terrorismo é um ato assustador que causa pânico generalizado à população, pois visa destruir no todo ou em parte a estrutura social, econômica e cultural de determinada localidade.

Em geral, um **atentado terrorista acarreta uma resposta em três fases distintas**[16]:

1) preocupação com o presente e sensação de atordoamento;

2) os sobreviventes têm necessidade de falar sobre o ocorrido e buscar ajuda;

3) depois do trauma vivido, é usual o surgimento de ansiedade, raiva, depressão, intolerância, insônia, alcoolismo, abuso de drogas ilícitas, transtornos de ansiedade e de pânico, transtorno de estresse pós-traumático etc.

É bom ressaltar que a maior parte das consequências dos atentados terroristas às vítimas, de índole neurobiológica, deve ser estudada pela **criminologia clínica**, sobretudo pela neurociência e suas pesquisas da **amígdala** (estrutura

---

[15] Ibidem, p. 621.

[16] Apud Abdalla-Filho et al., op. cit., p. 621-622.

cerebral localizada nos lobos temporais responsável por organizar resposta ao perigo), bem como do DNA em face de estudos em gêmeos comprovarem uma tendência genética a desenvolver Transtorno de Estresse Pós-Traumático (TEPT).

Pesquisas efetuadas com pessoas expostas aos ataques na Maratona de Boston revelam que a "resposta aumentada da amígdala à informação emocional negativa pode representar um marcador neurobiológico de vulnerabilidade ao trauma, sendo potencialmente fator de risco ao TEPT[17]".

Assim, estudos com neuroimagem funcional e estrutural demonstraram alterações no volume cerebral e/ou ativação no hipocampo e amígdala com pessoas com TEPT[18].

Destarte, a ciência médica muito tem contribuído para o tratamento adequado aos sobreviventes de atentados terroristas.

---

[17]  Apud Abdalla-Filho et al. *Psiquiatria Forense de Taborda*, op. cit., p. 625-626.
[18]  Ibidem, p. 626.

# 2ª PARTE

# CRIMINOLOGIA CLÍNICA

# 1º Capítulo

## Criminologia clínica

### 1.1 Conceito de criminologia clínica

Conforme leciona o festejado professor Dr. Alvino Augusto de Sá (*Sugestão de um esboço de bases conceituais para um sistema penitenciário*, p. 3), a **Criminologia clínica** é a ciência que, valendo-se dos conceitos, princípios e métodos de investigação médico-psicológicos (e sociofamiliares), se ocupa do indivíduo condenado, para nele investigar a dinâmica de sua conduta criminosa, sua personalidade, seu "estado perigoso" (diagnóstico) e suas perspectivas de desdobramentos futuros (prognóstico) para, assim, propor estratégias de intervenção, com vistas à superação ou contenção de uma possível tendência criminal e a evitar a reincidência (tratamento).

A conduta criminosa tende a ser compreendida como conduta anormal, desviada, como possível expressão de uma anomalia física ou psíquica, dentro de uma concepção predeterminista do comportamento, pelo que ocupa lugar de destaque o diagnóstico de periculosidade.

Importante registrar que seu objeto primordial é o exame criminológico.

### 1.2 Importância e reflexos jurídicos

**Criminologia clínica** é uma ciência interdisciplinar que visa analisar o comportamento criminoso e estudar estratégias de intervenção junto ao encarcerado, às pessoas envolvidas com ele e com a execução de sua pena.

Busca conhecer o encarcerado como pessoa, conhecer suas aspirações e as verdadeiras motivações de sua conduta criminosa.

A criminologia clínica traça estratégias de intervenção, voltando-se também para os diretores e agentes de segurança penitenciários, visando envolvê-los num trabalho conjunto com os técnicos, assim como envolver todos os demais serviços do presídio e, de forma especial, a família do detento. Ademais, sua aplicação levará em conta as respostas às estratégias de intervenção propostas, valendo-se não só de avaliações técnicas, mas também das observações dos

196

outros profissionais, incluídos aí os agentes de segurança penitenciários, observações essas que serão tecnicamente colhidas e interpretadas pelo corpo técnico (apud SÁ, op. cit., p. 4).

Observe a tabela a seguir, usada para diferenciar a criminologia clínica moderna da antiga antropologia clínica e da criminologia clínica tradicional.

|  | Antropologia Clínica | Criminologia Clínica Tradicional | Criminologia Clínica Moderna |
|---|---|---|---|
| Enfoque | Raça | Indivíduo | Indivíduo e seu meio e contexto |
| Causa | Atavismos e taras | Personalidade (estado perigoso) | Multifatores internos e externos |
| Concepção | Predeterminismo racial | Predeterminismo individual | Reconhece o *continuum* delinquência e não delinquência |
| Objetivo | Segurança social e cura | Tratamento | Reabilitação e reintegração social |

Todavia, o conceito de criminologia clínica não deve ser encarado de forma unitária, porque existe uma interatividade no estudo da personalidade, que inclui o diagnóstico, o prognóstico e o tratamento.

Adverte Ayush Morad Amar (1987, p. 4) que a expressão "clínica" suscita enfermidade, sem sentido médico, mas é muito diferente do conceito que se destina ao crime, podendo levar o estudioso a confundir enfermidade e crime, de modo que propõe, sempre que possível, a supressão da pretensiosa e equivocada denominação "criminologia clínica".

# 2º Capítulo

## Personalidade e crime

### 2.1 Conceito de personalidade

Foi Rousseau quem discorreu sobre os elementos externos que influenciavam o comportamento humano e sua desenvoltura vivencial (a sociedade é que corrompe o homem). Não se pensou que justamente essa sociedade poderia refletir todas as tendências humanas. Os homens trazem em si um potencial corruptor que, agindo sobre outros indivíduos sujeitos à corrupção, produz um efeito corruptível. Ou seja, trata-se de um demérito tipicamente humano.

Outro conceito de personalidade foi baseado na **constituição biotipológica**, segundo a qual a genética não estaria limitada exclusivamente à cor dos olhos, dos cabelos, da pele, à estatura, aos distúrbios metabólicos e, às vezes, às malformações físicas, mas também determinaria forte influência sobre seu temperamento e suas relações com o mundo.

Hoje em dia é inapropriado pensar na personalidade humana como consequência inarredável do meio ambiente. Não pode, tampouco, ser considerado um punhado de genes, resultando em uma máquina programada a agir desta ou daquela maneira, conforme teriam agido exatamente os seus ascendentes biológicos. Daí inferir que em sua composição interagem elementos biológicos, psicológicos e sociais.

Entende-se por **"personalidade"** a síntese de todos os elementos que concorrem para a conformação mental de uma pessoa, de modo a lhe conferir fisionomia própria (Porot).

É a **organização dinâmica** dos aspectos ou elementos cognoscitivos, conativos, afetivos, fisiológicos e morfológicos do indivíduo (Sheldon).

## Esquema da personalidade

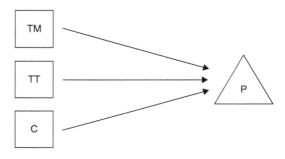

TM = tipo morfológico (conformação física)
TT = tipo temperamental (emocional)
C = caráter (experiências)
P = personalidade

A **personalidade** apresenta alguns **traços característicos**, quais sejam a **unidade** e a **identidade** (todo coeso e organizado); a **vitalidade** (conjunto animado); a **consciência** (intra e extrainformação do mundo); e as **relações com o meio ambiente** (limites do "eu" com o meio).

Como já se pontuou, não existe uma personalidade normal, mas sim várias personalidades normais, conforme os tipologistas esclarecem.

Segundo **Kretschmer**[1], há três tipos somáticos: o leptossômico, o pícnico e o atlético, conforme desenhos e tabela a seguir:

**PÍCNICO** (baixo, gordo, abdômen volumoso, sem pescoço, tendência à calvície, propensão a doenças cardiovasculares e diabetes)

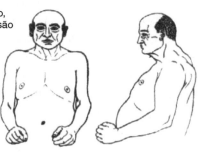

*(continua)*

---

[1] Posteriormente, Kretschmer acrescentou o tipo **displásico**, que apresenta crescimento desproporcional e propensão aos crimes sexuais.

*(continuação)*

**LEPTOSSÔMICO** (alto, magro, pouco musculoso, rosto afilado; encanece precocemente, propensão à esquizofrenia)

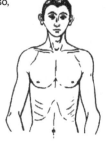

**ATLÉTICO** (aspecto trapezoidal, ombros largos e relevos musculares evidentes, tendência à epilepsia)

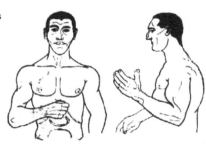

### Tabela Biopsicotípica de Kretschmer

| Tipo Constitucional | Características Psíquicas | Características Físicas |
|---|---|---|
| Pícnico (ciclotímico) | Oscilação entre euforia e depressão; elevada capacidade de sintonia com as pessoas; desenvolvimento da inteligência concreta; realista e prático; presunçoso e atuante; correlação com psicose maníaco-depressiva | Baixa estatura; membros curtos; tronco desenvolvido e adiposo; pescoço largo e curto; tipo físico de Sancho Pança; contornos arredondados |
| Leptossômico (esquizotímico) | Oscilação entre anestesia e hipersensibilidade; baixa capacidade de sintonia com as pessoas; idealista e sonhador; tímido (introvertido) e retraído; facilidade para inteligência abstrata e conceitual; correlação com esquizofrenia | Alto; magro; pele seca e pálida; tórax estreito; costelas visíveis; músculos e ossos delgados; pescoço, pernas e braços longos; tipo físico de D. Quixote |
| Atlético (epileptoide) | Perseverante; combativo; sem grande relevo intelectual; alta tolerância à dor; agressivo; interesse por esportes e correlação com a epilepsia | Viscoso; ombros largos; pelve estreita; ossos e músculos desenvolvidos; queixo grande; face angular; proeminências ósseas na face; porte marcial |

Por sua vez, **Sheldon** desenvolveu uma tipologia na qual haveria uma correspondência entre certos tipos físicos (denominados **endomorfo, mesomorfo e ectomorfo**) e determinados temperamentos, respectivamente chamados de endotônico, mesotônico e ectotônico. Esses nomes derivam das camadas embrionárias realçadas em cada um: endoderma (sistema digestivo), mesoderma (músculos, ossos, sangue) e ectoderma (sistema nervoso, pele, órgãos dos sentidos). Assim, observem-se os desenhos esquemáticos e a tabela biopsicotípica respectiva:

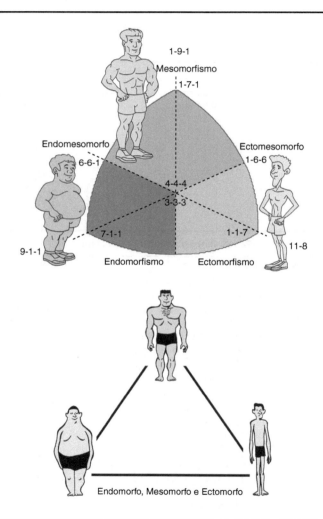

| Biopsicotipologia de Sheldon | | | |
|---|---|---|---|
| **Corpo** | **Endomórfico** | **Mesomórfico** | **Ectomórfico** |
| **Forma Predominante** | Redonda | Retangular | Linear |
| **Características Básicas** | Barriga saliente, membros curtos, cabeça esférica | Ossos e músculos desenvolvidos, tórax proeminente, cabeça cúbica | Ossos finos, múscu-los leves, membros longos, face triangu-lar |
| **Temperamento** | **Endotônico** | **Mesotônico** | **Ectotônico** |
| **Prefere** | Conforto físico | Aventura | Tempo para si mes-mo |
| **Em grupo** | Mistura-se | Comanda | Isola-se |
| **Qualidade** | Tolerância e amor pelas pessoas | Amor ao poder e liderança | Consciência de si bem desenvolvida |

## 2.2    Personalidade e crime

Alguns autores partem da constatação de que não existem diferenças de personalidade entre delinquentes e não delinquentes, não se podendo, portanto, conceituar ou dividir a personalidade em normal e anormal (Odon, Ayush, Marlet).

A pesquisa atual se orienta cada vez mais para a compreensão dos processos complexos pelos quais uma pessoa se envolve numa conduta delinquente, adquire uma identidade criminosa e adota, finalmente, um modo de vida delinquente (Samuel Yochelsom, *A personalidade criminal*, 1976).

A criminalidade moderna, entretanto, levando em conta as execuções em escolas, a atuação de *snipers*, a ação de crianças-bombas, o tráfico de órgãos etc., exige o desenvolvimento de outros modelos criminais.

Dessa forma, não estaríamos diante de um conjunto de traços de personalidade determinantes de uma conduta criminosa, mas diante de uma ação delituosa resultante da interação entre determinados contextos e situações do meio, juntamente com um conjunto de processos cognitivos pessoais, afetivos e vivenciais, os quais acabariam por levar a pessoa a interpretar a situação de forma particular e a agir (criminosamente) de acordo com o sentido que lhe atribui.

Aqui também se pensa em determinada **personalidade criminosa**, personalidade essa produzida não apenas pelo arranjo genético, mas sobretudo pelo desenvolvimento pessoal.

De acordo com as modernas teorias da personalidade, seriam sete os sistemas que a constituem:

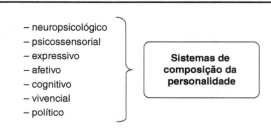

A inter-relação entre personalidade e conduta dá-se da seguinte forma: **a personalidade é a matriz de produção da ação e define as condições e modalidades do agir, enquanto a conduta é o processo de materialização da personalidade.**

Hoje em dia, alguns pesquisadores da criminalidade comum (agentes primários e reincidentes) não têm encontrado neles déficits ou psicopatologias suficientemente relevantes para se associar ao que se entende por personalidade criminosa ou comportamento criminal, verificando-se, pelo contrário, que esses sujeitos não se distinguem significativamente dos indivíduos ditos normais.

Atualmente é difícil aceitar a existência de uma personalidade tipicamente criminosa, composta por traços imutáveis e predefinidos.

Advoga-se, sim, a existência de diferentes formas de organização e estruturação da personalidade, de diferentes maneiras de integrar os estímulos do meio e os processos psíquicos, e de diferentes maneiras de relação com o mundo exterior.

Seguindo esse raciocínio, o criminoso, como qualquer pessoa, estabelece uma representação da realidade, desenvolve uma ordem de valores e significados, na qual a transgressão adquire determinado sentido e se torna, em dado momento de sua história de vida, uma modalidade de vida.

Pode-se afirmar que os homens são essencialmente iguais e funcionalmente diferentes, ou seja, podem se considerar iguais uns aos outros quanto à essência humana (ontologicamente), entretanto funcionam diferentemente uns dos outros.

Todas as tendências ideológicas que enfatizam a igualdade dos seres humanos, em total descaso para com as diferenças funcionais, ecoam aos ouvidos despreparados com eloquente beleza retórica, romântica, ética e moral.

Transpondo tais ideais do papel para a prática, sucumbem diante de incontáveis evidências em contrário: não resistem à constatação das flagrantes e involuntárias diferenças entre os indivíduos, e não explicam a indomável característica humana que é a perene vocação do homem de se diferenciar do outro.

# 3º Capítulo

## As modernas teorias antropológicas

### 3.1 Modernas teorias antropológicas

Sabe-se que a criminologia deita raízes históricas nos estudos antropológicos, que de início se ligavam à **antropometria** (estudo das características corporais e de sua correlação com a criminalidade).

Embora recusada a teoria do criminoso nato de Lombroso, os estudos antropológicos modernos acabaram por herdar um pouco daquela análise positivista.

Benigno di Tullio desenvolveu o método biotipológico constitucionalista, em que se dava maior crédito ao processo dinâmico de formação da personalidade em contraposição ao enfoque estático lombrosiano.

Resumidamente, para Di Tullio (apud GOMES; MOLINA, 2008, p. 225), "a hereditariedade, sem embargo, não transmite a criminalidade, senão somente a predisposição criminal ou o processo mórbido que requer, ademais, a concorrência de outros fatores criminógenos".

### 3.2 Endocrinologia

Desde o início do século XX diversos estudos foram efetuados, visando associar o comportamento humano (em especial o criminal) com os processos hormonais ou endócrinos patológicos ou certas disfunções glandulares internas. Assim se fazia em razão da interconexão entre as glândulas hormonais e o sistema neurovegetativo e deste, por seu turno, com a vida instinto-afetiva do homem.

Ensejou-se, por conseguinte, a noção de homem como ser químico, com as naturais consequências de que qualquer desequilíbrio na composição hormonal poderia refletir diretamente em seu comportamento e sua personalidade.

De qualquer sorte, as teorias endocrinológicas diferenciam-se da teoria lombrosiana em três aspectos: a) não defendem a hereditariedade dos transtornos hormonais glandulares, salvo no caso dos crimes sexuais; b) viabilizam tratamento hormonal curativo; c) afirmam que a influência criminógena não é direta, mas sim indireta.

204

Di Tullio simplificou os **estudos endocrinológicos** com as seguintes conclusões:

---

- notas de hipertireoidismo e de hipersuprarrenalismo em delinquentes homicidas e sanguinários constitucionais;

---

- distireoidismo nos criminosos ocasionais impulsivos;

---

- distireoidismo e dispituitarismo nos criminosos contra a moral e os bons costumes;

---

- hipertireoidismo nos delinquentes violentos;

---

- dispituitarismo nos ladrões, falsificadores e estelionatários.

---

## 3.3 Genética e hereditariedade

Os avanços na engenharia genética (Projeto Genoma) levantaram inúmeras questões atinentes à hereditariedade criminal, renovando, de certo modo, a corrente do atavismo.

Como sustentam Pablo de Molina e Luiz Flávio Gomes (2008), certo percentual de indivíduos unidos por consanguinidade entre doentes mentais e a presença de um fator hereditário degenerativo ou doentio muito superior em delinquentes do que em não criminosos (hereditariedade pejorativa) foram dois dados estatísticos comprovados.

Todavia, nem todos os dados biológicos podem ser atribuídos à hereditariedade, pois existem também fenômenos de "mutações genéticas" e de "rebeliões contra a identidade".

Nas pesquisas sobre a carga hereditária há preferência sobre os estudos de **famílias criminais, gêmeos e adotados** e **malformações cromossômicas.**

Nas **famílias criminais** (famílias com descendentes criminosos) observa-se mais uma linhagem de descendência do que uma "árvore genealógica". As investigações aqui desenvolvidas não demonstraram que a degeneração, transmitida por via hereditária, era causa de criminalidade.

Resumindo, os estudos de Lund, Göring e outros comprovaram cientificamente que a proporção de criminosos condenados por delitos graves é maior entre aqueles cujos pais também foram delinquentes.

O **estudo dos gêmeos** foi efetuado com dois dados fundamentais: maior semelhança da carga genética (univitelinos ou idênticos) e menor semelhança (bivitelinos ou fraternos) e respectivos dados criminais.

Os primeiros estudos demonstraram maior incidência ou coincidência de casos criminais nos gêmeos idênticos e menor incidência nos bivitelinos.

No entanto, as pesquisas mais recentes dão conta de que é preciso analisar o tipo de crime em face da predisposição genética, pois os índices de concordância delitiva são muito maiores nos delitos sexuais do que em outra modalidade.

Os estudos sobre **adoção** levam em consideração a influência genética ao acompanhar as condutas de criminosos e não criminosos adotados e sua respectiva interação com os pais biológicos e adotivos, conforme sejam estes últimos criminosos ou não. Constatou-se que os filhos biológicos de criminosos cometem crimes com maior frequência do que os filhos adotados por eles.

As conclusões das pesquisas revelaram ser mais factível que o comportamento criminal se apresente naquele adotado que tem pai biológico com antecedentes criminais, e que os índices de criminalidade nos adotados aumentam, seletivamente, mais em virtude dos antecedentes dos pais biológicos do que dos adotivos.

Por sua vez, as **malformações cromossômicas**, inicialmente estudadas em reclusos e enfermos, demonstram que as disfunções eram diagnosticadas em virtude do excesso de cromossomos ou de um defeito na composição dos gonossomos ou cromossomos sexuais.

Sabe-se que cada indivíduo tem 23 pares de cromossomos, e que um desses pares é o gonossomo ou cromossomo sexual. Na mulher esse cromossomo é designado por (XX); no homem, por (XY).

As **principais malformações** observadas foram as seguintes:

---

a) por defeito →    síndrome de Turner (XO);

---

b) por excesso →   1)   na mulher: anomalias cariotípicas, XXX, XXXX e XXXXX;

             2)   no homem, a síndrome de Klinefelter (XXY, XXXY, XXXXY ou XXXYY);

             3)   a trissomia XYY.

---

As investigações científicas acerca da sintomatologia e consequências dessas síndromes ainda dependem de estudos mais aprofundados.

## 3.4 Neurociência

Os avanços recentes na área médica tornaram difícil traçar uma linha divisória entre "doenças do cérebro" (neurológicas) e "doenças da mente" (psiquiátricas).

Os tempos atuais vieram demonstrar o erro que foi separar as doenças do cérebro das doenças da mente.

Existe grande proximidade entre elas, cujo elemento catalisador é o conhecimento neurocientífico.

Nesse sentido, "é bem sabido que pacientes que têm doença de Parkinson ou acidentes vasculares encefálicos (doenças do cérebro) apresentam depressão e, eventualmente, demência ('doenças' da mente). Por outro lado, evidências recentes e convincentes obtidas a partir de estudos de neuroimagem com ressonância magnética funcional (RMf) e tomografia por emissão de pósitrons (TEP) tornaram claro que doenças tratadas no campo da Psiquiatria, tais como o transtorno afetivo bipolar e a esquizofrenia, para as quais uma base orgânica era incerta, são doenças também associadas a mudanças na estrutura e no funcionamento cerebral" (apud LENT, 2008, p. 304).

É um trabalho árduo o de conceituar, ainda que sinteticamente, as diversas doenças do cérebro e da mente, chamadas também de transtornos neuropsiquiátricos.

A Associação Americana de Psiquiatria, com seu Manual Diagnóstico e Estatístico de Transtornos Mentais (DSM-5-2014), e a Organização Mundial de Saúde, com sua Classificação Internacional de Doenças (CID-10-MC), adotam as expressões "transtorno do neurodesenvolvimento; espectro da esquizofrenia e outros transtornos psicóticos; transtorno bipolar e transtornos relacionados; transtornos depressivos; transtornos de ansiedade; transtorno obsessivo-compulsivo e transtornos relacionados; transtornos relacionados a trauma e a estressores; transtornos dissociativos; transtornos de sintomas somáticos e transtornos relacionados; transtornos alimentares; transtornos da eliminação; transtornos do sono-vigília; disfunções sexuais; disforia de gênero; transtornos disruptivos, do controle de impulsos e da conduta; transtornos relacionados a substâncias e transtornos aditivos; transtornos neurocognitivos; transtornos da personalidade; transtornos parafílicos" para descrever as condições mórbidas da mente, uma vez envoltas em sofrimento.

É preciso separar os conceitos dos transtornos, pois na CID-10-MC o termo **transtornos** é usado, como gênero, para delimitar vários transtornos mentais diversificados por uma etiologia comum – doença ou lesão cerebral que geram disfunção ou comportamento que cause sofrimento.

A disfunção é dita **primária** quando resulta de doenças, lesões etc. que atingem diretamente o cérebro; **secundária**, quando decorre de doenças e desequilíbrios sistêmicos que atacam o cérebro como um dos órgãos envolvidos.

Por seu turno, os responsáveis pela elaboração do DSM-IV-TR eliminaram o conceito de transtorno mental orgânico. O DSM-IV usava o vetusto termo **retardo mental** (depreciativo), que foi substituído, há tempos, pela expressão **deficiência intelectual** ou **transtorno do desenvolvimento intelectual**.

A neurociência decidida auxilia a psiquiatria e a neurologia por intermédio de contribuições conceituais e experimentais.

Na parte conceitual, proporcionou o realinhamento da psiquiatria com a neurologia, por meio de uma abordagem mais coesa de vários transtornos cognitivos, entre os quais o autismo, o retardo mental, o mal de Alzheimer e a perda de memória em face de senilidade.

No aspecto experimental, a neurociência possibilitou "importantes *insights*[2] genéticos e biológicos sobre as causas e a patogênese de uma variedade de doenças neurológicas, tais como a distrofia muscular, a doença de Huntington, as doenças dos canais iônicos (em inglês conhecidas como *channelopathies*) e as formas familiares da doença de Alzheimer e da esclerose lateral amiotrófica" (apud LENT, 2008, p. 308).

Porém, os pesquisadores são concordes no sentido de que a mais avançada contribuição da neurociência para a medicina nos últimos vinte anos foi a aplicação ao sistema nervoso de técnicas de **genética molecular** e **biologia celular**, não apenas pela identificação, mas também pela clonagem e sequenciamento de uma quantia cada vez maior de genes neurais; a criação de animais transgênicos[3]; o desenvolvimento de animais por meio da recombinação homóloga (processo conhecido como *knockout*[4]) etc.

Especificamente, tais estudos e pesquisas identificaram mutações responsáveis por várias moléstias, entre elas a doença de Huntington[5], as ataxias espinocerebelares, o mal de Alzheimer etc.

Alguns transtornos psiquiátricos, como a esquizofrenia e o transtorno bipolar (antiga psicose maníaco-depressiva), têm origem poligênica, e a identificação dos genes envolvidos continua a ser muito difícil.

No entanto, os avanços da engenharia genética deram origem a significativas repercussões na psiquiatria científica, sobretudo nas seguintes vertentes: 1) estudos de anormalidades cromossômicas; 2) estudos de linhagens de famílias que apresentam grande índice de portadores de transtornos mentais; 3) interação gene e meio ambiente; 4) novas abordagens da regulação neuronal (descobertas do Projeto Genoma Humano); 5) neuropatologia da esquizofrenia (alargamento de ventrículo cerebral); e 6) os marcadores biológicos para vários transtornos psiquiátricos (neuroimagem funcional).

---

[2]  A palavra **insight** é definida na língua inglesa como a capacidade de entender verdades escondidas; uma **percepção intuitiva**. Esses são seus significados no campo da psicologia.

[3]  Os animais transgênicos são aqueles que tiveram o patrimônio genético alterado com a introdução de genes de outras espécies que não a sua.

[4]  Segundo Cecilia Rocha, "hoje em dia, a manipulação genética gera animais que tiveram genes adicionados (transgênicos por adição), retirados (*knockout*) ou modificados (*knocking in* e *knockout* condicional). Tais alterações afetam todas as células do organismo possibilitando uma análise biológica da proteína cujos genes foram manipulados" (Disponível em: <www.uff.br/animaislab/ap9.doc>. Acesso em: 19 out. 2009).

[5]  A doença de Huntington é um mal progressivo e hereditário caracterizado por demência, alterações de personalidade e distúrbios de movimento.

Importante descoberta deu-se no sentido de que em certas regiões do cérebro humano adulto há células-tronco neurais persistentes, que podem originar várias classes de neurônios e células gliais[6]. Esse achado possibilitou uma renovação de esperanças, na medida de sua potencial utilização no conserto do tecido cerebral danificado ou doente.

---

[6] As **células gliais** são células não neuronais do sistema nervoso central que proporcionam suporte e nutrição aos neurônios. Geralmente arredondadas, no cérebro humano as células da glia são cerca de 10 vezes mais numerosas que os neurônios. Ao contrário do neurônio, que é amitótico, nas células gliais ocorre a mitose.

# 4º Capítulo

## A agressividade do ser humano

### 4.1 Agressividade do ser humano. Conceito e origem

O termo "agressão" possui tantas conotações que, na realidade, perdeu o significado original.

Embora seja conveniente conceber a violência e a agressão como processos comportamentais, por não se tratar de conceitos simples e unitários, também não poderão ser definidos como tal, sendo difícil analisá-los isolados de outras formas do comportamento motivado.

**Agressão e violência** são termos utilizados de formas diferentes pelos estudiosos, embora muitas vezes sejam empregados como sinônimos.

Entende-se por agressão todo comportamento adaptativo intenso que não implique raciocínio.

Por sua vez, violência é o comportamento destrutivo dirigido contra membros da mesma espécie (ser humano), em situações e circunstâncias nas quais possa haver alternativas para o comportamento adaptativo.

Há quem considere a violência o ponto extremo de um comportamento agressivo contínuo, caracterizado por extrema força e natureza irracional. Na prática, distinguem-se três tipos de violência (apud AMAR, 1987, p. 163): **decorrente da raiva** (crimes passionais); **da particularidade comportamental** (vandalismo de gangues de adolescentes); e **com o objetivo de destruir o objeto de ataque** (guerras).

Guardando inúmeras exceções, a tendência à agressão e à violência poderá ser analisada como traços de personalidade, como respostas aprendidas no ambiente, como reflexos estereotipados de determinados tipos de pessoas ou até mesmo como manifestações psicopatológicas.

Interessará à criminologia estudar a violência e a agressão como eventuais consequências de processos biopsicológicos subjacentes ao indivíduo.

Não se deve focalizar a agressão do ser humano como um evento em si, sem influências exógenas outras. É preciso fazer uma observação multifacetada da agressão: a partir do sujeito agressor, da vítima agredida e de um terceiro observador (testemunha).

Sob o aspecto do agressor, deve-se considerar a intencionalidade dolosa do ato, ou seja, a tentativa intencional de um indivíduo de transmitir ações e estímulos nocivos a outro (*animus vulnerandi*). Para a vítima, deve-se considerar o sentimento de estar sendo prejudicada, e, quanto ao observador, devem-se considerar seus sentimentos críticos acerca da possibilidade de ter havido e percebido a nocividade do ato da agressão.

Outra questão é verificar se a violência está atrelada à agressão.

Dessa forma, **pode haver agressão com ou sem violência e, igualmente, violência sem agressão**, como no exemplo da esposa que se sente agredida pelo silêncio do marido, caso ela esteja ansiosamente esperando o diálogo. Quanto ao marido, é preciso verificar seu *animus*, pois ele poderia permanecer silencioso por desinteresse, por ser calmo ou mesmo por ter planejado ferir a esposa por meio do silêncio.

Nesta última hipótese ocorreria um ato de agressão sem violência e por omissão.

A violência, por sua vez, sugere a ideia de ação, de atitude dirigida especificamente para fins colossais.

Os esportes, por exemplo, podem evocar a violência sem agressão ou a agressão sem violência. Convencionalmente, espera-se de um lutador de boxe uma boa dose de violência, mas que não demonstre a intenção de agredir o adversário (o direito se contenta com o exercício regular de direito como causa justificante).

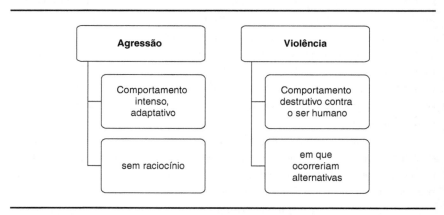

As origens da agressividade humana são encampadas por duas correntes: a do comportamento inato e a do comportamento adquirido, não cabendo a análise sozinha de cada uma delas.

Sustenta o professor José César Naves de Lima Junior (2014, p. 81) que a **teoria das predisposições agressivas** tem como ponto de partida a biologia criminal de Lombroso, "que nega com veemência o livre-arbítrio dos clássicos, e atribui ao atavismo a etiologia do proceder desviante".

Mira y Lopes argumentava a necessidade do psicodiagnóstico miocinético (PMK) como exame imprescindível, no campo criminológico, para delimitação da agressividade do ser humano. Tal exame possibilita determinar o potencial da agressividade do homem (constitucional ou reativa) e dos meios contensores, dando elementos de suma importância criminológica, em razão de sua simplicidade, segurança e clareza. É o exame, comumente chamado de psicotécnico, empregado pelo Estado para os candidatos à obtenção de carteira de habilitação (CNH).

## 4.2 A violência e sua banalização

Os meios de comunicação de massa (TV, jornais etc.) são os grandes vilões nessa perspectiva de banalização da violência. Com efeito, há inúmeros filmes, novelas e programas de auditório cujo tempero principal é o sangue e a agressão. A esse caldo de violência some-se o efeito pirotécnico dos noticiários em que são divulgados crimes mirabolantes e condutas inacreditáveis de delinquentes.

Isso acaba por proporcionar, subliminarmente, um efeito impactante sobre as pessoas, sobretudo naquelas com menor espírito crítico, criando o que Jung denominava **inconsciente coletivo.**

## 4.3 Criminologia e o "efeito Lúcifer": como pessoas boas se tornam más

Não sem razão, o filósofo grego Heráclito sentenciava: "**o caráter de um homem é o seu destino**".

Por que as pessoas são rotuladas na sociedade como boas ou más? Por que as "pessoas boas" não fazem o que as "pessoas más" fazem? O que as inibe? Qual freio moral é acionado?

Em verdade, é uma armadilha tachar as pessoas de boas e más. É simplificar ao excesso a realidade sensível. A análise daquilo que seja bom ou mau deve repousar na filosofia ou, ainda, nos estudos de religião.

Para a criminologia, ganha interesse a análise da bondade/maldade à vista da saúde mental das pessoas.

Robert I. Simon[1] afirma que "**o motivo pelo qual os homens bons sonham mas não traduzem seus impulsos antissociais em ações, como fazem os homens maus, é consequência, em grande parte, da saúde psicológica**".

---

[1]   In: *Homens maus fazem o que os homens bons sonham.* Porto Alegre: Artmed, 2009.

212

Sabe-se que uma saúde mental boa e harmônica está associada ao caráter. E **caráter** pode ser definido "como uma estrutura de personalidade altamente individualizada que expressa valores e crenças profundamente arraigados na pessoa acerca dela mesma, dos outros e do mundo. Envolve os padrões típicos permanentes que regem a conduta da pessoa. Sabemos qual é o caráter de alguém ao observarmos seu modo habitual de pensar, sentir e falar"[2].

Qualquer pessoa, em sã consciência, pode, em tese, praticar crimes e apresentar conduta violenta. Acreditar que tão somente pessoas portadoras de distúrbios mentais são capazes de ações criminosas violentas é um equívoco provado pela criminologia.

O psicólogo norte-americano Philip Zimbardo, da Universidade de Stanford, realizou uma controvertida experiência científica em 1971 nos Estados Unidos da América. Tal experimento saiu do controle e propiciou diversos estudos acerca de como fatores exógenos (externos) podem instar pessoas normais à prática de atos violentos.

Por intermédio dessa experiência, Zimbardo percebeu que poder/obediência serviam de parâmetros facilitadores de comportamentos abusivos e violentos.

A experiência em si foi dirigida pelo Departamento de Psicologia com o intuito de verificar as consequências psicológicas do ambiente **prisional hostil**. Nesse sentido, foram selecionados 24 homens sem quaisquer antecedentes criminais ou uso de drogas, tampouco traços de comportamento violento. Eles foram colocados no porão do departamento, o qual havia sido adrede preparado para retratar fidedignamente um estabelecimento prisional. Metade deles foi trajada como prisioneiros, incluindo uniformes de presidiários, e a outra metade foi vestida como guardas de presídio, incluindo até o fardamento próprio. Aos personagens no papel de guardas foi dada toda a orientação de como proceder.

Com o passar do tempo, observaram-se alterações radicais no comportamento de todos, sobretudo daqueles que exerciam o papel de guardas, porquanto exercitavam um papel abusivo e humilhante sobre aqueles que faziam as vezes de prisioneiros, os quais, em sua imensa maioria, obedeciam e não se insurgiam contra aquele estado de coisas degradante.

Em razão do inusitado, foi necessário interromper o experimento no sexto dia. Após a revolta de um dos "prisioneiros" e a sua saída depois de uma grave crise, ainda assim os outros continuaram submissos à autoridade abusiva dos "guardas".

Por consequência disso, notou-se que era possível ver o quanto o poder sobre outra pessoa pode afetar o psicológico de alguém e até transformar uma pessoa aparentemente normal em alguém agressivo.

---

[2] Ibidem, p. 301.

Os criminólogos entendem que, para além dos influxos psicológicos e biológicos, situações do dia a dia também serviram de gatilho comportamental.

Analisou-se, em consequência, a imperiosa necessidade de limitar e responsabilizar os exercentes do poder, porquanto a autoridade incontestável descambava para a tirania.

Experimento similar deu-se em 1962, denominado de "experimento Milgram", envolvendo obediência cega diante de um ato violento.

Salienta Veronyca Medeiros[3] que "**o efeito Lúcifer tenta juntamente à psicologia social demonstrar que existem diversas formas de compreender o comportamento violento e criminoso como algo complexo e dividido entre vários aspectos quando envolvem seres humanos vivendo em sociedade**".

Tal experimento demonstrou a obediência cega às ordens da autoridade superior, numa relação de imposição, de poder, de coisificação do outro, tal qual se dera nos campos de extermínio nazistas na Segunda Guerra Mundial.

No passado recente, os abusos perpetrados por militares americanos na prisão iraquiana de Abu Ghraib demonstraram o mesmo.

O escândalo de Abu Ghraib foi revelado em 2004, quando os jornais exibiram fotos, tiradas por soldados americanos, que mostravam prisioneiros nus, amontoados em uma pirâmide, forçados a simular atos sexuais entre si e em poses vexatórias. Muitos dos 2.200 prisioneiros lá estavam encarcerados sem saberem o porquê disso. Eram inocentes. Choques elétricos, torniquetes, afogamentos, socos, pontapés, ataques com cães ferozes foram algumas das ações torturantes praticadas pelo exército dos EUA, em evidente relação de poder, autoridade, obediência e despersonalização.

Observados esses lamentáveis episódios, não é difícil perceber que o efeito Lúcifer é encontrável também nas grandes corporações públicas e privadas, sobretudo quando os exercentes do poder são chefes despreparados, sem qualquer liderança, subsumidos cegamente a cumprirem ordens, tabelas de produção e estatísticas maquiadas, tudo em nome do lucro esperado ou pela mantença do *status quo*.

---

[3]  In: *Efeito Lúcifer e a banalização do mal*. Disponível em: < www.canalcienciascriminais.com. br>. Acesso em: 19 jan. 2021.

# 5º Capítulo

## Psicopatologia criminal

### 5.1 Psiquiatria e psicologia criminal

No campo da medicina legal, sob a rubrica **psicopatologia criminal** ou **psicopatologia forense,** envolvem-se dois grandes ramos da ciência médica: a psiquiatria criminal e a psicologia criminal. Alguns autores preferem as denominações "psicologia forense" e "psiquiatria forense", mas não são de melhor técnica, na medida em que a maior parte de suas atividades periciais dá-se no curso da investigação criminal (inquérito policial).

A **psicologia criminal** tem por objeto de estudo a personalidade "normal" e os fatores que possam influenciá-la, quer sejam de índole biológica, mesológica (meio ambiente) ou social.

Por seu turno, a **psiquiatria criminal** tem por escopo o estudo dos transtornos anormais da personalidade, isto é, doenças mentais, retardos mentais (oligofrenias), demências, esquizofrenias e outros transtornos, de índole psicótica ou não.

### 5.2 Distúrbios mentais e crime

O CID-10 descrevia oito tipos de **transtornos específicos de personalidade,** a saber: **paranoide, esquizoide, antissocial, emocionalmente instável, histriônico, anancástico, ansioso e dependente.**

## 215

### Transtornos de personalidade – CID-10

1) Transtorno paranoide: predomina a desconfiança, a sensibilidade excessiva a contrariedades e o sentimento de estar sempre sendo prejudicado pelos outros; atitudes de autorreferência.

2) Transtorno esquizoide: predomina o desapego; ocorre desinteresse pelo contato social, retraimento afetivo, dificuldade em experimentar prazer; tendência à introspecção.

3) Transtorno antissocial: prevalece a indiferença pelos sentimentos alheios, podendo adotar comportamento cruel; desprezo por normas e obrigações; dissimulação, baixa tolerância à frustração e baixo limiar para descarga de atos violentos.

4) Transtorno emocionalmente instável: marcado por manifestações impulsivas e imprevisíveis. Apresenta dois subtipos: impulsivo e *borderline*. O impulsivo é caracterizado pela instabilidade emocional e falta de controle dos impulsos. O *borderline*, além da instabilidade emocional, revela perturbações da autoimagem, com dificuldade em definir as preferências pessoais e consequente sentimento de vazio.

5) Transtorno histriônico: prevalecem o egocentrismo, a baixa tolerância a frustrações, a teatralidade e a superficialidade. Impera a necessidade de fazer com que todos dirijam a atenção para a pessoa.

6) Transtorno anancástico: prevalecem a preocupação com detalhes, a rigidez e a teimosia. Existem pensamentos repetitivos e intrusivos que não alcançam, no entanto, a gravidade de um transtorno obsessivo-compulsivo.

7) Transtorno ansioso (ou esquivo): prevalece a sensibilidade excessiva a críticas; sentimentos persistentes de tensão e apreensão, com tendência ao retraimento social por insegurança de sua capacidade social e/ou profissional.

8) Transtorno dependente: prevalecem a astenia do comportamento, a carência de determinação e de iniciativa, bem como a instabilidade de propósitos.

9) Transtorno de personalidade esquizotípica: é um padrão de desconforto agudo nas relações íntimas, distorções cognitivas ou perceptivas e excentricidade de comportamento.

10) Transtorno de personalidade narcisista: é um padrão de grandiosidade, necessidade de admiração e falta de empatia.

11) Transtorno de personalidade obsessivo-compulsiva: é um padrão de preocupação com ordem, perfeccionismo e controle.

Todavia, na nova classificação CID-10-MC houve uma significativa alteração, vigente desde setembro de 2015, em que os transtornos são classificados, segundo inúmeros critérios, como neurocognitivos, depressivo, de ansiedade, *delirium*, por indução de álcool e outras substâncias, bipolar etc.

Em virtude da conexão com o eixo temático, são dignos de nota o **espectro de esquizofrenia e outros transtornos psicóticos, de humor e de ansiedade**.

| Esquizofrenia e outros transtornos psicóticos (DSM-5) ||
|---|---|
| Transtorno | Sintomas |
| Espectro da esquizofrenia | Perturbação mínima de seis meses, com no mínimo um mês de fase ativa dos seguintes sintomas (pelo menos dois deles): delírios |
| | bizarros, alucinações auditivas, comportamento catatônico e discurso desorganizado, comportamento negativo, expressão emocional diminuída ou avolia. Pelo menos um dos sintomas deve ser delírios, alucinações ou discurso desorganizado. |
| Transtorno esquizofreniforme | Quadro sintomático similar ao da esquizo- frenia, com delírios, alucinações e discurso desorganizado e incoerente, conduta grosseira ou catatônica; negativismo, porém de menor duração, de um a seis meses, sem declínio no funcionamento. |
| Transtorno esquizoafetivo | Ocorrem conjuntamente e por um período ininterrupto episódio depressivo maior ou maníaco e sintomas da esquizofrenia, antecedidos por um período mínimo de duas semanas de delírios ou alucinações. |
| Transtorno delirante | Um mês ou mais de delírios não bizarros apenas. |
| Psicótico breve | Perturbação com duração maior que um dia e remissão em um mês, com pelo menos um dos seguintes sintomas: delírios, alucinações, discurso desorganizado. |
| Psicótico em face de uma condição clínica geral | Consequências fisiológicas de um quadro clínico geral. |
| Psicótico induzido por substância/medicamento | Decorrem de abuso de drogas ou toxinas, com delírios e alucinações. |
| Psicótico sem outra especificação | Não se amoldam a critérios anteriores, embora a sintomatologia assemelhe-se ao espectro de esquizofrenia e transtornos psicóticos. |

De outra banda, os antigos transtornos do humor obedecem à classificação a seguir exposta, mantida apenas por interesse histórico:

| Transtornos do humor | |
| --- | --- |
| Transtorno | Sintomas |
| Depressivo maior | Pelo menos duas semanas de depressão, acompanhada de pelo menos quatro dos seguintes sintomas adicionais de depressão: alteração de peso, do sono, da psicomotricidade (lentidão ou agitação), fadiga, perda de energia, sentimento de inutilidade, culpa excessiva, dificuldade de concentração ou indecisão, pensamentos de morte, inclusive ideação suicida. |
| Distímico | Pelo menos dois anos de humor deprimido, acompanhado de outros sintomas depressivos não incluídos no depressivo maior. |
| Depressivo sem outra especificação | Caracteres depressivos que não se inserem em outros tipos. |
| Bipolar I | Um ou mais episódios maníacos ou mistos (maníacos e depressivos), acompanhados, em regra, de episódios depressivos maiores. Episódio maníaco: humor exagerado por uma semana, adicionado de autoestima inflada, insônia, loquacidade, fuga de ideias, agitação psicomotora, envolvimento excessivo em atividades prazerosas de alto risco, tais como compras excessivas, investimentos de risco etc. |
| Bipolar II | Episódio hipomaníaco, com humor anormal e persistentemente elevado, expansivo ou irritável, aumento de energia, com duração de, pelo menos, 4 dias consecutivos, pela maior parte dos dias. Há autoestima elevada, diminuição do sono, loquacidade, fuga de ideias, ações irresponsáveis etc. Ao depois, pelo menos 5 ou mais dos sintomas depressivos maiores, tais como humor deprimido na maior parte do dia, desinteresse por quaisquer atividades, perda ou ganho de peso, insônia ou hipersonia diária, agitação ou retardo psicomotor, fadiga e perda de energia, sentimento de culpa e autopiedade, pensamentos recorrentes de morte, perda de concentração. |
| Ciclotímico | Pelo menos dois anos de períodos de numerosos sintomas hipomaníacos e depressivos que não se encaixam nas descrições respectivas de mania e depressão. |
| Bipolar sem outra especificação | Sintomas bipolares inadequados ou que não se encaixam nos perfis aludidos. |
| Do humor devido a uma condição clínica geral | Perturbação destacada e persistente de humor como consequência fisiológica de uma condição clínica geral. |
| Do humor induzido por substância | Perturbação proeminente e persistente decorrente de abuso de drogas. |
| Do humor sem outra especificação | Incluídos para a codificação de transtornos com sintomas de humor que não satisfazem os critérios para qualquer transtorno de humor específico, nos quais é difícil escolher entre transtorno depressivo sem outra especificação e transtorno bipolar sem outra especificação (ex.: agitação aguda). |

218

Finalizando, a **ansiedade é um estado emocional de apreensão**, uma expectativa de que algo ruim aconteça, acompanhada por várias reações físicas e mentais desconfortáveis. Inclui o medo como resposta emocional a uma ameaça iminente real e percebida.

Os transtornos de ansiedade podem ser analisados conforme a tabela que segue:

| Transtornos de ansiedade | |
|---|---|
| Transtorno | Sintomas |
| **Transtorno de pânico sem agorafobia** | É caracterizado por ataques de pânico recorrentes e inesperados, de início súbito, em períodos distintos de forte apreensão e intenso temor ou terror, desconforto, associados a sentimentos de catástrofe iminente e acompanhados de pelo menos quatro dos seguintes sintomas: 1) palpitações ou ritmo cardíaco acelerado; 2) sudorese; 3) tremores ou abalos; 4) sensação de falta de ar ou sufocamento; 5) sensação de asfixia; 6) dor ou desconforto torácico; 7) náusea ou desconforto abdominal; 8) sensação de tontura, instabilidade, vertigem ou desmaio; 9) desrealização (sensação de irrealidade) ou despersonalização (estar distanciado de si mesmo); 10) medo de perder o controle ou enlouquecer; 11) medo de morrer; 12) parestesias (anestesia ou sensação de formigamento); 13) calafrios ou ondas de calor. Ademais, pelo menos um dos ataques foi seguido por um mês (ou mais) das seguintes características: a) preocupação persistente acerca de ter ataques adicionais; b) preocupação acerca das implicações do ataque ou suas consequências; c) alteração comportamental significativa relacionada aos ataques. |
| **Transtorno de pânico com agorafobia** | Caracteriza-se por ataques de pânico, como no transtorno supradescrito, acompanhados de agorafobia, ou seja, ansiedade acerca de estar em locais ou situações de onde possa ser difícil (ou embaraçoso) escapar ou onde o auxílio possa não estar disponível, na eventualidade de ter um ataque de pânico inesperado ou predisposto por situações do tipo estar fora de casa desacompanhado, estar em meio a uma multidão, permanecer em uma fila, estar em uma ponte, viajar de automóvel, ônibus, trem, barco ou avião. As situações são evitadas ou exigem companhia ou, se isso não for possível, são suportadas com acentuado sofrimento, com ansiedade acerca de ter um ataque de pânico ou sintomas do tipo pânico. |
| **Agorafobia sem história de transtorno de pânico** | As características essenciais, principalmente o comportamento evitativo, desse transtorno são similares àquelas do transtorno de pânico com agorafobia, exceto que o cerne do temor está na ocorrência de sintomas tipo pânico (p. ex., tontura ou diarreia), incapacitantes (p. ex., desmaiar desamparado) ou extremamente embaraçosos (p. ex., perda do controle urinário) ou ataques com sintomas de pânico limitados, em vez de ataques de pânico completos. |

*(continua)*

219

*(continuação)*

| | |
|---|---|
| **Fobia específica** | Caracteriza-se pelo medo acentuado e persistente, excessivo ou irracional (reconhecidamente pelo indivíduo adulto), revelado pela presença ou antecipação de um objeto ou situação fóbica (p. ex., voar, altura, animais, injeção, sangue). A exposição ao estímulo fóbico provoca, quase invariavelmente, uma resposta imediata de ansiedade, que pode assumir a forma de um ataque de pânico ligado à situação ou predisposto pela situação. A situação fóbica é evitada ou suportada com intensa ansiedade ou sofrimento. A esquiva, antecipação ansiosa ou sofrimento na situação temida interferem significativamente na rotina normal do indivíduo, em seu funcionamento ocupacional em atividades ou relacionamentos sociais, ou existe acentuado sofrimento acerca de ter a fobia. |
| **Fobia social** | Caracteriza-se pelo medo acentuado e persistente de uma ou mais situações sociais ou de desempenho, nas quais o indivíduo é exposto a pessoas estranhas ou à possível escolha por outras pessoas. O indivíduo teme agir de um modo que lhe seja humilhante e embaraçoso. A exposição à situação temida quase invariavelmente provoca ansiedade, que pode assumir a forma de pânico ligado à situação ou predisposto pela situação. A pessoa reconhece que o medo é excessivo ou irracional, e as situações sociais e de desempenho temidas são evitadas ou suportadas com intensa ansiedade ou sofrimento. A esquiva, antecipação ansiosa ou sofrimento na situação social ou de desempenho temida interferem significativamente na rotina, no funcionamento ocupacional, nas atividades sociais ou relacionamentos individuais, ou existe sofrimento acentuado por ter a fobia. |
| **Transtorno obsessivo- -compulsivo** | Neste transtorno, as obsessões se caracterizam por: 1) pensamentos, impulsos ou imagens recorrentes e persistentes que, em algum momento durante a perturbação, são experimentados como intrusivos e inadequados e causam acentuada ansiedade ou sofrimento; 2) os pensamentos, impulsos ou imagens não são meras preocupações excessivas com problemas da vida real; 3) a pessoa tenta ignorar ou suprimir tais pensamentos, impulsos ou imagens, ou neutralizá-los com algum outro pensamento ou ação; 4) a pessoa reconhece que os pensamentos, impulsos ou imagens obsessivos são produto de sua própria mente (não impostos a partir de fora). As compulsões se caracterizam por: 1) comportamentos repetitivos (p. ex., lavar as mãos, organizar, verificar) ou atos mentais (p. ex., orar, contar ou repetir palavras em silêncio) que a pessoa se sente compelida a executar em resposta a uma obsessão ou de acordo com regras que devem ser rigidamente aplicadas; 2) os comportamentos, ou atos mentais, visam prevenir ou reduzir o sofrimento ou evitar algum evento ou situação temida, muito embora esses comportamentos, ou atos mentais, não tenham uma conexão realista com o que visam neutralizar ou evitar ou sejam claramente excessivos. Em algum ponto durante o curso do transtorno, o indivíduo reconhece que as obsessões e compulsões são excessivas ou irracionais. As obsessões ou compulsões causam acentuado sofrimento, consomem tempo ou interferem de forma significativa na rotina, no funcionamento ocupacional, nas atividades ou relacionamentos sociais habituais do indivíduo. |

*(continua)*

220

*(continuação)*

| | |
|---|---|
| **Transtorno de estresse pós-traumático**[1,2] | Caracteriza-se por rememórias persistentes de experiência ocorrida com evento traumático de uma ou mais das seguintes maneiras: 1) recordações aflitivas, recorrentes e intrusivas do evento, incluindo imagens, pensamentos e/ou percepções; 2) sonhos aflitivos amedrontadores sem conteúdo identificável; 3) agir ou sentir como se o evento traumático estivesse ocorrendo novamente; 4) sofrimento psicológico intenso em face de exposição a indícios internos ou externos que lembrem algum aspecto do evento traumático; 5) reatividade fisiológica na exposição a indícios internos ou externos que lembrem algum aspecto do evento traumático. Ademais, ocorre esquiva persistente a estímulos associados ao trauma e entorpecimento da responsabilidade geral (não presente antes do trauma), indicados por três (ou mais) dos seguintes quesitos: 1) esforços no sentido de evitar pensamentos, sentimentos ou conversas associados ao trauma; 2) esforços no sentido de evitar atividades, locais ou pessoas que ativem recordações do trauma; 3) incapacidade de recordar algum aspecto importante do trauma; 4) redução acentuada do interesse ou da participação em atividades significativas; 5) sensação de distanciamento ou afastamento em relação a outras pessoas; 6) restrição do afeto; 7) sentimento de um futuro abreviado (p. ex., não espera ter uma carreira profissional, casamento, filhos ou um período normal de vida). Nesse transtorno ocorre também aumento da excitabilidade, indicada por dois (ou mais) dos seguintes sintomas: 1) dificuldade em conciliar ou manter o sono; 2) irritabilidade ou surtos de raiva; 3) dificuldade em concentrar-se; 4) hipervigilância; 5) resposta de sobressalto exagerada. A perturbação causa sofrimento clinicamente significativo ou prejuízo no funcionamento social ou ocupacional ou em outras áreas importantes da vida do indivíduo. |
| **Transtorno de estresse agudo** | Caracteriza-se pela presença de três (ou mais) dos seguintes sintomas dissociativos, enquanto o indivíduo vivenciava ou após vivenciar evento aflitivo: 1) sentimento ou sensação de anestesia, distanciamento ou ausência de resposta emocional; 2) redução da consciência em relação às coisas que o rodeiam (p. ex.: "estar como num sonho"); 3) desrealização; 4) despersonalização; 5) amnésia dissociativa (incapacidade de recordar aspecto importante do trauma). O evento traumático é persistentemente revivido, no mínimo, de uma das seguintes maneiras: imagens, pensamentos, sonhos, ilusões e episódios de *flashback* recorrentes, sensação de reviver a experiência, ou sofrimento quando da exposição a lembretes do evento traumático. Também se caracteriza pela acentuada esquiva a estímulos que provoquem recordações do trauma (p. ex., pensamentos, sentimentos, conversas, atividades, pessoas e locais). Ademais, ocorrem sintomas acentuados de ansiedade ou maior excitabilidade (p. ex.: dificuldade para dormir, irritabilidade, fraca concentração, hipervigilância, resposta de sobressalto exagerada, inquietação motora). A perturbação causa sofrimento clinicamente significativo ou prejuízo no funcionamento social ou ocupacional ou em outras áreas importantes da vida do indivíduo e prejudica sua capacidade de realizar alguma tarefa necessária, como obter o auxílio necessário ou mobilizar recursos pessoais, contando aos membros da família acerca da experiência traumática. |

*(continua)*

---

[1]  Apud FERNANDES; FERNANDES, 2002, p. 254.

[2]  É conhecida a **síndrome de Estocolmo,** caracterizada por um estado psicológico particular desenvolvido por pessoas que são vítimas de sequestro. A síndrome se desenvolve a partir de tentativas da vítima de se identificar com seu captor ou de conquistar a simpatia do sequestrador, num instinto de autopreservação.

*(continuação)*

| | |
|---|---|
| **Transtorno de estresse agudo** | Caracteriza-se pela presença de três (ou mais) dos seguintes sintomas dissociativos, enquanto o indivíduo vivenciava ou após vivenciar evento aflitivo: 1) sentimento ou sensação de anestesia, distanciamento ou ausência de resposta emocional; 2) redução da consciência em relação às coisas que o rodeiam (p. ex.: "estar como num sonho"); 3) desrealização; 4) despersonalização; 5) amnésia dissociativa (incapacidade de recordar aspecto importante do trauma). O evento traumático é persistentemente revivido, no mínimo, de uma das seguintes maneiras: imagens, pensamentos, sonhos, ilusões e episódios de *flashback* recorrentes, sensação de reviver a experiência, ou sofrimento quando da exposição a lembretes do evento traumático. Também se caracteriza pela acentuada esquiva a estímulos que provoquem recordações do trauma (p. ex., pensamentos, sentimentos, conversas, atividades, pessoas e locais). Ademais, ocorrem sintomas acentuados de ansiedade ou maior excitabilidade (p. ex.: dificuldade para dormir, irritabilidade, fraca concentração, hipervigilância, resposta de sobressalto exagerada, inquietação motora). A perturbação causa sofrimento clinicamente significativo ou prejuízo no funcionamento social ou ocupacional ou em outras áreas importantes da vida do indivíduo e prejudica sua capacidade de realizar alguma tarefa necessária, como obter o auxílio necessário ou mobilizar recursos pessoais, contando aos membros da família acerca da experiência traumática. |
| **Transtorno de ansiedade generalizada** | A característica essencial deste transtorno se refere a uma preocupação excessiva (expectativa apreensiva), acompanhada de pelo menos três (ou mais) dos seguintes sintomas, presentes na maioria dos dias nos últimos seis meses: 1) inquietação ou sensação de estar com os "nervos à flor da pele"; 2) fatigabilidade; 3) dificuldade em concentrar-se ou sensações de "branco na mente"; 4) irritabilidade; 5) tensão muscular; 6) perturbação do sono (dificuldade em conciliar ou manter o sono, ou sono insatisfatório e inquieto). O foco da ansiedade não parece confinado a aspectos situacionais particulares, como ocorre nos demais transtornos, mas sim com diversos eventos ou atividades. O indivíduo considera difícil controlar a preocupação. |

## 5.3 Psicopatia e psicopatologia. Delinquência psicótica e delinquência neurótica

A classificação de transtornos mentais e de comportamento, em sua décima revisão (CID-10), descreve o transtorno específico de personalidade como uma perturbação grave da constituição caracterológica e das tendências comportamentais do indivíduo (o chamado delinquente **caracterológico**).

Essa perturbação não pode ser creditada diretamente a alguma doença, lesão ou outro transtorno psiquiátrico e, via de regra, relaciona-se a várias áreas da personalidade, ligando-se, na maioria dos casos, à ruptura familiar e social.

Os transtornos de personalidade não são tecnicamente doenças, mas anomalias do desenvolvimento psíquico, sendo consideradas, em psiquiatria criminal, perturbações da saúde mental.

Esses transtornos revelam desarmonia da afetividade e da excitabilidade com integração deficitária dos impulsos, das atitudes e das condutas, manifestando-se no relacionamento interpessoal.

De fato, os indivíduos portadores são improdutivos e seu comportamento é muitas vezes turbulento, com atitudes incoerentes e pautadas pelo imediatismo de satisfação (egoísmo).

No plano policial-forense os transtornos de personalidade revelam-se de extrema importância, pelo fato de seus portadores (especificamente os antissociais) muitas vezes se envolverem em atos criminosos.

Esse tipo de transtorno específico de personalidade é sinalizado por **insensibilidade** aos sentimentos alheios. Quando o grau de insensibilidade se apresenta extremado (ausência total de remorso), levando o indivíduo a uma acentuada **indiferença afetiva**, este pode assumir um comportamento delituoso recorrente, e o diagnóstico é de **psicopatia (transtorno de personalidade antissocial, sociopatia, transtorno de caráter, transtorno sociopático ou transtorno dissocial).**

Em 1995, o DSM-IV elaborou o seguinte **conceito, repetido pelo DSM-5 em 2018:**

---

**301.7 Transtorno de personalidade antissocial (psicopatia)**

---

**Característica essencial:** padrão invasivo de desrespeito e violação dos direitos dos outros, que inicia na infância ou começo da adolescência (15 anos) e continua na fase adulta. Sinônimos: psicopatia, sociopatia ou transtorno de personalidade dissocial.

**Critérios diagnósticos:** o indivíduo deve ter, no mínimo, 18 anos e apresentar os sintomas desde os 15 anos, quais sejam, fracasso em ajustar-se às normas de conduta social, tendência à falsidade e à mentira com uso de nomes falsos, trapaças etc., descaso pela segurança de si e dos outros, impulsividade e fracasso nos planos para o futuro, irritabilidade e agressividade, irresponsabilidade reiterada, ausência de remorso e de empatia.

---

É bem verdade que o portador de psicopatia não é visto como um doente, na acepção estrita do termo, no entanto se acha à margem da normalidade emocional e comportamental, ensejando dos profissionais de saúde e do direito redobrada atenção em sua avaliação.

Como já se disse, os indivíduos com deficiência de caráter são insensíveis aos sentimentos de terceiros, condição esta presente tanto nos sujeitos ambiciosos como naqueles cruelmente perversos.

Todavia, enquanto os criminosos comuns almejam riqueza, *status* e poder, os psicopatas apresentam manifesta e gratuita crueldade.

Robert D. Hare (2013, p. 48) sustenta que a **Avaliação de Psicopatia** (*Psychopaty Checklist*) "permite a discussão das características dos psicopatas sem o menor risco de descrever simples desvios sociais ou criminalidade ou de rotular pessoas que não têm nada em comum, a não ser o fato de terem violado a lei. Ela também fornece um quadro detalhado das personalidades perturbadas dos psicopatas que se encontram entre nós". E adverte o ilustre autor que tal avaliação é extremamente complexa e destinada ao uso clínico profissional, somente podendo ser usada por quem tenha treinamento específico, aptidão e conhecimento do sistema de pontuação.

Vejamos as principais características da **Avaliação de Psicopatia** (*Psychopaty Checklist*):

1) **Eloquente e superficial** – geralmente são agradáveis, divertidos e envolventes, contam histórias mirabolantes, mas convincentes, e costumam mostrar conhecimentos de medicina, psicologia, direito, religião, arte, filosofia etc. Também agem de forma leviana sem receio de serem descobertos.

2) **Egocêntrico e grandioso** – os psicopatas consideram-se o centro do universo, são exageradamente **vaidosos e narcisistas** acerca de seu próprio valor (uso excessivo do "Eu" – eu sei, eu faço, eu mando, eu ganho etc.), geralmente são arrogantes e vaidosos, sem nenhum traço de vergonha, de opinião firme, **dominadores e convencidos.** Adoram ter poder e controlar as demais pessoas, sendo incapazes de perceber e reconhecer que os outros podem ter opiniões pessoais válidas e diferentes da sua.

3) **Ausência de remorso ou culpa** – os psicopatas têm uma incrível **falta de preocupação com as consequências terríveis de suas ações** e condutas sobre as outras pessoas. Essa ausência de culpa decorre de uma extrema habilidade de racionalizar o próprio agir comportamental, ignorando a responsabilidade pessoal pelas ações danosas a familiares, amigos, colegas e outras pessoas que seguem as regras de convívio social. Sustenta Robert Hare (2013, p. 57) que "perda de memória, amnésia, blecautes, múltipla personalidade e insanidade temporária brotam constantemente em interrogatórios de psicopatas. Em uma distorção irônica, os psicopatas com frequência consideram que as vítimas são eles próprios". Em geral têm desculpas prontas na ponta da língua para seu comportamento, negando-o muitas vezes.

4) **Falta de empatia** – os psicopatas são **incapazes de se colocar no lugar do outro,** "de estar na pele do outro"; veem as pessoas como objetos, que devem ser usados para sua própria satisfação. São **indiferentes aos direitos e sofrimentos alheios,** quer de estranhos, quer de seus próprios familiares.

5) **Enganador e manipulador** – psicopatas têm um **talento espantoso para mentir,** enganar, falsear e manipular. Sentem um prazer em enganar os outros. Quando surpreendidos numa mentira, raramente ficam constrangidos, simplesmente procuram recontar de outra forma para que os fatos pareçam verdadeiros. Em razão da eloquência e

do charme, conseguem trapacear, iludindo e manipulando as pessoas e instituições visando somente ao seu próprio prazer.

6) **Emoções rasas** – os psicopatas parecem ostentar uma **pobreza emocional** que restringe a amplitude e profundidade de seus sentimentos; os especialistas dizem que os psicopatas "representam" e que, em verdade, apresentam pouca coisa além da aparência.

7) **Impulsivo** – agem por **impulso**, de forma precipitada, porque os psicopatas geralmente **não pesam os prós e contras de seus atos;** os atos impensados ou por impulso, em geral, resultam de uma finalidade que desempenha papel nuclear na maior parte do comportamento do psicopata: a **obtenção de prazer** ou alívio imediato.

8) **Controles comportamentais pobres** – além de agirem impulsivamente, psicopatas são muito **reativos** ao que percebem como insultos ou menosprezo. Possuem os **freios inibitórios muito fracos**, por isso são pavio curto, bastando a menor provocação para rompimento daqueles; ofendem-se com trivialidades e são extremamente agressivos na reação, com ofensas verbais e até físicas, que, geralmente, são de curta duração, voltando a agir em seguida como se nada tivesse ocorrido.

9) **Necessidade de excitação** – os psicopatas **não toleram a rotina e a monotonia,** querem sempre viver em "alta velocidade"; têm, portanto, uma necessidade permanente e excessiva de excitação, embora vivam em constante tédio e de forma parasitária. Muitos deles usam diversos tipos de drogas para experimentar excitações diferentes.

10) **Falta de responsabilidade** – para os psicopatas, obrigações e compromissos não significam absolutamente nada; a **irresponsabilidade** deles é perceptível em todos os setores da vida: família, escola, trabalho, na medida em que não respeitam organizações, princípios e compromissos. Geralmente dilapidam o patrimônio da família, são erráticos nos empregos, violam políticas da empresa e não despertam confiança.

11) **Problemas precoces de comportamento** – grande parcela dos psicopatas começa a apresentar graves problemas comportamentais bem cedo, quer na infância, quer na adolescência, demonstrando **comportamento criminoso precoce**, incluindo aí mentiras, fraudes, roubos, incêndios criminosos, vandalismo, uso de drogas, *bullying*, sexualidade precoce e promiscuidade sexual, crueldade contra animais etc.

12) **Comportamento adulto antissocial** – os psicopatas não respeitam as regras de convivência social porque as entendem como obstáculos às suas pretensões e desejos, por isso criam suas próprias regras, desencadeando desde cedo **comportamentos ilícitos**, e prosseguem numa jornada de atos antissociais **ao longo da vida**, culminando em detenções em reformatórios, prisões, condenações etc.

Para muitos autores (Kurt Schneider, por todos), o **psicopata não é um doente mental**, mas um **indivíduo com personalidade anormal**, descrevendo-o como um **sujeito desalmado**, sugerindo que nem todos os delinquentes são psicopatas, pois existem aqueles que começam precocemente, na infância ou adolescência, uma carreira criminosa e que seriam **incorrigíveis**.

Vale relembrar que em 1941, Hervey Cleckley, professor de psiquiatria da Medical College of Georgia/EUA, publicou um livro clássico – The mask of Sanity – "A máscara da sanidade", em que acabou descrevendo de forma ampla a psicopatia e seus sintomas. Suas personalidades, muitas vezes agradáveis, não passam de "encenação". Seus estudos e pesquisas contribuíram decididamente para a criação da regra da investigação em psicopatia: o PCL (o *checklist* da psicopatia). A psicopatia e a delinquência andam paralelamente e muitas vezes juntas[3].

O **PCL-R (Psychopathy Checklist – Revised)**[4], escala de avaliação da psicopatia de Robert D. Hare, oferece a possibilidade de, com dados empíricos e objetivos, identificar psicopatas no interior da população carcerária, e tem quatro fatores ou causas:

1) **Interpessoal:** avalia as relações do examinando com amigos, familiares, parceiros, próximos ou distantes; cuidando-se de uma avaliação longitudinal que exige uma anamnese desde a infância.

2) **Afetivo:** avalia a reação afetiva do examinando diante dos diversos momentos de sua vida e a qualidade de seu vínculo com os demais.

3) **Estilo de vida:** avalia um histórico comportamental, considerando que um só comportamento é insuficiente, analisando sua vida desde a infância, aferindo-se condutas graves e/ou delituosas antes dos 12 anos de idade.

4) **Antissocial:** avalia a versatilidade criminal própria da psicopatia. Uma revisão dos antecedentes criminais, com a idade em que iniciaram a delinquir, formas de violência usada etc.

As **características da violência psicopática** podem ser de natureza **instrumental ou reativa**, embora tais critérios isoladamente não sejam suficientes para dizer que todos os atos instrumentais sejam calculados e todos os atos reativos sejam automáticos.

A **violência instrumental**, usualmente exercida de forma fria, calculista, controlada e predatória, irrompe quando o dano causado à vítima é secundário à realização de outra meta optata.

---

[3] Estima-se que 1% dos homens e 1% das mulheres em dada comunidade sejam psicopatas. Em contrapartida, esses índices aferidos na população encarcerada em diferentes prisões do mundo variam de 15% a 30%.

[4] Apud Abdalla-Filho et al., op. cit., p. 534.

Por seu turno, a **violência reativa** é reação defensiva e hostil a uma ameaça ou risco percebido.

Ensinam Abdalla-Filho[5] e outros que: "... a violência não necessariamente flutua entre dois polos, reativo e instrumental, mas que pode ser conceituada em quatro classes diferentes", a saber:

a) **Violência meramente reativa** – alto nível de espontaneidade e impulsividade aliadas à falta de planejamento do ato criminoso ou violento.

b) **Violência reativa/instrumental** – são perceptíveis elementos de ambas as violências, com predominância reativa. Exemplo: depois de uma briga não planejada, o agressor resolve também roubar a vítima.

c) **Violência instrumental/reativa** – igualmente são vistos elementos de ambas as violências, porém com predomínio instrumental. Exemplo: o ladrão inicia o roubo a um estabelecimento bancário e, no decorrer da ação criminosa, mata o funcionário do banco porque este o insultou.

d) **Violência instrumental propriamente dita** – não são constatados elementos emocionais que a desencadeiam. Aqui se verifica a ação orientada para um fim previamente determinado (a que os penalistas denominam de dolo direto)[6].

Os psicopatas têm uma variedade significativa de ações violentas, desde a mais cruel e sádica até a mais engendrada, sutil e sub-reptícia. Todavia, seja ela física, psicológica ou de natureza sexual, suas consequências são trágicas e avassaladoras para a vida em comunidade.

É importante observar e acompanhar, desde a fase pré-adolescente[7], tendências de **psicopatia** decorrentes de certos **traços de comportamento** que sejam **persistentes, imutáveis e profundos com o passar do tempo: egoísmo; agressividade (explosão colérica banal); falta de empatia; insinceridade e falta de culpabilidade (mentira contumaz); tirania; manipulação e irresponsabilidade permanente.**

Nesse sentido, emerge de suma importância a atuação multidisciplinar do Poder Público, principalmente nas áreas de educação, saúde, segurança e justiça, com vistas à prevenção primária de ações de criminosos psicopatas violentos.

---

[5]  Apud Abdalla-Filho et al., op. cit., p. 536.

[6]  Idem, p. 536.

[7]  Apud Janire Rámila. *Predadores humanos*: o obscuro universo dos assassinos em série. São Paulo: Madras, 2012. p. 154-157.

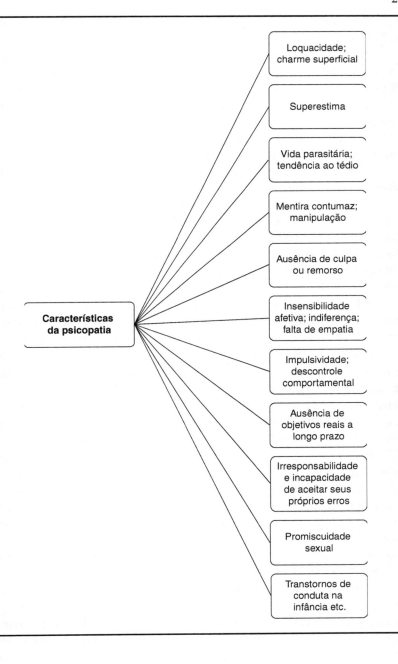

Sob a rubrica de **psicopatologias** vislumbram-se as situações referidas no CID-10-MC que com maior incidência afetam vítimas e criminosos.

Conforme expõe José Osmir Fiorelli (2009, p. 107), "observam-se falhas na formação do superego (valores morais, éticos e sociais) e ausência de sentimento de culpa, de remorso e de empatia, entre outros. Estatísticas apontam para influências biológicas, ambientais e familiares, sugerindo, portanto, uma conjugação de fatores. Na prática prisional, o fundamental, que torna a intervenção mais delicada, é a dificuldade de essas pessoas aprenderem com a experiência, sendo que a intervenção terapêutica, em geral, não alcança os valores éticos e morais comprometidos. Para alguns autores, pessoas que preencham os critérios plenos para psicopatia não são tratáveis por qualquer tipo de terapia".

Felizmente, os psicopatas não são todos *serial killers*, criminosos violentos, torturadores etc. Mas eles são encontrados com frequência razoável no dia a dia. Na empresa e no serviço público, vemos pequenos furtos, destruição de patrimônio, simulação de doença, atos de corrupção. Na família, encontramos traição, assédio moral e sexual, dilapidação do patrimônio com aventuras de cunho sexual etc.

Sabe-se que a reduzida tolerância à frustração leva ao comportamento agressivo e a racionalização e projeção como freios inibitórios indicam o outro ou a sociedade como únicos culpados. O psicopata não aprende com a punição.

José Osmir Fiorelli (2009, p. 108) assevera que "esses indivíduos encontram campo fértil no tráfico de drogas, no crime organizado em geral, na política, na religião; tornam-se líderes carismáticos e poderosos. Mentira, promiscuidade, direção perigosa, homicídios e sequestros compõem seus repertórios, em que não há sentimentos de culpa, pois os outros não passam de 'otários' que merecem ser ludibriados na disputa por sexo, dinheiro, poder etc.".

Ressalta-se que ao profissional do direito (delegado de polícia, advogado, promotor de justiça, juiz) não cabe fazer um diagnóstico, missão precípua dos profissionais da área da saúde, no entanto é imperioso conhecer os sinais, na medida em que sugerem medidas preventivas e profiláticas que podem e devem ser tomadas. Entre os possíveis transtornos anotem-se os de ansiedade; o Transtorno Obsessivo-Compulsivo (TOC); o de estresse pós-traumático e os dissociativos [amnésia dissociativa, fuga dissociativa, transtorno de transe ou obsessão ("possessão demoníaca"), transtorno de personalidade múltipla].

A **delinquência psicótica** é aquela praticada por "perturbado mental", isto é, o agente criminoso ostenta um comprometimento de suas funções psíquicas. Antigamente era denominado alienado mental. A **delinquência psicótica** é a prática delitiva em face de uma perturbação mental qualquer. É imprescindível que, ao tempo da ação ou omissão, o sujeito ativo (autor) apresente suas funções mentais comprometidas.

Assim, a doutrina (MARANHÃO, 2008) aponta as seguintes **fases evolutivas** na delinquência psicótica:

a) **Episódio**: é reversível e não repetitivo, existindo um único período mórbido entre dois períodos sadios, sem recidiva.

| Período Sadio | | Período Sadio |
|---|---|---|
| | Fase Mórbida | |

b) **Processo**: ao contrário do episódio, o processo psicopatológico, uma vez instalado, é irreversível, apresentando duas fases, uma sadia e outra mórbida. Há duas situações jurídico-penais, isto é, o crime pode ter sido cometido durante a **fase sadia** e a doença venha a se instalar posteriormente (tratamento ao doente mediante medida de segurança em Manicômio Judiciário) ou pode ser que o crime venha a ser praticado na **fase mórbida** (internação imediata em Manicômio Judiciário).

| Período Sadio | |
|---|---|
| | Período Mórbido |

c) **Surto**: ocorre de forma intermitente, alternando-se fases sadias e mórbidas que se sucedem. O "lúcido intervalo" é dificílimo de precisar, sendo esperável a repetição da fase doentia. É o caso das disritmias, toxicopatias etc.

| Período Sadio | | Período Sadio | | Período Sadio |
|---|---|---|---|---|
| | Período Mórbido | | Período Mórbido | |

d) **Defeito**: é a sequela ou resíduo de manifestação psicopatológica anterior. Em verdade, houve manifestação mórbida anterior (tratada ou não) cuja recuperação foi tão somente parcial, assumindo relevância nos casos de reincidência, concessão de livramento condicional, progressão de regime etc.

| Período Sadio | | |
|---|---|---|
| | | Sequela |
| | Período Mórbido | |

De outro lado, entende-se por **delinquência neurótica** a conduta criminosa decorrente da manifestação dos conflitos internos do sujeito consigo mesmo. O criminoso pratica o delito e tem consciência total ou parcial de que será punido por isso. A sanção serviria para aplacar-lhe a culpa e reduzir o conflito interno primário anterior.

José Osmir Fiorelli e Rosana Cathya Ragazzoni Mangini (2009, p. 339), reproduzindo o pensamento de Odon Maranhão, apresentam o seguinte estudo esquemático, traçando as diferenças e semelhanças entre **neurose e personalidade delinquente**:

| Neurose | Personalidade delinquente ou dissocial (criminoso essencial) |
| --- | --- |
| Conflito interno | Aparentemente sem conflito interno |
| Agressividade voltada para si | Agressividade voltada à sociedade |
| Gratificação por meio de fantasias | Alívio de tensões internas por ações criminosas |
| Admissão dos próprios impulsos e reconhecimento dos erros | Atribuição de seus impulsos ao mundo exterior |
| Desenvolvimento de reações emocionais positivas | Desenvolvimento de defesas emocionais |
| Superego desenvolvido | Superego desarmônico |
| Comportamentos socialmente ajustados | Comportamento dissocial (desconsideração para com os códigos sociais) |
| Reação à passividade e dependência com sofrimento, mas admitindo a situação | Tentativa de negar a passividade e a dependência com atitudes agressivas |
| Caráter normal | Caráter deformado (dissocial) |
| Perturbações psicossomáticas menos frequentes | Perturbações psicossomáticas mais frequentes |

## 5.3.1 *Análise psicológica do comportamento criminoso*

Um indivíduo de boa formação moral e de bons princípios pode ter seu equilíbrio rompido e cometer uma infração penal por reação.

Como ressaltam Newton e Valter Fernandes (2002, p. 322), "essa conduta é psicologicamente atípica: trata-se de crime eventual (o agente tem uma personalidade normal). Noutras vezes, o indivíduo é possuidor de uma personalidade mórbida e o ato chega a ser sintoma de perturbação: trata-se de delinquência sintomática. Poderá ainda, existir defeito ou desvio de personalidade (por má constituição ou má formação), e o ato delituoso chega a ser a expressão do caráter: é o que ocorre com as 'personalidades psicopáticas' e personalidades delinquenciais".

Nesse prisma, é importante verificar a dinâmica do ato criminoso, com a adição de fatores primários (constitucionais e psicoevolutivos) e secundários (agem sobre uma estrutura acabada) responsáveis pela conduta criminosa.

Esquematicamente:

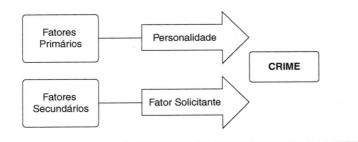

### 5.4 Personalidade perigosa. *Serial killer*

A periculosidade ou personalidade perigosa é aquela que apresenta **propensão para o delito**, por ser incapaz de assimilar as regras comportamentais e os padrões sociais. É um estado latente, *in potentia*.

Então, periculosidade é a qualidade que se conhece num indivíduo de ser perigoso à vida social contextualmente. De outro lado, fala-se ainda em **temibilidade, quando o então perigoso passa à ação delitiva**, manifestando seu caráter antissocial. A temibilidade é a periculosidade *in acto*.

Antes de abordar o tema assassino em série (*serial killer*), é interessante registrar o sentido da palavra **assassino**.

Ensina Nestor Sampaio Penteado (1982, p. 69) que, "no tempo da Palestina dos Cruzados, havia uma seita secreta de mouros bárbaros, que eram soldados mercenários, pagos para assaltar caravanas, praticar assassinatos, estuprar mulheres, degolar velhos e crianças. Eram chamados haxixins, e isto porque, para se desinibirem a fim de praticarem todos esses tipos de barbaridades, fumavam antes haxixe. Pasme agora o leitor, o nome dessa sociedade originou a palavra francesa 'assassin' e, logo depois, o termo 'assassino' em nossa língua. Nós usamos, aliás com propriedade, o termo assassino para indicar um homicida. No entanto, a palavra assassino, etimologicamente, significa: FUMANTE DE MACONHA – HAXIXE".

Do ponto de vista criminológico, quando um assassino reincide em seus crimes no mínimo em três ocasiões e com certo intervalo de tempo entre cada um e em locais distintos é conhecido como **assassino em série**[8] (*serial killer*).

---

[8] Jack, o estripador (*Jack the ripper*) foi o pseudônimo dado a um assassino em série não identificado que agiu no miserável distrito de Whitechapel, em Londres, na segunda metade de 1888.

Essa definição realça **três elementos importantes**[9]:
1) existência de pelo menos três homicídios;
2) esses homicídios devem ter ocorrido em locais diferentes;
3) tem de haver um período de "calmaria", ou seja, um intervalo entre os homicídios, que pode variar de horas a anos.

A neuroanatomia moderna, que se utiliza de **exames tomográficos de última geração, computação gráfica, ressonância magnética** etc., segundo o abalizado ensino de Adrian Raine (2013, p. 76), demonstrou que *serial killers* têm disfunção cerebral no córtex pré-frontal relacionado à atividade límbica. Acrescentou referido psicólogo americano que, curiosamente, psicopatas tem baixa frequência cardiovascular.

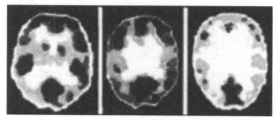

Figura 1 – Cérebro de uma pessoa normal (esquerda), cérebro de um assassino com história de privação e violência na infância (centro), e cérebro de um psicopata (direita). As cores cinza-escura e preta indicam alto funcionamento cerebral.

Fonte: RAINE, Adrian. *Anatomia da violência*. Porto Alegre: Artmed, 2015, pós-capa (University of Southern California, Los Angeles, USA) – adaptada.

A **diferença** entre o **assassino em massa**, que mata várias pessoas de uma só vez e sem se preocupar com a identidade destas, e o **assassino em série** é que este elege cuidadosamente suas vítimas, selecionando na maioria das vezes pessoas do mesmo tipo e características.

As análises dos perfis de personalidade estabelecem como estereótipo dos assassinos em série (evidentemente aceitando muitas exceções) homens jovens, de raça branca, que atacam preferentemente as mulheres, e cujo primeiro crime foi cometido antes dos 30 anos. Registre-se que o famigerado *serial killer* norte-americano **Ted Bundy**, nos anos 1970, confessou o assassinato de 23 pessoas, mas pelo menos mais 15 mortes lhe foram indicadas pela polícia, foi preso e executado na cadeira elétrica em 1989, tendo antes dito: **"Nós, '*serial**

---

[9] In FBI, Crime Classification Manual, 1992.

233

*killers'*, *somos seus filhos, somos seus maridos, estamos em toda parte. E haverá mais de suas crianças mortas amanhã"*.

Alguns têm histórico de infância traumática, devido a maus-tratos físicos ou psíquicos, motivo pelo qual têm tendência a isolar-se da sociedade e/ou a vingar-se dela.

Essas frustrações, ainda segundo análises de estereótipos, introduzem os assassinos em série num mundo imaginário, melhor que o real, onde eles revivem os abusos sofridos, identificando-se, desta vez, com o agressor. Por essa razão, sua forma de matar pode ser de contato direto com a vítima: utiliza armas brancas, estrangula ou golpeia, quase nunca usa arma de fogo. Os crimes obedecem a uma espécie de ritual no qual se misturam fantasias pessoais com a morte. Às vezes, certas fixações estranhas e crenças bizarras, presentes em *serial killers*, revelam tendência a transtorno de personalidade esquizoide.

Com relação ao local de crime e cadáver deixados por um *serial killer*, é extremamente importante que se proceda ao exame, à constatação de vestígios e à exata descrição do local e cadáver.

A perinecroscopia (exame do cadáver no próprio local), a recognição visuográfica do local de crime e a autopsia psicológica da vítima compreendem o instrumental indispensável à investigação da polícia judiciária com vistas à identificação e prisão do autor.

Em regra, os **assassinos em série** deixam uma **assinatura** no cadáver ou no local de crime, que é a forma pela qual alcançam a **satisfação emocional (prazer) na execução do ato**.

A **assinatura é a marca do criminoso**, seu "cartão de visita", algo imprescindível para o assassino, pouco importa a natureza do crime.

A assinatura do crime pode até colocar o criminoso em risco de captura pela polícia, mas, como um vício, ele precisa dessa marca para aliviar uma tensão interna, quase sempre relacionada à sexualidade mal resolvida.

Anota Paul Roland (2010, p. 134) que **a assinatura "pode incluir ritual de exposição de cadáver, tortura, mutilação, inserção de objeto estranho, canibalismo, necrofilia ou o que é conhecido como 'overkill' (supermatança), ou seja, infligir ferimentos além do necessário para causar a morte"**.

Todavia é importante **distinguir a assinatura do criminoso** de seu *modus operandi*.

O *modus operandi* é o procedimento seguido pelo delinquente para a prática da infração penal. Pode incluir a escolha do alvo, os locais preferenciais, os instrumentos de crime (artefatos e armas), os meios de subjugação das vítimas, métodos de invasão de propriedade etc.

É de Paul Roland (2010, p. 135) o precioso exemplo de diferenciação, *in verbis*: "Um exemplo excelente da diferença entre '*modus operandi*' e assina-

234

tura aparece de maneira clara em dois casos aparentemente similares de roubo a banco, nos quais os assaltantes forçaram os bancários e os clientes a tirar a roupa. Quando foram presos, um assaltante do Texas explicou que tinha ordenado que as pessoas tirassem as roupas de forma que elas ficariam tão preocupadas com sua situação que provavelmente não se lembrariam de seu rosto. Era o seu *modus operandi*. Em outro incidente em Michigan, um ladrão de banco forçou seus reféns a despir-se, formar pares e simular sexo enquanto eram fotografados. Não tinha nada a ver com o roubo, mas foi feito para satisfazer a perversão do assaltante. Era a sua assinatura".

Robert Ressler e John Douglas[10], peritos em criminal profiling da Unidade de Ciência Comportamental do FBI, em conjunto com os professores Ann W. Burgess e Ralph D'Agostino, apresentaram em 1984, em Oxford, Inglaterra, durante o encontro trienal da Associação Internacional de Ciências Forenses, um estudo sobre *serial killers*, com base em 36 presidiários, incluindo-se aí os famigerados assassinos em série Edmund Kemper e Herbert Mullin. Nesse estudo, descreveram as "características gerais" desses homicidas:

| 1 | A maioria é composta de homens brancos solteiros. |
|---|---|
| 2 | Inteligência, com QI médio de "superdotados". |
| 3 | Malgrado inteligentes, têm fraco desempenho escolar, histórico de empregos irregulares e, via de regra, são trabalhadores sem maiores qualificações. |
| 4 | Advêm de um ambiente familiar desestruturado e conturbado. Geralmente, foram abandonados quando pequenos por seus pais e cresceram em lares desfeitos e disfuncionais dominados por suas mães. |
| 5 | Existe um longo histórico de problemas psiquiátricos, comportamento criminoso e alcoolismo em suas famílias. |
| 6 | Quando crianças sofreram abusos, às vezes psicológicos, às vezes físicos, muitas vezes sexuais. Os maus-tratos brutais incutiram neles profundos sentimentos de humilhação e impotência. |
| 7 | Devido a ressentimentos em relação a pais distantes, ausentes ou abusivos, têm muita dificuldade de lidar com figuras de autoridade masculina. Dominados por suas mães, sentem profunda hostilidade em relação a elas. |
| 8 | Manifestam problemas mentais em uma idade precoce e muitas vezes são internados em instituições psiquiátricas quando crianças. |
| 9 | Apresentam extremo isolamento social e ódio generalizado pelo mundo e por todos (incluindo a si mesmos). Costumam ter tendências ao suicídio na juventude. |
| 10 | Há interesse precoce e duradouro pela sexualidade exagerada. São obcecados por fetichismo, voyeurismo e pornografia violenta (sadismo, masoquismo, vampirismo etc.). |

---

[10] Apud SCHECHTER, Harold. *Serial Killers*: anatomia do mal. Rio de Janeiro: Darkside Books, 2013. p. 35.

235

Entre os assassinos em série se distinguem dois tipos: **os paranoicos e os psicopatas**. O primeiro atua em consequência de seus delírios paranoides, quer dizer, ouve vozes ou tem alucinações que o induzem ao assassinato. Esse tipo não costuma ter juízo crítico de seus atos.

Já o tipo psicopata é muito mais perigoso. Devido à capacidade de fingir emoções (dissimulação) e de se apresentar extremamente sedutor, quase sempre consegue enganar suas vítimas.

O psicopata busca constantemente o próprio prazer, é solitário, muito sociável e de aspecto encantador[11]. Ele tem a sólida convicção de que tudo lhe é permitido, excita-se com o risco e com o proibido. Quando mata, tem como objetivo final humilhar a vítima para reafirmar sua autoridade e realizar sua autoestima. Para ele, o crime é secundário, e o que interessa, de fato, é o desejo de dominar, de sentir-se superior.

Quanto a sua forma de atuar, os assassinos em série se dividem em organizados e desorganizados.

**Organizados** são os mais astutos, que preparam os crimes minuciosamente, sem deixar pistas que os identifiquem.

Os **desorganizados**, mais impulsivos e menos calculistas, atuam sem se preocupar com eventuais erros.

Existem diferenças significativas entre assassinos em série organizados e desorganizados no próprio local de crime, nos termos da tabela comparativa a seguir:

| Organizados | Desorganizados |
|---|---|
| Violência planejada | Violência espontânea |
| Vítima é um alvo estranho | Vítima/local conhecidos |
| Personaliza a vítima | Despersonaliza a vítima |
| Conversa controlada (falante) | Pouca conversa |
| Cena do crime reflete controle geral | Cena do crime aleatória e desleixada |
| Vítima submissa às suas ações | Violência repentina contra a vítima |
| Prioriza atos agressivos antes da morte | Atos sexuais após a morte |
| Corpo é escondido | Corpo deixado à vista |
| Armas/provas ausentes | Provas/armas muitas vezes presentes no local |
| Vítima ou o corpo são transportados para outro lugar | Corpo é deixado no local de crime |
| Restringe a vítima (subjuga) | Mínima restrição à vítima |

---

[11]   Há alguns anos a telenovela abordou com eficiência o tema da psicopatia criminal, com a personagem Yvone, de "Caminho das Índias", interpretada pela atriz Letícia Sabatella, que demonstrava ânsia de se sair bem na vida, pouco importando o sofrimento alheio, sem remorso e de forma dissimulada.

236

Segundo o FBI, há características que diferenciam os criminosos organizados dos desorganizados, conforme tabela a seguir, citada por Brian Innes (2003, p. 75):

| Organizado | Desorganizado |
| --- | --- |
| Inteligência acima da média | Abaixo da média em inteligência |
| Socialmente habilidoso | Socialmente inadequado |
| Possivelmente trabalhador qualificado | Trabalhador não qualificado |
| Sexualmente competente | Sexualmente incompetente |
| É o mais velho dos irmãos | É um dos irmãos mais novos |
| Pai com emprego estável | Pai com emprego instável |
| Disciplina inconsistente na infância | Disciplina rígida quando criança |
| Controlado durante o crime | Ansioso durante o crime |
| Uso de álcool associado ao crime | Uso mínimo de álcool |
| Estresse situacional que precipita a conduta | Estresse situacional mínimo |
| Mora com alguém | Mora sozinho |
| Locomove-se com facilidade; tem um carro bom | Mora/trabalha perto da cena do crime |
| Interessa-se por notícias do crime | Não se interessa pela mídia |
| **DEPOIS DO CRIME** | **DEPOIS DO CRIME** |
| Pode mudar de emprego, bairro, cidade ou região | Muda de comportamento ou foge (ex.: uso de drogas) |

Uma vez capturados, os assassinos em série podem confessar seus crimes, às vezes se atribuindo a característica de serem mais vítimas que as pessoas que mataram.

De outra parte, Renato Posterli (2001, p. 193) aponta outra classificação dos *serial killers*:

a) **Visionário**: doente mental, psicótico, por vezes ouve vozes que o impulsionam a matar.

b) *Missionary oriented*: movido por sentimentos internos moralistas, ataca, em regra, grupos específicos de vítimas que contrariam seus princípios, tais como prostitutas e homossexuais.

c) **Assassino de luxúria**: mantém relações sexuais com a vítima, seguidas de tortura até a morte, apresentando sádico prazer; pode ser sedutor e de boa conversa, quando engana a vítima que jamais pensaria que o tipo "elegante" seria capaz de tal brutalidade.

Kim Rossno, detetive em Vancouver-Canadá, citado por Brian Innes (2003, p. 16), aponta que os *serial killers* podem ser divididos em quatro tipos, de acordo com a maneira que encontram suas vítimas:

1) **Caçador**: realiza uma busca pela vítima, levando em conta seu local de residência (do agressor).

2) **Furtivo**: realiza também uma busca pela vítima, mas a partir de um local diferente da sua residência, ou, ainda, desloca-se para outro bairro ou cidade para iniciar a "caçada".

3) **Oportunista**: encontra sua vítima enquanto está a realizar outra atividade qualquer; a vítima surge meio que gratuitamente no local errado e na hora errada.

4) **Ardiloso**: fica em posição de controle, pois exerce uma atividade ou profissão que lhe permite encontrar as vítimas dentro de um local que tem controle e conhecimento.

Kim Rossno ainda define três tipos de ofensor, segundo o modo de ataque às vítimas:

1) **Raptor**: ataca a vítima de imediato tão logo a encontra (age com dolo de ímpeto).

2) **Perseguidor**: a princípio, segue a vítima depois que a localiza e se aproxima gradualmente à espera de uma oportunidade para atacar.

3) **Predador**: parte para o ataque contra a vítima depois que a atrai para um local específico, como uma residência, local de trabalho, parque[12] ou outro lugar controlado pelo agressor. Geralmente o corpo da vítima é escondido no mesmo lugar.

As mulheres assassinas em série representam apenas 11% dos casos. Em geral são muito menos violentas que os assassinos homens e raramente cometem um homicídio de caráter sexual. Quando matam, não costumam utilizar armas de fogo e raramente usam armas brancas, sendo preferidos os métodos mais discretos e sensíveis (como os venenos).

---

[12] Em São Paulo-capital policiais civis do Departamento Estadual de Homicídios e de Proteção à Pessoa (DHPP) prenderam em agosto de 1998 o motoboy Francisco de Assis Pereira, apelidado pela imprensa paulista de "maníaco do parque", que, de 1994 a 1998, estuprou, violou e matou pelo menos nove mulheres e tentou matar outras dez no Parque do Estado, zona sul da cidade. Esse *serial killer* atraía as vítimas com promessas de fotografá-las para revistas e mídia. Matava por esganadura ou estrangulamento e chegou a praticar atos de canibalismo e ocultação de cadáver.

Normalmente, as assassinas planejam o crime cuidadosamente e de maneira sutil, apresentando-se como verdadeiros quebra-cabeças aos investigadores.

Essa singularidade faz com que possa passar muito tempo antes de a polícia conseguir identificá-las, localizá-las e prendê-las.

### 5.4.1 Assassino em série (serial killer) e assassino em massa (mass murderer)

Quando se estuda os *serial killers* (assassinos em série), percebe-se que existe um intervalo perceptível entre um crime e outro, geralmente de dias, meses e até anos, de modo sub-reptício, de maneira que a investigação policial tem muita dificuldade em clarear a autoria e desvendar o ilícito.

Por sua vez, o **assassino em massa** (*mass murderer*) é aquele sujeito que pratica o crime escancaradamente, matando inúmeras vítimas em segundos, minutos ou horas, quase sempre se suicidando em seguida. Nesse sentido, o matador em massa procura fazer o **maior número possível de vítimas num só instante**. Geralmente buscam notoriedade *post mortem* com o suicídio perpetrado depois dos homicídios. Entende-se haver uma correlação entre o genocida e o *mass murderer*, sendo aquele um subtipo deste[13].

Renato Posterli (2001, p. 153) alerta que, "nos Estados Unidos, 80% dos assassinos em massa suicidam-se no local da tragédia. Os que não se matam, rendem-se docilmente à polícia, sem oferecer resistência". Não foi o caso do atirador de Las Vegas (Stephen Paddock), que, em 1º de outubro de 2017, matou 59 pessoas e deixou mais de 500 feridas, e possuía um total de 42 armas. As autoridades encontraram 23 delas no quarto do hotel Mandalay Bay, onde ele se hospedou para atirar contra a plateia de um festival de música *country*. Ao invadir o local, a polícia o encontrou morto e, conforme as informações, teria se matado. Esse é considerado o maior caso de assassinato em massa nos EUA, superior aos 50 mortos em Orlando, numa boate, na madrugada de 12 de junho de 2016, cujo assassino foi identificado como Omar Mateen, um cidadão americano que estava no radar do FBI desde 2013, pois era de origem afegã e já houvera sido interrogado por duas vezes

---

[13] Apud TURVEY, Brent E. *Criminal profiling*. 4. ed. Academic Press, p. 522, para quem: "genocide is the deliberated and organized killing of large groups of people who are distinguides by their personal, political, and religious beliefs; their nationality; and/or their ethncity. Genocide is a subtype of mass murder". Ou, traduzindo: "genocídio é o assassinato deliberado e organizado de grandes grupos de pessoas que se distinguem por suas crenças pessoais, políticas e religiosas; sua nacionalidade; e/ou sua etnia. O genocídio é um subtipo de assassinato em massa".

pela polícia por suspeitas de ligação com o grupo terrorista Estado Islâmico. Entretanto, ele foi morto ao trocar tiros com a polícia.

O USA Bureau of Justice Statistics (Departamento de Justiça Americano, setor de estatísticas) define o assassinato em massa como aquele que tira a vida de quatro ou mais pessoas em uma única ocorrência.

A maior parte dos que cometem homicídios em massa se situa em três categorias:

- assassinos de famílias;
- doentes mentais;
- "trabalhadores" contrariados.

Esta última categoria (trabalhadores contrariados) contém uma nomenclatura geralmente equivocada, já que a maioria dos que cometem assassinatos em massa são ex-trabalhadores, desempregados que posteriormente voltam ao antigo local de trabalho para matar seus colegas, movidos por vingança, ódio extremo ou outro impulso desencadeante.

Tal definição é obviamente obsoleta, e não abrange os massacres cometidos por estudantes, como foi o caso do massacre do Instituto Columbine[14], em que jovens transtornados, acometidos de um furor assassino, adentraram a escola e mataram estudantes e professores, sem distinção, e depois se suicidaram.

Tom e Michael Philbin (2011, p. 19) afirmam que "assassinos em massa geralmente atuam sozinhos. Raiva e mágoas se agitam dentro deles até que eles explodem em selvageria solitária. Mas isso não é verdadeiro em relação aos assassinos em série – há grupos de homicidas no mundo do assassinato em série, e eles podem ser tão mortíferos quanto qualquer assassino que atue sozinho. Às vezes, esses grupos são namorados, ora são amigos ou parentes, e de vez em quando são marido e mulher; em geral, há um parceiro dominante, embora deixados à própria sorte, ambos são assassinos por seus próprios méritos".

---

[14] O **massacre de Columbine** aconteceu em 20 de abril de 1999 no Condado de Jefferson, Colorado, Estados Unidos, no **Instituto Columbine**, onde os estudantes **Eric Harris** (apelido ReB), de 18 anos, e **Dylan Klebold** (apelido VoDkA), de 17 anos, atiraram em vários colegas e professores, com um saldo de 15 mortos (incluindo o suicídio dos dois assassinos) e 25 feridos.

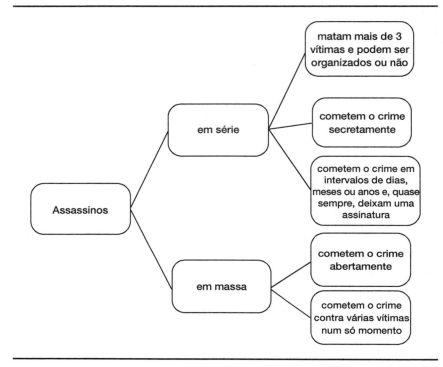

### 5.4.2 Matador por impulso ou por acaso (spree killer)

Matadores por impulso ou por acaso ou *spree killers* são assassinos que matam em lugares diversos, num lapso temporal muito curto.

Segundo definição do FBI (Federal Bureau of Investigation), *"spree killers* são homicidas que assassinam em dois ou mais locais diferentes com um intervalo mínimo de tempo entre os crimes. É um único acontecimento, cujo desenvolvimento ou execução pode se prorrogar por um período curto de tempo".

Fala-se também em **assassino relâmpago,** que guarda certa semelhança com o assassino em massa. O assassino relâmpago é um indivíduo que se tornou profundamente alienado e amargurado, que não se sente mais ligado à sociedade em que vive. Seu viver é um "nada" e sua fúria explosiva é o meio que ele encontra para dar fim à sua própria existência. **Dois motivos principais desencadeiam sua ação homicida: a vingança contra o mundo e o desejo de ser reconhecido como alguém especial** (ainda que no aspecto da violência). Harold Schechter (2013, p. 22) afirma que "a diferença determinante entre o assassino relâmpago e o assassino em massa tem a ver com o *movimento*. Enquanto este mata em um só lugar, o assassino relâmpago se desloca de um lugar a outro matando no percurso. Nesse sentido, o assassino relâmpago poderia ser mais bem descrito como um assassino em *massa itinerante*".

### 5.4.3 *Índice (grau) da Maldade*[15]

Trata-se de estudos onde é possível estabelecer o grau, limites da maldade humana conforme ensinam os criminólogos e pesquisadores Michael H. Stone e Gary Brucato, estabelecendo uma hierarquia constituída por 22 padrões, objetivando estabelecer o grau de maldade em crimes extremamente violentos e repudiados pela sociedade, onde são observados os fatores biológicos e psiquiátricos nos crimes cometidos através de homicídios em série, estupros em série, torturas, assassinatos em massa, terrorismo, etc.

No livro intitulado *Cruel*: Índice da Maldade, lançado em português em 2023, escrito por Michael H. Stone (Autor), Gary Brucato (Autor), Paulo Cecconi (Tradutor), verificam-se os diferentes graus de agressividade, impulsos psicopatas, que desembocam em uma escala do mal que vai do grau 1 ao 22 e possível de serem desenvolvidos pelos seres humanos. Os 22 padrões do índice da maldade são:

**Primeira categoria**

1) Homicídio justificado, assassinatos em legítima defesa cometidos por pessoas sem tração de psicopatia; 2) Assassinos passionais, egocêntricos e imaturos; 3) Cúmplices assassinos, movidos por impulsos e com traços antissociais; 4) Assassinatos em legítima defesa extremamente violentos; 5) Parricídio proveniente de traumas e sem remorso; 6) Assassinos impetuosos e sem traços de psicopatia;

**Segunda categoria**

7) Assassinos narcisistas e passionais com traços psicóticos; 8) Assassinatos motivados por raiva que podem resultar em massacre;

**Terceira categoria**

9) Assassinos passionais com traços ou total psicopatia; 10) Assassinos egocêntricos movidos por conveniência; 11) Assassinos psicopatas que eliminam obstáculos; 12) Psicopatas ambiciosos que matam quando encurralados; 13) Psicopatas inadequados e furiosos que podem cometer múltiplos assassinatos; 14) Psicopatas maniqueístas,ególatras e sem remorso;

**Quarta categoria**

15) Assassinos frios e psicopatas que cometem massacres; 16) Psicopatas que praticam múltiplos atos de violência;

**Quinta categoria**

17) Assassinos em série pervertidos que ocultam evidências e não torturam; 18) Assassinos torturadores sem prolongamento de tortura; 19) Psicopatas

---

[15] STONE, Michael H.; BRUCATO, Gary. Tradução de Paulo Cecconi. *Cruel*: Índice da maldade. Rio de Janeiro: DarkSide Books, 2023. 608 p.

242

terroristas que praticam dominação, intimidação, estupro e poucos assassinatos; 20) Assassinos – torturadores com psicoses distintas; 21) Psicopatas torturadores que não deixam rastro;

**Sexta categoria**

22) Assassinos – torturadores psicopatas cuja motivação não é exclusivamente sexual.

### 5.4.4 Transtornos parafílicos[16]

**Parafilia** é o termo atualmente empregado para os **transtornos da sexualidade**, antigamente chamados de "perversões", denominação ainda usada no meio jurídico. **Hoje em dia acrescente-se o termo transtorno parafílico, que designa uma parafilia que está causando sofrimento ou prejuízo ao indivíduo.** Investigar as parafilias é conhecer as variantes do erotismo em suas diversas formas de estimulação e expressão comportamental.

A parafilia, pela própria etimologia da palavra, diz respeito a "para", de paralelo, ao lado de "filia", de amor a, apego a. Portanto, para estabelecer um quadro de parafilia, infere-se que se reconhece algo que é convencional (estatisticamente normal) para, em seguida, detectar o que estaria "ao lado" desse convencional. Caracteriza-se a parafilia quando há necessidade de substituir a atitude sexual convencional (normal) por qualquer outro tipo de expressão sexual, sendo o substitutivo a preferida ou única maneira de a pessoa conseguir excitar-se e alcançar prazer.

Com estribo, no *Manual diagnóstico e estatístico de transtornos mentais*, 5.ª edição, texto revisado (**DSM-5-TR, é possível** o diagnóstico e classificação de transtornos mentais, seja na prática clínica, seja na pesquisa na área de saúde mental).

**Os transtornos parafílicos**[17] **são considerados: Voyeurístico** (espionar outras pessoas em atividades privadas), transtorno **exibicionista** (exposição dos genitais), transtorno **frotteurístico**[18] (originado do verbo francês *frotter* que sig-

---

[16]  MESH: Manual diagnóstico e estatístico de transtornos mentais. 5. ed. | Transtornos Mentais – classificação | Mental Distúrbios – diagnóstico – American Psychiatric Association: Diagnostic and Statistical Manual of Mental Disorders, Fifth Edition, Text Revision.Washington, DC, Associação Psiquiátrica Americana, 2022. p. 280.

[17]  A palavra parafilia advém dos prefixos "para" (fora/paralelo) e "filia" (predileção). Com isso, as parafilias são variações do **comportamento sexual que fogem ao padrão estabelecido pela sociedade**.

[18]  Desejo sexual de esfregar o órgão sexual em outra pessoa (pressupõe uma pessoa específica a quem deve se dirigir o ato de autossatisfação), por exemplo, aproveitar-se de aglomerações em transportes públicos ou em calçadas movimentadas para esfregar, encostar, seus órgãos genitais, em outra pessoa, geralmente, mulheres, também responde importunação sexual quem se masturba em frente a alguém porque aquela pessoa lhe desperta um impulso sexual, entretan-

nifica esfregar ou friccionar, isto é, tocar ou esfregar em uma pessoa que não consente), transtorno de **masoquismo sexual** (sofrer humilhação, escravidão ou sofrimento), transtorno de **sadismo sexual** (infligir humilhação, escravidão ou sofrimento), transtorno **pedofílico** (foco sexual em crianças), transtorno **fetichista** (usar objetos não vivos ou ter um foco altamente específico em partes não genitais do corpo). Os sete transtornos listados não esgotam a lista de possíveis transtornos parafílicos. Muitas dezenas de parafilias distintas foram identificadas e nomeadas, e quase qualquer uma delas poderia, em virtude de suas consequências negativas para o indivíduo ou para os outros, atingir o nível de um transtorno parafílico.

Importa destacar que esses transtornos têm sido tradicionalmente selecionados para listagem específica e atribuição de critérios diagnósticos explícitos no **DSM** por dois motivos principais: são relativamente comuns, em relação a outros transtornos parafílicos, e alguns deles envolvem ações para sua satisfação que, por causa de sua nocividade ou danos potenciais a outros, são classificados como ofensas criminais.

Vale lembrar que essas condutas (parafilia – transtorno da sexualidade) não convencionais podem ser consideradas crimes, portanto, passíveis de responsabilidades.

---

to, masturbar-se em praça pública sem visar alguém específico, trata-se do crime de ato obsceno. No **frotteurismo** não há violência ou grave ameaça, razão pela qual não se enquadra como estupro (art. 213 do CP), mas sim o delito de importunação sexual, previsto no art. 215-A do CP, que revogou o art. 61 da Lei de Contravenções Penais.

# 6º Capítulo

## Exame criminológico

### 6.1 Conceito de exame criminológico

Denomina-se **exame criminológico** o conjunto de pesquisas científicas de cunho biopsicossocial do criminoso para levantar um diagnóstico de sua personalidade e, assim, obter um prognóstico criminal.

Alvino Augusto de Sá (2007, p. 191) ensina que "o exame criminológico é uma perícia. Como tal, visa o estudo da dinâmica do ato criminoso, de suas 'causas', dos fatores a ele associados. Oferece pois, como primeira vertente, o diagnóstico criminológico. À vista desse diagnóstico, conclui-se pela maior ou menor probabilidade de reincidência, tendo-se então aí a segunda vertente, o prognóstico criminológico".

De outra parte, Newton e Valter Fernandes (2002, p. 245) sustentam que "o exame criminológico tem a missão de estudar a personalidade do criminoso, sua capacidade para o delito, a medida de sua perigosidade e, ainda, sua sensibilidade à pena e sua respectiva probabilidade de correção".

Esse exame tem por objetivo detalhar a personalidade do delinquente, sua imputabilidade ou não, o teor de sua periculosidade, a sensibilidade à pena e a probabilidade de sua correção. Tal exame congregava estudos jurídico, social, psicológico e psiquiátrico do condenado.

O exame criminológico não se confunde com o exame psiquiátrico (incidente de insanidade mental do acusado), destinado a apurar o grau de responsabilidade penal ou imputabilidade do autor, para efeito de apenamento.

Como bem adverte Renato Marcão (2007, p. 12), baseando-se no art. 8º da Lei de Execução Penal – Lei n. 7.210/84 –, "o exame *criminológico é realizado para o resguardo da defesa social, e busca aferir o estado de temibilidade do delinquente*".

No exame criminológico é necessária uma atuação pluridimensional dos envolvidos a fim de que se possa traçar o perfil psicossocial do criminoso.

A par das informações jurídico-penais do delinquente, é curial a ação multidisciplinar na colheita de dados do criminoso. Destarte, a atuação de médicos, psicólogos, assistentes sociais, advogados etc. é imprescindível.

245

Nesse sentido, fala-se que o exame criminológico se subdivide em exame morfológico, exame funcional, exame psicológico, exame psiquiátrico, exame moral, exame social e exame histórico.

| Subdivisão do exame criminológico | |
|---|---|
| Exame morfológico | Análise somática, medidas e proporções do corpo humano, massa corporal, óssea etc. |
| Exame funcional | Análise clínica, neurológica e eletroencefalográfica |
| Exame psicológico | Perfil psicológico: nível mental do criminoso (prova de Raven), caracteres da personalidade e grau de agressividade (psicodiagnóstico miocinético – PMK) |
| Exame psiquiátrico | Diagnose de doenças mentais, por meio dos fatores psicoevolutivos e jurídico-penais. Anamnese + exame somático + exame psíquico |
| Exame moral | Análise ética do ensino-aprendizagem. Imorais (desrespeitam as normas) e amorais (não assimilam as normas) |
| Exame social | Análise das condições de vida e meio social (família, situação econômica etc.) |
| Exame histórico | Reconstrução da interação familiar vivida (anamnese) |

## *Exame Criminológico (na atualidade)*

Indispensáveis as lições de Renato Brasileiro de Lima[1] sobre o exame criminológico, mostrando efetivamente sua importância e alcance para a progressão de regime prisional: "Por meio da análise de questões de ordem psicológica e psiquiátrica do condenado, este exame pericial visa revelar elementos como maturidade, frustrações, vínculos afetivos, grau de agressividade e periculosidade, eventual dissimulação, nível de reflexão sobre os atos cometidos, (in)segurança da personalidade, dificuldade de observar leis e normas, interesse em trabalhar ou frequentar cursos profissionalizantes e, a partir daí, prognosticar a potencialidade de novas práticas criminosas por parte do apenado. Trata-se de avaliação não invasiva, já que se efetiva por meio de entrevista com técnico ou especialista, não produzindo qualquer ofensa física ou moral. Apesar de a LEP não o dizer, cuida-se de espécie de perícia, que busca descobrir a capacidade de adaptação do condenado ao regime de cumprimento da pena; a probabilidade de não delinquir; o grau de probabilidade de reinserção na sociedade, através de um exame genético, antropológico, social e psicológico. Em conjunto com o exame de personalidade, as duas perícias poderão fornecer elementos cruciais para a

---

[1] LIMA, Renato Brasileiro de. *Manual de execução penal*. São Paulo: JusPodivm, 2022. p. 55.

percepção das causas do delito, indicando, assim, possíveis fatores para evitar a reiteração delituosa".

Convém ressaltar que a Lei n. 14.843/2024, conhecida como "Lei das Saidinhas", conferiu nova redação ao art. 112, § 1º, e ao art. 114, II, da Lei de Execução Penal (Lei n. 7.210, de 11 de julho de 1984), que passou a exigir o **exame criminológico** para a progressão de regime prisional, atendendo ao princípio da individualização da pena (previsto no art. 5º, XLVI, da CF) ao sistema progressivo de regime, conforme se vê:

"Art. 112 [...] § 1º Em todos os casos, o apenado somente terá direito à progressão de regime se ostentar boa conduta carcerária, comprovada pelo diretor do estabelecimento, **e pelos resultados do exame criminológico**, respeitadas as normas que vedam a progressão. (Redação dada pela Lei n. 14.843, de 2024)".

Além disso, conforme dicção do § 2º do art. 112 da LEP, a decisão do juiz que determinar a progressão de regime será sempre motivada e precedida de manifestação do Ministério Público e do defensor, procedimento que também será adotado na concessão de livramento condicional, indulto e comutação de penas, respeitados os prazos previstos nas normas vigentes.

No mesmo sentido do § 1º do art. 112, veja-se o **art. 114 da LEP**, determinando outro requisito de restrição estabelecendo que somente poderá ingressar no regime aberto o condenado que: "II – apresentar, pelos seus antecedentes **e pelos resultados do exame criminológico**, fundados indícios de que irá ajustar-se, com autodisciplina, baixa periculosidade e senso de responsabilidade, ao novo regime. (Redação dada pela Lei n. 14.843, de 2024)".

Importa dizer que a progressão de regime é um direito constitucional garantido a presos que estão cumprindo pena; entretanto, para a concessão do benefício, o juiz deve analisar se o preso preenche os requisitos da lei. As alterações mencionadas aumentaram as dificuldades para o apenado alcançar regimes prisionais menos gravosos à liberdade.

**O art. 112 da Lei de Execução Penal** (Lei n. 7.210, de 11 de julho de 1984) trata da possibilidade de o juiz da execução penal alterar a forma de cumprimento da pena privativa de liberdade, em função da evolução do condenado e das circunstâncias do caso concreto. O que se busca aqui é a humanização do sistema penal através da adequação e do cumprimento das penas conforme o perfil do condenado, objetivando que efetivamente sua ressocialização seja alcançada respeitando sua dignidade.

Com a entrada em vigor da nova **Lei n. 14.994/2024** (Pacote Antifeminicídio), o feminicídio deixou de ser uma qualificadora do crime de homicídio para se tornar um **crime autônomo previsto expressamente no art.** 121-A[2], **do Código Penal,** estabelecendo pena de reclusão de 20 a 40 anos.

Cabe ainda destacar que a Lei n. 7.210, de 11 de julho de 1984, também conhecida como Lei de Execuções Penais – LEP, tem como finalidade efetivar as disposições de sentença ou decisão criminal. Neste caso, o art. 112 da citada lei impõe que a pena privativa de liberdade será executada em forma progressiva com a transferência para regime menos rigoroso, a ser determinada pelo juiz, quando o preso tiver cumprido ao menos: "I – 16% (dezesseis por cento) da pena, se o apenado for primário e o crime tiver sido cometido sem violência à pessoa ou grave ameaça; II – 20% (vinte por cento) da pena, se o apenado for reincidente em crime cometido sem violência à pessoa ou grave ameaça; III – 25% (vinte e cinco por cento) da pena, se o apenado for primário e o crime tiver sido cometido com violência à pessoa ou grave ameaça; IV – 30% (trinta por cento) da pena, se o apenado for reincidente em crime cometido com violência à pessoa ou grave ameaça; V – 40% (quarenta por cento) da pena, se o apenado for condenado pela prática de crime hediondo ou equiparado, se for primário; VI – 50% (cinquenta por cento) da pena, se o apenado for: a) condenado pela prática de crime hediondo ou equiparado, com resultado morte, se for primário, vedado o livramento condicional; b) condenado por exercer o comando, individual ou coletivo, de organização criminosa estruturada para a prática de crime hediondo ou equiparado; ou c) condenado pela prática do crime de constituição de milícia

---

2  "Art. 121-A. Matar mulher por razões da condição do sexo feminino: (Incluído pela Lei n. 14.994, de 2024):

Pena – reclusão, de 20 (vinte) a 40 (quarenta) anos. (Incluído pela Lei n. 14.994, de 2024).

§ 1º Considera-se que há razões da condição do sexo feminino quando o crime envolve: (Incluído pela Lei n. 14.994, de 2024):

I – violência doméstica e familiar (Incluído pela Lei n. 14.994, de 2024); II – menosprezo ou discriminação à condição de mulher. (Incluído pela Lei n. 14.994, de 2024); § 2º A pena do feminicídio é aumentada de 1/3 (um terço) até a metade se o crime é praticado: (Incluído pela Lei n. 14.994, de 2024); I – durante a gestação, nos 3 (três) meses posteriores ao parto ou se a vítima é a mãe ou a responsável por criança, adolescente ou pessoa com deficiência de qualquer idade (Incluído pela Lei n. 14.994, de 2024); II – contra pessoa menor de 14 (catorze) anos, maior de 60 (sessenta) anos, com deficiência ou portadora de doenças degenerativas que acarretem condição limitante ou de vulnerabilidade física ou mental (Incluído pela Lei n. 14.994, de 2024); III – na presença física ou virtual de descendente ou de ascendente da vítima (Incluído pela Lei n. 14.994, de 2024); IV – em descumprimento das medidas protetivas de urgência previstas nos incisos I, II e III do *caput* do art. 22 da Lei n. 11.340, de 7 de agosto de 2006 (Lei Maria da Penha) (Incluído pela Lei n. 14.994, de 2024); V – nas circunstâncias previstas nos incisos III, IV e VIII do § 2º do art. 121 deste Código. (Incluído pela Lei n. 14.994, de 2024)

**Coautoria** (Incluído pela Lei n. 14.994, de 2024); § 3º Comunicam-se ao coautor ou partícipe as circunstâncias pessoais elementares do crime previstas no § 1º deste artigo. (Incluído pela Lei n. 14.994, de 2024)."

248

privada; **VI-A³ – 55% (cinquenta e cinco por cento) da pena, se o apenado for condenado pela prática de feminicídio, se for primário, vedado o livramento condicional;** VII – 60% (sessenta por cento) da pena, se o apenado for reincidente na prática de crime hediondo ou equiparado; VIII – 70% (setenta por cento) da pena, se o apenado for reincidente em crime hediondo ou equiparado com resultado morte, vedado o livramento condicional".

A consequência lógica da decisão do Superior Tribunal de Justiça é de que cabe ao juiz de direito, verificando todos os elementos dos autos, decidir se determina ou não a realização de exame criminológico para efeito de progressão de pena, desde que o faça de maneira fundamentada.

## 6.2 Testes de personalidade

A realização de testes e exames criminológicos para o prognóstico de condutas futuras ou, ainda, para projetar a diminuição ou não da periculosidade do agente com certo grau de eficiência e confiabilidade depende muito da capacidade de quem realiza o procedimento e das condições e capacidades do "paciente".

Conforme já se disse, os testes de personalidade projetivos buscam aferir a personalidade do agente por meio de desenhos, quadros etc., os quais oferecem certo estímulo ao examinando. Os métodos ou técnicas projetivos procuram, por vários meios, captar as tendências afetivas do examinando.

Interessante citar os seguintes testes projetivos:

a) **PMK** (psicodiagnóstico miocinético de periculosidade delinquencial), idealizado por Myra y Lopes, que tem base na consciência motora, atrelando a psiquê ao movimento muscular. Em outras palavras, analisa-se a personalidade do indivíduo por meio de suas atitudes, as quais são previamente preparadas e condensadas no cérebro antes da execução e decorrem de movimentos musculares em consequência de estímulos recebidos.

b) **Teste da árvore de Koch**, em que o examinando é convidado a desenhar uma árvore; assim fazendo, afirma-se inconscientemente o autorretrato, realizado sem qualquer limitação da consciência ou da vontade. Além disso, como alerta Luíz Angelo Dourado (1969, p. 137), "o desenho traduz igualmente aquisições educacionais e ambientais", proporcionando esclarecimentos acerca do desenvolvimento e caráter do examinando.

---

³ Redação dada pela nova Lei n. 14.994/2024 (Pacote Antifeminicídio).

## 6.3 Caracterologia

A caracterologia é a disciplina psicológica que se dedica ao estudo dos caracteres humanos.

Entende-se por caráter um conjunto de disposições herdadas e de tendências adquiridas, o qual, sem ser rígido e imutável, possui relativa estabilidade e consistência e serve de base às peculiaridades pessoais das vivências, das apreciações valorativas e das vontades do indivíduo.

O objeto da caracterologia é a gênese das formas estruturais e da análise do que constitui propriamente o caráter.

"Caráter" vem do termo grego *charaktér*, que significa cunhar, marcar, e compreende o temperamento ou o conjunto das disposições intelectuais e afetivas, herdadas ou adquiridas, que o constituem.

Desse modo, **caráter é a marca da personalidade**, que lhe dá o tom principal, indicando sua desenvoltura e aptidão para listar valores. Por isso se fala em indivíduo bom ou mau caráter.

Há muitas classificações caracterológicas; por se tratar de uma ciência nova, não tem dado respostas definitivas.

## 6.4 Identificação do perfil genético (coleta de material biológico para a obtenção do perfil genético)

Cumpre salientar que, com o advento da Lei n. 13.964/2019 (Pacote Anticrime), a coleta de perfil genético como forma de identificação criminal passou a estabelecer duas hipóteses diversas. A primeira foi a modificação do *caput* do art. 9º-A da Lei de Execução Penal inserindo vários parágrafos no dispositivo.

Contudo, a nova redação restringiu a aplicação da norma a um rol menor de infração penal, vale dizer, o condenado por crime doloso praticado com violência grave contra a pessoa, bem como por crime contra a vida, contra a liberdade sexual ou por crime sexual contra vulnerável, será submetido, obrigatoriamente, à identificação do perfil genético, mediante extração de DNA (ácido desoxirribonucleico), por técnica adequada e indolor, por ocasião do ingresso no estabelecimento prisional, sendo excluída da redação do dispositivo a menção a qualquer crime hediondo constante do art. 1º da Lei n. 8.072/90[4].

Para Araujo, Távora e Alencar (2021, p. 8-9), "Apesar da garantia constitucional da não autoincriminação, prevista especialmente no artigo 5º, inciso LXIII, da Constituição Federal, a legislação brasileira admite a coleta compulsó-

---

[4]   Com o advento da Lei n. 13.964/2019, foi ampliado o rol de crimes hediondos previstos na Lei n. 8.072/90.

ria de material biológico como forma de identificação criminal (...). Os dados obtidos a partir da extração do DNA possibilitam o aperfeiçoamento das investigações criminais, que passam a contar com um sistema mais preciso e confiável.

Se por um lado essa técnica viabiliza que o material genético aponte, de forma segura, o possível criminoso, sendo factível, vale reforçar, até mesmo nos casos em que ainda não exista um único suspeito, por outro, ela também opera como um sistema de proteção ao acusado, porque é capaz de excluir, com igual precisão e certeza, a possibilidade da sua autoria no fato. De todo modo, deve ser lembrado o postulado da presunção da inocência, como manto de maior proteção, para objetar que, no espaço de dúvida e diante de eventual inconsistência ou de quebra da cadeia de custódia do material genético coletado, a resposta estatal deve ser a de tutelar a liberdade do imputado".

---

Texto atual do *caput* art. 9º-A da LEP, alterado pela Lei n. 13.964/2019, disciplinando em quais infrações penais terá incidência a identificação do perfil genético.

✓ Crimes dolosos praticados com violência grave contra a pessoa;

✓ Crimes contra a vida;

✓ Crimes contra a liberdade sexual; e

✓ Crimes sexuais contra vulnerável.

---

A identificação do perfil genético será armazenada em banco de dados de caráter sigiloso, possibilitando à autoridade policial, federal ou estadual requerer ao juiz competente, no caso de inquérito instaurado, o acesso ao banco de dados de identificação de perfil genético. Nesse contexto, importa esclarecer que constitui falta grave a recusa do condenado em submeter-se ao procedimento de identificação do perfil genético.

Essa alteração na Lei de Execução Penal é muito criticada por parte da doutrina, considerando que a identificação compulsória do perfil genético através da extração do DNA com objetivo de constituição de meio de prova provoca ofensa ao princípio da não autoincriminação (*nemo tenetur se detegere*), entretanto, não nos filiamos a essa argumentação. Nesta senda, com o objetivo de esclarecer melhor o assunto, são indispensáveis os ensinamentos do festejado professor Rogério Sanches Cunha (2020, p. 344-345): "Criticamos, apenas, o caráter compulsório o fornecimento do material pelo condenado, cuja recusa agora passa a ser punível como falta grave (§ 8º). Isso nos parece inconstitucional e inconvencional, ferindo o direito da pessoa presa de não produzir contra si mesma (*nemo tenetur se detegere*), a sua integridade física e a sua privacidade. Logo, deve o Estado, através de métodos não invasivos (salvo se o preso concordar com tais procedimentos) colher material desprendido do corpo do reeducando para servir à identificação genética. O Estado não está impedido de usar vestígios para colher material útil na identificação do indivíduo. Não há nenhum obstáculo para a sua apreensão e verificação (ou análise ou exame). São partes do corpo humano (vivo) que já não pertencem a ele. Logo, materiais análogos podem ser apreendidos e submetidos a exame normalmente, sem nenhum tipo de consentimento da pessoa (ex.: exame do DNA da saliva que se achava nos cigarros fumados e jogados fora pelo condenado). Nesse sentido, aliás, decidiu o STJ. Ao julgar HC impetrado pela Defensoria Pública de Minas Gerais, em 2018, deliberou que a produção de prova por meio de exame de DNA sem o consentimento do investigado é permitida se o material biológico já está fora de seu corpo e foi abandonado, ocasião em que se tornou objeto público. No caso, o investigado se encontrava preso e havia se recusado a ceder material genético. Diante disso, a coleta foi realizada a partir de utensílios usados e descartados, possibilitando o esclarecimento de um crime ocorrido 10 anos antes. Para o Ministro relator Reynaldo Soares da Fonseca, 'o que não se permite é o recolhimento do material genético à força (violência moral ou física), o que não ocorreu na espécie, em que o copo e a colher de plásticos utilizados pelo paciente já haviam sido descartados' (o número deste processo não é divulgado em razão de segredo judicial)".

No estudo ora em comento, leciona Márcio Alberto Gomes Silva (2022, p. 18): "O estudo do dispositivo revela que a lei determina a identificação do perfil genético como efeito automático decorrente de condenação pela prática de crime doloso praticado com violência grave contra a pessoa, crime contra a vida, contra a liberdade sexual ou por crime sexual contra vulnerável. A constitucionalidade do dispositivo, contudo, é discutida, em face do direito a não autoincriminação (inciso LXIII do artigo 5º da CF e artigo 8º, inciso II, 'g', da Convenção Americana sobre os Direitos Humanos). O artigo (em sua redação anterior ao Pacote Anticrime) teve sua constitucionalidade questionada no Supremo Tribunal Federal nos autos do RE 973837, relator Ministro Gilmar Mendes, com repercussão geral reconhecida pela Corte. O relator cita decisões do Tribunal Europeu dos Direitos Humanos para demonstrar a relevância dos debates em torno do tema (penso que o dispositivo é constitucional, na medida em que se trata, apenas e tão somente, de determinação legal de identificação criminal compulsória, desapegada de investigações/processos específicos em andamento em desfavor do condenado)".

É importante dizer que a outra hipótese de coleta de perfil genético durante a fase de investigação policial está fincada na Lei n. 12.037/2009 (alterada pelo Pacote Anticrime), versando sobre identificação criminal de civis. A extração do material genético dependerá de prévia autorização judicial. Releva informar que a Lei referenciada autoriza a exclusão do perfil genético do banco de dados nos casos de absolvição ou, havendo condenação, mediante requerimento depois de vinte anos do cumprimento da pena, na hipótese de a identificação criminal ser essencial às investigações policiais.

A Lei do Pacote Anticrime (Lei n. 13.964/2019) também inseriu no nosso ordenamento jurídico o Banco Nacional Multibiométrico e de Impressões Digitais, que autoriza a coleta de material genético e de registros biométricos, impressões digitais, de íris, face e voz de presos provisórios e definitivos, bem como de investigados, respondendo civil, penal e administrativamente aquele que permitir ou promover sua utilização para fins diversos.

A identificação civil esta prevista no art. 2º da Lei n. 12.037/2009, sendo atestada por qualquer dos seguintes documentos: carteira de identidade; carteira de trabalho; carteira profissional; passaporte; carteira de identificação funcional ou outro documento público que permita a identificação do indiciado. Equiparam-se aos documentos de identificação civis os documentos de identificação militares.

Existem três espécies de Identificação criminal: a) Identificação fotográfica; b) Identificação dactiloscópica (digitais); e c) Coleta de material biológico para a obtenção do perfil genético. Esta última foi acrescentada pela Lei n. 12.654/2012. Essas hipóteses também estão previstas na Lei n. 12.037/2009. A regra constitucional é a de que a pessoa que for civilmente identificada não será submetida à identificação criminal, salvo nas hipóteses previstas em lei (art. 5º, LVIII).

Embora apresentado documento de identificação, poderá ocorrer identificação criminal quando o documento apresentar rasura ou tiver indício de falsificação; o documento apresentado for insuficiente para identificar cabalmente o indiciado; o indiciado portar documentos de identidade distintos, com informações conflitantes entre si; a identificação criminal for essencial às investigações policiais, segundo despacho da autoridade judiciária competente, que decidirá de ofício ou mediante representação da autoridade policial, do Ministério Público ou da defesa; constar de registros policiais o uso de outros nomes ou diferentes qualificações; o estado de conservação ou a distância temporal ou da localidade da expedição do documento apresentado impossibilite a completa identificação dos caracteres essenciais.

# 7º Capítulo

## Temas contemporâneos em criminologia

O fenômeno **bullying** significa o desejo consciente e intencional de maltratar uma pessoa ou deixá-la sob tensão, manifestando-se sobretudo no ambiente escolar. Conforme leciona José César Naves de Lima Júnior (2014, p. 92), "o 'bullying' pode ser praticado de muitas formas. O agente agride a vítima verbalmente por meio de piadas ofensivas, insultos, gozações, xingamentos e até colocando apelidos pejorativos. A violência também pode ser física, como chutes, socos, empurrões ou mesmo roubo de objetos".

Não se confunde com as brincadeiras pueris entre crianças e adolescentes.

No Brasil não existe correspondente para essa palavra inglesa, mas inúmeras condutas significam discriminação e violência, como colocar apelidos pejorativos, isolar, perseguir, tiranizar, agredir, roubar, provocar etc.

*Bullying*

Agressões, roubos, perseguições

Apelidos ofensivos, provocações

Discriminação geral no ambiente escolar

Somente com posturas sérias e comprometidas com o ensino é que se pode detectar e coibir as práticas odiosas de preconceito e exclusão, tão presentes entre crianças e adolescentes. É preciso cultivar a tolerância (convivência harmônica dos desiguais) e a solidariedade. Hoje, em 2021, a moda na ativida-

254

de coletiva de discriminação é "cancelar" o outro, quer deletando-o das redes sociais e dos mecanismos de comunicação, quer por desprezo pessoal mesmo. É uma espécie de *cyberbullying* e de *bullying* em que, muitas vezes por conta de opinião política, social ou esportiva, o indivíduo é nulificado pelo grupo social. São verdadeiros déspotas de uma geração idiotizada pelo computador, frágeis do ponto de vista afetivo e sem traços de virtudes de caráter.

O *bullying* é um comportamento agressivo, antissocial e repetitivo que visa intimidar, humilhar, causar angústia a outra pessoa; ocorre de maneira mais acentuada nos ambientes escolares, de trabalho ou em qualquer outra interação social, podendo levar a vítima ao suicídio, a praticar automutilação e causar severas sequelas psicológicas.

Não sem razão, o legislador, preocupado com esse instituto devastador, resolveu criar uma tipificação autônoma no Código Penal para efetivamente combater os autores dessas condutas nefastas, através da **Lei n. 14.811/2024**[1], que entrou em vigor na data de sua publicação, ou seja, no dia 15 de janeiro de 2024 e instituiu medidas de proteção à criança e ao adolescente contra a violência nos estabelecimentos educacionais ou similares, prevê a Política Nacional de Prevenção e Combate ao Abuso e Exploração Sexual da Criança e do Adolescente e altera o Decreto-Lei n. 2.848, de 7 de dezembro de 1940 (Código Penal), e as Leis n. 8.072, de 25 de julho de 1990 (Lei dos Crimes Hediondos), e n. 8.069, de 13 de julho de 1990 (Estatuto da Criança e do Adolescente). Dessa forma esta lei tipificou o crime de **Intimidação sistemática (*bullying*)** no art. 146-A do Código Penal, além da **Intimidação sistemática virtual (*cyberbullying*)** no seu parágrafo único, que tem a seguinte dicção:

> **Art. 146-A.** *Intimidar sistematicamente, individualmente ou em grupo, mediante violência física ou psicológica, uma ou mais pessoas, de modo intencional e repetitivo, sem motivação evidente, por meio de atos de intimidação, de humilhação ou de discriminação ou de ações verbais, morais, sexuais, sociais, psicológicas, físicas, materiais ou virtuais:*
>
> *Pena – multa, se a conduta não constituir crime mais grave*
>
> **Intimidação sistemática virtual** (cyberbullying)
>
> **Parágrafo único.** *Se a conduta é realizada por meio da rede de computadores, de rede social, de aplicativos, de jogos* **on-line** *ou por qualquer outro meio ou ambiente digital, ou transmitida em tempo real:*
>
> *Pena – reclusão, de 2 (dois) anos a 4 (quatro) anos, e multa, se a conduta não constituir crime mais grave.*

---

1 Esta lei criminaliza o **bullying** e o *cyberbullying* no Brasil, e estabelece medidas de proteção para crianças e adolescentes contra a violência em ambientes educacionais. A lei define o *bullying* como intimidação sistemática, seja física ou psicológica, e o *cyberbullying* como uma forma de intimidação virtual.

O **assédio moral** é tema recorrente em criminologia, também chamado de manipulação perversa ou terrorismo psicológico, expressões mais comumente empregadas para sua definição. O termo em francês é *harcèlement moral*; *mobbing* na Alemanha, na Itália e nos países escandinavos. Na Inglaterra o termo preferido é *bullying*.

"Assediar", por sua vez, significa perseguir com insistência (incomodar, molestar).

No setor trabalhista, ***mobbing*** significa os atos e comportamentos provindos do patrão, gerente, superior hierárquico ou dos colegas que traduzem uma atitude de contínua e ostensiva **perseguição** que possa acarretar danos relevantes às condições físicas, psíquicas e morais da vítima.

*Mobbing* ou assédio moral

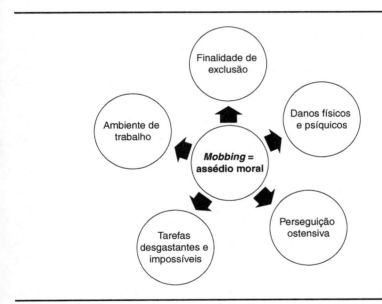

Existe conflito no local de trabalho entre colegas ou entre superior e subordinado. O importunado é posto em condição de debilidade e incapacidade, sendo agredido direta ou indiretamente por uma ou mais pessoas, de forma sistemática e contínua, geralmente por um período de tempo relativamente longo.

O objetivo é a exclusão do mundo do trabalho, consistindo num processo encarado pela vítima como discriminatório ("robotização").

O *stalking* é uma modalidade de **assédio moral mais grave**, notadamente porque se reveste de ilicitude penal. Geralmente ocasiona invasão de privacidade da vítima; reiteração de atos; danos emocionais; danos a sua reputação; mudança de modo de vida e restrição ao direito de ir e vir. O *stalker* assemelha-se ao animal predador à espreita da caça. Exemplos: ligações no celular, ramalhetes de flores, mensagens amorosas, *e-mails* indesejáveis, espera na saída do trabalho etc.

É importante consignar que o tema *stalking* (perseguição contumaz, obsessiva ou assédio por intrusão) mereceu atenção de nossos legisladores, pois foi acrescentado como crime previsto no art. 147-A do CP, com pena prevista de reclusão, de seis meses a dois anos, e multa, pela Lei n. 14.132/2021, revogando o art. 65 da Lei das Contravenções Penais, que tipificava a perturbação da tranquilidade, considerando que atualmente era reconhecido como insuficiente como resposta estatal, principalmente em face das inovações dos meios eletrônicos, e que a prática de perseguição pelos meios digitais é rotineira, e denominada pela doutrina de *cyberstalking*.

Para Vladimir Aras (2021, p. 3), "o *stalking* caracteriza-se pela ocorrência de contatos forçados ou indesejados entre o agressor e a vítima, de forma repetitiva ou sistemática, numa frequência e configuração que interferem em sua vida privada, em suas atividades cotidianas ou em seu trabalho. É uma forma abusiva de assédio pessoal".

Como se pode verificar, trata-se de infração de menor potencial ofensivo, possibilitando ao autor, em tese, os institutos despenalizadores da transação penal e da suspensão condicional do processo.

Neste raciocínio, o consagrado Professor e Delegado de Polícia Eduardo Luiz Santos Cabette (2010) ensina que "A expressão 'Assédio por Intrusão' e o termo em inglês '*Stalking*' designam a ação de perseguição deliberada e reiterada perpetrada por uma pessoa contra a vítima, utilizando-se das mais diversas abordagens tais como agressões, ameaças ou ofensas morais reiteradas, assédio por telefone, e-mail, cartas ou a simples presença afrontante em determinados lugares frequentados pela vítima (escola, trabalho, clubes, residência etc.)".

Com amparo nas lições do saudoso mestre Damásio E. de Jesus (2008), ressai de forma límpida o entendimento de que "*Stalking* é uma forma de violência na qual o sujeito ativo invade a esfera de privacidade da vítima, repetindo incessantemente a mesma ação por maneiras e atos variados, empregando táticas e meios diversos: ligações nos telefones celular, residencial ou comercial, mensagens amorosas, telegramas, ramalhetes de flores, presentes não solicitados, assinaturas de revistas indesejáveis, recados em faixas afixadas nas proximidades da residência da vítima, permanência na saída da escola ou do trabalho, espera de sua passagem por determinado lugar, frequência no mesmo local de lazer, em supermercados etc. O *stalker*, às vezes, espalha boatos sobre a conduta profissional ou moral da vítima, divulga que é portadora de um mal grave, que foi demitida do emprego, que fugiu, que está vendendo sua residência, que perdeu dinheiro no jogo, que é procurada pela Polícia etc. Vai ganhando, com isso, poder psicológico sobre o sujeito passivo, como se fosse o controlador geral dos seus movimentos".

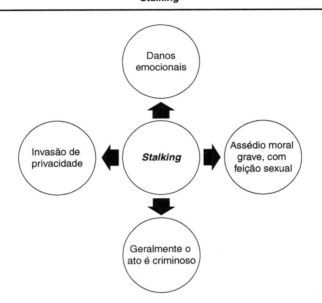

**Assédio afetivo** é uma forma **genérica** de violência psicológica, que se manifesta em diversas modalidades:

a) **Cronofagia maligna**[2], que se caracteriza pela destruição sistemática do tempo da vítima, reiteradamente interrompida em seus afazeres por perguntas banais e inoportunas, problemas sem solução e questões irrelevantes. Procura-se ocupar todos os espaços da vida da vítima, que, a princípio, fica impressionada com a atenção dispensada, mas depois se vê sufocada com as ações de assédio, experimentando danos psicológicos (depressão, estresse, nervosismo etc.) e, não raro, patrimoniais, pois acaba prejudicada em seus trabalhos habituais.

---

[2] Apud GONZÁLEZ DE RIVERA, José Luis. *El maltrato psicológico*. 3. ed. España: Espasa-Calpe, 2005. p. 28-29; LAUCIRICA, Roberto Altuna. *Psicoterror laboral*. Separata de Máster oficial em valoración del daño corporal, daño cerebral y discapacidades. Madrid: Imgraf, 2008.

b) **Canibalismo afetivo**[3], que se caracteriza pela necessidade constante e exagerada de expressar e receber palavras, gestos e contatos carinhosos ou amorosos em face da vítima, onde quer que ela esteja. É uma variante da cronofagia; o canibalismo afetivo seria uma espécie mais elaborada dessa forma de assédio. Trata-se de uma espécie perigosa de assediador, que não raro perde o controle psicológico quando rechaçado em seus impulsos. Essa modalidade de assédio afetivo acaba por constranger em altos níveis a vítima, que, da mesma forma que na cronofagia, tem grande potencial para desenvolver doenças psíquicas (depressão, síndrome do pânico, insônia etc.). Assim, o canibalismo afetivo pode gerar verdadeiro desastre na vida da vítima, produzindo-lhe lesões corporais, ofensas morais e até mesmo a morte.

c) **Fragilidade afetiva**[4], que se relaciona com as duas modalidades anteriores, sendo, em regra, variante de uma delas. Caracteriza-se por lamentações e posturas de ofendido e traído, quando a vítima do assédio afetivo (da cronofagia ou do canibalismo) exige que sua intimidade seja preservada. O afetivamente frágil, a partir do esboço de reação da vítima, coloca-se como se ele próprio sofresse o processo de vitimização (falseia choros, depressão etc.). Pode acrescer mais gravidade aos danos morais e patrimoniais ocasionados à vítima.

d) **Chantagem afetiva**[5], que se caracteriza por ameaças diretas ou indiretas de acabar com o relacionamento afetivo caso a vítima não satisfaça determinados desejos, exigências ou condições. Na chantagem afetiva verificamos um fenômeno inverso ao que ocorre em relação à cronofagia, ao canibalismo afetivo e à fragilidade afetiva. A vítima acaba por ceder aos desejos do assediador quando chantageada afetivamente. A chantagem afetiva causa profunda humilhação; a vítima perde a dignidade e a autoestima. A maioria das exigências ligadas à chantagem afetiva tem caráter sexual (exemplos: a vítima é compelida a fazer sexo anal, sexo grupal, a se prostituir etc.). Assim, ela se submete às taras do assediador por nutrir por ele uma relação de dependência afetiva, ainda que de real afeto nada exista. Acarreta responsabilidade civil por danos morais e materiais, além da responsabilidade penal, nos

---

[3] Ibidem.
[4] Ibidem.
[5] Ibidem.

casos de ameaça, constrangimento ilegal, lesões corporais, crimes contra a vida e contra os costumes (dignidade sexual).

e) **Ameaça de abandono**[6], variante da chantagem afetiva que consiste nas mesmas práticas atribuídas àquela, mas dela se diferencia porque as respostas exigidas da vítima são obscuras, aleatórias, impossíveis. Enquanto na chantagem afetiva as exigências são cristalinas e delimitadas, na ameaça de abandono a vítima é cobrada insistentemente em relação a exigências que não consegue identificar, pois são contrapartidas imprecisas, aleatórias, impossíveis ou inexistentes. A vítima não sabe o que precisa ser feito para satisfazer seu algoz, em relação ao qual sente dependência afetiva. Essa realidade gera um estado constante de temor e impotência. A vítima, em regra, apresenta quadro de depressão profunda, pânico, ansiedade generalizada etc. A exemplo da chantagem, há responsabilidade civil por danos morais e materiais e penal, valendo ressaltar que a probabilidade de ocorrer suicídio é ainda maior.

f) **A confusão afetiva**[7] é caracterizada pela ocorrência aleatória de eventos que demonstram amor e ódio, que se alternam sem qualquer razão ou explicação lógica. Também é comum a presença simultânea de amor e ódio, o que constitui uma combinação paradoxal de ações envidadas por meio de expressões verbais e físicas. Essa modalidade é, sem dúvida, a que oferece mais riscos à vítima, acorrentando-lhe alto grau de probabilidade de violência física. A responsabilidade civil delimita-se pelos danos psicológicos e patrimoniais ocasionados pela confusão afetiva. A responsabilidade penal é fixada de acordo com o delito praticado.

g) **A utopia afetiva**[8] possui uma diferença básica em relação às anteriores, pois o sentimento de romance é unilateral (somente uma das partes se apaixona e cria uma fantasia em torno de sua vítima). A partir daí, passa a existir uma perseguição sem tréguas. Telefonemas inoportunos, cartas de amor, convites insistentes são formas desse assédio. Há probabilidade de gerar um evento trágico na vida da vítima. É imprescindível a urgente comunicação desse tipo de assédio à polícia.

---

[6] Ibidem.

[7] Ibidem.

[8] Conceito extraído de textos livres da internet.

**Assédio afetivo**

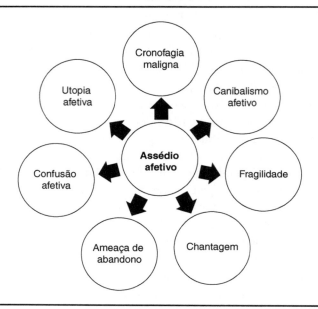

Não importa que as formas de discriminação ou assédio se deem no ambiente de trabalho, na escola, nas relações pessoais; é importante, ou melhor, imprescindível que a vítima ou seu representante legal procure as autoridades competentes (polícia, Ministério Público, Judiciário, delegacia de ensino, sindicato) para que as providências administrativas e processuais possam ser efetivadas a tempo.

## 7.1 Outros temas discriminatórios

### 7.1.1 Novatada (trote)

O termo *novatada*, de origem espanhola, significa aquilo que chamamos no Brasil de trote escolar. De origem medieval, a *novatada* (trote, *bizutage* na França ou *hazing* na Inglaterra) era um tipo de rito de iniciação para as universidades, escolas militares, congregações e similares. Intimidação, violência, exposição do indivíduo à prática de atos ridículos, ultrajantes, geralmente por veteranos da corporação, são algumas das características da *novatada* ou trote. Assemelha-se ao *bullying*, na medida em que tais atos discriminatórios são permeados por manifestações maliciosas e torpes. O trote não tem prazo determinado de duração, geralmente por alguns meses, até que o novato o neófito seja aceito e iniciado no grupo.

## 7.1.2 Spacegoat *(síndrome do bode expiatório)*

A expressão provém de um ritual antigo do povo de Israel, para o qual se escolhiam dois bodes. Mediante sorteio se escolhia um como oferenda a Yaveh, que era sacrificado pelo sacerdote durante o ritual; o outro era carregado de todas as culpas do povo judeu, e era entregue ao demônio Azazel. Este último, conhecido como bode expiatório, era abandonado no meio do deserto, onde era insultado e apedrejado. Por extensão, se denomina síndrome do bode expiatório o evento em que o indivíduo carrega todas as culpas dos demais, ainda que pessoalmente não tenha nenhuma responsabilidade sobre os fatos que lhe são atribuídos. A exemplo da cerimônia judia, que era um instante de grande alegria para os membros da comunidade, na medida em que se sentiam perdoados e livres de qualquer pecado, ainda que para isso fosse necessário acusar e perseguir um inocente, tal fato ocorre, com frequência absurda, nas universidades, escolas, empresas, serviço público etc., sempre que alguém inocente é responsabilizado pelos erros de terceiros.

## 7.1.3 Bossing

Decorrente da palavra inglesa *boss*, que identifica "el jefe", "o chefe", o "manda-chuva", ou simplesmente aquele "que manda", *bossing* significa o assédio vertical descendente, em que o autor é superior hierárquico, podendo ser um chefe intermediário ou o chefe imediato, não raro havendo corresponsabilidade entre eles. Nesse caso, a finalidade é destruir o subordinado, isolando completamente a sua pessoa, fazendo com que a vítima se demita do serviço sem que seja necessário dispensá-lo. Tal atitude odiosa, leviana e desarrazoada é muito encontrada no serviço público, notadamente na atividade policial, em que alguns indivíduos despreparados, quer por inércia cultural, quer por defeito de caráter, adotam como missão de vida perseguir seus subalternos, o que comprova a tese freudiana de que há muitos idiotas espalhados no mundo.

## 7.1.4 Assédio sexual

Assédio sexual, além de ser tipificado no Código Penal, em seu artigo 216-A[9], como crime contra a dignidade sexual, manifesta-se pela situação de intimidação com que o abusador persegue a vítima, com o intuito de ter contato sexual com ela, tornando-se assediador em uma situação de poder, de hierarquia ou de superioridade funcional que exerça na empresa ou no serviço público.

---

9 "Art. 216-A. Constranger alguém com o intuito de obter vantagem ou favorecimento sexual, prevalecendo-se o agente da sua condição de superior hierárquico ou ascendência inerentes ao exercício de emprego, cargo ou função.
Pena – detenção, de 1 (um) a 2 (dois) anos.
Parágrafo único. (VETADO)
§ 2º A pena é aumentada em até um terço se a vítima é menor de 18 (dezoito) anos".

262

Ensina Rogério Sanches Cunha[10] que a conduta (ação típica) consiste em constranger alguém com o intuito de obter vantagem ou favor sexual, prevalecendo-se o agente da sua condição de superior hierárquico ou ascendência (condição de mando) inerentes ao exercício de emprego, cargo ou função. É, em resumo, a insistência importuna de alguém em posição privilegiada, que usa dessa vantagem para obter favores sexuais de um subalterno. O crime só pode ser praticado por superior hierárquico ou ascendente em relação de emprego, cargo ou função. À vítima (ofendido) também se exige uma qualidade ou condição especial, ser subalterno (ou subordinado) do autor. Note-se que o tipo penal, sem fazer menção ao sexo dos envolvidos, admite o crime de assédio entre pessoas do mesmo sexo. A natureza da ação penal é pública incondicionada.

### 7.1.5 Assédio midiático

Assevera Carmen Soto Suarez[11] que "este termo serve para identificar situações em que uma pessoa ou grupo de pessoas exercem um conjunto de comportamentos caracterizados por uma violência psicológica, aplicada de forma sistemática durante um tempo sobre outra pessoa tendente a provocar o desprestígio dela, utilizando para isso qualquer meio de comunicação de massa".

### 7.1.6 Peer rejection (rejeição de pares)

A **rejeição social** ocorre quando o indivíduo é deliberadamente excluído de uma relação social ou de uma interação social no ambiente de trabalho. O conceito inclui a **rejeição interpessoal**, tanto a rejeição dos pares, dos colegas de trabalho, como também a rejeição dos superiores hierárquicos. A rejeição pode ser **ativa ou por intimidação**, como, por exemplo, com provocações, ou **passiva**, quando se dá à vítima o **tratamento do silêncio**, isto é, quando ela é ignorada por completo.

### 7.1.7 Gaslighting (luz de gás)

É uma forma de agressão psicológica em que se pretende conseguir que uma pessoa duvide de seus sentidos, da sua razão e da realidade que vê. Trata-se do abusador que pretende destruir a percepção de realidade que a vítima tem; para tanto ele atenta contra a saúde psicológica da vítima, que, em casos extremos, pode até chegar à loucura. O termo é uma alusão ao filme *À meia luz* (*Gaslight*), de 1944, com Charles Boyer e Ingrid Bergman, cujo enredo mostra

---

10 Cunha, Rogério Sanches. *Código Penal e Lei de Execução Penal para Concursos*. 17. ed., rev., atual. e ampl. São Paulo: JusPodivm, 2024. p. 460-461.

11 In: Diversos tipos de mobbing y conceptos relacionados. *Boletín del Ministerio de Justicia*, ano LXVII, n. 2159, out./2013, España.

um sociopata que quer enlouquecer sua jovem esposa para ficar com sua herança. No filme, a bela e ingênua Paula Alquist (Ingrid Bergman) conhece o vivido Gregory Anton (Charles Boyer) e, após um curto namoro, se casam e passam duas semanas de lua-de-mel na Itália, onde Paula estudou ópera. Voltando a Londres, o casal se muda para a casa de uma tia de Paula, que foi uma famosa estrela de ópera e que também foi morta misteriosamente, cujo corpo Paula encontrou quando ainda era criança. Entre os criados há Elizabeth Tompkins (Barbara Everest), que cozinhou para a família durante anos, e Nancy Oliver (Angel Lansbury), uma empregada que se insinuou para Gregory no minuto em que ele entrou na residência. Gregory logo ordena que a parte de cima da mansão seja lacrada e explica a Paula que tal ato é para o próprio bem dela, pois foi lá que sua tia foi assassinada. A partir de então, Paula começa a perder coisas e Gregory fala para ela que seus lapsos de memória estão começando a perturbar a vida social deles. Ele revela a outros que a mãe de Paula morreu em um manicômio. Em uma reunião social onde Gregory reprova Paula pelo comportamento irregular dela, ambos são observados por Brian Cameron (Joseph Cotten), um detetive da Scotland Yard que se interessa pelo casal e começa a fazer investigações sobre o assassinato não solucionado da tia de Paula. Miss Thwaites (May Whitty), uma fofoqueira, dá informações sobre os hábitos do casal, o que aumenta as suspeitas de Cameron em relação a Gregory. Cameron tenta ver Paula em particular, mas é impedido várias vezes por Gregory, que está sempre alerta. Quando Cameron tem finalmente êxito, ela está à beira de um colapso nervoso. Paula explica que ela nota que a luz de gás nos quartos dela fica instável e diminuta, mas ninguém mais nota isso, e ela acredita que é outra alucinação. Enquanto falam, a luz de gás escurece e Cameron confirma isso. Ele então encontra coisas perdidas por Paula trancadas na escrivaninha do marido dela, juntamente com uma carta que Gregory aparentemente escreveu há 20 anos atrás para a tia assassinada de Paula.

Frequentemente psicopatas utilizam táticas de *gaslighting*, são cruéis, manipuladores e mentirosos convincentes que negam consistentemente suas más ações, sempre dissimulando suas condutas erráticas.

O termo **gaslighting**, segundo a maioria da doutrina, remonta ao ano de 1952 e foi adicionado ao *Oxford English Dictionary* em dezembro de 2004.

Convém pôr em relevo a descrição de *gaslighting* na visão de Stephanie Moulton Sarkis (2019, p. 9-10): "Você conhece o *gaslighter*. É o namorado supercontrolador que envolve você porque é charmoso, espirituoso e autoconfiante. É a colega de trabalho que sempre dá um jeito de levar o crédito pelo trabalho que você faz. É o vizinho que acusa você de colocar o lixo na lixeira dele; o político que nunca admite um erro; o assediador que culpa a vítima. Exímios controladores, muitas vezes eles desafiam a sua noção da realidade. E eles estão

264

por toda parte. Políticos de projeção internacional, celebridades, o seu chefe, um irmão ou parente, uma amiga, um colega de trabalho, um vizinho, um sócio. Qualquer um deles pode ser um *gaslighter*.

Eles nos convencem de que estamos malucas; de que somos agressivas; de que somos um poço de problemas e, portanto, ninguém vai nos querer; de que somos péssimas funcionárias e só não fomos despedidas ainda graças ao bom Deus; de que somos péssimas mães e não deveríamos ter tido filhos; de que não sabemos administrar a nossa própria vida ou de que somos um peso para os outros. Eles são tóxicos".

### 7.1.8 Covert agression *(agressão encoberta)*

Trata-se de um tipo de assédio em que não se ataca diretamente a vítima, em vez disso, tenta-se prejudicar as relações sociais ou o *status* que um trabalhador tem em um grupo, organização ou empresa. O objetivo do assediador é manter a vítima permanentemente em posição de inferioridade ou desvantagem, lançando mão para tal de humilhações, provocações, mentiras etc.

### 7.1.9 Control freak *(mania de controle)*

Refere-se a aqueles assediadores que estão obcecados com o controle, são fanáticos por detalhes e têm um padrão anormal de conduta controladora e de domínio sobre os demais trabalhadores. São os "**maníacos por controle**". Geralmente, gostam de advertir publicamente e de maneira irada trabalhadores, culpando-os por qualquer falta, por mínima que seja, mostrando-se agressivos quando são contrariados. Julgam-se superiores aos demais, acreditando que os demais trabalhadores não são capazes de levar as tarefas adiante, temendo que tudo esteja errado se não estiverem pendentes de todos os detalhes; são hipercríticos, atemorizantes e estressantes para os trabalhadores.

### 7.1.10 Shunting *(manipulação)*

É uma forma de assédio que consiste em atribuir ao trabalhador a realização de atividades de menor categoria que aquelas correspondentes à sua qualificação profissional, diminuindo seu âmbito de responsabilidade e poder com a finalidade de baixar a sua autoestima. É encontrado com frequência desarrazoada na atividade policial, principalmente no caso do malfadado exemplo da denominada NASA na polícia civil paulista, em que delegados de polícia de classe especial (maior hierarquia) são colocados em funções de somenos importância, por pura perseguição política dos detentores do poder, um mau exemplo que contamina a instituição, sem falar na estupidez e mau-caratismo de quem aplaude tal ignomínia.

### 7.1.11 Síndrome da abelha rainha

É a expressão que designa o comportamento que ocorre com algumas mulheres que alcançaram postos de poder na empresa ou no serviço público, que veem as mulheres que lhe são subordinadas como competidoras, portanto, uma ameaça, de tal modo que usam de todos os meios ao seu alcance para impedir que possam progredir no trabalho, colocando obstáculos, trabalhos insolúveis etc., acabando por beneficiar os homens, que não consideram antagonistas.

### 7.1.12 Karôshi

Trata-se de uma palavra japonesa que significa **morte por excesso de trabalho** e se usa para definir um fenômeno social no ambiente de trabalho que existe há várias décadas no Japão, consistente no aumento na taxa de mortalidade por complicações decorrentes do excesso de horas de trabalho, sobretudo por derrames cerebrais e ataques cardíacos. O Ministério da Saúde do Japão reconheceu a existência desse fenômeno em 1987, quando detectou que a legislação japonesa estabelecia o limite de 40 horas semanais de trabalho, sem embargo de que os trabalhadores japoneses não respeitassem tal lei, sendo muito comum que eles trabalhassem até 70 horas semanais, cuidando-se de verdadeiros viciados em trabalho.

As relações trabalhistas no Japão são permeadas por traços feudais, numa relação de submissão hierárquica rígida, com pouquíssima liberdade para os empregados, malgrado as horas extras sejam remuneradas regiamente. A morte derivada de excesso de trabalho no país do sol nascente é uma verdadeira questão de saúde pública, atingindo patamar de epidemia.

### 7.1.13 Whistleblower (Denunciante)

O instituto do *Whistleblower* é termo de origem norte-americana, significando em tradução literal o "assoprador de apito", "Informante do Bem", o instituto também é conhecido como "alertadores do bem", "reportante do bem ou de boa-fé ou informantes confidenciais". Trata-se daquela pessoa que de forma aberta ou anônima comunica aos órgãos de controle de natureza pública ou privada, atividades ilícitas objetivando a prevenção ou repressão nos delitos de corrupção.

Nesse contexto, importante destacar que a Lei n. 13.608/2018, que dispõe sobre o serviço telefônico de recebimento de denúncias e sobre recompensa por informações que auxiliem nas investigações policiais, foi alterada pela Lei n. 13.964/2019 (pacote anticrime), ampliando o texto do art. 4º-A, *caput*, possibilitando que não apenas os órgãos da administração pública direta, mas também indireta (autarquias, fundações, empresas públicas e sociedades de economia mista) mantenham unidades de ouvidoria ou correição, com o objetivo de assegurar "a qualquer pessoa o direito de relatar informações sobre crimes contra a administração pública, ilícitos administrativos ou quaisquer ações ou omissões lesivas ao interesse público", assegurando ao informante proteção integral contra retaliações e isenção de responsabilidade civil ou penal em relação ao seu relato, exceto se o informante tiver apresentado, de modo consciente, informações ou provas falsas.

Para PIPINO e Ó SOUZA (2022, p. 41-42), a principal característica do *whistleblower*, que é a posição de íntimo conhecedor do ato porque mantém (ou manteve) algum vínculo com a entidade em que o ilícito é cometido, seja administração pública, seja em meio a estrutura de uma corporação que atue no setor privado. A segunda grande característica da política *whistleblowing* é a recompensa oferecida em razão da informação útil prestada para a prevenção, repressão e apuração de crimes ou ilícitos administrativos, o que situa o instituto na categoria do direito premial em que a relação normativa não é estabelecida em razão do sancionamento de um comportamento ilícito, mas em razão da premiação e incentivo de comportamentos desejados pelo Estado.

Foi transferido esse comentário para o capítulo 8º, a seguir, isto é, Aspectos criminológicos da violência contra a mulher.

# 8º Capítulo

## Aspectos criminológicos da violência contra a mulher

### 8.1 Noções iniciais

Malgrado as Nações Unidas tenham elaborado um tratado internacional de proteção às mulheres em 1979, é incrível que a violência contra elas alcance índices alarmantes em pleno século XXI em todo o planeta, sobretudo nos países subdesenvolvidos.

A violência contra as mulheres é um fenômeno cultural da sociedade que causa profundas consequências físicas e psicológicas não apenas nas vítimas, mas, também, nas famílias.

Cuida-se de uma questão bipartida: de saúde e de segurança públicas.

A violência se manifesta diferentemente conforme o tipo de agressão, o sexo das vítimas e a idade. Meninas, em geral, são vítimas de abuso sexual, prostituição forçada, tráfico, ao passo que meninos geralmente sofrem abusos físicos. Na idade adulta, as mulheres apresentam maior probabilidade de abusos físicos, morais ou sexuais de parentes e companheiros. Na terceira idade (a partir dos 60 anos), as mulheres ficam expostas, via de regra, à violência praticada pelos filhos e/ou cuidadores.

A ilação que se faz é de que a violência contra as mulheres emerge principalmente dentro dos lares, isto é, a natureza familiar ou doméstica do abuso é a regra.

Mas o que se entende por violência doméstica?

Segundo a Organização Mundial de Saúde (OMS), entende-se por **violência doméstica** "(...) qualquer comportamento que dentro de um relacionamento íntimo cause dano *físico, psicológico ou sexual*".

No decorrer do século passado, a violência contra as mulheres teve várias denominações: violência intrafamiliar (1950), violência contra a mulher (1970), violência doméstica (1990). Hoje em dia, os especialistas preferem o uso do termo **violência de gênero**, por influência de movimentos feministas em defesa dos direitos humanos das mulheres.

268

Aliás, a erradicação da violência e discriminação contra as mulheres, pactuada pela ONU desde o fim dos anos 1970, é a única forma de preservar a família, célula nuclear da sociedade.

As professoras Helena Dias de Castro Bins, Lisieux E. de Borba Telles e Renata Maria Dotta Panichi[1] explicam que "a **violência de gênero é considerada a manifestação da opressão, dominação e crueldade contra as mulheres por sua condição** e inclui, em suas formas de expressão, homicídios, estupros, abusos físicos, sexuais e emocionais, prostituição forçada, mutilação genital, violência racial, entre outros. A violência contra a mulher, durante o ciclo vital, deriva de **hábitos culturais** e dos efeitos prejudiciais de algumas práticas tradicionais que envolvem a socialização feminina. Essas práticas estão apoiadas em uma **cultura machista** – que perpetua a condição de inferioridade conferida *à mulher no seio da família, no local de trabalho, na comunidade e na sociedade – e em diversas proibições, especialmente aquelas relativas à manifestação de sexualidade feminina"*.

## 8.2 Violência doméstica contra as mulheres: manifestação

O art. 7º da Lei Maria da Penha[2] (LMP) dispõe sobre as formas de violência doméstica e familiar contra a mulher, entre outras. São listadas cinco formas de violência: 1) física; 2) patrimonial; 3) sexual; 4) moral; 5) psicológica.

A estrutura do art. 7º, ao apresentar elementos conceituais e descritivos sobre os diferentes tipos de violência, tem o objetivo de facilitar, didaticamente, a aplicação do direito. A expressão "entre outras", no *caput* do art. 7º, significa que seu rol é exemplificativo e, portanto, não tem intenção de exaurir outras formas de violência doméstica e familiar contra a mulher. O agressor pode ser tanto um homem quanto uma mulher, nos termos do art. 5º, parágrafo único, da Lei n. 11.340/2006.

I – a violência física, entendida como qualquer conduta que ofenda sua integridade ou saúde corporal;

II – a violência psicológica, entendida como qualquer conduta que lhe cause dano emocional e diminuição da autoestima ou que lhe prejudique e perturbe o pleno desenvolvimento ou que vise degradar ou con-

---

[1] Apud ABDALLA FILHO, Elias. *Psiquiatria Forense de Taborda*, cit., p. 358, grifos nossos.

[2] LEI N. 11.340, DE 7 DE AGOSTO DE 2006 – Cria mecanismos para coibir a violência doméstica e familiar contra a mulher, nos termos do § 8º do art. 226 da Constituição Federal, da Convenção sobre a Eliminação de Todas as Formas de Discriminação contra as Mulheres e da Convenção Interamericana para Prevenir, Punir e Erradicar a Violência contra a Mulher; dispõe sobre a criação dos Juizados de Violência Doméstica e Familiar contra a Mulher; altera o Código de Processo Penal, o Código Penal e a Lei de Execução Penal; e dá outras providências.

trolar suas ações, comportamentos, crenças e decisões, mediante ameaça, constrangimento, humilhação, manipulação, isolamento, vigilância constante, perseguição contumaz, insulto, chantagem, violação de sua intimidade, ridicularização, exploração e limitação do direito de ir e vir ou qualquer outro meio que lhe cause prejuízo à saúde psicológica e à autodeterminação (Redação dada pela Lei n. 13.772, de 2018);

III – a violência sexual, entendida como qualquer conduta que a constranja a presenciar, a manter ou a participar de relação sexual não desejada, mediante intimidação, ameaça, coação ou uso da força; que a induza a comercializar ou a utilizar, de qualquer modo, a sua sexualidade, que a impeça de usar qualquer método contraceptivo ou que a force ao matrimônio, à gravidez, ao aborto ou à prostituição, mediante coação, chantagem, suborno ou manipulação; ou que limite ou anule o exercício de seus direitos sexuais e reprodutivos;

IV – a violência patrimonial, entendida como qualquer conduta que configure retenção, subtração, destruição parcial ou total de seus objetos, instrumentos de trabalho, documentos pessoais, bens, valores e direitos ou recursos econômicos, incluindo os destinados a satisfazer suas necessidades;

V – a violência moral, entendida como qualquer conduta que configure calúnia, difamação ou injúria.

Com efeito, a violência psicológica, além de constar expressamente no art. 7º, II, da Lei Maria da Penha, foi inserida no Código Penal, art. 147- B[3], através da Lei n. 14.188/2021, passando a ser crime no ordenamento jurídico brasileiro a prática de violência psicológica contra a mulher.

Rogério Sanches Cunha[4] e Ronaldo Batista Pinto ensinam que por violência psicológica entende-se a agressão emocional (tão ou mais grave que a física). O dano emocional causado pela violência psicológica prescinde de exame pericial, conforme enunciado FONAVID n. 58, aprovado em 2 de dezembro de 2021. O comportamento típico se dá quando o agente ameaça, rejeita, humilha ou discri-

---

3   Violência psicológica contra a mulher (Incluído pela Lei n. 14.188, de 2021): "Art. 147-B – Causar dano emocional à mulher que a prejudique e perturbe seu pleno desenvolvimento ou que vise a degradar ou a controlar suas ações, comportamentos, crenças e decisões, mediante ameaça, constrangimento, humilhação, manipulação, isolamento, chantagem, ridicularização, limitação do direito de ir e vir ou qualquer outro meio que cause prejuízo à sua saúde psicológica e autodeterminação. Pena – reclusão, de 6 (seis) meses a 2 (dois) anos, e multa, se a conduta não constitui crime mais grave".

4   CUNHA, Rogério Sanches; PINTO, Ronaldo Batista; SOUZA, Renee do Ó (Coord.). **Leis penais especiais comentadas**. 7. ed. rev., atual. e ampl. São Paulo: JusPodivm, 2024. p. 1.755.

270

mina a vítima, demonstrando prazer quando vê o outro se sentir amedrontado, inferiorizado e diminuído, configurando a *vis compulsiva*. Dependendo do caso concreto, a conduta do agente pode, *v.g.*, caracterizar o crime de ameaça.

No aspecto econômico, lecionam Rogério Sanches[5] Cunha e Ronaldo Batista Pinto, a dependência econômica de mulheres em situação de violência é um fator de vulnerabilidade, que pode agravar o risco de morte. Homens agressores, com frequência, isolam suas parceiras, exercendo o controle financeiro e até mesmo impedindo-as de trabalhar. A mulher se vê então presa em uma relação abusiva porque não tem condições econômicas de subsistência própria e de seus filhos.

Importante destacar que o STJ reconheceu que uma figura pública também pode ser vítima de violência doméstica e familiar, conforme o Info 539: "O fato de a vítima ser figura pública renomada não afasta a competência do Juizado de Violência Doméstica e Familiar contra a Mulher para processar e julgar o delito. Isso porque a situação de vulnerabilidade e de hipossuficiência da mulher, envolvida em relacionamento íntimo de afeto, revela-se *ipso facto*, sendo irrelevante a sua condição pessoal para a aplicação da Lei Maria da Penha. Trata-se de uma presunção da Lei. STJ, 5ª Turma, REsp 1.416.580-RJ, Rel. Min. Laurita Vaz, julgado em 1º-4-2014".

### 8.3 Fatores condicionantes da violência conjugal contra as mulheres

A violência empregada contra as mulheres no âmbito conjugal tem aspectos multifacetados, divididos, via de regra, em **características pessoais do parceiro íntimo (agressor), fatores comunitários e sociais**.

Como fatores relacionados ao **perfil do agressor** (parceiro íntimo) encontramos: ter sido criado em ambiente familiar violento, com consumo de álcool e/ou drogas; ter presenciado atos de violência doméstica e/ou sofrido abusos na infância etc.

Já os **fatores comunitários** se relacionam a pobreza, desemprego, associação a delinquentes, isolamento da mulher etc.

Por seu turno, os **fatores sociais** se ligam à praxe cultural de submissão da mulher ao poder do homem (sociedade machista), à crença da utilização da violência como forma de resolução de conflitos ("o homem não precisa saber porque está batendo na mulher, porque ela sabe porque está apanhando"), à padronização e ao estereótipo da masculinidade, vinculados à dominação da mulher, inclusive nas manifestações culturais e na música, em que a mulher é reduzida a objeto sexual etc.

---

[5] Ibidem, p. 1.742.

## 8.4    Feminicídio e violência contra as mulheres

A palavra "feminicídio" é usada para conceituar o homicídio de mulheres em função do gênero e representa a violência extrema, máxima, contra elas. Fala-se também em **uxoricídio**, do latim *uxor* (esposa, mulher casada), e *caedere* (matar), que significa o homicídio da mulher casada, tipificando tal crime com a necessária condição de marido/convivente do sujeito ativo.

Tanto um quanto outro resultam geralmente de uma escalada da violência contra a mulher/esposa: ofensas, vias de fato, lesões corporais, até o ato maior de violência – o homicídio.

Só para ilustrar os números absurdos de feminicídios no país, apenas no Estado de São Paulo, no ano de 2023, foram registrados 221 casos, número este superior aos outros anos (em 2019 foram 155 casos registrados, em 2020 foram 179 casos, em 2021 resultaram em 140 feminicídios e em 2022 ocorreram 195 assassinatos de mulheres), valendo lembrar que são somente aqueles cujos boletins de ocorrência mencionaram a circunstância da violência de gênero, havendo a probabilidade de existir subnotificação ou cifra negra pelo registro de mortes de mulheres como homicídio[6].

Os dados estatísticos revelam que a causa da morte na imensa maioria dos feminicídios é decorrente de lesões por arma de fogo. No entanto, em muitos casos há outros métodos que exigem contato direto do agressor com a vítima, como o uso de objetos cortantes (faca, estiletes etc.), perfurantes (punhal, picador de gelo, tesoura etc.), contundentes (pedra, pedaço de madeira, cano etc.) e sufocação (esganadura com as mãos, pés, joelhos no pescoço da vítima, uso de travesseiros para impedir a respiração etc.), para consecução do delito.

Muitas vezes o contato direto do agressor com a vítima vem aliado a torturas precedentes, lesões nos órgãos genitais, estupro e lesões faciais, indicadores de crime passional. Não é incomum o agressor alegar que a vítima seja culpada de sua morte, quer implicando com a forma pela qual ela se veste, quer pela sua postura de mulher independente ou ainda por negar-lhe uma nova chance em reatar a relação de matrimônio, namoro etc.

É imperioso anotar que a violência contra as mulheres assume grave problema para além da questão da segurança pública: cuida-se de sério problema de saúde pública, com contornos epidemiológicos. A violência praticada pelo companheiro (marido, namorado etc.) contra as mulheres revela um crescimento nos atendimentos no sistema único de saúde, inclusive com transtornos psiquiátricos como pânico, agorafobia e Transtorno de Estresse Pós-Traumático (TEPT).

---

[6]    Fonte: CAP/SSP/SP. Disponível em: <https://www.ssp.sp.gov.br/estatistica/violencia-contra-a--mulher>. Acesso em: 22 nov. 2024.

Lecionam Helena Dias de Castro Bins, Lisieux E. de Borba Telles e Renata Maria Dotta Panichi[7]: "Nas duas últimas décadas, o avanço das **pesquisas em neurociências** forneceu evidências sobre os mecanismos fisiológicos da **associação entre a exposição à violência e os diferentes resultados adversos para a saúde**, sobretudo os mecanismos neurobiológicos, neuroendócrinos e relativos às respostas imunes à exposição ao estresse agudo e crônico. Esses estudos mostram que a **exposição prolongada ou aguda ao estresse nas diferentes regiões cerebrais** pode trazer **mudanças estruturais** que têm implicações para a saúde mental e para o funcionamento cognitivo, podendo levar à **maior suscetibilidade para o desenvolvimento de transtornos mentais, bem como ao aparecimento de doenças cardiovasculares**, hipertensão, distúrbios gastrintestinais e outras condições clínicas".

As mulheres compreendem um grupo mais vulnerável à violência doméstica por lamentáveis e malsinadas razões culturais e até jurídicas, porque o Estado quase sempre não se importava em adequar sua legislação para preservar os direitos humanos das mulheres.

Somente depois da democratização do Brasil e do advento da Constituição Federal de 1988, com o país assinando tratados internacionais sobre direitos humanos, é que se manejou o ordenamento jurídico nacional com vistas à maior tutela das mulheres.

Ressalte-se a edição da Lei n. 11.340/2006, cognominada de Lei Maria da Penha[8], que efetivou alterações no combate à violência contra as mulheres, com o aumento das penas previstas para os casos de violência de gênero, mudança na iniciativa das ações penais e facilitação de acesso de vítimas da violência aos órgãos estatais, às delegacias da mulher etc.

É importante deixar registrado que a Lei Maria da Penha, em seu art. 5º, define **violência doméstica**, a saber: "configura violência doméstica e familiar contra a mulher qualquer ação ou omissão baseada no gênero que lhe cause morte, lesão, sofrimento físico, sexual ou psicológico e dano moral ou patrimonial no âmbito da unidade doméstica, compreendida como o espaço de convívio permanente de pessoas, com ou sem vínculo familiar, inclusive as esporadicamente agregadas; no âmbito da família, compreendida como a comunidade formada por indivíduos que são ou se consideram aparentados, unidos por laços naturais, por afinidade ou

---

[7]     Apud ABDALLA FILHO, Elias. *Psiquiatria Forense de Taborda*, cit., p. 364 e s., grifos nossos.

[8]     Maria da Penha Maia Fernandes, professora, vítima de duas tentativas de homicídio, perpetradas pelo marido, ficou paraplégica em consequência das agressões sofridas, e, em face da impunidade havida e da repercussão internacional do caso, pois o Estado levou mais de 17 anos para instaurar investigação criminal sobre o delito, o Brasil sofreu uma reprimenda da Comissão Interamericana de Direitos Humanos, inclusive a recomendação de alteração da legislação acerca do assunto.

por vontade expressa; em qualquer relação íntima de afeto, na qual o agressor conviva ou tenha convivido com a ofendida, independentemente de coabitação".

A violência contra as mulheres traz danos irreparáveis a elas e a suas famílias, necessitando ser combatida pelo Estado e pela sociedade por intermédio de ações multifacetadas, incluindo-se aí programas educacionais e de trabalho que revelem a igualdade e importância das mulheres; acesso a mecanismos rápidos de proteção em face de agressores; punição rápida e rigorosa de agressores, com obrigação de prestação de serviços à comunidade depois do cumprimento da pena privativa de liberdade etc.

Nesse passo, a política pública que visa coibir a violência doméstica e familiar contra a mulher mais uma vez adveio através dos órgãos de segurança pública, *in casu*, pela **Secretaria da Segurança do Estado de São Paulo**, que consiste em atendimento especializado, com capacitação técnica de seus agentes e preferencialmente realizado por policiais civis femininas, com o objetivo de mitigar as consequências do crime para as vítimas de violência doméstica. Nesse passo, a **Resolução SSP n. 2/2017 (publicada no *DOE* de 13-1-2017) instituiu o "Protocolo Único de Atendimento", a ser observado nas ocorrências de violência doméstica e familiar contra a mulher:**

O Secretário da Segurança Pública, **resolve:**

Art. 1º Fica instituído no âmbito desta Secretaria da Segurança Pública, o "Protocolo Único de Atendimento" de ocorrências relacionadas às infrações previstas na Lei n. 11.340/2006, nos termos que seguem, sem prejuízo das normas regulamentares já existentes.

Art. 2º A autoridade policial que atender ocorrência referente à Lei n. 11.340/2006 deverá, sempre que possível:

I – proceder à oitiva imediata da vítima e realizar a fotografação das lesões aparentes, se houver, mediante prévia autorização;

II – orientar a vítima quanto à necessidade de representação ou requerimento para instauração de inquérito policial, bem como sobre as medidas protetivas;

III – encaminhar a vítima à rede de proteção local existente;

IV – colher os depoimentos das testemunhas presentes, diretas ou indiretas;

V – informar eventuais ocorrências criminais anteriores envolvendo o agressor;

VI – requisitar perícia, especificando tratar-se de crime de violência doméstica e familiar contra a mulher, indicando o endereço eletrônico para remessa do laudo;

VII – instruir o auto de prisão em flagrante ou a representação para medidas protetivas com indicações dos fatores de risco, notadamente os constantes do Anexo.

§ 1º Se a testemunha não estiver presente no momento da notícia do crime, a vítima será cientificada a apresentar rol testemunhal com nomes e endereços, no prazo máximo de cinco dias, o que constará do histórico do boletim de ocorrência.

§ 2º Os registros e diligências emergenciais deverão ser realizados independentemente de a vítima estar munida de documento de identidade, cuja apresentação poderá ocorrer posteriormente, valendo-se a autoridade policial dos meios disponíveis e imediatos para obter a identificação da ofendida.

Art. 3º Caso o laudo de exame de corpo de delito não seja encaminhado à delegacia no prazo previsto no inciso II do art. 5º desta Resolução, a autoridade policial deverá requisitá-lo, valendo-se dos meios disponíveis.

Art. 4º A Polícia Militar deverá:

I – preservar o local do crime, observando os termos da Resolução SSP 57, de 8-5-2015;

II – verificar, quando possível, se há incidência de medida protetiva em face do agressor, adotando as providências legais cabíveis.

Art. 5º A Superintendência da Polícia Técnico-Científica deverá:

I – priorizar o atendimento de locais de crime relacionados à violência doméstica e familiar contra a mulher;

II – encaminhar os laudos periciais à autoridade policial pela via eletrônica, tão logo seja concluído, sem prejuízo do envio posterior do laudo físico no prazo máximo de dez dias, podendo este prazo ser prorrogado em casos excepcionais, mediante requerimento do perito;

III – instruir o laudo pericial com fotografias, mediante prévia autorização da vítima ou de seu representante legal, informando a existência de exames anteriores em relação à pericianda;

IV – observar, na elaboração dos laudos periciais, os termos da Portaria do Diretor Técnico de Departamento, de 30-12-2014.

Art. 6º A Delegacia Geral de Polícia, o Comando Geral da Polícia Militar e a Superintendência da Polícia Técnica-Científica editarão os atos complementares, dentro de suas respectivas competências, para o detalhamento do procedimento previsto nesta Resolução.

Art. 7º Esta Resolução entra em vigor na data de sua publicação, revogadas as disposições em contrário.

(Publicada novamente por conter incorreções.)

### ANEXO
### Formulário Nacional de Avaliação de Risco
### Violência Doméstica e Familiar contra a Mulher

(*) Anexo com redação dada pela Resolução SSP-113, de 27-12-2019 (*DOE* de 3-1-2020).

## Identificação das Partes

Delegacia de Polícia: _____

Nome da vítima: _____

Idade: _____

Escolaridade: _____

Nacionalidade: _____

Nome do(a) agressor(a): _____

Idade: _____

Escolaridade: _____

Nacionalidade: _____

Vínculo entre a vítima e o(a) agressor(a): _____

Data: _____/_____/_____

## BLOCO I – SOBRE O HISTÓRICO DE VIOLÊNCIA

1. **O(A) agressor(a) já ameaçou você ou algum familiar com a finalidade de atingi-la?**

( ) Sim, utilizando arma de fogo

( ) Sim, utilizando faca

( ) Sim, de outra forma

( ) Não

2. **O(A) agressor(a) já praticou alguma(s) destas agressões físicas contra você?**

( ) Queimadura

( ) Enforcamento

( ) Sufocamento

( ) Tiro
( ) Afogamento
( ) Facada
( ) Paulada
( ) Nenhuma das agressões acima

3. O(A) agressor(a) já praticou alguma(s) destas outras agressões físicas contra você?

( ) Socos
( ) Chutes
( ) Tapas
( ) Empurrões
( ) Puxões de Cabelo
( ) Nenhuma das agressões acima

4. O(A) agressor(a) já obrigou você a fazer sexo ou a praticar atos sexuais contra sua vontade?

( ) Sim
( ) Não

5. O(A) agressor(a) já teve algum destes comportamentos?

( ) Disse algo parecido com a frase: "se não for minha, não será de mais ninguém"
( ) Perturbou, perseguiu ou vigiou você nos locais em que frequenta
( ) Proibiu você de visitar familiares ou amigos
( ) Proibiu você de trabalhar ou estudar
( ) Fez telefonemas, enviou mensagens pelo celular ou e-mails de forma insistente
( ) Impediu você de ter acesso a dinheiro, conta bancária ou outros bens (como documentos pessoais, carro)
( ) Teve outros comportamentos de ciúme excessivo e de controle sobre você
( ) Nenhum dos comportamentos acima listados

6. Você já registrou ocorrência policial ou formulou pedido de medida protetiva de urgência envolvendo essa mesma pessoa?

( ) Sim

( ) Não

7. As ameaças ou agressões físicas do(a) agressor(a) contra você se tornaram mais frequentes ou mais graves nos últimos meses?

( ) Sim
( ) Não

## BLOCO II – SOBRE O(A) AGRESSOR(A)

8. O(A) agressor(a) faz uso abusivo de álcool ou de drogas?

( ) Sim, de álcool
( ) Sim, de drogas
( ) Não
( ) Não sei

9. O(A) agressor(a) tem alguma doença mental comprovada por avaliação médica?

( ) Sim e faz uso de medicação
( ) Sim e não faz uso de medicação
( ) Não
( ) Não sei

10. O(A) agressor(a) já descumpriu medida protetiva anteriormente?

( ) Sim
( ) Não

11. O(A) agressor(a) já tentou suicídio ou falou em suicidar-se?

( ) Sim
( ) Não

12. O(A) agressor(a) está desempregado ou tem dificuldades financeiras?

( ) Sim
( ) Não
( ) Não sei

13. O(A) agressor(a) tem acesso a armas de fogo?

( ) Sim
( ) Não
( ) Não sei

14. O(A) agressor(a) já ameaçou ou agrediu seus filhos, outros familiares, amigos, colegas de trabalho, pessoas desconhecidas ou animais de estimação?
( ) Sim. Especifique:
( ) filhos
( ) outros familiares
( ) outras pessoas
( ) animais
( ) Não
( ) Não sei

### BLOCO III – SOBRE VOCÊ

15. Você se separou recentemente do(a) agressor(a) ou tentou se separar?
( ) Sim
( ) Não

16. Você tem filhos?
( ) Sim, com o agressor.
Quantos? _____
( ) Sim, de outro relacionamento.
Quantos? _____
( ) Não

16.1. Se sim, assinale a faixa etária de seus filhos. Se tiver mais de um filho, pode assinalar mais de uma opção:
( ) 0 a 11 anos
( ) 12 a 17 anos
( ) A partir de 18 anos

16.2. Algum de seus filhos é pessoa portadora de deficiência?
( ) Sim. Quantos? _____
( ) Não

17. Você está vivendo algum conflito com o(a) agressor(a) em relação à guarda do(s) filho(s), visitas ou pagamento de pensão?
( ) Sim
( ) Não
( ) Não tenho filhos com o(a) agressor(a)

18. Seu(s) filho(s) já presenciaram ato(s) de violência do(a) agressor(a) contra você?
( ) Sim
( ) Não

19. Você sofreu algum tipo de violência durante a gravidez ou nos três meses posteriores ao parto?
( ) Sim
( ) Não

20. Se você está em um novo relacionamento, percebeu que as ameaças ou as agressões físicas aumentaram em razão disso?
( ) Sim
( ) Não

21. Você possui alguma deficiência ou é portadora de doenças degenerativas que acarretam condição limitante ou de vulnerabilidade física ou mental?
( ) Sim. Qual(is)? _____
( ) Não

22. Com qual cor/raça você se identifica:
Branca ( ) Preta ( ) Parda ( )
Amarela/Oriental ( ) Indígena ( )

### BLOCO IV – OUTRAS INFORMAÇÕES IMPORTANTES

23. Você considera que mora em bairro, comunidade, área rural ou local de risco de violência?
( ) Sim
( ) Não
( ) Não sei

24. Você se considera dependente financeiramente do(a) agressor(a)?
( ) Sim
( ) Não

25. Você quer e aceita abrigamento temporário?
( ) Sim

( ) Não

Declaro, para os fins de direito, que as informações supra são verídicas e foram prestadas por mim,

_____

Assinatura da Vítima/ Terceiro comunicante:

_____

**PARA PREENCHIMENTO PELO PROFISSIONAL:**

( ) Vítima respondeu a este formulário sem ajuda profissional

( ) Vítima respondeu a este formulário com auxílio profissional

( ) Vítima não teve condições de responder a este formulário

( ) Vítima recusou-se a preencher o formulário

( ) Terceiro comunicante respondeu a este formulário

## Atualizações legislativas importantes

Através de uma abordagem atual, inovadora a legislação brasileira promoveu diversas alterações buscando ampliar a efetividade na proteção da mulher sob o enfoque da Lei Maria da Penha e também na legislação de cunho penal, processual penal e especial.

Nesse contexto, vale mencionar o novo crime inserido pela Lei n. 14.321/2022 (art. 15-A da Lei n. 13.869/2019 – Lei de Abuso de Autoridade) sob o *nomem iuris* de **violência institucional** originada da Lei n. 14.245/2021, conhecida publicamente como **"Lei Mariana Ferrer"** com objetivo de estabelecer a responsabilidade penal das autoridades que desrespeitam a dignidade das pessoas que integram os procedimentos de natureza criminal. Este instituto buscou a prevenção do fenômeno da vitimização secundária ao se coibir a prática de atos atentatórios à dignidade da vítima e de testemunhas, bem como o estabelecimento de causa de aumento de pena no crime de coação no curso do processo, tanto para mulheres como para homens, e possui a seguinte redação:

### Violência Institucional

Art. 15-A. Submeter a vítima de infração penal ou a testemunha de crimes violentos a procedimentos desnecessários, repetitivos ou invasivos, que a leve a reviver, sem estrita necessidade:

I – a situação de violência; ou

II – outras situações potencialmente geradoras de sofrimento ou estigmatização:

Pena – detenção, de 3 (três) meses a 1 (um) ano, e multa.

§ 1º Se o agente público permitir que terceiro intimide a vítima de crimes violentos, gerando indevida revitimização, aplica-se a pena aumentada de 2/3 (dois terços).

§ 2º Se o agente público intimidar a vítima de crimes violentos, gerando indevida revitimização, aplica-se a pena em dobro.

Trata-se de infração de menor potencial ofensivo, inclusive nas formas majoradas, doloso e de ação penal pública incondicionada.

A definição de violência institucional tratando-se de criança e adolescente encontra-se no inciso IV, art. 4º, da Lei n. 13.431/2017 (Estabelece o sistema de garantia de direitos da criança e do adolescente vítima ou testemunha de violência e altera a Lei n. 8.069, de 13 de julho de 1990 – Estatuto da Criança e do Adolescente).

O Decreto n. 9.603/2018, regulamentador da Lei n. 13.431/2017, estabelece que violência institucional ocorre quando a violência praticada por agente público no desempenho de função pública, em instituição de qualquer natureza, por meio de atos comissivos ou omissivos que prejudiquem o atendimento à criança ou ao adolescente vítima ou testemunha de violência (art. 5º, inciso I). Além disso, o Decreto referenciado considera o instituto da *revitimização* como discurso ou prática institucional que submeta crianças e adolescentes a procedimentos desnecessários, repetitivos, invasivos, que levem as vítimas ou testemunhas a reviver a situação de violência ou outras situações que gerem sofrimento, estigmatização ou exposição de sua imagem (art. 5º, inciso II).

Nessa senda, vale destacar, objetivando a proteção contra a violência de gênero, a Lei Maria da Penha, nos termos de seu art. 10-A, § 1º, inciso I, impõe aos servidores estatais a observância ao direito da não revitimização da depoente, evitando sucessivas inquirições sobre o mesmo fato nos âmbitos criminal, cível e administrativo, bem como questionamentos sobre a vida privada. (Incluído pela Lei n. 13.505, de 2017.)

Por fim, a Lei n. 14.245/2021 (Lei Mariana Ferrer) alterou o Código Penal, Código de Processo Penal (arts. 400-A e 474-A) e a Lei dos Juizados Especiais Cíveis e Criminais (art. 81), objetivando obstar a prática de atos atentatórios à dignidade da vítima e de testemunhas.

### Lei Maria da Penha é alterada para garantir a efetividade das medidas protetivas

Foi publicada a Lei n. 14.310/2022 (em 9-3-22 e em vigor a partir do dia 7 de junho de 2022), que altera a Lei Maria da Penha (Lei n. 11.340/2006), para determinar o registro imediato, pela autoridade judicial, das medidas protetivas de urgência deferidas em favor da mulher em situação de violência doméstica e familiar, ou de seus dependentes.

O parágrafo único do art. 38-A da Lei n. 11.340, de 7 de agosto de 2006 (Lei Maria da Penha), passa a vigorar com a seguinte redação:

"Art. 38-A. Parágrafo único. As medidas protetivas de urgência serão, após sua concessão, imediatamente registradas em banco de dados mantido e regulamentado pelo Conselho Nacional de Justiça, garantido o acesso instantâneo do Ministério Público, da Defensoria Pública e dos órgãos de segurança pública e de assistência social, com vistas à fiscalização e à efetividade das medidas protetivas".

Importante destacar, o art. 2º da Lei n. 14.310/2022 determinou *vacatio legis* de 90 dias para a entrada em vigor desta alteração.

Trata-se de importante alteração legislativa, para a efetividade das medidas protetivas (arts. 23 e 24 da Lei Maria da Penha), objetivando-se, assim, evitar situações de demora no registro de sua concessão, o que permitia ao agressor subtrair-se, por aquele lapso temporal, do cumprimento e das penalidades pelo descumprimento da medida.

A nova disposição legal impõe ao Delegado de Polícia, que tão logo tome conhecimento de uma hipótese de violência doméstica e familiar contra a mulher, promova a concessão, registro e comunicação da medida protetiva imediatamente, produzindo dessa forma efetiva proteção a mulher vítima de violência doméstica e familiar.

Com o objetivo de exemplificar a formulação de quesitos em relação à violência psicológica contra a mulher, lançamos abaixo um modelo para conhecimento do tema:

1) entrevistar a vítima para demonstrar se ela está vivenciando trauma de violência doméstica?; 2) Diante da entrevista e do relatório médico (12-4-2023) do médico psiquiatra, é possível afirmar ter a vítima sofrido dano emocional que prejudique ou degrade suas ações ou comportamentos?; 3) É possível afirmar que há prejuízo à saúde psicológica da vítima para sua convivência social e relações de atividades diárias e laboral?

## Lei n. 14.326/2022, conhecida como Lei Nelson Mandela

O nome foi dado em homenagem ao líder sul-africano diz respeito a diretrizes mínimas a serem observadas pelo Estado no que tange ao tratamento de reclusos. A Lei n. 14.326/2022 foi publicada na edição do *Diário Oficial da União* de 13-4-2022 e alterou a Lei n. 7.210, de 11 de julho de 1984 (Lei de Execução Penal), para assegurar à mulher presa gestante ou puérpera tratamento humanitário antes e durante o trabalho de parto e no período de puerpério, bem como assistência integral à sua saúde e à do recém-nascido, objetivando dar tratamento digno às pessoas em situação de privação de liberdade.

## Obrigação de bares, restaurantes, casas noturnas e de eventos a adotar medidas de auxílio à mulher que se sinta em situação de risco

Em 2 de agosto de 2023, houve a publicação do Decreto n. 67.856/2023 que regulamenta a Lei n. 17.621, de 3 de fevereiro de 2023, que obriga bares, restaurantes, casas noturnas e de eventos a adotar medidas de auxílio à mulher que se sinta em situação de risco, e a Lei n. 17.635, de 17 de fevereiro de 2023, que dispõe sobre a capacitação dos funcionários de bares, restaurantes, boates, clubes noturnos, casas de espetáculos e congêneres, de modo a habilitá-los a identificar e combater o assédio sexual e a cultura do estupro praticados contra as mulheres, bem como **institui o protocolo "Não se Cale"**. Mencionado Decreto prevê, entre outras ações, a necessidade de os estabelecimentos prestarem "auxílio à mulher que, em suas dependências, encontre-se em situação de risco ou seja vítima de violência" e um dos auxílios possíveis é "a oferta de um acompanhante até o veículo ou outro meio de transporte indicado pela mulher, ou comunicação à polícia".

### Capacitação dos funcionários de bares, restaurantes, boates, clubes noturnos, casas de espetáculos e congêneres, de modo a habilitá-los a identificar e combater o assédio sexual e a cultura do estupro praticados contra as mulheres

O Governador do Estado de São Paulo promulgou a **Lei n. 17.635/ 2023** no dia 18 de fevereiro de 2023, com entrada em vigor após 60 (sessenta) dias, estabelecendo que a empresa enquadrada como bar, restaurante, boate, clube noturno e casa de espetáculo, bem como outra de atividade similar, deverá promover, anualmente, a capacitação de todos os seus funcionários para que estejam habilitados a identificar e combater o assédio sexual e a cultura do estupro praticados contra a mulher que trabalha ou frequenta tais lugares. Os estabelecimentos de que trata a presente Lei deverão afixar aviso, em local de fácil visualização, com a indicação do funcionário ou funcionária responsável pelo atendimento e proteção à mulher que se sinta em situação de risco. A infração às disposições da presente lei acarretará ao responsável infrator as sanções previstas no art. 56 da Lei federal n. 8.078, de 11 de setembro de 1990 – Código de Defesa do Consumidor, aplicáveis na forma de seus arts. 57 a 60.

### Por unanimidade dos votos, o Supremo Tribunal Federal[9] (STF) declarou inconstitucional o uso da tese da legítima defesa da honra em crimes de feminicídio ou de agressão contra mulheres

O julgamento do mérito da matéria, objeto da Arguição de Descumprimento de Preceito Fundamental (ADPF) 779, foi retomado na sessão plenária (1º-8-2023), e a Corte deu início às atividades do segundo semestre de 2023.

### Princípios violados

A tese da "legítima defesa da honra" era utilizada em casos de feminicídio ou agressões contra a mulher para justificar o comportamento do acusado. O

---

[9] ADPF 779 e a vedação da "legítima defesa da honra" nos casos de Feminicídio.

argumento era de que o assassinato ou a agressão eram aceitáveis quando a conduta da vítima supostamente ferisse a honra do agressor. No julgamento, o Plenário seguiu o relator, ministro Dias Toffoli, pela procedência integral do pedido apresentado pelo Partido Democrático Trabalhista (PDT) na ação, firmando o entendimento de que o uso da tese, nessas situações, contraria os princípios constitucionais da dignidade humana, da proteção à vida e da igualdade de gênero.

## Criação e o funcionamento ininterrupto de Delegacias Especializadas de Atendimento à Mulher

A Lei n. 14.541/2023 dispõe sobre a criação e o funcionamento ininterrupto de Delegacias Especializadas de Atendimento à Mulher. Durante toda a semana, inclusive em fins de semana e feriados, as delegacias estarão aptas para atendimento especializado a mulheres vítimas de violência doméstica e de crimes contra a dignidade sexual. Não havendo delegacia especializada em um determinado município, a delegacia existente deverá dar prioridade ao atendimento à mulher vítima de violência, que deve ser feito por uma agente feminina especializada nessa abordagem. A lei prevê, ainda, assistência psicológica e jurídica a mulheres vítimas de violência.

## Tornozeleiras eletrônicas poderão ser impostas nos casos de violência doméstica e familiar em São Paulo (monitoramento de agressores soltos em audiências de custódia)

O Tribunal de Justiça de São Paulo (TJ-SP) e o Governo do Estado através da Secretaria da Segurança Pública (SSP) firmaram termo de cooperação técnica que traz avanços na prevenção, combate e punição da violência doméstica e familiar contra a mulher. Foi publicada no *Diário Oficial do Estado*, no dia 21 de setembro de 2023, a **Resolução da Secretaria da Segurança Pública n. 59, de 20 de setembro de 2023 (DOE n. 80/2023, p. 9)**, que institui projeto piloto para execução das medidas cautelares que deverão ser monitoradas por meio do uso de tornozeleira eletrônica impostas nos casos de violência doméstica e familiar, no âmbito das audiências de custódia realizadas na Capital, esses mecanismos darão maior efetividade às medidas protetivas. **O projeto pioneiro de monitoramento para casos de violência doméstica** do Governo de São Paulo também vai contar com o monitoramento das Delegacias de Defesa da Mulher (DDM). As unidades especializadas terão acesso integral ao sistema, coordenado pelo Centro Integrado de Comando e Controle (CICC). Veja o texto:

Considerando a parceria firmada com a Secretaria da Administração Penitenciária, por meio da Resolução Conjunta SSP-SAP n. 1/2023, que disciplina os procedimentos de execução das medidas cautelares de monitoração eletrônica, impostas por meio de determinações judiciais, proferidas durante audiências de custódia na Capital;

Considerando a instituição, por meio da Resolução Conjunta SSP-SPM n. 1/2023, do Sistema de Informações e Prevenção dos Crimes Contra a Mulher – SPMulher, que autoriza a instalação, no âmbito do Centro Integrado de Comando e Controle – CICC, de comitês de formulação de políticas públicas integradas, para a resolução de problemas criminais específicos, identificados pelo Sistema;

Considerando a relevância da contínua implementação de ações e de equipamentos para o enfrentamento à violência doméstica e familiar contra a mulher;

Considerando a importância da atuação integrada e articulada para o monitoramento e avaliação das ações decorrentes do uso de tornozeleiras eletrônicas, buscando assegurar o aprimoramento e ampliação do projeto piloto.

O SECRETÁRIO DA SEGURANÇA PÚBLICA, no uso de suas atribuições legais, **RESOLVE:**

Artigo 1º Estabelecer dinâmica específica para execução das medidas cautelares que deverão ser monitoradas por meio do uso de tornozeleiras eletrônicas impostas nos casos de violência doméstica e familiar, no âmbito das audiências de custódia realizadas na Capital, nos termos que se seguem, objetivando a efetiva proteção e o acolhimento da mulher em situação de violência doméstica, nos termos da Lei n. 11.340/06 e do Sistema de Informações e Prevenção dos Crimes Contra a Mulher – SPMulher.

Artigo 2º Após a audiência de custódia, quando houver determinação judicial para monitoramento do cumprimento das medidas cautelares por meio do uso de tornozeleiras eletrônicas, a instalação do equipamento eletrônico, conforme estabelecido na decisão judicial, será realizada por policiais nas próprias dependências do Fórum Criminal da Barra Funda, em ambiente disponibilizado pelo Poder Judiciário. § 1º Os policiais responsáveis pelo tornozelamento devem certificar-se de que foi feito contato com a vítima, a fim de viabilizar o adequado monitoramento eletrônico, em especial, com a confirmação dos dados cadastrais das partes. § 2º Após o tornozelamento, o cartório judicial será informado sobre sua efetivação. § 3º As Polícias Civil e Militar devem ser imediatamente comunicadas, no momento da instalação da tornozeleira eletrônica, para adoção de medidas pertinentes que visem auxiliar na proteção e no acolhimento da mulher em situação de violência doméstica.

Artigo 3º A execução e o monitoramento do cumprimento das medidas cautelares por meio da monitoração eletrônica serão realizados no Centro de Operações da Polícia Militar do Estado de São Paulo (COPOM). Parágrafo único. Verificado o descumprimento da medida protetiva de urgência, o COPOM imediatamente comunicará o sistema de emergência da Polícia Militar para pronto atendimento.

Artigo 4º Policiais, preferencialmente mulheres, previamente capacitadas para o atendimento à mulher em situação de violência doméstica e familiar, realizará contato com a vítima, a fim de orientá-la sobre o monitoramento do agressor e dos equipamentos da rede de proteção disponíveis.

Artigo 5º O Centro Integrado de Comando e Controle (CICC) fará o gerenciamento do sistema de monitoramento eletrônico previsto nesta Resolução e dos respectivos fluxos.

Parágrafo único. Poderá o CICC fomentar a articulação com a rede de proteção e equipamentos disponíveis, buscando aprimorar o atendimento à mulher em situação de violência doméstica e familiar, nos âmbitos municipal, estadual ou federal.

Artigo 6º A Delegacia Geral de Polícia, o Comando Geral da Polícia Militar e a Superintendência da Polícia Técnica-Científica editarão os atos complementares, dentro de suas respectivas atribuições, para especificação do procedimento previsto nesta Resolução.

Artigo 7º Para a execução das ações descritas na presente resolução, poderão ser empregadas as Diárias Especiais por Jornada Extraordinária de Trabalho previstas na Lei Complementar n. 1.227/2013 e Lei Complementar n. 1.280/2016.

Artigo 8º Esta Resolução entra em vigor na data de sua publicação.

## Auxílio-aluguel

A Lei n. 14.674, de 13 de setembro de 2023, representa um avanço significativo no combate à violência doméstica e na ampliação da rede de proteção para as mulheres que sofrem essa violação de direitos humanos no Brasil. A legislação modifica a Lei Maria da Penha (Lei n. 11.340/2006), para contemplar a oferta de auxílio-aluguel para as mulheres que estão enfrentando violência doméstica e familiar.

Esta lei possibilitou a criação de uma nova medida protetiva de urgência para a mulher vítima de violência, conforme se verifica no art. 23, VI, da Lei Maria da Penha (Lei n. 11.340/2006)[10].

## Lei n. 14.994/2024 – Pacote Antifeminicídio

Foi sancionada e entrou em vigor no dia 10 de outubro de 2024 a **Lei n. 14.994/2024**, intitulada **Pacote Antifeminicídio**, trazendo significativa alteração em diversos diplomas legais do nosso ordenamento jurídico, conforme se vê: o Decreto-Lei n. 2.848, de 7 de dezembro de 1940 (Código Penal), o Decreto-Lei n. 3.688, de 3 de outubro de 1941 (Lei das Contravenções Penais), a Lei n. 7.210, de 11 de julho de 1984 (Lei de Execução Penal), a Lei n. 8.072, de 25 de julho de 1990 (Lei dos Crimes Hediondos), a Lei n. 11.340, de 7 de agosto de 2006 (Lei Maria da Penha), e o Decreto-Lei n. 3.689, de 3 de outubro

---

10 "Art. 23. Poderá o juiz, quando necessário, sem prejuízo de outras medidas: [...] VI – conceder à ofendida auxílio-aluguel, com valor fixado em função de sua situação de vulnerabilidade social e econômica, por período não superior a 6 (seis) meses. (Incluído pela Lei n. 14.674, de 2023)".

284

de 1941 (Código de Processo Penal), para tornar o feminicídio crime autônomo (com previsão no art. 121-A do CP), agravar a sua pena e a de outros crimes praticados contra a mulher por razões da condição do sexo feminino, **bem como para estabelecer outras medidas destinadas a prevenir e coibir a violência praticada contra a mulher.**

**Observação:** Com a Lei n. 14.994, de 9 de outubro de 2024, o Feminicídio deixou de ser uma qualificadora do crime de homicídio, para se tornar um **crime autônomo.** Agora, tal infração penal está expressamente tratada no art. 121-A do CP.

A nova Lei n. 14.994/2024 trouxe mudanças significativas no instituto efeitos penais da condenação, principalmente em relação ao exercício de função pública e ao poder familiar, fato que se observa na leitura do **art. 92 do Código Penal**, que dispõe serem também efeitos da condenação:

I – a perda de cargo, função pública ou mandato eletivo: a) quando aplicada pena privativa de liberdade por tempo igual ou superior a um ano, nos crimes praticados com abuso de poder ou violação de dever para com a Administração Pública; b) quando for aplicada pena privativa de liberdade por tempo superior a 4 (quatro) anos nos demais casos; II – a incapacidade para o exercício do poder familiar, da tutela ou da curatela nos crimes dolosos sujeitos à pena de reclusão cometidos contra outrem igualmente titular do mesmo poder familiar, contra filho, filha ou outro descendente, tutelado ou curatelado, **bem como nos crimes cometidos contra a mulher por razões da condição do sexo feminino, nos termos do § 1º do art. 121-A deste Código;** III – a inabilitação para dirigir veículo, quando utilizado como meio para a prática de crime doloso. § 1º Os efeitos de que trata este artigo não são automáticos, devendo ser motivadamente declarados na sentença pelo juiz, **mas independem de pedido expresso da acusação,** observado o disposto no inciso III do § 2º deste artigo. § 2º Ao condenado por crime praticado contra a mulher por razões da condição do sexo feminino, nos termos do § 1º do art. 121-A deste Código serão: I – aplicados os efeitos previstos nos incisos I e II do *caput* deste artigo; II – vedadas a sua nomeação, designação ou diplomação em qualquer cargo, função pública ou mandato eletivo entre o trânsito em julgado da condenação até o efetivo cumprimento da pena; III – automáticos os efeitos dos incisos I e II do *caput* e do inciso II do § 2º deste artigo.

Outro ponto extremamente importante trazido pela nova Lei é que o feminicídio passou a ser tipificado como crime autônomo previsto no art. 121-A do CP, possuindo penas e regulamentação específicas, não estando mais vinculado ao homicídio qualificado, exceto quanto às qualificadoras objetivas:

Feminicídio Art. 121-A. **Matar mulher por razões da condição do sexo feminino:** <u>Pena – reclusão, de 20 (vinte) a 40 (quarenta) anos.</u> § 1º Considera-se que há razões da condição do sexo feminino quando o crime envolve: I – violência doméstica e familiar; II – menosprezo[11] ou discriminação à condição de mulher. § 2º A pena do feminicídio é aumentada de 1/3 (um terço) até a metade se o crime é praticado: I – durante a gestação, nos 3 (três) meses posteriores ao **parto ou se a vítima é a mãe ou a responsável**[12] **por criança, adolescente ou pessoa com deficiência de qualquer idade; II – contra pessoa menor de 14 (catorze) anos,** maior de 60 (sessenta) anos, com deficiência ou portadora de doenças degenerativas que acarretem condição limitante ou de vulnerabilidade física ou mental; III – na presença física ou virtual de descendente ou de ascendente da vítima; IV – em descumprimento das medidas protetivas de urgência previstas nos incisos I, II e III do caput do art. 22 da Lei no 11.340, de 7 de agosto de 2006 (Lei Maria da Penha); **V – nas circunstâncias previstas nos incisos III, IV e VIII do § 2º do art. 121 deste Código. Coautoria § 3º Comunicam-se ao coautor ou partícipe as circunstâncias pessoais elementares do crime previstas no § 1º deste artigo.**

**Observação:** Depois da Lei n. 14.994/2024, o crime de feminicídio passou a ter o preceito secundário prevendo na atualidade que a pena é de **reclusão, de 20 a 40 anos.**

Questão de relevo, observada pelo legislador, foi a alteração feita em pontos específicos do art. 129 do CP (lesão corporal), por se tratar de infração penal de cometimento mais acentuado contra a mulher. Veja-se como ficou o texto: "Ofender a integridade corporal ou a saúde de outrem: Pena – detenção, de três meses a um ano. § 9º Se a lesão for praticada contra ascendente, descendente, irmão, cônjuge ou companheiro, ou com quem conviva ou tenha convivido, ou, ainda, prevalecendo-se o agente das relações domésticas, de coabitação ou de hospitalidade: (Redação dada pela Lei n. 11.340, de 2006) **Pena – reclusão, de 2 (dois) a 5 (cinco) anos. [...] § 13. Se a lesão é praticada contra a mulher, por razões da condição do sexo feminino, nos termos do § 1º do art. 121-A deste Código: Pena – reclusão, de 2 (dois) a 5 (cinco) anos".**

Observações:

Súmula 542-STJ: A ação penal relativa ao crime de lesão corporal resultante de violência doméstica contra a mulher é pública incondicionada.

A ação penal nos crimes de lesão corporal leve cometidos em detrimento da mulher, no âmbito doméstico e familiar, é pública incondicionada. STJ,

---

[11] Desvalia, desprezo, evidenciados pelas circunstâncias do caso e pela discriminação decorrente de um tratamento desigual pelo fato de a vítima ser mulher.

[12] A Lei n. 14.717/2023, introduzida no ordenamento jurídico brasileiro, prevê a possibilidade do pagamento de pensão especial aos filhos menores de 18 anos de mulheres vítimas do crime agora previsto no novo art. 121-A do CP.

3ª Seção, Pet 11.805-DF, Rel. Min. Rogerio Schietti Cruz, julgado em 10-5-2017 (recurso repetitivo) (Info 604).

Não é inepta a denúncia que se fundamenta no art. 129, § 9º, do CP – lesão corporal leve –, qualificada pela violência doméstica, tão somente em razão de o crime não ter ocorrido no ambiente familiar. Sendo a lesão corporal praticada contra ascendente, descendente, irmão, cônjuge ou companheiro, deverá incidir a qualificadora do § 9º, não importando onde a agressão tenha ocorrido. STJ, 5ª Turma, RHC 50026-PA, Rel. Min. Reynaldo Soares da Fonseca, julgado em 3-8-2017 (Info 609).

A qualificadora prevista no § 9º do art. 129 do CP aplica-se também às lesões corporais cometidas contra **homem** no âmbito das relações domésticas. STJ, 5ª Turma, RHC 27622-RJ, Rel. Min. Jorge Mussi, julgado em 7-8-2012.

A Lei n. 14.994/2024 também alterou o art. 141 do Código Penal, que disciplina disposições comuns aplicadas aos crimes contra a honra disciplinados pelo CP (arts. 138, 139 e 140), acrescentando o § 3º ao art. 141 do CP: **"Se o crime é cometido contra a mulher por razões da condição do sexo feminino, nos termos do § 1º do art. 121-A deste Código, aplica-se a pena em dobro"** (aos crimes de calúnia, difamação e injúria, quando praticados em razão de condição do sexo feminino, nos termos do § 1º do art. 121-A do Código Penal).

Trata-se aqui de violência moral e tem previsão legal no art. 7º, V[13], da Lei n. 11.340/2006, conhecida como Lei Maria da Penha, que traz em seu texto diversas formas de violência que podem ser praticadas contra a mulher, sendo uma das formas a violência moral. Exemplos: xingamentos, acusação falsa de maus-tratos em relação aos filhos, atribuição de fatos que não são verdadeiros.

Nesse caso, importa destacar que a ação penal continua a ser privada, a vítima vai precisar ser representada por um advogado ou defensor para ingressar com queixa-crime.

Convém acrescentar que, no caso de ofensas reiteradas contra a mulher que lhe causem danos emocionais, poderá a conduta ser tipificada no art. 147-B do CP, exceto se ocorrer dano psíquico, pois nesse caso a incidência se desloca para o crime de lesão corporal.

**É de se ver, contudo, que são previstos cinco tipos de violência doméstica e familiar contra a mulher na Lei Maria da Penha: física, psicológica, moral, sexual e patrimonial** (Capítulo II, art. 7º, I, II, III, IV e V).

---

[13] "A violência moral, entendida como qualquer conduta que configure calúnia, difamação ou injúria."

Dentro deste contexto do feminicídio, a **Lei n. 14.717/2023** estabelece, no seu art. 1º, que é instituída pensão especial aos filhos e dependentes menores de 18 anos de idade, órfãos em razão do crime de feminicídio tipificado no inciso VI do § 2º do art. 121 do Código Penal, cuja renda familiar mensal *per capita* seja igual ou inferior a 1/4 do salário mínimo. O § 1º da Lei dispõe que "o benefício de que trata o *caput* deste artigo, no valor de 1 salário-mínimo, será pago ao conjunto dos filhos e dependentes menores de 18 anos de idade na data do óbito de mulher vítima de feminicídio".

Da leitura da Lei n. 14.994/2024 verifica-se que houve duas alterações no art. 147 do CP, que trata do crime de ameaça[14], dispondo, no seu § 1º, que, "**se o crime é cometido contra a mulher por razões da condição do sexo feminino, nos termos do § 1º do art. 121-A deste Código, aplica-se a pena em dobro. § 2º Somente se procede mediante representação, exceto na hipótese prevista no § 1º deste artigo**".

O § 1º do art. 121-A do CP define as circunstâncias que caracterizam o crime de feminicídio, nos casos em que a ameaça é praticada em contexto de violência doméstica e familiar ou por menosprezo à condição de mulher. No § 2º do art. 147 do CP, por sua vez, o legislador alterou a forma de procedimento da ação penal do crime de ameaça. Antes da Lei n. 14.599/2024, era exigida representação, passando agora a ser de ação pública incondicionada caso a conduta criminosa venha revestida de discriminação ou menosprezo à condição de mulher ou em contexto de violência doméstica e familiar.

### Lei Maria da Penha (Lei n. 11.340/2006) – Art. 24-A Descumprimento de medidas protetivas

A Lei n. 14.994/2024, intitulada Pacote Antifeminicídio, também alterou o **Art. 24-A (descumprimento de medidas protetivas)**, passando a sua redação a ter a seguinte dicção: "Art. 24-A. Descumprir decisão judicial que defere medidas protetivas de urgência previstas nesta Lei – **Pena – reclusão, de 2 (dois) a 5 (cinco) anos, e multa**".

O crime de descumprimento de medidas protetivas também teve alterada sua pena, que passou de 3 (três) meses a 2 (dois) anos de detenção para 2 (dois) para 5 (cinco) anos de reclusão.

A vítima de violência doméstica deve ser ouvida para que se verifique a necessidade de prorrogação/concessão das medidas protetivas, ainda que extinta a punibilidade do autor.

---

14  Ameaçar alguém, por palavra, escrito ou gesto, ou qualquer outro meio simbólico, de lhe causar mal injusto e grave: Pena – detenção, de um a seis meses, ou multa.

| CRIMES CONTRA A HONRA | |
|---|---|
| CALÚNIA (Art. 138) | Imputar a alguém, falsamente, um fato definido como crime. Detenção, de 6 meses a 2 anos, e multa. |
| DIFAMAÇÃO (Art. 139) | Imputar a alguém um fato ofensivo à sua reputação. Diferentemente da calúnia, aqui a imputação não precisa ser crime nem precisa ser falsa, bastando que seja ofensiva à honra objetiva da vítima. Detenção, de 3 meses a 1 ano, e multa. |
| INJÚRIA (Art. 140) | Imputar a alguém uma ofensa/insulto, ferindo-lhe a dignidade ou o decoro. Detenção, de 1 a 6 meses, ou multa. |

### Lei das Contravenções Penais

**Art. 21 (vias de fato):** A Lei n. 14.994/2024 trouxe modificações na **Lei das Contravenções Penais**: "Art. 21 Praticar vias de fato contra alguém: Pena – prisão simples, de quinze dias a três meses, ou multa, de cem mil réis a um conto de réis, se o fato não constitui crime. § 1º Aumenta-se a pena de 1/3 (um terço) até a metade se a vítima é maior de 60 (sessenta) anos. **§ 2º Se a contravenção é praticada contra a mulher por razões da condição do sexo feminino, nos termos do § 1º do art. 121-A do Decreto-Lei n. 2.848, de 7 de dezembro de 1940 (Código Penal), aplica-se a pena em triplo**".

Trata-se a contravenção penal de vias de fato de infração penal subsidiária, isto é, somente será aplicada caso a conduta praticada não configure crime mais grave, como, por exemplo, lesão corporal (art. 129 do CP). A configuração da contravenção de vias de fato somente ocorre na modalidade dolosa, excluindo-se a forma culposa.

### Art. 41 da LEP – direitos do preso

Conforme se infere da Lei n. 14.994/2024 (Pacote Antifeminicídio), o art. 41 da Lei de Execução Penal contém inúmeros direitos dos presos; entretanto, este também sofreu alterações, acrescentando um novo parágrafo que proíbe o direito à visita íntima ao preso condenado por crime contra a mulher em razão do sexo feminino, conforme o § 1º do art. 121-A do Código Penal.

**Nesse contexto, verifique:**

"Art. 41 – Constituem direitos do preso: I – alimentação suficiente e vestuário; II – atribuição de trabalho e sua remuneração; III – Previdência Social; IV – constituição de pecúlio; V – proporcionalidade na distribuição do tempo para o trabalho, o descanso e a recreação; VI – exercício das atividades profissionais, intelectuais, artísticas e desportivas anteriores, desde que compatíveis com a execução da pena; VII – assistência material, à saúde, jurídica, educacional, social e religiosa; VIII – proteção contra qualquer forma de sensacionalismo; IX – entrevista pessoal e reservada com o advogado; X – visita do cônjuge, da companheira, de parentes e amigos em dias determinados; XI – chamamento nominal; XII – igualdade de tratamento salvo quanto às exigências da individualização da pena; XIII – audiência especial com o diretor do estabelecimento; XIV – representação e petição a qualquer autoridade, em defesa de direito; XV – contato com o mundo exterior por meio de correspondência escrita, da leitura e de outros meios de informação que não comprometam a moral e os bons costumes. XVI – atestado de pena a cumprir, emitido anualmente, sob pena da responsabilidade da autoridade judiciária competente. § 1º Os direitos previstos nos incisos V, X e XV poderão ser suspensos ou restringidos mediante ato motivado do diretor do estabelecimento. **§ 2º O preso condenado por crime contra a mulher por razões da condição do sexo feminino, nos termos do § 1º do art. 121-A do Decreto-Lei n. 2.848, de 7 de dezembro de 1940 (Código Penal), não poderá usufruir do direito previsto no inciso X em relação à visita íntima ou conjugal".**

## Art. 86 – Lei de Execução Penal – transferência do preso

Da leitura do texto do art. 86, da Lei de Execução Penal, que dispõe sobre a transferência do preso, considerando a alteração estabelecida pela Lei n. 14.994/2024, criou-se uma transferência obrigatória do preso condenado ou provisório, que praticou crime de violência doméstica e familiar contra a mulher, quer ameaçando-a ou praticando violência contra a vítima ou familiares quando estiver cumprindo pena.

## Art. 112 da LEP – sistema progressivo de cumprimento de pena

Outrossim, verifica-se que o art. 112 da Lei de Execução Penal, que trata da progressão de regime, com o advento da Lei n. 14.994/2024, sofreu alteração, estabelecendo que a pena privativa de liberdade será executada em forma progressiva com a transferência para regime menos rigoroso, a ser determinada pelo juiz, quando o preso tiver cumprido ao menos (inciso **VI-A**) – **55% (cinquenta e cinco por cento) da pena, se o apenado for condenado pela prática de feminicídio, se for primário, vedado o livramento condicional.**

## Art. 146 da LEP – monitoração eletrônica

Cuida-se de instrumento de vigilância e controle utilizados por condenados por decisão judicial, permitindo que cumpram suas penas fora dos estabelecimentos prisionais. Este dispositivo foi originado pela Lei n. 14.994/2024, tendo a seguinte redação: "**Art. 146-E O condenado por crime contra a mulher por razões da condição do sexo feminino**[15]**, nos termos do § 1º do art. 121-A do Decreto- Lei n. 2.848, de 7 de dezembro de 1940 (Código Penal), ao usufruir de qualquer benefício em que ocorra a sua saída de estabelecimento penal, será fiscalizado por meio de monitoração eletrônica**".

### Lei dos Crimes Hediondos – Dispõe sobre os crimes hediondos, nos termos do art. 5º, XLIII, da Constituição Federal

A Lei n. 8.072/90 dispõe sobre a Lei dos Crimes Hediondos e, no seu art. 1º, traz um rol extensivo dos crimes que considera hediondos, tendo a nova redação disposto: inciso I – homicídio (art. 121), quando praticado em atividade típica de grupo de extermínio, ainda que cometido por um só agente, e homicídio qualificado (art. 121, § 2º, I, II, III, IV, V, VII, VIII e IX); **I-B – feminicídio (art. 121-A)**.

Ao editar a Lei n. 14.994/2024, o legislador tipificou um comportamento criminal que já existia no ordenamento jurídico. Quando isso acontece, é denominado princípio da continuidade normativo-típica, pois o feminicídio era considerado hediondo antes mesmo no novo diploma legal.

### *Código de Processo Penal*

### Art. 394-A – isenção de custas

O dispositivo acima do Código de Processo Penal previa que os processos que apurassem a prática de crime hediondo teriam prioridade de tramitação em todas as instâncias. Com o advento da Lei n. 14.994/2024 (Pacote Antifeminicídio), a nova redação do art. 394-A do CPP passou a consignar expressamente que "os processos que apurem a prática de crime hediondo **ou violência contra a mulher terão prioridade de tramitação em todas as instâncias. § 1º Os processos que apurem violência contra a mulher independerão de pagamento de custas, taxas ou despesas processuais, salvo em caso de má-fé. § 2º As** isenções de que trata o § 1º deste artigo aplicam-se à vítima e, em caso de morte, ao cônjuge, ascendente, descendente ou irmão, quando a estes couber o direito de representação ou de oferecer queixa ou prosseguir com a ação".

---

[15]  Se o crime contra mulher for praticado em contexto de violência doméstica e familiar ou por menosprezo à condição de mulher.

# 9º Capítulo

## Lei Henry Borel (Lei n. 14.344/2022)

Cria mecanismos para a prevenção e o enfrentamento da violência doméstica e familiar contra a criança e o adolescente, nos termos do § 8º do art. 226 e do § 4º do art. 227 da Constituição Federal e das disposições específicas previstas em tratados, convenções ou acordos internacionais de que o Brasil seja parte. A Lei Henry Borel alterou[1] diversos institutos jurídicos.

---

[1] Art. 28. O *caput* do art. 4º da Lei n. 13.431, de 4 de abril de 2017, passa a vigorar acrescido do seguinte inciso V:

"Art. 4º ............................................................................................................................

V – violência patrimonial, entendida como qualquer conduta que configure retenção, subtração, destruição parcial ou total de seus documentos pessoais, bens, valores e direitos ou recursos econômicos, incluídos os destinados a satisfazer suas necessidades, desde que a medida não se enquadre como educacional.

Art. 29. Os arts. 18-B, 70-A, 70-B, 136, 201 e 226 da Lei n. 8.069, de 13 de julho de 1990 (Estatuto da Criança e do Adolescente), passam a vigorar com as seguintes alterações:

"Art. 18-B. ......................................................................................................................

VI – garantia de tratamento de saúde especializado à vítima.

"Art. 70-A. ......................................................................................................................

VII – a promoção de estudos e pesquisas, de estatísticas e de outras informações relevantes às consequências e à frequência das formas de violência contra a criança e o adolescente para a sistematização de dados nacionais unificados e a avaliação periódica dos resultados das medidas adotadas;

VIII – o respeito aos valores da dignidade da pessoa humana, de forma a coibir a violência, o tratamento cruel ou degradante e as formas violentas de educação, correção ou disciplina;

IX – a promoção e a realização de campanhas educativas direcionadas ao público escolar e à sociedade em geral e a difusão desta Lei e dos instrumentos de proteção aos direitos humanos das crianças e dos adolescentes, incluídos os canais de denúncia existentes;

X – a celebração de convênios, de protocolos, de ajustes, de termos e de outros instrumentos de promoção de parceria entre órgãos governamentais ou entre estes e entidades não governamentais, com o objetivo de implementar programas de erradicação da violência, de tratamento cruel ou degradante e de formas violentas de educação, correção ou disciplina;

XI – a capacitação permanente das Polícias Civil e Militar, da Guarda Municipal, do Corpo de Bombeiros, dos profissionais nas escolas, dos Conselhos Tutelares e dos profissionais pertencentes aos órgãos e às áreas referidos no inciso II deste *caput*, para que identifiquem situações em que crianças e adolescentes vivenciam violência e agressões no âmbito familiar ou institucional;

XII – a promoção de programas educacionais que disseminem valores éticos de irrestrito respeito à dignidade da pessoa humana, bem como de programas de fortalecimento da parentalidade positiva, da educação sem castigos físicos e de ações de prevenção e enfrentamento da violência doméstica e familiar contra a criança e o adolescente;

XIII – o destaque, nos currículos escolares de todos os níveis de ensino, dos conteúdos relativos à prevenção, à identificação e à resposta à violência doméstica e familiar.

"Art. 70-B. As entidades, públicas e privadas, que atuem nas áreas da saúde e da educação, além daquelas às quais se refere o art. 71 desta Lei, entre outras, devem contar, em seus quadros, com pessoas capacitadas a reconhecer e a comunicar ao Conselho Tutelar suspeitas ou casos de crimes praticados contra a criança e o adolescente.

"Art. 136. ................................................................................................................................

XIII – adotar, na esfera de sua competência, ações articuladas e efetivas direcionadas à identificação da agressão, à agilidade no atendimento da criança e do adolescente vítima de violência doméstica e familiar e à responsabilização do agressor;

XIV – atender à criança e ao adolescente vítima ou testemunha de violência doméstica e familiar, ou submetido a tratamento cruel ou degradante ou a formas violentas de educação, correção ou disciplina, a seus familiares e a testemunhas, de forma a prover orientação e aconselhamento acerca de seus direitos e dos encaminhamentos necessários;

XV – representar à autoridade judicial ou policial para requerer o afastamento do agressor do lar, do domicílio ou do local de convivência com a vítima nos casos de violência doméstica e familiar contra a criança e o adolescente;

XVI – representar à autoridade judicial para requerer a concessão de medida protetiva de urgência à criança ou ao adolescente vítima ou testemunha de violência doméstica e familiar, bem como a revisão daquelas já concedidas;

XVII – representar ao Ministério Público para requerer a propositura de ação cautelar de antecipação de produção de prova nas causas que envolvam violência contra a criança e o adolescente;

XVIII – tomar as providências cabíveis, na esfera de sua competência, ao receber comunicação da ocorrência de ação ou omissão, praticada em local público ou privado, que constitua violência doméstica e familiar contra a criança e o adolescente;

XIX – receber e encaminhar, quando for o caso, as informações reveladas por noticiantes ou denunciantes relativas à prática de violência, ao uso de tratamento cruel ou degradante ou de formas violentas de educação, correção ou disciplina contra a criança e o adolescente;

XX – representar à autoridade judicial ou ao Ministério Público para requerer a concessão de medidas cautelares direta ou indiretamente relacionada à eficácia da proteção de noticiante ou denunciante de informações de crimes que envolvam violência doméstica e familiar contra a criança e o adolescente.

"Art. 201. ................................................................................................................................

XIII – intervir, quando não for parte, nas causas cíveis e criminais decorrentes de violência doméstica e familiar contra a criança e o adolescente.

"Art. 226. ................................................................................................................................

§ 1º Aos crimes cometidos contra a criança e o adolescente, independentemente da pena prevista, não se aplica a Lei n. 9.099, de 26 de setembro de 1995.

§ 2º Nos casos de violência doméstica e familiar contra a criança e o adolescente, é vedada a aplicação de penas de cesta básica ou de outras de prestação pecuniária, bem como a substituição de pena que implique o pagamento isolado de multa".

A **Lei Henry Borel** (LHB) é uma referência ao menino de 4 anos *Henry Borel* Medeiros vítima de homicídio cometido no mês de março de 2021, morto pelo padrasto, contando com a omissão dolosa da mãe da vítima. No laudo verificou-se que o corpo da criança apresentava 23 lesões por ação violenta. A causa de sua morte foi atestada por hemorragia interna após espancamentos no apartamento em que morava com a mãe e o padrasto, no Rio de Janeiro. Esta Lei é aplicada à violência doméstica e familiar contra os menores e não a qualquer violência que tenha por sujeito passivo uma criança ou adolescente. A definição do que seja um caso de violência doméstica e familiar vem descrita

---

Art. 30. O parágrafo único do art. 152 da Lei n. 7.210, de 11 de julho de 1984 (Lei de Execução Penal), passa a vigorar com a seguinte redação:

"Art. 152. ......................................................................................................................

Parágrafo único. Nos casos de violência doméstica e familiar contra a criança, o adolescente e a mulher e de tratamento cruel ou degradante, ou de uso de formas violentas de educação, correção ou disciplina contra a criança e o adolescente, o juiz poderá determinar o comparecimento obrigatório do agressor a programas de recuperação e reeducação".

Art. 31. Os arts. 111, 121 e 141 do Decreto-Lei n. 2.848, de 7 de dezembro de 1940 (Código Penal), passam a vigorar com as seguintes alterações:

"Art. 111. .......................................................................................................................

V – nos crimes contra a dignidade sexual ou que envolvam violência contra a criança e o adolescente, previstos neste Código ou em legislação especial, da data em que a vítima completar 18 (dezoito) anos, salvo se a esse tempo já houver sido proposta a ação penal".

"Art. 121. .......................................................................................................................

§ 2º .................................................................................................................................

Homicídio contra menor de 14 (quatorze) anos

IX – contra menor de 14 (quatorze) anos:

§ 2º-B. A pena do homicídio contra menor de 14 (quatorze) anos é aumentada de:

I – 1/3 (um terço) até a metade se a vítima é pessoa com deficiência ou com doença que implique o aumento de sua vulnerabilidade;

II – 2/3 (dois terços) se o autor é ascendente, padrasto ou madrasta, tio, irmão, cônjuge, companheiro, tutor, curador, preceptor ou empregador da vítima ou por qualquer outro título tiver autoridade sobre ela.

§ 7º .................................................................................................................................

II – contra pessoa maior de 60 (sessenta) anos, com deficiência ou com doenças degenerativas que acarretem condição limitante ou de vulnerabilidade física ou mental;

"Art. 141. .......................................................................................................................

IV – contra criança, adolescente, pessoa maior de 60 (sessenta) anos ou pessoa com deficiência, exceto na hipótese prevista no § 3º do art. 140 deste Código.

Art. 32. O inciso I do *caput* do art. 1º da Lei n. 8.072, de 25 de julho de 1990 (Lei de Crimes Hediondos), passa a vigorar com a seguinte redação:

"Art. 1º. .................................................................................................................... ..

I – homicídio (art. 121), quando praticado em atividade típica de grupo de extermínio, ainda que cometido por um só agente, e homicídio qualificado (art. 121, § 2º, incisos I, II, III, IV, V, VI, VII, VIII e IX);".

294

no art. 2º, incisos I, II e III da Lei n. 14.344/2022, praticamente em cópia dos conceitos da Lei Maria da Penha.

Estabelece a Lei Henry Borel, que configura violência doméstica e familiar contra a criança e o adolescente, qualquer ação ou omissão que lhe cause morte, lesão, sofrimento físico, sexual, psicológico ou dano patrimonial, no âmbito do domicílio ou da residência da criança e do adolescente, compreendida como o espaço de convívio permanente de pessoas, com ou sem vínculo familiar, inclusive as esporadicamente agregadas; no âmbito da família, compreendida como a comunidade formada por indivíduos que compõem a família natural, ampliada ou substituta, por laços naturais, por afinidade ou por vontade expressa; em qualquer relação doméstica e familiar na qual o agressor conviva ou tenha convivido com a vítima, independentemente de coabitação. A violência doméstica e familiar contra a criança e o adolescente constitui uma das formas de violação dos direitos humanos.

A Lei Henry Borel (Lei n. 14.344/2022), nos arts. 11 e 14, impõe as providências imediatas que a Autoridade Policial deverá adotar na hipótese de ocorrência de ação ou omissão que implique a ameaça ou a prática de violência doméstica e familiar contra a criança e o adolescente.

### 9.1 Observações importantes da Lei Henry Borel

**Depoimento da criança e do adolescente.** Depoimento da criança e do adolescente vítima ou testemunha de violência doméstica e familiar será colhido nos termos da Lei n. 13.431, de 4 de abril de 2017, observadas as disposições da Lei n. 8.069, de 13 de julho de 1990 (Estatuto da Criança e do Adolescente).

**Alteração na Lei de Crimes Hediondos.** A Lei Henry Borel alterou a redação do inciso I do art. 1º (Lei de Crimes Hediondos), passando a incluir o homicídio qualificado contra o menor de 14 anos (121, § 2º, IX, CP).

**Aplicação subsidiária da Lei Maria da Penha.** O art. 33 prevê a aplicação subsidiária do Estatuto da Criança e do Adolescente, da Lei Maria da Penha e da Lei n.13.431/17, que estabelece o Sistema de Garantia de Direitos da Criança e do Adolescente Vítima ou Testemunha de Violência. Importante destacar a possibilidade de aplicação subsidiária da Lei Maria da Penha à Lei Henry Borel, significa dizer, esta última integra o microssistema protetivo de vulneráveis.

### 9.2 Prisão preventiva do agressor

Encontra-se prevista no art. 17 (LHB), estabelecendo que em qualquer fase do inquérito policial ou da instrução criminal caberá a prisão preventiva do agressor, decretada pelo juiz, a requerimento do Ministério Público ou mediante representação da autoridade policial. O juiz poderá revogar a prisão preventiva se, no curso do processo, verificar a falta de motivo para que subsista, bem como decretá-la novamente, se sobrevierem razões que a justifiquem.

**Concessão de fiança.** Segundo o § 2º do art. 25 da Lei na hipótese de prisão em flagrante, apenas a autoridade judicial poderá conceder fiança. O Delegado de Polícia não poderá arbitrá-la, mesmo diante do art. 322, CPP, não terá tal atribuição, o que considero um retrocesso. Essa limitação que foi copiada do § 2º do art. 24-A da Lei Maria da Penha.

**Não aplicação da Lei n. 9.099/95.** A Lei Henry Borel editou o art. 226 do ECA e passou a prever, em seu § 1º, que aos crimes cometidos contra a criança e o adolescente, independentemente da pena prevista, não se aplica a Lei n. 9.099/95.

**Dia Nacional de Combate à Violência Doméstica e Familiar contra a Criança e o Adolescente.** Conforme o art. 27 da Lei Henry Borel foi instituído, em todo o território nacional, o dia 3 de maio de cada ano como Dia Nacional de Combate à Violência Doméstica e Familiar contra a Criança e o Adolescente, em homenagem ao menino Henry Borel.

**Vigência** (art. 34). A Lei Henry Borel entrou em vigor em 9-7-2022, após *vacatio legis* de 45 dias.

## 9.3 Crimes previstos na Lei Henry Borel

Objetivando dar conhecimento dos crimes previstos na Lei Henry Borel, consignamos o texto legal abaixo, lembrando que **Ação penal é** considerada de natureza pública incondicionada. Trata-se de crime doloso.

Art. 25. Descumprir decisão judicial que defere medida protetiva de urgência prevista nesta Lei:
Pena – detenção, de 3 (três) meses a 2 (dois) anos.
§ 1º A configuração do crime independe da competência civil ou criminal do juiz que deferiu a medida.
§ 2º Na hipótese de prisão em flagrante, apenas a autoridade judicial poderá conceder fiança.
§ 3º O disposto neste artigo não exclui a aplicação de outras sanções cabíveis.
Art. 26. Deixar de comunicar à autoridade pública a prática de violência, de tratamento cruel ou degradante ou de formas violentas de educação, correção ou disciplina contra criança ou adolescente ou o abandono de incapaz:
Pena – detenção, de 6 (seis) meses a 3 (três) anos.
§ 1º A pena é aumentada de metade, se da omissão resulta lesão corporal de natureza grave, e triplicada, se resulta morte.
§ 2º Aplica-se a pena em dobro se o crime é praticado por ascendente, parente consanguíneo até terceiro grau, responsável legal, tutor, guardião, padrasto ou madrasta da vítima.

As medidas protetivas de urgência estão previstas no art. 21 da Lei Henry Borel e podem ser concedidas pelo juiz, a requerimento do Ministério Público, da autoridade policial, do Conselho Tutelar ou a pedido da pessoa que atue em favor da criança e do adolescente. Perceba-se que, à semelhança do previsto no art. 12-C da Lei Maria da Penha, a Lei n. 14.344/2022 (Lei Henry Borel) prevê hipóteses em que a autoridade policial poderá determinar o afastamento[2] do agressor do lar. São elas:

> Art. 21. Poderá o juiz, quando necessário, sem prejuízo de outras medidas, determinar:
> I – a proibição do contato, por qualquer meio, entre a criança ou o adolescente vítima ou testemunha de violência e o agressor;
> II – o afastamento do agressor da residência ou do local de convivência ou de coabitação;
> III – a prisão preventiva do agressor, quando houver suficientes indícios de ameaça à criança ou ao adolescente vítima ou testemunha de violência;
> IV – a inclusão da vítima e de sua família natural, ampliada ou substituta nos atendimentos a que têm direito nos órgãos de assistência social;
> V – a inclusão da criança ou do adolescente, de familiar ou de noticiante ou denunciante em programa de proteção a vítimas ou a testemunhas;
> VI – no caso da impossibilidade de afastamento do lar do agressor ou de prisão, a remessa do caso para o juízo competente, a fim de avaliar a necessidade de acolhimento familiar, institucional ou colação em família substituta;
> VII – a realização da matrícula da criança ou do adolescente em instituição de educação mais próxima de seu domicílio ou do local de trabalho de seu responsável legal, ou sua transferência para instituição congênere, independentemente da existência de vaga.
> § 1º A autoridade policial poderá requisitar e o Conselho Tutelar requerer ao Ministério Público a propositura de ação cautelar de antecipação de produção de prova nas causas que envolvam violência contra a criança e o adolescente, observadas as disposições da Lei n. 13.431, de 4 de abril de 2017.

---

[2] Verificada a ocorrência de ação ou omissão que implique a ameaça ou a prática de violência doméstica e familiar, com a existência de risco atual ou iminente à vida ou à integridade física da criança e do adolescente, ou de seus familiares, o agressor será imediatamente afastado do lar, do domicílio ou do local de convivência com a vítima: I – pela autoridade judicial; II – pelo delegado de polícia, quando o Município não for sede de comarca; III – pelo policial, quando o Município não for sede de comarca e não houver delegado disponível no momento da denúncia. O Conselho Tutelar poderá representar a estas autoridades para requerer o afastamento do agressor do lar, do domicílio ou do local de convivência com a vítima. Nas hipóteses de afastamento pelo delegado de polícia ou pelo policial, o juiz será comunicado no prazo máximo de 24 horas e decidirá, em igual prazo, sobre a manutenção ou a revogação da medida aplicada, bem como dará ciência ao Ministério Público concomitantemente. Nos casos de risco à integridade física da vítima ou à efetividade da medida protetiva de urgência, não será concedida liberdade provisória ao preso.

§ 2º O juiz poderá determinar a adoção de outras medidas cautelares previstas na legislação em vigor, sempre que as circunstâncias o exigirem, com vistas à manutenção da integridade ou da segurança da criança ou do adolescente, de seus familiares e de noticiante ou denunciante.

## 9.4 Das medidas protetivas de urgência que obrigam o agressor

Constatada a prática de violência doméstica e familiar contra a criança e o adolescente nos termos desta Lei, o juiz poderá determinar ao agressor, de imediato, em conjunto ou separadamente, a aplicação das seguintes medidas protetivas de urgência (art. 20 da LHB: I – a suspensão da posse ou a restrição do porte de armas, com comunicação ao órgão competente, nos termos da Lei n. 10.826, de 22 de dezembro de 2003; II – o afastamento do lar, do domicílio ou do local de convivência com a vítima; III – a proibição de aproximação da vítima, de seus familiares, das testemunhas e de noticiantes ou denunciantes, com a fixação do limite mínimo de distância entre estes e o agressor; IV – a vedação de contato com a vítima, com seus familiares, com testemunhas e com noticiantes ou denunciantes, por qualquer meio de comunicação; V – a proibição de frequentação de determinados lugares a fim de preservar a integridade física e psicológica da criança ou do adolescente, respeitadas as disposições da Lei n. 8.069, de 13 de julho de 1990 (Estatuto da Criança e do Adolescente); VI – a restrição ou a suspensão de visitas à criança ou ao adolescente; VII – a prestação de alimentos provisionais ou provisórios; VIII – o comparecimento a programas de recuperação e reeducação; IX – o acompanhamento psicossocial, por meio de atendimento individual e/ou em grupo de apoio. § 1º As medidas referidas neste artigo não impedem a aplicação de outras previstas na legislação em vigor, sempre que a segurança da vítima ou as circunstâncias o exigirem, e todas as medidas devem ser comunicadas ao Ministério Público. § 2º Na hipótese de aplicação da medida prevista no inciso I do *caput* deste artigo, encontrando-se o agressor nas condições referidas no art. 6º da Lei n. 10.826, de 22 de dezembro de 2003, o juiz comunicará ao respectivo órgão, corporação ou instituição as medidas protetivas de urgência concedidas e determinará a restrição do porte de armas, e o superior imediato do agressor ficará responsável pelo cumprimento da determinação judicial, sob pena de incorrer nos crimes de prevaricação ou de desobediência, conforme o caso. § 3º Para garantir a efetividade das medidas protetivas de urgência, poderá o juiz requisitar, a qualquer momento, auxílio da força policial).

## 9.5 Das medidas protetivas de urgência à vítima

Art. 21. Poderá o juiz, quando necessário, sem prejuízo de outras medidas, determinar (art. 21 da LHB: I – a proibição do contato, por qualquer meio, entre a criança ou o adolescente vítima ou testemunha de violência e o agressor; II – o afastamento do agressor da residência ou do local de convivência ou de coabitação; III – a prisão preventiva do agressor, quando houver suficientes indícios de ameaça à criança ou ao adolescente vítima ou testemunha de violência; IV – a inclusão da vítima e de sua família natural, ampliada ou substituta nos atendimentos a que têm direito nos órgãos de assistência social; V – a inclusão da criança ou do adolescente, de familiar ou de noticiante ou denunciante em programa de proteção a vítimas ou a testemunhas; VI – no caso da impossibilidade de afastamento do lar do agressor ou de prisão, a remessa do caso para o juízo competente, a fim de avaliar a necessidade de acolhimento familiar, institucional ou colação em família substituta; VII – a realização da matrícula da criança ou do adolescente em instituição de educação mais próxima de seu domicílio ou do local de trabalho de seu responsável legal, ou sua transferência para instituição congênere, independentemente da existência de vaga. § 1º A autoridade policial poderá requisitar e o Conselho Tutelar requerer ao Ministério Público a propositura de ação cautelar de antecipação de produção de prova nas causas que envolvam violência contra a criança e o adolescente, observadas as disposições da Lei n. 13.431, de 4 de abril de 2017. § 2º O juiz poderá determinar a adoção de outras medidas cautelares previstas na legislação em vigor, sempre que as circunstâncias o exigirem, com vistas à manutenção da integridade ou da segurança da criança ou do adolescente, de seus familiares e de noticiante ou denunciante.

# 10º Capítulo

## Transtornos psicóticos e suas implicações jurídico-criminais

### 10.1 Transtornos psicóticos: conceito, classificação e diagnósticos

É isento de pena o agente que, por doença mental ou desenvolvimento mental incompleto ou retardado, era, ao tempo da ação ou da omissão, inteiramente incapaz de entender o caráter ilícito do fato ou de determinar-se de acordo com esse entendimento. É a voz do art. 26 do Código Penal vigente, que trata da inimputabilidade referindo-se a doença mental.

Os transtornos psicóticos são a maioria das doenças mentais ou psicopatologias a que se refere o Código Penal.

Dentre muitas doenças, a esquizofrenia é a mais presente e causadora de impactos social, clínico e jurídico.

Lisieux E. de Borba Telles, Vivian Peres Day e Pedro Henrique Iserhard Zoratto[1] afirmam que "a esquizofrenia está presente em todas as sociedades e áreas geográficas, e as taxas de prevalência são quase iguais no mundo inteiro (em torno de 1%)".

A **esquizofrenia** é seguramente o transtorno psicótico mais relevante e presente.

Subdivide-se em: **paranoide, hebefrênica, catatônica, indiferenciada, residual e simples.**

Há **outros transtornos psicóticos,** entre os quais se destacam[2]: **transtorno esquizotípico, transtornos delirantes persistentes, transtornos psicóticos agudos e transitórios, transtorno delirante induzido e transtorno esquizoafetivo.**

Vejamos brevemente cada um deles e seus diagnósticos.

Segundo a OMS, os **transtornos esquizofrênicos** são caracterizados basicamente por **distorções importantes do pensamento e da percepção e por**

---

[1]    In: *Psiquiatria forense de Taborda*, cit., p. 432.

[2]    In: *Psiquiatria forense de Taborda*, cit., p. 432.

afeição inadequada ou diminuída, preservando-se, via de regra, a consciência e a capacidade intelectual, muito embora déficits de cognição irrompam no decorrer do tempo. Muitas vezes o doente desenvolve delírios e acredita que forças da natureza ou ainda sobrenaturais (demônios, monstros etc.) estejam a influenciar seus pensamentos.

A esquizofrenia do tipo paranoide apresenta delírios de perseguição, alucinações auditivas, alterações corporais e manifestações de ciúmes.

A esquizofrenia hebefrênica surge, em regra, entre os 15 e os 25 anos, com prognóstico mais contido em razão de seu desenvolvimento rápido, sobretudo com a diminuição do afeto e a perda de vontade. Apresenta quadro de pensamentos desorganizados, com discurso incoerente e repleto de divagações sem sentido. Pode apresentar ainda comportamento introvertido, com caretas, maneirismos, frases repetidas etc.

A esquizofrenia catatônica, por sua vez, apresenta-se com perturbações psicomotoras predominantes, com alternâncias entre extremos, como hipercinesia (movimentos rápidos) ou estupor (inconsciência ou imobilidade) e obediência automática e negativismo, às vezes podendo mostrar agitação psicomotora violenta.

Denomina-se esquizofrenia indiferenciada o quadro patológico em que há aspectos de mais de um tipo esquizofrênico, sem predominância das particularidades de nenhum deles.

A chamada esquizofrenia residual se caracteriza por ser um estágio tardio do desenvolvimento de um transtorno esquizofrênico crônico, "no qual houve progressão clara de um período inicial – que pode compreender um ou mais episódios esquizofreniformes agudos – para um período posterior, caracterizado por sintomas negativos de longa duração"[3].

A esquizofrenia simples é uma doença incomum em que ocorre um desenvolvimento traiçoeiro, mas progressivo, acompanhado de comportamento estranho e inapto à convivência em sociedade. Delírios e alucinações não são evidentes, e há um declínio fundamental na vida do doente.

O transtorno esquizotípico tem como caracteres mais significativos o comportamento excêntrico e anomalias do pensamento e do afeto, semelhantemente ao que ocorre na esquizofrenia, embora não apareça nenhum quadro clínico evidente desta. Segue um modelo crônico, com variações de intensidade.

Os transtornos delirantes persistentes são confeccionados por um conjunto de transtornos nos quais os delírios de longa duração são a característica mais evidente. Tal espécie patológica é de difícil detecção clínica.

---

[3]    In: *Psiquiatria forense de Taborda*, cit., p. 433.

301

Já os chamados **transtornos psicóticos agudos e transitórios** são identificados por **início repentino** (de ímpeto, em cerca de duas semanas), podendo ocorrer em virtude de um **agente estressor psicossocial**.

O **transtorno delirante induzido** (*folie à deux*) é uma **doença rara** e consiste na **comunhão por duas ou mais pessoas, que guardem laços afetivos/ parentesco íntimo, de um sistema delirante próprio**. Geralmente um indivíduo (indutor) induz delírios no outro (induzido), cuidando-se de transferir suas crenças ao outro, em virtude de sua ascendência sobre ele. Tais delírios são de natureza grandiosa, religiosa ou persecutória.

Os **transtornos esquizoafetivos**, como ensinam Harold Kaplan e Benjamin Sadock[4], "**apresentam características tanto da esquizofrenia quanto dos distúrbios afetivos (de humor)**, mas não podem ser diagnosticados tendo uma das duas condições, sem a distorção de algum aspecto da apresentação clínica". Os sintomas e sinais desses transtornos incluem todos os sinais e sintomas da esquizofrenia, da mania e da depressão. "Os sintomas esquizofrênicos e afetivos podem apresentar-se juntos ou de modo alternado. Os sintomas psicóticos podem ser tanto congruentes como incongruentes com o humor. O curso pode ser de exacerbação e remissões, de deterioração, crônico, ou alguma situação intermediária."[5]

## 10.2 Implicações jurídico-criminais

Em razão dos incontáveis prejuízos causados aos doentes, os transtornos psicóticos apresentam implicações em todo o ordenamento jurídico, sobretudo na seara do direito administrativo (responsabilidade do Estado), do direito previdenciário (aposentadoria por invalidez), do direito tributário (isenção fiscal), do direito civil (capacidade) e do direito penal (imputabilidade).

No campo criminal, as principais consequências ao portador de distúrbios psicóticos vinculam-se à etiologia do crime, à inimputabilidade do autor doente mental e à eventual periculosidade (prognóstico de reincidência) em face da Lei de Execução Penal (LEP).

Entretanto, é bom não confundir **exame psiquiátrico da personalidade** do autor do crime (incidente de insanidade mental, arts. 149 e s. do CPP vigente) com o **exame criminológico** (perícia envolvendo saúde mental, aspectos genéticos, antropológicos e sociais do condenado, com vistas à progressão de regime – intensidade modulada no cumprimento de pena – art. 8º da LEP).

---

[4]   In: *Compêndio de psiquiatria*. 2. ed. Porto Alegre: Artes Médicas, 1990. p. 293, grifos nossos.

[5]   In: *Compêndio de psiquiatria*. 2. ed. Porto Alegre: Artes Médicas, 1990. p. 294.

302

É importante deixar claro que o **exame criminológico** tem a finalidade de conhecer a capacidade provável do condenado de se adaptar ao regime executório, de não delinquir e de reintegrar-se à sociedade, em um enfoque multidimensional de sua personalidade.

Nesse sentido ensinava o saudoso mestre Sérgio Marcos de Moraes Pitombo[6] que "pretende o exame criminológico explicar, a 'dinâmica criminal (diagnóstico criminológico), propondo medidas recuperadoras (assistência criminiátrica)' e a avaliação da possibilidade de delinquir (prognóstico criminológico). Hão de compô-lo, como instrumentos de verificação, as informações jurídico-penais (como agiu o condenado, se registra reincidência etc.); o exame clínico (saúde individual e eventuais causas mórbidas, relacionadas com o comportamento delinquencial); o exame morfológico (sua constituição somatopsíquica); o exame neurológico (manifestações mórbidas do sistema nervoso); o exame eletroencefalográfico (não para só a busca de 'lesões focais ou difusas de ondas *sharp ou spike*', mas da 'correlação – certa ou provável – entre alterações funcionais do encéfalo e o comportamento' do condenado); exame psicológico (nível mental, traços básicos da personalidade e sua agressividade); exame psiquiátrico (saber-se se o condenado é pessoa normal, ou portadora de 'perturbação mental'); e exame social (informações familiares, 'condições sociais), em que o ato foi praticado' etc.). A perícia, arrimando-se no labor de equipe interdisciplinar, deve ostentar a **síntese criminológica**".

A culpabilidade, como juízo de reprovabilidade em razão do desvalor da conduta ilícita, compreende imputabilidade (capacidade de ser apenado), potencial consciência da ilicitude e exigência de conduta conforme a lei.

Isto posto, a adoção de critérios biopsicológico-normativos para aferição do juízo de reprovação e consequente apenamento ao autor do delito não implica apenas considerar a existência de doença mental, à época dos fatos, para concluir pela inimputabilidade do agente. É preciso investigar a sua capacidade de entendimento e de determinação, além do liame de causalidade com a infração penal. Podem exsurgir comorbidades como o abuso de álcool e/ou drogas (maconha, cocaína, crack etc.), assim como podem aparecer traços reveladores de personalidade psicopática.

Se o juiz decidir que o sujeito ativo do delito é inimputável, será absolvido e receberá uma medida de segurança (absolvição imprópria), que deve ser cumprida na forma de tratamento hospitalar ou ambulatorial, cujo critério objetivo de determinação é a gravidade do delito (homicídio, latrocínio,

---

[6]  In: Os regimes de cumprimento de pena e o exame criminológico. Disponível em: <http://www.sergio.pitombo.nom.br/artigos.php>. Acesso em: 16 jan. 2020.

sequestro etc.) e a natureza da pena a ser cominada (reclusão ou detenção). O tratamento tem caráter obrigatório, por um período de 1 a 3 anos, de acordo com as circunstâncias do crime; encerrado o prazo, o réu é submetido a exame de constatação de sua periculosidade, que, se persistente, implica renovação da medida.

Essa perícia objetiva estabelecer a probabilidade do réu de delinquir novamente (reincidência) em crime violento, cuidando-se de verdadeiro prognóstico criminológico.

# 11º Capítulo

## Criminologia e o "Pacote Anticrime" (Lei n. 13.964/2019): alterações no sistema penal brasileiro

### 11.1 Noções iniciais

Com a promulgação da Lei n. 13.964/2019, cuja vigência estava prevista para 23 de janeiro de 2020[1], aprovou-se a denominada Legislação ou **Pacote Anticrime**, que alterou significativamente diversas leis do sistema penal brasileiro.

As principais alterações, entre outras, no **Código Penal** vigente são:

a) aumento do limite de tempo de pena privativa de liberdade para 40 anos;

b) comprovação dos requisitos de bom comportamento, não cometimento de falta grave, bom desempenho laboral e aptidão para trabalho honesto para obtenção de livramento condicional;

c) qualificadora do uso de arma branca no roubo;

d) aplicação da pena em dobro para o roubo com violência mediante o emprego de arma de fogo de uso proibido ou restrito;

e) ação penal pública incondicionada no estelionato quando a vítima for a administração pública, criança/adolescente, deficiente mental, idoso (maior de 70 anos) ou incapaz;

f) aumento da pena no crime de concussão para reclusão de dois a 12 anos e multa.

Despontam no **Código de Processo Penal** importantes modificações, entre outras:

a) a criação do chamado **juiz de garantias**, responsável pelo controle da legalidade da investigação criminal e pela salvaguarda dos direitos individuais cuja franquia tenha sido reservada à autorização prévia do Poder Judiciário;

---

[1] Em 15 de janeiro de 2020, o Presidente do STF, Minisrtro Dias Toffoli, suspendeu por 180 dias a eficácia dos arts. 3º-B a F do CPP, no que pertine à implantação do "juiz de garantias".

b)  proposta de *adjucation*, seguindo os moldes norte-americanos, nos quais os acusados podem pactuar acordo com o Ministério Público antes do trâmite inicial da ação penal, com vistas à redução da lentidão dos processos criminais no Brasil (art. 28-A do CPP);

c)  **cadeia de custódia das provas e dos vestígios do delito**, entendendo-se por cadeia de custódia o conjunto de todos os procedimentos utilizados para manter e documentar a história cronológica do vestígio coletado em locais ou em vítimas de crimes, para rastrear sua posse e manuseio a partir de seu reconhecimento até o descarte. O início da cadeia de custódia dá-se com a preservação do local de crime ou com procedimentos policiais ou periciais nos quais seja detectada a existência de vestígio. O agente público que reconhecer um elemento como de potencial interesse para a produção da prova pericial fica responsável por sua preservação. Vestígio é todo objeto ou material bruto, visível ou latente, constatado ou recolhido, que se relaciona à infração penal;

d)  cabimento de prisão preventiva somente quando não for cabível a sua substituição por outra medida cautelar, observado o art. 319 do Código de Processo Penal, e o não cabimento da substituição por outra medida cautelar deverá ser justificado de forma fundamentada nos elementos presentes do caso concreto, de forma individualizada;

e)  prisão com recolhimento ao cárcere somente em caso de flagrante delito ou por ordem escrita e fundamentada da autoridade judiciária competente, em decorrência de prisão cautelar ou em virtude de condenação criminal transitada em julgado;

f)  promoção, em até 24 horas do recebimento do auto de prisão em flagrante, de audiência de custódia para contraste de legalidade da prisão;

g)  **possibilidade de decretação de prisão preventiva** como garantia da ordem pública, da ordem econômica, por conveniência da instrução criminal ou para assegurar a aplicação da lei penal, quando houver prova da existência do crime e indício suficiente de autoria e de **perigo gerado pelo estado de liberdade do imputado.**

Cabe anotar o grande avanço na instituição do juiz de garantias, diverso do juiz da causa, com o fito de preservar as garantias constitucionais de investigados, por vezes submetidos a abusos por parte de policiais e membros do Ministério Público.

Questão relevante diz respeito ao exame de corpo de delito, com a necessidade de preservação dos vestígios na cadeia de custódia.

É conhecida a antiga lição de que o **"corpo de delito somente prova o delito, contudo não mostra seu autor"**. A descoberta da autoria delitiva decorre, via de regra, da investigação policial desenvolvida no inquérito policial. Para tanto, é imprescindível a preservação da prova e dos vestígios do delito.

Convém não confundir **exame de corpo de delito com exame criminológico**. O **exame de corpo de delito** busca estabelecer a **prova do crime**, sua **materialidade** (*corpus criminis*), ao passo que o **exame criminológico** é uma **perícia de natureza psiquiátrica** destinada à verificação da possibilidade de modificação do regime de cumprimento de pena (intensidade modulada).

A cadeia de custódia compreende o rastreamento do vestígio nas seguintes etapas:

1ª) **Reconhecimento:** ato de distinguir um elemento como de potencial interesse para a produção da prova pericial.

2ª) **Isolamento:** ato de evitar que se altere o estado das coisas, devendo isolar e preservar o ambiente imediato, mediato e relacionado aos vestígios e ao local de crime.

3ª) **Fixação:** descrição detalhada do vestígio conforme se encontra no local de crime ou no corpo de delito e a sua posição na área de exames, podendo ser ilustrada por fotografias, filmagens ou croqui, sendo indispensável a sua descrição no laudo pericial produzido pelo perito responsável pelo atendimento.

4ª) **Coleta:** ato de recolher o vestígio que será submetido à análise pericial, respeitando suas características e sua natureza.

5ª) **Acondicionamento:** procedimento por meio do qual cada vestígio coletado é embalado de forma individualizada, de acordo com suas características físicas, químicas e biológicas, para posterior análise, com anotação da data, hora e nome de quem realizou a coleta e o acondicionamento.

6ª) **Transporte:** ato de transferir o vestígio de um local para o outro, utilizando as condições adequadas (embalagens, veículos, temperatura, entre outras), de modo a garantir a manutenção de suas características originais, bem como o controle de sua posse.

7ª) **Recebimento:** ato formal de transferência da posse do vestígio, que deve ser documentado com, no mínimo, informações referentes ao número de procedimento e unidade de polícia judiciária relacionada, local de origem, nome de quem transportou o vestígio, código de rastreamento, natureza do exame, tipo do vestígio, protocolo, assinatura e identificação de quem o recebeu.

8ª) **Processamento:** exame pericial em si, manipulação do vestígio de acordo com a metodologia adequada às suas características biológicas, físicas e químicas, a fim de se obter o resultado desejado, que deverá ser formalizado em laudo produzido por perito.

307

9ª) **Armazenamento:** procedimento referente à guarda, em condições adequadas, do material a ser processado, guardado para realização de contraperícia, descartado ou transportado, com vinculação ao número do laudo correspondente.

10ª) **Descarte:** procedimento referente à liberação do vestígio, respeitando a legislação vigente e, quando pertinente, mediante autorização judicial.

Por derradeiro, a imposição da prisão como *ultima ratio*, isto é, somente poderá ser decretada a custódia preventiva do investigado quando não puder ser substituída por outra medida cautelar (comparecimento periódico em juízo, proibição de frequentar certos lugares, uso de tornozeleira eletrônica etc.).

Ademais, insere-se como **fundamento de decretação da prisão preventiva** o **estado de periculosidade** ou perigo gerado pela liberdade do imputado.

Podemos classificar os **índices de periculosidade** da seguinte forma:

a) **médico-psicológicos:** decorrentes de estados de alienação mental ou desequilíbrios psíquicos, vinculados ou não a perturbações somáticas, que, em determinada ou indeterminada circunstância, permitem prognosticar uma reação antissocial em um dado sujeito;

b) **sociais:** derivados de fatores ambientais; aqui a periculosidade vem de fator *externa corporis*, destacando-se a miséria;

c) **legais:** referem-se aos antecedentes criminais e ao delito.

No denominado **direito penitenciário** (LEP), as principais alterações, dentre outras, introduzidas pelo "Pacote Anticrime" foram as seguintes:

a) **obrigatoriedade de identificação genética** dos autores de crimes violentos contra a pessoa e de crimes sexuais;

b) a **prática de crime doloso no sistema carcerário acarreta a inserção no Regime Disciplinar Diferenciado (RDD),** com endurecimento nas regras de cumprimento de pena, tais como banho de sol de apenas duas horas/dia, visitas quinzenais, prisão em cela individual, censura à correspondência etc.;

c) **ao condenado, integrante que exerça liderança em organização criminosa, impor-se-á necessariamente o RDD em estabelecimento prisional federal;**

d) **intensidade modulada no cumprimento de pena privativa de liberdade** na seguinte conformidade: a pena privativa de liberdade será executada em forma progressiva com a transferência para regime menos rigoroso, a ser determinada pelo juiz, quando o preso tiver cumprido ao menos:

"I – 16% (dezesseis por cento) da pena, se o apenado for primário e o crime tiver sido cometido sem violência à pessoa ou grave ameaça;

II – 20% (vinte por cento) da pena, se o apenado for reincidente em crime cometido sem violência à pessoa ou grave ameaça;

III – 25% (vinte e cinco por cento) da pena, se o apenado for primário e o crime tiver sido cometido com violência à pessoa ou grave ameaça;

IV – 30% (trinta por cento) da pena, se o apenado for reincidente em crime cometido com violência à pessoa ou grave ameaça;

V – 40% (quarenta por cento) da pena, se o apenado for condenado pela prática de crime hediondo ou equiparado, se for primário;

VI – 50% (cinquenta por cento) da pena, se o apenado for:

    *a*) condenado pela prática de crime hediondo ou equiparado, com resultado morte, se for primário, vedado o livramento condicional;

    *b*) condenado por exercer o comando, individual ou coletivo, de organização criminosa estruturada para a prática de crime hediondo ou equiparado; ou

    *c*) condenado pela prática do crime de constituição de milícia privada;

VI-A – 55% (cinquenta e cinco por cento) da pena, se o apenado for condenado pela prática de feminicídio, se for primário, vedado o livramento condicional; (Incluído pela Lei n. 14.994, de 2024)

VII – 60% (sessenta por cento) da pena, se o apenado for reincidente na prática de crime hediondo ou equiparado;

VIII – 70% (setenta por cento) da pena, se o apenado for reincidente em crime hediondo ou equiparado com resultado morte, vedado o livramento condicional.

§ 1º Em todos os casos, o apenado somente terá direito à progressão de regime se ostentar boa conduta carcerária, comprovada pelo diretor do estabelecimento, e pelos resultados do exame criminológico, respeitadas as normas que vedam a progressão. (Redação dada pela Lei n. 14.843, de 2024)

Enfim, há mais alterações referentes a outras leis (drogas, desarmamento, improbidade etc.), mas que refogem ao tema deste compêndio.

Percebe-se claramente uma mudança de eixo na visão garantista do direito penal brasileiro, com a política criminal namorando o direito penal do inimigo em detrimento dos preceitos humanitários do garantismo.

# Anexo

## Questões de concursos públicos

**1.** (Polícia Civil/SP/2009) A obra clássica de Cesare Bonesana tem o seguinte título:

a) *Utopia.*

b) *A origem das espécies.*

c) *O homem delinquente.*

d) *O Estado das prisões.*

e) *Dos delitos e das penas.*

**2.** (Polícia Civil/SP/2009) Considera-se cifra negra a criminalidade

a) registrada, mas não investigada pela Polícia.

b) registrada, investigada pela Polícia, mas não elucidada.

c) registrada, investigada pela Polícia, elucidada, mas não punida pelo Judiciário.

d) não registrada pela Polícia, desconhecida, não elucidada, nem punida.

e) não registrada pela Polícia, porém conhecida e denunciada diretamente pelo Ministério Público.

**3.** (Polícia Civil/SP/2009) Rafael Garófalo, um dos precursores da ciência da Criminologia, tem como sua principal obra o livro intitulado:

a) *Criminologia.*

b) *A Criminologia como ciência.*

c) *Política Criminal.*

d) *A ciência da Criminologia.*

e) *O homem delinquente.*

**4.** (Polícia Civil/SP/2009) A criminologia é uma ciência que dispõe de leis

a) imutáveis e evolutivas.

b) inflexíveis e evolutivas.

c) permanentes e flexíveis.

d) flexíveis e restritivas.

e) evolutivas e flexíveis.

**5.** (Polícia Civil/SP/2009) Dentre as ideias defendidas pelo Marquês de Beccaria, relativamente aos delitos e às penas, a pena deveria

a) ser prontamente imposta para que o castigo pudesse relacionar-se com o crime.

b) ser imposta somente após um período de prisão do delinquente para que este pudesse refletir sobre seus atos.

c) sempre ser imposta de forma a configurar um confisco de bens do delinquente.

d) ser imposta de forma a corresponder a uma ação ofensiva igual àquela praticada pelo ofensor.

e) imposta somente pelo Santo Ofício da Inquisição.

**6.** (Polícia Civil/SP/2009) "L'uomo delinquente" ou "O homem delinquente" é uma obra clássica da criminologia, de autoria de

a) Marquês de Beccaria.

b) Cesare Lombroso.

c) Francesco Carrara.

d) Pellegrino Rossi.

e) Enrico Pessina.

**7.** (Polícia Civil/SP/2009) Segundo a teoria behaviorista, o homem comete um delito porque o seu comportamento

a) é uma resposta às causas ou fatores que o levam à prática do crime.

b) decorre de sua própria natureza humana, independentemente de fatores internos ou externos.

c) é dominado por uma vontade insana de praticar um crime.

d) não permite a distinção entre o bem e o mal.

e) impede-o de entender o caráter delituoso da ação praticada.

**8.** (Polícia Civil/SP/2009) O indivíduo incapaz de cuidar-se e bastar-se a si mesmo, com "QI" abaixo de 20 e idade mental abaixo de 3 anos, tem seu estado mental caracterizado como

a) hipofrênico.

b) débil mental.

c) imbecil.

d) idiota.

e) hiperfrênico.

**9.** (Polícia Civil/SP/2009) O indivíduo abúlico é aquele cuja personalidade psicopática se caracteriza

a) pela falta de vontade, sendo uma pessoa sugestionável e vulnerável aos fatores criminógenos e que age por indução.

b) por ser uma pessoa arrojada, intrépida, combativa, destemida e decidida.

c) por ser destituído de confiança ou de esperança, propenso a tremores e que se preocupa e sofre exageradamente com o menor revés.

d) por aparentar placidez e felicidade, porém pode explodir subitamente em fúria.

e) por ser vaidoso e ter mania de grandeza, aparentando ser mais do que é.

**10.** (Polícia Civil/SP/2009) A anormalidade psicossexual consistente na exaltação ou impulsividade sexual sem freio, verificada no indivíduo do sexo masculino, é conhecida por

a) ninfomania.

b) anerotismo.

c) erotismo.

d) masoquismo.

e) satiríase.

**11.** (Delegado/PE/2016/Cespe) Considerando que, conforme a doutrina, a moderna sociologia criminal apresenta teorias e esquemas explicativos do crime, assinale a opção correta acerca dos modelos sociológicos explicativos do delito.

a) Para a teoria ecológica da sociologia criminal, que considera normal o comportamento delituoso para o desenvolvimento regular da ordem social, é imprescindível e, até mesmo, positiva a existência da conduta delituosa no seio da comunidade.

b) A teoria do conflito, sob o enfoque sociológico da Escola de Chicago, rechaça o papel das instâncias punitivas e fundamenta suas ideias em situações concretas, de fácil comprovação e verificação empírica das medidas adotadas para contenção do crime, sem que haja hostilidade e coerção no uso dos meios de controle.

c) A teoria da integração, ao criticar a teoria consensual na solução do conflito, rotula o criminoso quando assevera que o delito é fruto do sistema capitalista e considera o fator econômico como justificativa para o ato criminoso, de modo que, para frear a criminalidade, devem-se separar as classes sociais.

d) A Escola de Chicago, ao atentar para a mutação social das grandes cidades na análise empírica do delito, interessa-se em conhecer os mecanismos de aprendizagem e transmissão das culturas consideradas desviadas, por reconhecê-las como fatores de criminalidade.

e) A teoria estrutural-funcionalista da sociologia criminal sustenta que o delito é produto da desorganização da cidade grande, que debilita o controle social e deteriora as relações humanas, propagando-se, consequentemente, o vício e a corrupção, que são considerados anormais e nocivos à coletividade.

**12.** (Delegado/PE/2016/Cespe) Os objetos de investigação da criminologia incluem o delito, o infrator, a vítima e o controle social. Acerca do delito e do delinquente, assinale a opção correta.

a) Para a criminologia positivista, infrator é mera vítima inocente do sistema econômico; culpável é a sociedade capitalista.

b) Para o marxismo, delinquente é o indivíduo pecador que optou pelo mal, embora pudesse escolher pela observância e pelo respeito à lei.

c) Para os correcionalistas, criminoso é um ser inferior, incapaz de dirigir livremente os seus atos: ele necessita ser compreendido e direcionado, por meio de medidas educativas.

d) Para a criminologia clássica, criminoso é um ser atávico, escravo de sua carga hereditária, nascido criminoso e prisioneiro de sua própria patologia.

e) A criminologia e o direito penal utilizam os mesmos elementos para conceituar crime: ação típica, ilícita e culpável.

**13.** (Delegado/PE/2016/Cespe) A criminologia reconhece que não basta reprimir o crime, deve-se atuar de forma imperiosa na prevenção dos fatores criminais. Considerando essa informação, assinale a opção correta acerca de prevenção de infração penal.

a) Para a moderna criminologia, a alteração do cenário do crime não previne o delito: a falta das estruturas físicas sociais não obstaculiza a execução do plano criminal do delinquente.

b) A prevenção terciária do crime implica na implementação efetiva de medidas que evitam o delito, com a instalação, por exemplo, de programas de policiamento ostensivo em locais de maior concentração de criminalidade.

c) No estado democrático de direito, a prevenção secundária do delito atua diretamente na sociedade, de maneira difusa, a fim de implementar a qualidade dos direitos sociais, que são considerados pela criminologia fatores de desenvolvimento sadio da sociedade que mitiga a criminalidade.

d) Trabalho, saúde, lazer, educação, saneamento básico e iluminação pública, quando oferecidos à sociedade de maneira satisfatória, são considerados forma de prevenção primária do delito, capaz de abrandar os fenômenos criminais.

e) A doutrina da criminologia moderna reconhece a eficiência da prevenção primária do delito, uma vez que ela atua diretamente na pessoa do recluso, buscando evitar a reincidência penal e promover meios de ressocialização do apenado.

**14.** (Delegado/SP/2008) Dentre os modelos de reação ao crime destaca-se aquele que procura restabelecer ao máximo possível o *status quo ante*, ou seja, valoriza a reeducação do infrator, a situação da vítima e o conjunto social afetado pelo delito, impondo sua revigoração com a reparação do dano suportado. Nesse caso, fala-se em

a) modelo dissuasório.

b) modelo ressocializador.

c) modelo integrador.

d) modelo punitivo.

e) modelo sociológico.

**15.** (Delegado/SP/2008) Dentre os fatores condicionantes da criminalidade, no aspecto psicológico, alcança projeção, hoje em dia, nas favelas um modelo consciente ou inconsciente, com o qual o indivíduo gosta de se identificar, sendo atraente o comportamento do bandido, pois é "valente, tem dinheiro e prestígio na comunidade". A isso denomina-se

a) carência afetiva.

b) ego abúlico.

c) insensibilidade moral.

d) mimetismo.

e) telurismo.

**16.** (Delegado/PE/2016/Cespe) A criminologia moderna

a) é uma ciência normativa, essencialmente profilática, que visa oferecer estratégias para minimizar os fatores estimulantes da criminalidade e que se preocupa com a repressão social contra o delito por meio de regras coibitivas, cuja transgressão implica sanções.

b) ocupa-se com a pesquisa científica do fenômeno criminal – suas causas, características, sua prevenção e o controle de sua incidência –, sendo uma ciência causal-explicativa do delito como fenômeno social e individual.

c) ocupa-se, como ciência causal-explicativa-normativa, em estudar o homem delinquente em seu aspecto antropológico, estabelece comandos legais de repressão à criminalidade e despreza, na análise empírica, o meio social como fatores criminógenos.

d) é uma ciência empírica e normativa que fundamenta a investigação de um delito, de um delinquente, de uma vítima e do controle social a partir de fatos abstratos apreendidos mediante o método indutivo de observação.

e) possui como objeto de estudo a diversidade patológica e a disfuncionalidade do comportamento criminal do indivíduo delinquente e produz fundamentos epistemológicos e ideológicos como forma segura de definição jurídico-formal do crime e da pena.

**17.** (MP/MG/2008) Marque a alternativa **INCORRETA**.

a) A prática do *bullying* configura-se em uma atividade saudável ao desenvolvimento da sociedade, pois que investe no bom relacionamento entre as pessoas.

b) As principais áreas do estudo do criminólogo são: o delito, o delinquente, a vítima e o controle social.

c) A teoria do etiquetamento diz respeito aos processos de criação dos desvios.

d) A criminologia da reação social procura expor de forma clara e precisa que o sistema penal existente nada mais é do que uma maneira de dominação social.

e) A cifra negra pode ser concebida, resumidamente, no fato de que nem todos os crimes praticados chegam ao conhecimento oficial do Estado.

18. (Delegado/BA/2016) São conhecidas por _____ os crimes que não são registrados em órgãos oficiais encarregados de sua repressão, em decorrência de omissão das vítimas, por temor de represália.

**Assinale** a alternativa que preenche corretamente a lacuna.

a) estatísticas azuis
b) estatísticas brancas
c) cifras douradas
d) cifras negras
e) cifras cinzas

19. (MP/SC/2008)
I – O Código de Hamurabi, concebido na Babilônia entre 2067 e 2925 a.C. e na atualidade pertencente ao acervo do Museu do Louvre em Paris, não continha disposições penais em sua composição.

II – Segundo a "Lei Térmica de Criminalidade" de Quetelet, fatores físicos, climáticos e geográficos podem influenciar no comportamento criminoso.

III – Entende-se por "Cifra Negra" da criminalidade o conjunto de crimes cuja violência produz elevada repercussão social.

IV – Seguidor da Antropologia Criminal, Lombroso entendia que havia um tipo humano irresistivelmente levado ao crime por sua própria constituição, de um verdadeiro criminoso nato.

V – Em sua obra "Dos Delitos e das Penas", escrita por volta de 1765, Cesare Bonesana, o Marquês de Beccaria, defendeu uma legislação penal rigorosa, aprovando a prática da tortura e da pena de morte.

a) Apenas I, III e V estão corretos.
b) Apenas II e IV estão corretos.
c) Apenas IV e V estão corretos.
d) Apenas II e III estão corretos.
e) Apenas III, IV e V estão corretos.

20. (MP/SC/2008)
I – O chamado "princípio da insignificância" pode ser admitido quando reduzido o grau de reprovabilidade da conduta, assim considerado pelo valor da res furtiva somado à ausência de periculosidade do agente.

II – Pode se dizer que o "crime de bagatela" tem como fundamento teórico o caráter retributivo do direito penal.

III – O Abolicionismo Penal consiste em movimento expressivo no campo da criminologia, cuja formulação teórica e política reside no "encolhimento" da legislação penal.

IV – O Movimento "Lei e Ordem", cuja ideologia é estabelecida pela repressão, fulcrada no velho regime punitivo-retributivo, orienta como solução para o controle de criminalidade, a criação de programas do tipo "tolerância zero".

V – Programas do tipo "tolerância zero" são estimulados pelo fracasso das políticas públicas de ressocialização dos apenados, uma vez que os índices de reincidência a cada dia estão mais altos.

a) Apenas I e IV estão corretos.
b) Apenas II e III estão corretos.
c) Apenas I, IV e V estão corretos.
d) Apenas II e IV estão corretos.
e) Apenas IV e V estão corretos.

21. (Delegado/BA/2016/Ifraz) A avaliação do espaço urbano é especialmente importante para compreensão das ondas de distribuição geográfica e da

correspondente produção de condutas desviantes. Este postulado é fundamental para compreensão da corrente de pensamento conhecida na literatura criminológica como:

a) Teoria da anomia.

b) Escola Chicago.

c) Teoria da Associação Diferencial.

d) Criminologia Crítica.

e) *Labelling Approach*.

**22.** (MP/GO/2008)

"Tratamento e prevenção (do delito), para terem sucesso, demandam amplos programas que envolvam recursos humanos junto à comunidade e que concentrem esforços dos cidadãos em torno das forças construtivas da sociedade. (...) A unidade de operação é a vizinhança. Se o crime é um fenômeno associado à cidade, a reação ao crime também o é. Deve abranger áreas restritas em extensão e com, no máximo, 50.000 habitantes nessa área" (SHECAIRA, Sérgio Salomão. *Criminologia*. São Paulo: RT, 2004, p. 167).

O texto acima é introdutório nas propostas de uma teoria criminológica sobre o problema do crime que tem se destacado na mídia brasileira, sobretudo por projetos planejados e administrados no âmbito municipal, marcados pela intervenção no ambiente que favorece a prática delitiva. Assinale a alternativa que corresponde a essa teoria criminológica:

a) Teoria do criminoso nato (Lombroso).

b) Teoria da ecologia criminal (escola de Chicago).

c) Teoria da anomia (Durkheim e Merton).

d) Teoria do vínculo social (Hirschi).

**23.** (Delegado/BA/2016/Ifaz) O estudo da vitimologia atual, baseada numa tendência político-criminal eficiente, privilegia:

a) A assistência social ao delinquente.

b) A assistência psicológica à vítima.

c) Reincidência.

d) Função retributiva da pena.

e) Reparação dos danos e indenização dos prejuízos da vítima.

**24.** (Defensoria SP/2009) A expressão "cifra negra" ou oculta, refere-se

a) às descriminantes putativas, nos casos em que não há tipo culposo do crime cometido.

b) ao fracasso do autor na empreitada em que a maioria têm êxito.

c) à porcentagem de presos que não voltam da saída temporária do semiaberto.

d) à porcentagem de crimes não solucionados ou punidos porque, num sistema seletivo, não caíram sob a égide da polícia ou da justiça ou da administração carcerária, porque nos presídios "não estão todos os que são".

e) à porcentagem de criminalização da pobreza e à globalização, pelas quais o centro exerce seu controle sobre a periferia, cominando penas e criando fatos típicos de acordo com seus interesses econômicos, determinando estigmatização das minorias.

**25.** (Juiz Auditor TJM/SP/2007) O meio-termo entre o Direito Penal e o Direito Administrativo, sem pesadas sanções, mas garantidor mínimo, com eficácia no combate à criminalidade coletiva, segundo Hassemer, tem a seguinte denominação:

a) Direito de Socialização.

b) Direito de Repressão.

c) Direito de Contenção.

d) Direito da Lei e da Ordem.

e) Direito de Intervenção.

**26.** (Delegado/ES/2011 – adaptada) Assinale C (certo) ou E (errado) na seguinte assertiva:

( )A conduta de porte de drogas para consumo pessoal possui a natureza de infração *sui generis*, porquanto o fato deixou de ser rotulado como crime tanto do ponto de vista formal quanto material.

**27.** (Delegado/GO/2009/UEG) Na classificação médico-legal, a pedofilia é considerada

a) uma perversão sexual.

b) um transtorno de identidade sexual.

c) um transtorno de preferência sexual.

d) uma tendência abusiva de atos sexuais.

**28.** (Delegado/BA/2008/CEFETBAHIA) Segundo a Psicologia Criminal, sobre crimes passionais, é correto afirmar:

a) São muito raros e, por isso, não merecem uma atenção muito específica das autoridades policiais.

b) Envolvem apenas os homens, ilustrando o fator cultural machista nesses crimes.

c) Na maioria dos casos, os agressores não têm história prévia de criminalidade.

d) São crimes que nada têm que ver com o verdadeiro amor.

e) É dispensável a perspectiva socioantropológica para a compreensão dos crimes passionais, pois se devem a processos psicológicos.

**29.** (MP/SP/2011) Com relação às chamadas medidas de segurança, é correto afirmar que

a) a desinternação ou a liberação será sempre de forma condicional, ficando restabelecida a situação anterior se o agente, antes do decurso

de um ano, vier a praticar qualquer fato indicativo da persistência de sua periculosidade.

b) têm caráter retributivo e preventivo, decorrem do reconhecimento da culpabilidade do agente, podendo ser aplicadas, em certos casos, juntamente com as penas privativas de liberdade.

c) são indeterminadas no tempo, não são aplicáveis aos inimputáveis, pressupondo a sua aplicação a prática de um fato típico e antijurídico, reconhecido em sentença condenatória.

d) podem ser aplicadas em face de qualquer espécie de crime, punível com reclusão ou detenção, exigindo para sua incidência a existência de uma sentença condenatória que reconheça a existência do crime e a prova da inimputabilidade absoluta do agente.

e) são aplicadas por tempo indeterminado, com a especificação do prazo mínimo de sua duração, pelo Juiz na sentença, não sendo permitida a realização do exame de cessação de periculosidade antes do término do prazo mínimo fixado.

**30.** (Delegado/PB/2009/CESPE) Assinale a opção correta relacionada à imputabilidade penal, considerando um caso em que o laudo de exame médico-legal psiquiátrico não foi capaz de estabelecer o nexo causal entre o distúrbio mental apresentado pelo periciado e o comportamento delituoso:

a) O diagnóstico de doença mental é suficiente para tornar o agente inimputável.

b) A doença mental seria atenuante quando considerada a dosimetria da pena, devendo o incriminado cumprir de um sexto a um terço da pena.

c) Trata-se de caso de aplicação de medidas de segurança.

d) Deverá ser realizada nova perícia.

e) O agente deve ser responsabilizado criminalmente.

**31.** (Delegado/SP/2011) Constituem objeto de estudo da Criminologia:

a) O delinquente, a vítima, o controle social e o empirismo.

b) O delito, o delinquente, a interdisciplinaridade e o controle social.

c) O delito, o delinquente, a vítima e o controle social.

d) O delinquente, a vítima, o controle social e a interdisciplinaridade.

e) O delito, o delinquente, a vítima e o método.

**32.** (Delegado/SP/2011) O Positivismo Criminológico, com a Scuola Positiva italiana, foi encabeçado por

a) Lombroso, Garofalo e Ferri.

b) Luchini, Ferri e Del Vecchio.

c) Dupuy, Ferri e Vidal.

d) Lombroso, Dupuy e Garofalo.

e) Baratta, Adolphe e Vidal.

**33.** (Delegado/SP/2011) O efeito criminógeno da grande cidade, valendo-se dos conceitos de desorganização e contágio inerentes aos modernos núcleos urbanos, é explicado pela

a) Teoria do Criminoso Nato.

b) Teoria da Associação Diferencial.

c) Teoria da Anomia.

d) Teoria do *Labelling Aproach*.

e) Teoria Ecológica.

**34.** (Delegado/SP/2011) O comportamento abusivo, praticado com gestos, palavras e atos que, praticados de forma reiterada, levam à debilidade física ou psíquica de uma pessoa

a) define reação ao crime;

b) define assédio moral;

c) é um mecanismo intimidatório, mas não criminoso;

d) é a despersonalização do eu, que aflige grande número de detentos;

e) define efetividade do impacto dissuasório.

**35.** (Delegado/SP/2011) A prevenção terciária da infração penal, no Estado Democrático de Direito, está relacionada

a) ao controle dos meios de comunicação;

b) aos programas policiais de prevenção;

c) à ordenação urbana;

d) à população carcerária;

e) ao surgimento de conflito.

**36.** (Delegado/SP/2011) Assinale a alternativa incorreta. A Teoria do Etiquetamento

a) é considerada um dos marcos das teorias de consenso;

b) é conhecida como Teoria do *Labelling Aproach*;

c) tem como um de seus expoentes Ervinh Goffman;

d) tem como um de seus expoentes Howard Becker;

e) surgiu nos Estados Unidos.

**37.** (Delegado/SP/2011) Assinale a afirmativa correta.

a) A Escola de Chicago faz parte da Teoria Crítica.

b) O delito não é considerado objeto da Criminologia.

c) A Criminologia não é uma ciência empírica.

d) A Teoria do Criminoso Nato é de Merton.

e) Cesare Lombroso e Raffaelle Garofalo pertencem à Escola Positiva.

**38.** (MP/PR/2011) Examine as afirmações abaixo e após responda:

I – A criminologia crítica parte da premissa de que a Criminologia não deve ter por objeto apenas o crime e o criminoso como institucionalizados pelo direito positivo, mas deve questionar também as bases estruturais econômicas e sociais que caracterizam a sociedade na qual vive o autor da infração penal.

II – Entende a doutrina que cabe à criminologia crítica questionar os fatos como expressão da decadência dos sistemas socioeconômicos e políticos.

III – Conforme entendimento doutrinário, cabe à criminologia crítica reter como material de interesse para o Direito Penal apenas o que efetivamente mereça punição reclamada pelo consenso social, e denunciando todos os expedientes destinados a incriminar condutas que, apenas por serem contrárias aos poderosos do momento, política ou economicamente, venham a ser transformadas em crimes.

IV – Na visão dos doutrinadores da criminologia crítica, o princípio do fim ou da prevenção da pena é questionado a partir do entendimento de que a ressocialização não pode ser obtida numa instituição como a prisão, que sempre seria convertida num microcosmo no qual se reproduzem e agravam as graves contradições existentes no sistema social exterior.

V – No entendimento dos doutrinadores da criminologia crítica, o princípio da culpabilidade é questionado a partir da teoria das subculturas, segundo a qual o comportamento humano não representa a expressão de uma atitude interior dirigida contra o valor que tutela a norma penal, pois não existe apenas o sistema de valor oficial, mas uma série de subsistemas de valores decorrentes dos mecanismos de socialização e de aprendizagem dos grupos e do ambiente em que o indivíduo se encontra inserto.

a) Todas as afirmativas estão corretas.

b) As afirmativas I, III, IV e V são as únicas corretas.

c) As afirmativas IV e V são as únicas corretas.

d) As afirmativas II e III são incorretas.

e) Todas as afirmativas são incorretas.

**39.** (MP/SC/2012) Analise a questão abaixo:

I – Entre os princípios fundamentais da Escola de Chicago, liderada por Marc Ancel, encontra-se a afirmação de que o crime é um ente jurídico, o fundamento da punibilidade é o livre-arbítrio, a pena é uma retribuição ao mal injusto causado pelo crime e nenhuma conduta pode ser punida sem prévia cominação legal.

II – São princípios informadores do direito penal mínimo: insignificância, intervenção mínima, proporcionalidade, individualização da pena e humanidade.

III – A Criminologia Crítica, além da consideração de um determinismo econômico, introduz o contexto sociológico, político e cultural para explicar a delinquência e também o próprio direito penal.

IV – A Teoria da Retribuição, também chamada absoluta, concebe a pena como o mal injusto com que a ordem jurídica responde à injustiça do mal praticado pelo criminoso, seja como retribuição de caráter divino (Stahl, Bekker), ou de caráter moral (Kant), ou de caráter jurídico (Hegel, Pessina).

V – A Escola de Política Criminal ou Escola Sociológica Alemã reúne entre os seus postulados a distinção entre imputáveis e inimputáveis – prevendo pena para os "normais" e medida de segurança para os "perigosos" – e a eliminação ou substituição das penas privativas de liberdade de curta duração.

a) Apenas as assertivas I, II e III estão corretas.

b) Apenas as assertivas III e V estão corretas.

c) Apenas as assertivas I, II e IV estão corretas.

d) Apenas as assertivas III, IV e V estão corretas.

e) Todas as assertivas estão corretas.

**40.** (MP/SC/2011) Analise a questão:

I – Segundo a formulação de Alessandro Baratta, uma das mais representativas da Criminologia crítica, a criminalidade é o atributo de uma minoria de indivíduos socialmente perigosos que, seja devido a anomalias físicas ou fatores ambientais e sociais, possuem uma maior tendência a delinquir.

II – Para a criminologia positivista, a criminalidade se revela, principalmente, como um *status* atribuído a determinados indivíduos mediante uma dupla seleção: em primeiro lugar, pela seleção dos bens jurídicos penalmente protegidos e dos comportamentos ofensivos a estes bens, descritos nos tipos penais; em segundo lugar, pela seleção dos indivíduos estigmatizados entre todos aqueles que praticam tais comportamentos.

III – Os postulados fundamentais das teorias estrutural-funcionalistas são a normalidade e a funcionalidade do crime. Este seria normal porque não tem sua origem em nenhuma patologia individual nem social, senão no normal e regular funcionamento de toda ordem social. O delito seria fun-

cional no sentido de que tampouco seria um fato necessariamente nocivo, prejudicial para a sociedade, senão todo o contrário, é dizer, funcional, para a estabilidade e a mudança social.

IV – A teoria do *labelling approach* contempla o crime como mero subproduto do controle social. Para ela o indivíduo se converte em delinquente não porque tenha realizado uma conduta negativa, senão porque determinadas instituições sociais etiquetaram-lhe como tal, tendo ele assumido referido *status* de delinquente que as instituições do controle social distribuem de forma seletiva e discriminatória.

V – A "cifra negra" da criminalidade designa a defasagem que medeia entre a criminalidade real e a criminalidade estatística.

a) Apenas as assertivas I, II e IV estão corretas.

b) Apenas as assertivas I, III e V estão corretas.

c) Apenas as assertivas II e III estão corretas.

d) Apenas as assertivas III, IV e V estão corretas.

e) Todas as assertivas estão corretas.

**41.** (MP/SC/2011) Analise a questão:

I – O direito penal do inimigo, construção teórica atribuída a Gunther Jacobs, implica a refutação de postulados do direito penal liberal e garantista, próprio do Estado Democrático de Direito. Trata-se de um Direito Penal construído a partir da pessoa do delinquente e não a partir do fato delituoso, o que significa a legitimação do Direito Penal do autor.

II – Ao tratar da teoria do garantismo jurídico-penal, Luigi Ferrajoli sustenta a necessidade de reduzir as penas detentivas, vez que excessivamente aflitivas e danosas. Ao mesmo tempo, porém, defende, contra as hipóteses propriamente abolicionistas, a forma jurídica da pena, enquanto técnica institucional de minimização da reação violenta aos desvios socialmente não tolerados e como garantia do acusado contra os arbítrios, os excessos, e os erros conexos a sistemas não jurídicos de controle social.

III – O sistema garantista, segundo professa Luigi Ferrajoli, constitui um modelo-limite, apenas tendencialmente e jamais perfeitamente satisfatível.

IV – O princípio da insignificância constitui causa excludente da culpabilidade, já que atua sobre a potencial consciência da ilicitude do fato.

V – O movimento de política criminal chamado "lei e ordem" tem como postulado fundamental o princípio da intervenção mínima, que estabelece que o Direito Penal somente deve atuar na defesa dos bens jurídicos imprescindíveis à coexistência social, sendo uma orientação político-criminal restritiva do *jus puniendi*.

a) Apenas as assertivas I, II e III estão corretas.

b) Apenas as assertivas I, II, IV e V estão corretas.

c) Apenas as assertivas II, III e IV estão corretas.

d) Apenas as assertivas I, III e V estão corretas.

e) Todas as assertivas estão corretas.

**42.** (MP/MG/2012) De acordo com a vertente criminológica do "etiquetamento" (*labeling approach*), é **CORRETO** afirmar que a Criminologia deve:

a) investigar as causas da criminalidade do colarinho branco;

b) pesquisar as origens ontológicas dos comportamentos "etiquetados"

pela lei como criminosos (tipicidade criminológica), a partir da concepção jurídico-penal de delito (conceito legal de crime);

c) estudar o efeito estigmatizante da atividade da polícia, do Ministério Público e dos juízes;

d) ocupar-se da crítica do comportamento como bom ou mal, valorando-o como positivo ou negativo do ponto de vista ético (perspectiva da defesa social).

**43.** (MP/SC/2009) Analise as questões abaixo:

I – Sustentando que a prisão poderia se constituir num instrumento de transformação dos indivíduos a ela submetidos, Michel Foucault (*Vigiar e Punir*, 1975) a considerou um "mal necessário".

II – Podemos identificar Enrico Ferri (1856-1929) como o principal expoente da "sociologia criminal", tendo através da sua escola definido o trinômio causal do delito (fatores antropológico, social e físico).

III – Segundo a posição de Garófalo (*Criminologia*, 1885), o delito é fenômeno natural, e não um ente jurídico, devendo ser estudado precipuamente pela antropologia e pela sociologia criminal.

IV – Lombroso (*O Homem Delinquente*, 1876), como estudioso de formação médica, promoveu análises craniométricas em criminosos, com o objetivo de comprovar uma das bases de sua teoria, qual seja, a "regressão atávica" do delinquente (retrocesso ao homem primitivo). Seus estudos, despidos da necessária abordagem científica, tiveram como mérito incontestável o questionamento ao "livre-arbítrio" na apuração da responsabilidade penal (marco teórico da escola clássica do direito penal).

V – Considerando o modelo tradicional da arquitetura prisional, destaca-se em Santa Catarina, fugindo do convencional, a técnica denominada "cela prisional móvel", consistente no reaproveitamento de "contêineres" adaptados para uso na condição de unidades celulares.

a) Apenas II e IV estão corretas.

b) Apenas III e V estão corretas.

c) Apenas I, II e III estão corretas.

d) Apenas III e IV estão corretas.

e) Todas estão corretas.

**44.** (MP/SC/2009)

I – Pode-se dizer que a "Teoria das Janelas Quebradas", formulada por Kelling e Wilson (estudo publicado em 1982), sublinha a necessidade de atenção e cuidados especiais com a segurança, no sentido de se evitar a ação dos criminosos.

II – Ainda sobre os fundamentos de tal teoria (Janelas Quebradas), não é errado afirmar que a vítima tem importante papel no fenômeno crime.

III – O programa "tolerância zero", executado com sucesso na cidade de Nova Iorque sob a gestão do prefeito Rudolf Giuliani, estabelecia como estratégia de combate a delinquência a repressão prioritária aos crimes mais graves.

IV – Na verdade, tal programa (tolerância zero) se fundamentou na repressão integral ao crime, sem retirar a importância de se punir também os delitos considerados mais leves, a exemplo do salto às catracas do metrô de Nova Iorque.

V – Não é errado afirmar-se que o mencionado programa "Tolerância Zero", executado em Nova Iorque sob a chefia do policial Willian Bratton, teve como base teórica o estudo formulado por Kelling e Wilson (a referida Teoria das Janelas Quebradas).

a) Apenas IV e V estão corretos.

b) Apenas I e III estão corretos.

c) Apenas II e V estão corretos.

d) Apenas III e IV estão corretos.

e) Apenas I, II e III estão corretos.

**45.** (Delegado/SP/2014/Vunesp) A obra *O homem delinquente*, publicada em 1876, foi escrita por

a) Cesare Lombroso.

b) Enrico Ferri.

c) Rafael Garófalo.

d) Cesare Bonesana.

e) Adolphe Quetelet.

**46.** (Delegado/SP/2014/Vunesp) Um dos primeiros autores a classificar as vítimas de um crime foi Benjamin Mendelsohn, que levou em conta a participação das vítimas no delito. Segundo esse autor, as vítimas _____ classificam-se em: vítimas menos culpadas que os criminosos; _____; vítimas mais culpadas que os criminosos e _____.

Assinale a alternativa que preenche, correta e respectivamente, as lacunas do texto.

a) vítimas inocentes ... vítimas inimputáveis ... vítimas culpadas;

b) vítimas primárias ... vítimas secundárias ... vítimas terciárias;

c) vítimas ideais ... vítimas tão culpadas quanto os criminosos ... vítimas como únicas culpadas;

d) vítimas tão participativas quanto os criminosos ... vítimas passivas ... vítimas colaborativas quanto aos criminosos;

e) vítimas passivas em relação ao criminoso ... vítimas prestativas ... vítimas ativas em relação aos criminosos.

**47.** (Delegado/SP/2014/Vunesp) A moderna Sociologia Criminal possui visão bipartida do pensamento criminológico atual, sendo uma de cunho funcionalista e outra de cunho argumentativo. Trata-se das teorias
a) indutiva e dedutiva;
b) do consenso e do conflito;
c) absoluta e relativa;
d) moderna e contemporânea;
e) abstrata e concreta.

**48.** (Delegado/SP/2014/Vunesp) Assinale a alternativa que completa, correta e respectivamente, a frase: A Criminologia _____; o Direito Penal _____.
a) não é considerada uma ciência, por tratar do "dever ser" ... é uma ciência empírica e interdisciplinar, fática do "ser";
b) é uma ciência normativa e multidisciplinar, do "dever ser" ... é uma ciência empírica e fática, do "ser";
c) não é considerada uma ciência, por tratar do "ser" ... é uma ciência jurídica, pois encara o delito como um fenômeno real, do "dever ser";
d) é uma ciência empírica e interdisciplinar, fática do "ser" ... é uma ciência jurídica, cultural e normativa, do "dever ser";
e) é considerada uma ciência jurídica, por tratar o delito como um conceito formal, normativo, do "dever ser" ... não é considerado uma ciência, pois encara o delito como um fenômeno social, do "ser".

**49.** (Delegado/SP/2014/Vunesp) Tendo o Direito Penal a missão subsidiária de proteger os bens jurídicos e, com isso, o livre desenvolvimento do indivíduo, e, ainda, sendo a pena vinculada ao Direito Penal e à Execução Penal, após a reforma do Código Penal Brasileiro, em 1984, é correto afirmar que a finalidade da pena é
a) repreensiva e abusiva;
b) punitiva e reparativa;
c) retributiva e preventiva (geral e especial);
d) ressocializadora e reparativa;
e) punitiva e distributiva.

**50.** (Delegado/SP/2014/Vunesp) A prevenção criminal que está voltada à segurança e qualidade de vida, atuando na área da educação, emprego, saúde e moradia, conhecida universalmente como direitos sociais e que se manifesta a médio e longo prazos, é chamada pela Criminologia de prevenção
a) primária;
b) individual;
c) secundária;
d) estrutural;
e) terciária.

**51.** (Polícia Civil/SP/2011) "Um complexo sistema de medidas corporais – onze – que, unido à fotografia de delinquentes, pretendia servir como instrumento de identificação destes" faz parte:
a) das disfunções cerebrais.
b) do Sistema Nervoso Autônomo.
c) das nosologias.
d) da Antropometria.
e) da Psicopatologia.

**52.** (Polícia Civil/SP/2011) As técnicas de investigação sociológica
a) não são técnicas ou métodos admitidos na criminologia.
b) são imprescindíveis para determinar itens considerados criminologicamente relevantes.

c) nunca pertenceram à criminologia, exatamente pela questão da tipicidade estrita da cientificidade criminológica.

d) são recusadas na criminologia, em face da assertiva de que os métodos seguem o critério unidimensional.

e) são admitidas para aferir somente a existência de castas sociais, que compreendem autores de ilícitos.

53. (Perito Criminal/SP/2013) As melhoras da educação, do processo de socialização, da habitação, do trabalho, do bem-estar social e da qualidade de vida das pessoas de uma determinada comunidade são os elementos essenciais de um programa de prevenção

a) terciária.

b) quinária.

c) secundária.

d) primária.

e) quaternária.

54. (Perito Criminal/SP/2014/Vunesp) A Teoria do *labelling approach*, a qual explica que a criminalidade não é uma qualidade da conduta humana, mas a consequência de um processo em que se atribui tal estigmatização, também é denominada teoria

a) da desorganização social.

b) da rotulação ou do etiquetamento.

c) da neutralização.

d) da identificação diferencial.

e) da anomia.

55. (Perito Criminal/SP/2014/Vunesp) Entende-se por vitimização secundária ou sobrevitimização aquela

a) provocada pelo cometimento do crime e pela conduta violadora dos direitos da vítima, proporcionando danos materiais e morais, por ocasião do delito.

b) que não concorreu, de forma alguma, para a ocorrência do crime.

c) que, de modo voluntário ou imprudente, colabora com o ânimo criminoso do agente.

d) que ocorre no meio social em que vive a vítima e é causada pela família, por grupo de amigos etc.

e) causada pelos órgãos formais de controle social, ao longo do processo de registro e apuração do delito, mediante o sofrimento adicional gerado pelo funcionamento do sistema de persecução criminal.

56. (Delegado de Polícia/PE/2016) Acerca dos modelos teóricos explicativos do crime, oriundos das teorias específicas que, na evolução da história, buscaram entender o comportamento humano propulsor do crime, assinale a opção correta.

a) O modelo positivista analisa os fatores criminológicos sob a concepção do delinquente como indivíduo racional e livre, que opta pelo crime em virtude de decisão baseada em critérios subjetivos.

b) O objeto de estudo da criminologia é a culpabilidade, considerada em sentido amplo; já o direito penal se importa com a periculosidade na pesquisa etiológica do crime.

c) A criminologia clássica atribui o comportamento criminal a fatores biológicos, psicológicos e sociais como determinantes desse comportamento, com paradigma etiológico na análise causal-explicativa do delito.

d) Entre os modelos teóricos explicativos da criminologia, o conceito definitorial de delito afirma que, segundo a teoria do *labeling approach*, o delito carece de consistência material, sendo um processo de reação social, arbitrário e discriminatório de seleção do comportamento desviado.

e) O modelo teórico de opção racional estuda a conduta criminosa a partir das causas que impulsionaram a decisão delitiva, com ênfase na observância da relevância causal etiológica do delito.

**57.** (Delegado de Polícia/PE/2016) No que se refere aos métodos de combate à criminalidade, a criminologia analisa os controles formais e informais do fenômeno delitivo e busca descrever e apresentar os meios necessários e eficientes contra o mal causado pelo crime. A esse respeito, assinale a opção correta.

a) A criminologia distingue os paradigmas de respostas conforme a finalidade pretendida, apresentando, entre os modelos de reação ao delito, o modelo dissuasório, o ressocializador e o integrador como formas de enfrentamento à criminalidade. Em determinado nível, admitem-se como conciliáveis esses modelos de enfrentamento ao crime.

b) Como modelo de enfrentamento do crime, a justiça restaurativa é altamente repudiada pela criminologia por ser método benevolente ao infrator, sem cunho ressocializador e pedagógico.

c) O modelo dissuasório de reação ao delito, no qual o infrator é objeto central da análise científica, busca mecanismos e instrumentos necessários à rápida e rigorosa efetivação do castigo ao criminoso, sendo desnecessário o aparelhamento estatal para esse fim.

d) O modelo ressocializador de enfrentamento do crime propõe legi-

timar a vítima, a comunidade e o infrator na busca de soluções pacíficas, sem que haja a necessidade de lidar com a ira e a humilhação do infrator ou de utilizar o *ius puniendi* estatal.

e) A doutrina admite pacificamente o modelo integrador na solução de conflitos havidos em razão do crime, independentemente da gravidade ou natureza, uma vez que o controle formal das instâncias não se abdica do poder punitivo estatal.

**58.** (Delegado de Polícia/PE/2016) A criminologia reconhece que não basta reprimir o crime, deve-se atuar de forma imperiosa na prevenção dos fatores criminais. Considerando essa informação, assinale a opção correta acerca de prevenção de infração penal.

a) Para a moderna criminologia, a alteração do cenário do crime não previne o delito: a falta das estruturas físicas sociais não obstaculiza a execução do plano criminal do delinquente.

b) A prevenção terciária do crime implica na implementação efetiva de medidas que evitam o delito, com a instalação, por exemplo, de programas de policiamento ostensivo em locais de maior concentração de criminalidade.

c) No estado democrático de direito, a prevenção secundária do delito atua diretamente na sociedade, de maneira difusa, a fim de implementar a qualidade dos direitos sociais, que são considerados pela criminologia fatores de desenvolvimento sadio da sociedade que mitiga a criminalidade.

d) Trabalho, saúde, lazer, educação, saneamento básico e iluminação pública, quando oferecidos à sociedade de maneira satisfatória, são considerados forma de prevenção primária do delito, capaz de abrandar os fenômenos criminais.

e) A doutrina da criminologia moderna reconhece a eficiência da prevenção primária do delito, uma vez que ela atua diretamente na pessoa do recluso, buscando evitar a reincidência penal e promover meios de ressocialização do apenado.

**59.** (Polícia Civil/SP/2014) A atração sexual por estátuas, manequins ou bonecos, que poderá redundar em prática de simulação de carícias ou de atos libidinosos com tais objetos em locais públicos, é denominada

a) necrofilia ou necromania.

b) agalmatofilia ou pigmalionismo.

c) zoofilia ou zooerastia.

d) cleptomania ou exibicionismo.

e) complexo de Édipo ou bestialismo.

**60.** (Polícia Civil/SP/2014) Nos crimes de extorsão mediante sequestro, por exemplo, pode ocorrer a chamada Síndrome de Estocolmo, que consiste

a) na doença que os sequestradores sofrem.

b) na identificação afetiva da vítima com o criminoso, pelo próprio instinto de sobrevivência.

c) em uma teoria que os órgãos públicos utilizam para reduzir a criminalidade.

d) no arrependimento do criminoso em razão do descontrole emocional.

e) no trauma que a vítima adquire em razão do sofrimento.

**61.** (Polícia Civil/SP/2013) É considerado o pai da Vitimologia:

a) Cesare Lombroso.

b) Raffaele Garófalo.

c) Émile Durkheim.

d) Benjamin Mendelsohn.

e) Cesare Bonesana.

**62.** (Perito Criminal/SP/2013/Vunesp) Assinale a alternativa correta.

a) No modelo clássico (tradicional) de Justiça Criminal, a vítima é encarada como mero objeto, pois dela se espera que cumpra seu papel de testemunha, com todos os inconvenientes e riscos que isso acarreta.

b) A Vitimologia não possui relação com a Sociologia.

c) A Vitimologia não estuda a vítima e suas relações com o infrator e com o sistema de persecução criminal.

d) A Vitimologia não possui relação com a Criminologia.

e) No modelo clássico (tradicional) de Justiça Criminal, a vítima é encarada como sujeito passivo da relação jurídica, pois dela se espera que cumpra seu papel de ofendido, com todos os direitos e deveres que isso acarreta.

**63.** (Perito Criminal/SP/2013/Vunesp) Assinale a alternativa correta.

a) A Teoria do Controle postula que o crime ocorre como resultado de um equilíbrio entre os impulsos em direção à atividade criminosa e os controles éticos ou morais que a detêm. Interessa-se principalmente pelas motivações que os indivíduos possuem para executar os crimes.

b) A Escola de Buffalo é o berço da moderna Sociologia americana.

c) A moderna Sociologia Criminal contempla o fato delitivo invariavelmente como "fenômeno natural" e pretende explicá-lo em função de um determinado marco jurídico.

d) A Teoria Estrutural-Funcionalista explica o efeito criminógeno das grandes cidades, valendo-se dos conceitos de desorganização e contágio inerentes aos modernos núcleos urbanos e, sobretudo, invocando o debilitamento do controle social nestes núcleos.

e) Teorias do Conflito, tradição na Sociologia Criminal norte-americana, pressupõem a existência, na sociedade, de uma pluralidade de grupos e subgrupos que, eventualmente, apresentam discrepâncias em suas pautas valorativas.

**64.** (Delegado Federal/2013/Cespe – adaptada) Julgue o item a seguir, relacionado aos modelos teóricos da criminologia. Assinale C (certo) ou E (errado).

( ) O surgimento das teorias sociológicas em criminologia marca o fim da pesquisa etiológica, própria da escola ou do modelo positivista.

**65.** (Delegado Federal/2013/Cespe – adaptada) Julgue o item a seguir, relacionado aos modelos teóricos da criminologia. Assinale C (certo) ou E (errado).

( ) A teoria funcionalista da anomia e da criminalidade, introduzida por Emile Durkheim no século XIX, contrapunha à ideia da propensão ao crime como patologia a noção da normalidade do desvio como fenômeno social, podendo ser situada no contexto da guinada sociológica da criminologia, em que se origina uma concepção alternativa às teorias de orientação biológica e caracterológica do delinquente.

**66.** Delegado de Polícia (MA/2018/CESPE) Afirmar que a criminologia é interdisciplinar e tem o empirismo como método significa dizer que esse ramo da ciência

a) utiliza um método analítico para desenvolver uma análise indutiva.

b) considera os conhecimentos de outras áreas para formar um conhecimento novo, se afirmando, então, como independente.

c) utiliza um método silogístico.

d) utiliza um método racional de análise e trabalha o direito penal de forma dogmática.

e) é metafísica e leva em conta os métodos das ciências exatas para o estudo de seu objeto.

**67.** Delegado de Polícia (MA/2018/CESPE) O paradigma da reação social

a) surgiu na Europa a partir do enfoque do interacionismo simbólico.

b) afirma que os grupos sociais criam o desvio, o qual é uma qualidade do ato infracional cometido pela pessoa.

c) indica que é mais apropriado falar em criminalização e criminalizado que falar em criminalidade e criminoso.

d) afirma que a criminalidade tem natureza ontológica.

e) pode ser chamado, também, de *labeling approach*, etiquetamento ou paradigma etiológico.

**68.** Delegado de Polícia (MA/2018/CESPE) De acordo com a teoria de Sutherland, os crimes são cometidos

a) em razão do comportamento das vítimas e das condições do ambiente.

b) por pessoas de baixa renda, exatamente em razão de sua condição socioeconômica desprivilegiada.

c) em razão do comportamento delinquente herdado, ou seja, de origem biológica.

d) por pessoas que sofrem de sociopatias ou psicopatias.

e) por pessoas que convivem em grupos que realizam e legitimam ações criminosas.

**69.** Dados publicados em dezembro de 2017 pelo Ministério da Justiça mostram que o Brasil tem uma taxa de superlotação nos estabelecimentos prisionais na ordem de 197,4% (Agência de Notícias, Empresa Brasil de Comunicação).

Sob o enfoque da prevenção da infração penal no Estado democrático de direito, a superlotação carcerária aludida no fragmento de texto anterior é um problema que prejudica a

I – prevenção primária.

II – prevenção secundária.

III – prevenção terciária.

Assinale a opção correta.

a) Apenas o item II está certo.

b) Apenas o item III está certo.

c) Apenas os itens I e II estão certos.

d) Apenas os itens I e III estão certos.

e) Todos os itens estão certos.

**70.** Delegado de Polícia (MA/2018/CESPE) A criminologia considera que o papel da vítima varia de acordo com o modelo de reação da sociedade ao crime. No modelo

a) clássico, a vítima é a responsável direta pela punição do criminoso, sendo figura protagonista no processo penal.

b) ressocializador, busca-se o resgate da vítima, de modo a reintegrá-la na sociedade.

c) retribucionista, o objetivo restringe-se ao ressarcimento do dano pelo criminoso à vítima.

d) da justiça integradora, a vítima é tida como julgadora do criminoso.

e) restaurativo, o foco é a participação dos envolvidos no conflito em atividades de reconciliação, nas quais a vítima tem um papel central.

Questões 71 a 74 – Delegado de Polícia (SE/2018/CESPE) Acerca do conceito e das funções da criminologia, julgue os itens seguintes.

**71.** A criminologia é uma ciência dogmática que se preocupa com o ser e o dever ser e parte do fato para analisar suas causas e buscar definir parâmetros de coerção punitiva e preventiva.

**72.** Na inter-relação entre o direito penal, a política criminal e a criminologia, compete a esta facilitar a recepção das investigações empíricas e a sua transformação em preceitos normativos, incumbindo-se de converter a experiência criminológica em proposições jurídicas, gerais e obrigatórias.

**73.** A pesquisa criminológica científica visa evitar o emprego da intuição ou de subjetivismos no que se refere ao ilícito criminal, haja vista sua função de apresentar um diagnóstico qualificado e conjuntural sobre o delito.

**74.** Delegado de Polícia (SE/2018/CESPE) De acordo com estudos vitimológicos, a diferença entre os crimes sexuais praticados e os comunicados às agências de controle social é de aproximadamente 90%, o que estaria em consonância com os dados do Panorama da Violência contra as Mulheres no Brasil (texto 1A9-II), que indica a ocorrência de subnotificação nos casos de estupros praticados em Sergipe. Esse fenômeno, de apenas uma parcela dos crimes reais ser registrada oficialmente pelo Estado, é o que a criminologia chama de cifra negra da criminalidade.

Questões 75 a 77 – Delegado de Polícia Federal (2018/CESPE) Julgue os itens a seguir, relativos a modelos teóricos da criminologia.

75. Conforme a teoria ecológica, crime é um fenômeno natural e o criminoso é um delinquente nato possuidor de uma série de estigmas comportamentais potencializados pela desorganização social.

76. De acordo com a teoria da anomia, o crime se origina da impossibilidade social do indivíduo de atingir suas metas pessoais, o que o faz negar a norma imposta e criar suas próprias regras, conforme o seu próprio interesse.

77. Para a teoria da reação social, o delinquente é fruto de uma construção social, e a causa dos delitos é a própria lei; segundo essa teoria, o próprio sistema e sua reação às condutas desviantes, por meio do exercício de controle social, definem o que se entende por criminalidade.

78. Delegado de Polícia (GO/2018/UEG) Tendo a obra *O Homem Delinquente*, de Cesare Lombroso (1836-1909), como fundante da Criminologia surgida a partir da segunda metade do século XIX, verifica-se que, segundo a sistematização realizada por Enrico Ferri (1856-1929), o pensamento criminológico positivista assenta-se, dentre outras, na tese de que

a) o livre-arbítrio é um conceito-chave para o direito penal.

b) os chamados delinquentes poderiam ser classificados como loucos, natos, morais, passionais e de ocasião.

c) a defesa social é tomada como o principal objetivo da justiça criminal.

d) a responsabilidade social, tida como clássica, deveria ser substituída pela categoria da responsabilidade moral para a imputação do delito.

e) a natureza objetiva do crime, mais do que a motivação, deve ser base para medida da pena.

79. Delegado de Polícia (GO/2018/UEG) Para a criminologia positivista, a criminalidade é uma realidade ontológica, pré-constituída ao direito penal, ao qual cabe tão somente reconhecê-la e positivá-la. Neste sentido, tem-se o seguinte:

a) Em seus primeiros estudos, Cesare Lombroso encontrou no atavismo uma explicação para relacionar a estrutura corporal ao que chamou de criminalidade habitual.

b) A periculosidade, ou temeritá, tal como conceituada por Enrico Ferri, foi definida como a perversidade constante e ativa a recomendar que esta, e não o dano causado, a medida de proporcionalidade de aplicação da pena.

c) Para Raffaele Garófalo (1851-1934), a defesa social era a luta contra seus inimigos naturais carecedores dos sentimentos de piedade e probidade.

d) Nos marcos do pensamento criminológico positivista, Enrico Ferri, embora discípulo de Lombroso, abandonou a noção de criminalidade centrada em causas de ordem biológica, passando a considerar como centrais as causas ligadas à etiologia do crime, sendo estas: as individuais, as físicas e as sociais.

e) Enrico Ferri e Cesare Lombroso, recorrendo à metáfora da guerra contra o delito, sustentaram a possibilidade de aplicação das penas de deportação ou expulsão da comunidade para aqueles que carecessem do sentido de justiça ou o tivessem aviltado.

**80.** Delegado de Polícia (GO/2018/UEG) Sobre o *labelling approach* e sua influência sobre o pensamento criminológico do século XX, constata-se que

a) a criminalidade se revela como o processo de anteposição entre ação e reação social.

b) recebeu influência decisiva de correntes de origem fenomenológica, tais como o interacionismo simbólico e o behaviorismo.

c) o sistema penal é entendido como um processo articulado e dinâmico de criminalização.

d) parte dos conceitos de conduta desviada e reação social como termos independentes para determinar que o desvio e a criminalidade não são uma qualidade intrínseca da conduta.

e) no processo de criminalização seletiva o funcionamento das agências formais de controle mostra-se autossuficiente e autorregulado.

**81.** Delegado de Polícia (ES/ 2019/ IAEP) Uma informação confiável e contrastada sobre a criminalidade real que existe em uma sociedade é imprescindível, tanto para formular um diagnóstico científico, como para desenhar os oportunos programas de prevenção. Assinale a alternativa correta:

a) A criminalidade real corresponde à quantidade de delitos que chegou ao conhecimento do Estado. A criminalidade revelada corresponde à totalidade de delitos perpetrados pelos delinquentes. A cifra negra corresponde à quantidade de delitos não comunicados ou não elucidados dos crimes de rua.

b) A criminalidade real corresponde à totalidade de delitos perpetrados pelos delinquentes. A criminalidade revelada corresponde à quantidade de delitos que chegou ao conhecimento do Estado. A cifra negra corresponde à ausência de registro de práticas antissociais do poder político e econômico.

c) A criminalidade real corresponde à quantidade de delitos que chegou ao conhecimento do Estado. A criminalidade revelada corresponde à totalidade de delitos perpetrados pelos delinquentes. A cifra negra corresponde à violência policial, cujos índices não são levados ao conhecimento das corregedorias.

d) A criminalidade real corresponde à quantidade de delitos que chegou ao conhecimento do Estado. A criminalidade revelada corresponde à totalidade de delitos perpetrados pelos delinquentes. A cifra negra corresponde à ausência de registro de práticas antissociais do poder político e econômico.

e) A criminalidade real corresponde à totalidade de delitos perpetrados pelos delinquentes. A criminalidade revelada corresponde à quantidade de delitos que chegou ao conhecimento do Estado. A cifra negra corresponde à quantidade de delitos não comunicados ou não elucidados dos crimes de rua.

**82.** Delegado de Polícia (ES/ 2019/ IAEP) O pensamento criminológico moderno, de viés macrossociológico, é influenciado pela visão de cunho funcionalista (denominada teoria da integração, mais conhecida por teorias do consenso) e de cunho argumentativo (denominada por teorias do conflito). É correto afirmar que:

a) São exemplos de teorias do consenso a Escola de Chicago, a teoria de associação diferencial, a teoria da subcultura do delinquente e a teoria do etiquetamento.

b) São exemplos de teorias do conflito a teoria de associação diferencial, a teoria da anomia, a teoria do etiquetamento e a teoria crítica ou radical.

c) São exemplos de teorias do consenso a teoria de associação diferencial, a teoria da anomia, a teoria do etiquetamento e a teoria crítica ou radical.

d) São exemplos de teorias do consenso a Escola de Chicago, a teoria de associação diferencial, a teoria da anomia e a teoria da subcultura do delinquente.

e) São exemplos de teorias do conflito a Escola de Chicago, a teoria de associação diferencial, a teoria da anomia e a teoria da subcultura do delinquente.

**83.** Delegado de Polícia (ES/ 2019/ IAEP) A dor causada à vítima, ao ter que reviver a cena do crime, ao ter que declarar ao juiz o sentimento de humilhação experimentado, quando os advogados do acusado culpam a vítima, argumentando que foi ela própria que, com sua conduta, provocou o delito. Os traumas que podem ser causados pelo exame médico-forense, pelo interrogatório policial ou pelo reencontro com o agressor em juízo, e outros, são exemplos da chamada vitimização:

a) Terciária.

b) Secundária.

c) Indireta.

d) Direta.

e) Primária.

**84.** Delegado de Polícia (ES/ 2019/ IAEP) Leia o texto a seguir e responda ao que é solicitado. "Os irmãos Batista, controladores da JBS, tiveram vantagem indevida de quase R$ 73 milhões com a venda de ações da companhia antes da divulgação do acordo de delação premiada que veio a público em 17/05/2017, conforme as conclusões do inquérito da Comissão de Valores Mobiliários (CVM). O caso analisa eventual uso de informação privilegiada e manipulação de mercado por Joesley e Wesley Batista, e quebra do dever de lealdade, abuso de poder e manipulação de preços pela FB Participações" (Jornal *Valor Econômico*, 13/08/2018). Com relação à criminalidade denominada de colarinho branco, pode-se afirmar que a teoria da associação diferencial:

a) Sustenta como causa da criminalidade de colarinho branco a proposição de que o criminoso de hoje era a criança problemática de ontem.

b) Sustenta que o crime está concentrado na classe baixa, sendo associado estatisticamente com a pobreza.

c) Sustenta que a aprendizagem dos valores criminais pode acontecer em qualquer cultura ou classe social.

d) Entende que o delito é derivado de anomalias no indivíduo podendo ocorrer em qualquer classe social.

e) Enfatiza os fatores sociopáticos e psicopáticos como origem do crime da criminalidade de colarinho branco.

**85.** Delegado de Polícia (ES/ 2019/ IAEP) O estudo da pessoa do infrator teve seu protagonismo durante a fase positivista na evolução histórica da Criminologia. Assinale, dentre as afirmativas abaixo, a que descreve corretamente como a criminologia tradicional o examina.

a) A criminologia tradicional examina a pessoa do infrator como uma unidade biopsicossocial, considerando suas interdependências sociais.

b) A criminologia tradicional examina a pessoa do infrator como um incapaz de dirigir por si mesmo sua vida cabendo ao Estado tutelá-lo.

c) A criminologia tradicional examina a pessoa do infrator como alguém que fez mau uso da sua liberdade embora devesse respeitar a lei.

d) A criminologia tradicional examina a pessoa do infrator como um sujeito determinado pelas estruturas econômicas excludentes, sendo uma vítima do sistema capitalista.

e) A criminologia tradicional examina a pessoa do infrator como uma realidade biopsicopatológica, considerando o determinismo biológico e social.

**86.** Delegado de Polícia (ES/ 2019/ IAEP) A Criminologia Crítica contempla uma concepção conflitual da sociedade e do Direito. Logo, para a criminologia crítica, o conflito social:

a) Expressa uma realidade patológica inerente a ordem social.

b) Representa a própria estrutura e dinâmica da mudança social, sendo o crime o produto normal das tensões sociais.

c) É funcional porque assegura a mudança social e contribui para a integração e conservação da ordem e do sistema.

d) Se produz entre as pautas normativas dos diversos grupos sociais, cujas valorações são discrepantes.

e) É um conflito de classe sendo que o sistema legal é um mero instrumento da classe dominante para oprimir a classe trabalhadora.

**87.** Delegado de Polícia (ES/ 2019/ IAEP) No Estado Democrático de Direito a prevenção criminal é integrante da agenda federativa passando por vários setores do Poder Público, não se restringindo à Segurança Pública e ao judiciário. Com relação à prevenção criminal, assinale a alternativa correta:

a) A prevenção primária se orienta aos grupos que ostentam maior risco de protagonizar o problema criminal, se relacionando com a política legislativa penal e com a ação policial.

b) A prevenção secundária corresponde a estratégias de política cultural, econômica e social, atuando, por exemplo, na garantia da educação, saúde, trabalho e bem-estar social.

c) A prevenção secundária tem como destinatário o condenado, se orientando a evitar a reincidência da população presa por meio de programas reabilitadores e ressocializadores.

d) A prevenção terciária se orienta aos grupos que ostentam maior risco de protagonizar o problema criminal, se relacionando com a política legislativa penal e com a ação policial.

e) A prevenção primária corresponde a estratégias de política cultural, econômica e social, atuando, por exemplo, na garantia da educação, saúde, trabalho e bem-estar social.

**88.** Delegado de Polícia (ES/ 2019/ IAEP) Os modelos sociológicos contribuíram decisivamente para um conhecimento realista do problema criminal demonstrando a pluralidade de fatores que com ele interagem. Leia as afirmativas a seguir e marque a alternativa INCORRETA:

a) As teorias conflituais partem da premissa de que o conflito expressa uma realidade patológica da sociedade sendo nocivo para ela na medida em que afeta o seu desenvolvimento e estabilidade.

b) As teorias ecológicas partem da premissa de que a cidade produz delinquência, valendo-se dos conceitos de desorganização e contágio social inerentes aos modernos núcleos urbanos.

c) As teorias estrutural-funcionalistas consideram a normalidade e a funcionalidade do crime na ordem social, menosprezando o componente biopsicopatológico no diagnóstico do problema criminal.

d) As teorias de aprendizagem social sustentam que o comportamento delituoso se aprende do mesmo modo que o indivíduo aprende também outras atividades lícitas em sua interação com pessoas e grupos.

e) As teorias subculturais sustentam a existência de uma sociedade pluralista com diversos sistemas de valores divergentes em torno dos quais se organizam outros tantos grupos desviados.

**89.** Delegado de Polícia (ES/ 2019/ IAEP) A moderna criminologia se dedica, também, ao estudo do controle social do delito, tendo este objeto representado um giro metodológico de grande importância. Assinale a alternativa correta:

a) A família, a escola, a opinião pública, por exemplo, são instituições encarregadas de exercer o controle social secundário.

b) A família, a escola, a opinião pública, por exemplo, são instituições encarregadas de exercer o controle social terciário.

c) A polícia, o judiciário, a administração penitenciária, por exemplo, são instituições encarregadas de exercer o controle social formal.

d) A família, a escola, a opinião pública, por exemplo, são instituições encarregadas de exercer o controle social primário.

e) A polícia, o judiciário, a administração penitenciária, por exemplo, são instituições encarregadas de exercer o controle social informal.

**90.** Delegado de Polícia (ES/ 2019/ IAEP) "A vítima do delito experimentou um secular e deliberado abandono. Desfrutou do máximo protagonismo [...] durante a época da justiça privada, sendo depois drasticamente 'neutralizada' pelo sistema legal moderno [...]" (MOLINA, Antonio Garcia-Pablos de; GOMES, Luiz Flávio, 2008, p. 73). A vitimologia impulsionou um processo de revisão científica do papel da vítima no fenômeno delitivo. Leia as afirmativas a seguir e assinale a alternativa INCORRETA sobre o tema.

a) A criminologia tradicional desconsiderou o estudo da vítima por considerá-la mero objeto neutro e passivo, tendo polarizado em torno do delinquente as investigações sobre o delito, sua etiologia e prevenção.

b) A Psicologia Social destacou-se como marco referencial teórico às investigações vitimológicas, fornecendo modelos teóricos adequados à interpretação e explicação dos dados.

c) Os pioneiros da vitimologia compartilhavam uma análise etiológica e interacionista, sendo que suas tipologias ponderavam sobre o maior ou menor grau de contribuição da vítima para sua própria vitimização.

d) O redescobrimento da vítima e os estudos científicos decorrentes se deram a partir da 1ª (Primeira) Guerra Mundial em atendimento daqueles que sofreram com os efeitos dos conflitos e combates.

e) A vitimologia ocupa-se, sobretudo, do estudo sobre os riscos da vitimização, dos danos que sofrem as vítimas como consequência do delito assim como da posterior intervenção do sistema legal, dentre outros temas.

**91.** Delegado de Polícia (ES/ 2019/ IAEP) Constitui um dos objetivos metodológicos da teoria do *Labelling Approach* (Teoria do Etiquetamento Social) o estudo detalhado da atuação do controle social na configuração da criminalidade. Assinale a alternativa correta:

a) O *labelling approach* é uma teoria da criminalidade que se aproxima do paradigma etiológico convencional para explicar a distribuição seletiva do fenômeno criminal.

b) O *labelling approach*, como explicação interacionista do fato delitivo, destaca o problema hermenêutico da interpretação da norma penal.

c) O *labelling* surge nos EUA nos anos 1980, admitindo a normalidade do fenômeno delitivo e do delinquente.

d) Para o *labelling approach*, um sistemático e progressivo endurecimento do controle social penal viabilizaria o alcance de uma prevenção eficaz do crime.

e) Para o *labelling approach*, o controle social penal possui um caráter seletivo e discriminatório, gerando a criminalidade.

**92.** Delegado de Polícia (ES/ 2019/ IAEP) Na atualidade se observa uma generalização do sentimento coletivo de insegurança nos cidadãos, caracterizado tanto pelo temor de tornarem-se vítimas, como pela preocupação, ou estado de ânimo coletivo, com o problema do delito. Considere as afirmativas e marque a única correta.

a) O fenômeno do medo ao delito não enseja investigações empíricas na Criminologia por tratar-se de uma consequência trivial da criminalidade diretamente proporcional ao risco objetivo.

b) As pesquisas de vitimização constituem uma insubstituível fonte de informação sobre a criminalidade real, já que seus dados procedem das repartições do sistema legal sendo condicionantes das estatísticas oficiais.

c) O incremento dos índices de criminalidade registrada (tese do volume constante do delito) mantém correspondência com as demonstrações das pesquisas de vitimização já que seus dados procedem das mesmas repartições do sistema legal.

d) O medo do delito pode condicionar negativamente o conteúdo da política criminal imprimindo nesta um viés de rigor punitivo, contrário, portanto, ao marco político-constitucional do nosso sistema legal.

e) A população reclusa oferece uma amostra confiável e representativa da população criminal real, já que os agentes do controle social se orientam pelo critério objetivo do fato cometido e limitam-se a detectar o infrator, qualquer que seja este.

**93.** Delegado de Polícia (ES/ 2019/ IAEP) A Criminologia adquiriu autonomia e *status* de ciência quando o positivismo generalizou o emprego de seu método. Nesse sentido, é correto afirmar que a criminologia é uma ciência

a) do "ser"; logo, serve-se do método indutivo e empírico, baseado na análise e observação da realidade.

b) do "ser"; logo, serve-se do método abstrato, formal e dedutivo, baseado em deduções lógicas e da opinião tradicional.

c) do "dever ser"; logo, serve-se do método indutivo e empírico, baseado na análise e observação da realidade.

d) empírica e teorética; logo, serve-se do método indutivo e empírico, baseado em deduções lógicas e opinativas tradicionais.

e) do "dever ser"; logo, serve-se do método abstrato, formal e dedutivo, baseado em deduções lógicas e da opinião tradicional.

**94.** Delegado de Polícia (PI/2018/Nucepe/PI) O crime é um comportamento valorado pelo direito. Acerca da Sociologia Criminal, podemos afirmar:

a) Ciência que tem como finalidade o estudo do criminoso-nato, sob seu aspecto amplo e integral: psicológico, social, econômico e jurídico.

b) Ciência que explica a correlação crime sociedade, sua motivação, bem como sua perpetuação.

c) Busca, precipuamente, explicar e justificar os fatores psicológicos que levam ao crime.

d) Tem como objetivo maior a ressocialização do preso, estabelecendo estudos de inclusão social.

e) Ciência que estuda as relações entre as pessoas que pertencem a uma comunidade, e se ocupa em estudar a vida social humana.

**95.** Delegado de Polícia (PI/2018/Nucepe/PI) Sobre a Vitimologia, assinale a alternativa CORRETA.

a) De acordo com a classificação das vítimas, formulada por Mendelsohn, a vítima simuladora é aquela que voluntária ou imprudentemente colabora com o ânimo criminoso do agente.

b) É denominada terciária a vitimização que corresponde aos danos causados à vítima em decorrência do crime.

c) De acordo com a ONU, apenas são consideradas vítimas as pessoas que, individual ou coletivamente, tenham sofrido lesões físicas ou mentais, por atos ou omissões que representem violações às leis penais, incluídas as leis referentes ao abuso criminoso do poder.

d) O surgimento da Vitimologia ocorreu no início do século XVIII, com os estudos pioneiros de Hans von Hentig, seguido por Mendelsohn.

e) É denominada secundária a vitimização causada pelas instâncias formais de controle social, no decorrer do processo de registro e apuração do crime.

**96.** Delegado de Polícia (PI/2018/Nucepe/PI) Sobre a Criminologia é CORRETO afirmar:

a) o crime é um fenômeno social.

b) estuda o crime, o criminoso, mas não a vítima.

c) é uma ciência normativa e valorativa.

d) o crime é um fenômeno filosófico.

e) não tem por base a observação e a experiência.

**97.** Delegado de Polícia (PI/2018/Nucepe/PI) Acerca da História da Criminologia, marque a alternativa CORRETA:

a) Desde a Antiguidade, o Direito Penal, em concreto, passou a ser compilado em Códigos e âmbitos jurídicos, tal qual como nos dias de hoje, entretanto, algumas vezes eram imprecisos.

b) O Código de Hamurabi (Babilônia) possuía dispositivos, punindo furtos, roubos, mas não considerava crime a corrupção praticada por altos funcionários públicos.

c) Durante a Antiguidade, o crime era considerado pecado, somente na Idade Média, é que a dignidade da pessoa humana passou a ser considerada, e as punições deixaram de ser cruéis.

d) Em sua obra *A Política*, Aristóteles, ressaltou que a miséria causa rebelião e delito. Para o referido filósofo, os delitos mais graves eram os cometidos para possuir o voluptuário, o supérfluo.

e) Da Antiguidade à Modernidade, o furto famélico (roubar para comer) nunca foi considerado crime.

**98.** Delegado de Polícia (PI/2018/Nucepe/PI) Marque a alternativa CORRETA, no que diz respeito à classificação do criminoso, segundo Lombroso:

a) Criminoso louco: é o tipo de criminoso que tem instinto para a prática de delitos, é uma espécie de selvagem para a sociedade.

b) Criminoso nato: é aquele tipo de criminoso malvado, perverso, que deve sobreviver em manicômios.

c) Criminoso por paixão: aquele que utiliza de violência para resolver problemas passionais, geralmente é nervoso, irritado e leviano.

d) Criminoso por paixão: este aponta uma tendência hereditária, possui hábitos criminosos influenciados pela ocasião.

e) Criminoso louco: é o criminoso sórdido com deficiência do senso moral e com hábitos criminosos influenciados pela situação.

**99.** Delegado de Polícia (MG/2018/Fumarc) "Cabe definir a Criminologia como ciência empírica e interdisciplinar, que se ocupa do estudo do crime, da pessoa do infrator, da vítima e do controle social do comportamento delitivo, e que trata de subministrar uma informação válida, contrastada, sobre a gênese, dinâmica e variáveis principais do crime – contemplado este como problema individual e como problema social –, assim como sobre os programas de prevenção eficaz do mesmo e técnicas de intervenção positiva no homem delinquente e nos diversos modelos ou sistemas de resposta ao delito." Esta apresentação ao conceito de Criminologia apresenta, desde logo, algumas das características fundamentais do seu método (empirismo e interdisciplinaridade), antecipando o objeto (análise do delito, do delinquente, da vítima e do controle social) e suas funções (explicar e prevenir o crime e intervir na pessoa do infrator e avaliar os diferentes modelos de resposta ao crime). MOLINA, Antônio G.P.; GOMES, Luiz F. *Criminologia*. 6. ed. reform., atual. e ampl. São Paulo: Revista dos Tribunais. p. 32. Sobre o método, o objeto e as funções da criminologia, considera-se:

I. A luta das escolas (positivismo *versus* classicismo) pode ser traduzida como um enfrentamento entre adeptos de métodos distintos; de um lado, os partidários do método abstrato, formal e dedutivo (os clássicos) e, de outro, os que propugnavam o método empírico e indutivo (os positivistas).

II. Uma das características que mais se destacam na moderna Criminologia é a progressiva ampliação e problematização do seu objeto.

III. A criminologia, como ciência, não pode trazer um saber absoluto e definitivo sobre o problema criminal, senão um saber relativo, limitado, provisional a respeito dele, pois, com o tempo e o progresso, as teorias se superam.

Estão CORRETAS as assertivas indicadas em:

a) I e II, apenas.

b) I e III, apenas.

c) I, II e III.

d) II e III, apenas.

**100.** Defensor Público (PR/2021/FCC) Considere os acontecimentos abaixo.

I. No dia 16 de outubro, após um dia exaustivo de trabalho, quando chegava em sua casa, às 23 horas, em um bairro afastado da cidade, Maria foi estuprada. Naquela mesma data, fora acionada a polícia, quando então foi lavrado boletim de ocorrência e tomadas as providências médico-legais, que constatou as lesões sofridas.

II. Após o fato, Maria passou a perceber que seus vizinhos, que já sabiam do ocorrido, a olhavam de forma sarcástica, como se ela tivesse dado causa ao fato e até tomou conhecimento de comentários maldosos, tais como: também com as roupas que usa (...), também como anda, rebolando para cima e para baixo etc., o que a deixou profundamente magoada, humilhada e indignada.

III. Em novembro, fora à Delegacia de Polícia prestar informações, quando relatou o ocorrido, relembrando todo o drama vivido. Em dezembro fora ao fórum da Comarca, onde, mais uma vez, Maria foi questionada sobre os fatos, revivendo mais uma vez o trauma do ocorrido.

Os acontecimentos I, II e III relatam, respectivamente processos de vitimização:

a) primária, secundária e terciária.

b) primária, terciária e secundária.

c) secundária, primária e terciária.

d) terciária, primária e secundária.

e) secundária, terciária e primária.

**101.** (Polícia Civil/SP/2022) Assinale a alternativa que contempla apenas hipóteses de controle social informal.

a) Família, Escola e Religião.

b) Forças Armadas, Escola e Polícia.

c) Escola, Administração Penitenciária e Polícia.

d) Justiça, Religião e Ministério Público.

e) Clubes de Serviço, Forças Armadas e Polícia.

**102.** (Polícia Civil/SP/2022) O criminoso era um ser que pecou, que optou pelo mal, embora pudesse e devesse escolher o bem.

É correto afirmar que o enunciado se refere à Escola

a) Positiva.

b) Clássica.

c) Contemporânea.

d) de Política Criminal.

e) Positiva Italiana.

**103.** (Polícia Civil/SP/2022) Surgida no final dos anos 80, é baseada em textos de uma série de pesquisadores e ativistas de movimentos que promoviam discussões quanto à "identidade de gênero" e "heteronormatividade". Vem acrescentando seu discurso a uma possível explicação do posicionamento da sociedade diante das variações comportamentais, principalmente quanto à "identidade de gênero" e suas consequências no âmbito criminal.

É correto afirmar que o enunciado se refere à Teoria

a) Liberal.

b) Machista.

c) Homofóbica.

d) *Queer.*

e) Feminista.

**104.** (Polícia Civil/SP/2022) No julgamento da Ação Penal no 470 no Supremo Tribunal Federal, que ficou popularmente conhecido como "Caso do Mensalão", o Ministro Luiz Fux valeu-se destas expressões em seu voto:

"[...] o desafio na seara dos crimes do colarinho branco é alcançar a plena efetividade da tutela penal dos bens jurídicos não individuais. Tendo em conta que se trata de delitos cometidos sem violência, incruentos, não atraem para si a mesma repulsa social dos crimes do colarinho azul."

Diante do exposto, no que tange aos "crimes de colarinho branco", para representar a situação de impunidade provocada por omissão ou falta de comunicação e registro de condutas criminosas, nas quais o poder político e econômico pode vir a fomentar elevado grau de impunidade, as expressões do Ministro Luiz Fux se referem à

a) Cifra azul.

b) Subnotificação do colarinho prateado.

c) Cifra dourada.

d) Subnotificação privilegiada.

e) Subnotificação azul.

**105.** (Polícia Civil/SP/2022) Assinale a alternativa correta.

a) A Etiologia Criminal é a ciência que estuda o comportamento da vítima perante o seu agressor, sob o ponto de vista do controle social.

b) A Vitimologia é o estudo do ofendido, de sua personalidade e de seu grau de vulnerabilidade no evento criminoso.

c) A Criminalística é o conjunto sistemático de princípios e estratégias utilizados pelo Estado na prevenção do delito.

d) A Penologia é um segmento da medicina legal que estuda as doenças e os acidentes do trabalho.

e) A Infortunística é a ciência que estuda o sistema penitenciário.

**106.** (Polícia Civil/SP/2022) Para García-Pablos de Molina, são os três pilares do sistema das ciências criminais, em relação de interdependência:

a) a Psiquiatria Forense, a Sociologia e a Política Criminal.

b) a Criminologia, a Política Criminal e o Direito Penal.

c) a Psiquiatria Forense, a Política Criminal e a Criminologia.

d) o Direito Penal, a Sociologia e a Criminologia.

e) a Sociologia, o Direito Penal e a Psiquiatria Forense.

**107.** (Polícia Civil/SP/2022) A polícia, como instituição de controle social, possui três atribuições principais, a saber: a função administrativa, a investigativa e a judiciária. A esse respeito, assinale a alternativa correta.

a) As polícias penais possuem atribuições de polícia judiciária.

b) As polícias militares possuem a atribuição de apurar a autoria e a materialidade de crime comum.

c) As guardas municipais são órgãos policiais de ciclo completo.

d) As polícias civis possuem atribuições de polícia ostensiva.

e) A Polícia Federal é um órgão policial de ciclo completo.

**108.** (Polícia Civil/SP/2022) A respeito da criminologia, é correto afirmar que

a) é uma ciência empírica, interdisciplinar, que estuda o crime, o criminoso e a vítima, tendo sido conceituada pela primeira vez por Afrânio Peixoto.

b) atualmente é compreendida como uma ciência que se preocupa com o estudo exclusivo do crime e dos criminosos.

c) trata-se de ciência do "ser", empírica, que possui por objeto o crime, o criminoso, a vítima e o controle social.

d) possui como objeto a sociedade, a criminalidade e o criminoso, exercendo direta influência no controle social.

e) trata-se de uma ciência empírica, do "dever-ser", na medida em que seu objeto é visível no mundo dos valores.

**109.** (Polícia Civil/SP/2022) Com relação ao objeto da criminologia, é correto afirmar que atualmente ele está dividido nas seguintes vertentes:

a) delito, delinquente, vítima e controle social.

b) governo, delito, delinquente e vítima.

c) controle social, governo, delito e delinquente.

d) delitos e penas.

e) delinquente, governo, vítima e prevenção criminal.

**110.** (Polícia Civil/SP/2022) Com relação ao método da criminologia, é correto afirmar que ela se utiliza dos métodos

a) empírico-filosófico e indutivo-experimental. Como ciência empírica e experimental que é, a criminologia utiliza-se da metodologia experimental, naturalística e indutiva para estudar o delinquente, sendo suficiente para delimitar as causas da criminalidade.

b) biológicos e sociológicos. Como ciência do "dever-ser" e experimental que é, a criminologia utiliza-se da metodologia lógica e dedutiva para estudar os fenômenos sociais que envolvem a criminalidade.

c) matemático e experimental. Como ciência empírica e experimental que é, a criminologia utiliza-se da metodologia experimental, naturalística e indutiva para estudar o delinquente, não sendo suficiente, no entanto, para delimitar as causas da criminalidade.

d) biológicos e sociológicos. Como ciência empírica e experimental que é, a criminologia utiliza-se da metodologia experimental, naturalística e indutiva para estudar o delinquente, não sendo suficiente, no entanto, para delimitar as causas da criminalidade.

e) filosófico, indutivo, biológicos e sociológicos. Como ciência empírica e experimental que é, a criminologia utiliza-se da metodologia experimental, naturalística e indutiva para estudar o delinquente, sendo suficiente para delimitar as causas da criminalidade.

**111.** (Polícia Civil/SP/2022) É considerada uma teoria de consenso, desenvolvida pelo sociólogo americano Edwin Sutherland (1883-1950), inspirado em Gabriel Tarde. Afirma que o comportamento do criminoso é aprendido, nunca herdado, criado ou desenvolvido pelo sujeito ativo.

Assinale a alternativa que indica corretamente a qual teoria sociológica do crime corresponde o enunciado.

a) Teoria crítica.

b) Subcultura delinquente.

c) Teoria ecológica.

d) Anomia.

e) Associação diferencial.

**112.** (Polícia Civil/SP/2022) É uma das mais importantes teorias de conflito. Surgida nos anos 1960, nos Estados Unidos, seus principais expoentes foram Erving Goffman e Howard Becker. Assinale a alternativa que indica corretamente a qual teoria sociológica do crime corresponde o enunciado.

a) *Labelling approach*.

b) Subculturas criminais.

c) Teoria ambientalista.

d) Criminologia radical.

e) Teoria anomia crítica.

**113.** (Polícia Civil/SP/2022) No que se refere à vitimologia, leva em conta a participação ou provocação da vítima:

a) vítimas ideais;

b) vítimas menos culpadas que os criminosos;

c) vítimas tão culpadas quanto os criminosos;

d) vítimas mais culpadas que os criminosos; e

e) vítimas como únicas culpadas.

É correto afirmar que a classificação contida no enunciado é atribuída a

a) Israel Drapkin.

b) Benjamin Mendelsohn.

c) Robert Merton.

d) Howard Becker.

e) Edwin Lemert.

**114.** (Polícia Civil/SP/2022) Elaborou a seguinte classificação: 1º **grupo** – criminoso – vítima – criminoso (**sucessivamente**), reincidente que é hostilizado no cárcere, vindo a delinquir novamente pela repulsa social que encontra fora da cadeia; 2º **grupo** – **criminoso** – **vítima** – **criminoso** (**simultaneamente**), caso das vítimas de drogas que de usuárias passam a ser traficantes; 3º **grupo** – **vítima** (**imprevisível**), por exemplo, linchamento, saques e epilepsia, alcoolismo etc. É correto afirmar que a classificação contida no enunciado é atribuída a

a) Kurt Schneider.

b) Israel Drapkin.

c) Hans Gross.

d) Hans von Hentig.

e) Benjamin Mendelsohn.

**115.** (Polícia Civil/SP/2022) A própria sociedade não acolhe a vítima e muitas vezes a incentiva a não denunciar o delito às autoridades, ocorrendo o que se chama de cifra negra. É correto afirmar que o enunciado refere-se à

a) Vitimização secundária.

b) Vitimização inocente.

c) Vitimização terciária.

d) Escola positiva.

e) Escola clássica.

**116.** (Polícia Civil/SP/2022) Destina-se a setores da sociedade que podem vir a padecer do problema criminal e não ao indivíduo, manifestando-se a curto e médio prazo de maneira seletiva, ligando-se à ação policial, programas de apoio, controle da comunicação etc. É correto afirmar que o enunciado refere-se à prevenção

a) terciária.

b) primária.

c) secundária.

d) secundária e terciária.

e) primária e secundária.

**117.** (Polícia Civil/SP/2022) Direciona-se a atingir a consciência de todos, incutindo a necessidade de respeito aos valores mais importantes da comunidade e, por conseguinte, à ordem jurídica. É correto afirmar que o enunciado refere-se à prevenção

a) geral negativa.

b) especial negativa.

c) especial positiva.

d) por intimidação.

e) geral positiva ou integradora.

**118.** (Polícia Civil/SP/2022) É considerado o pai da Criminologia

a) John Howards, autor da obra *O estado das prisões*.

b) Rafael Garófalo, autor da obra *Criminologia*.

c) Cesare Lombroso, autor da obra *O homem delinquente*.

d) Cesare Bonesana, autor da obra *Dos delitos e das penas*.

e) Raimundo Nina Rodrigues, autor da obra *As leis de imitação*.

**119.** (Polícia Civil/SP/2022) Para os defensores da (o)_____,

ninguém nasce delinquente, pois o delito não surge de modo espontâneo; o indivíduo aprende a cometê-lo com as pessoas de seu círculo de relacionamentos próximos.

Trata-se, portanto, de um processo de aprendizagem, de imitação de comportamento alheio, situação natural em sociedades plurais e conflitivas.

Assinale a alternativa que preenche corretamente a lacuna.

a) Teoria do Etiquetamento (*labelling approach*)

b) Movimento da Lei e da Ordem

c) Teoria da Subcultura Criminosa

d) Teoria da Associação Diferencial

e) Teoria da Anomia

**120.** (Polícia Civil/SP/2022) As taxas de subnotificação criminal são importantes indicadores do nível de vitimização de determinada sociedade.

Entende-se por cifra

a) **verde** – criminalidade do colarinho branco que não chega ao conhecimento das autoridades encarregadas de sua apuração e consequente punição.

b) **amarela** – casos em que as vítimas sofrem algum tipo de ilegalidade praticada por servidor público, mas que deixam de denunciar o fato por temor de represália.

c) **dourada** – os crimes de caráter homofóbico que não chegam ao conhecimento das autoridades.

d) **rosa** – crimes que são de conhecimento dos órgãos policiais, mas que não chegam a transformarem-se em processo-crime.

e) **cinza** – os delitos que provocam degradação do meio ambiente, mas que não chegam a ter sua autoria identificada, por omissão das pessoas que tomam conhecimento do fato ou por desinteresse das autoridades.

**121.** (Polícia Civil/SP/2023) Criminologia é uma ciência que se ocupa do estudo do crime, dentre outros temas relevantes. Diante da premissa exposta, é correto afirmar que a Criminologia

a) é a escolha, pelas autoridades públicas, de estratégias jurídicas de controle social, para a proteção de um bem jurídico, a fim de manter as incidências criminais em níveis aceitáveis.

b) aplica os conhecimentos da Medicina para o esclarecimento de fatos de interesse da Justiça.

c) é uma ciência interdisciplinar, indutiva e empírica.

d) é uma ciência dogmática, enquanto o Direito Penal é uma ciência zetética.

e) dedica-se a elucidar crimes, por meio de busca de vestígios.

**122.** (Polícia Civil/SP/2023) Trata-se de um estado psicológico em que as vítimas assumem postura de desobediência e de enfrentamento a intimidações de seus agressores, por quem sentem desprezo e repulsa. Por vezes, como consequência da rebeldia, as vítimas acabam por serem feridas ou assassinadas, como forma de demonstração de força por parte dos agressores. Assinale a alternativa que corresponde corretamente ao enunciado acima exposto.

a) Transtorno de Jerusalém.

b) Síndrome da Mulher de Potifar.

c) Síndrome de Londres.

d) Síndrome de Lima.

e) Síndrome de Estocolmo.

**123.** (Polícia Civil/SP/2023) Em um Estado Democrático de Direito, as políticas públicas de educação, habitação e saúde devem ser amplamente implantadas em detrimento de medidas penais de encarceramento, com o objetivo de impedir a prática de delitos, bem como sua reincidência. A Prevenção Criminal

a) Primária é voltada para as causas da prática do delito.

b) Direta atua nas causas que resultam na delinquência.

c) Indireta atua no crime que está prestes a ocorrer.

d) Terciária é voltada às oportunidades para o cometimento de um crime.

e) Secundária é voltada para o condenado, o preso e o egresso.

**124.** (Polícia Civil/SP/2023) É correto afirmar que o método principal da criminologia é

a) o dogmático, predominando o estudo das normas jurídicas, partindo-se do plano geral da lei para incidência específica no caso concreto.

b) o empírico, predominando o estudo das normas jurídicas, partindo-se do plano geral da lei para incidência específica no caso concreto.

c) o dogmático, em que se destacam a experiência, a indução, a observação e a análise social.

d) o empírico, em que se destacam a experiência, a indução, a observação e a análise social.

e) o jurídico, em que se destacam a experiência, a indução, a observação e a análise social.

**125.** (Polícia Civil/SP/2023) Zigmunt Bauman, sociólogo e escritor, articula, em suas obras, que vivemos no mundo líquido (modernidade líquida), corrido, cada vez mais dinâmico e veloz, em que as relações humanas são também extremamente transitórias e tênues, sem compromissos para a vida toda. No que concerne à criminologia, é correto afirmar que a modernidade líquida afeta diretamente

a) o método.

b) o controle social.

c) a finalidade.

d) o delinquente.

e) a vitimologia.

**126.** (Polícia Civil/SP/2023) As Teorias do Consenso sustentam que os objetivos da sociedade ocorrem quando há concordância com as regras de convívio. Existindo harmonia entre as instituições, de modo que a sociedade compartilhe de objetivos comuns e aceitem as normas vigentes, então a finalidade da sociedade será atingida. Assinale a alternativa que apresenta uma teoria do consenso.

a) Teoria Crítica.

b) Labelling Approach.

c) Teoria Radical.

d) Etiquetamento.

e) Teoria da Subcultura Delinquente.

**127.** (Polícia Civil/SP/2023) As Teorias do Conflito afirmam que o entendimento social decorre da imposição de alguns valores e sujeição de outros. São teorias de cunho revolucionário, que partem da ideia de que os membros do grupo não compartilham dos mesmos interesses da sociedade, e, com isso, o conflito seria natural, às vezes até mesmo desejado, para que, quando controlado, leve a sociedade ao progresso. Assinale a alternativa que apresenta uma teoria do conflito.

a) Teoria da Associação Diferencial.

b) Teoria do Convívio Social.

c) Desorganização Social.

d) Teoria da Anomia.

e) Etiquetamento.

**128.** (Polícia Civil/SP/2023) É correto afirmar que, na criminologia, existem algumas síndromes. A síndrome que bem sintetiza a ideia de coisificação da mulher, na qual a mulher é vista socialmente como objeto de desejo, é a denominada

a) Síndrome do desejo feminino.

b) Síndrome de Maria Madalena.

c) Síndrome da Barbie.

d) Síndrome da vitimização.

e) Síndrome da mulher de Potifar.

**129.** (Polícia Civil/SP/2023) A chamada associação diferencial trata-se de uma teoria de criminologia desenvolvida pelo americano Edwin H. Sutherland que propõe que o comportamento criminoso de indivíduo tem sua gênese pela aprendizagem com contato com padrões de comportamento favoráveis à violação da lei em sobreposição aos contatos contrários à violação da lei. É correto afirmar que se trata de associação diferencial a criminalidade

a) de massa.

b) organizada.

c) comportamental.

d) social.

e) crítica.

**130.** (Polícia Civil/SP/2023) É muito ligada à diferenciação da criminalidade quanto ao gênero, diferente da criminologia tradicional, que traz a figura masculina como principal foco de estudos criminológicos. Pode-se afirmar que se baseia na desconstrução da ideia de superioridade masculina, que inferioriza e violenta as mulheres; e na ressignificação do papel da mulher na sociedade – luta pela igualdade de gênero. É correto afirmar que o enunciado se refere à Criminologia

a) positiva.

b) de gênero.

c) contemporânea.

d) feminina.

e) LGBT.

**131.** (Polícia Civil/SP/2023) Pode ser caracterizada como uma moldura analítica tríplice, preocupada com significado, poder e relatos existenciais de crime, punição e controle, no contexto contemporâneo da modernidade tardia e da hegemonia do capitalismo global. Ela tem raízes no interacionismo social, na análise crítica da mídia e na criminologia etnográfica e anarquista. Conforme se desenvolveu, nas últimas décadas, ela se tornou uma abordagem mais social e teoricamente inspirada, capaz de analisar a criminalidade em todos os níveis da estrutura social: micro, macro e meso, com foco em energia, expressividade e negociação contestada de significado. É correto afirmar que o enunciado se refere à Criminologia

a) cultural.

b) social.

c) de gênero.

d) feminista.

e) crítica.

**132.** (Polícia Civil/SP/2023) Embora a criminologia ambiental tenha evoluído, em parte, a partir da escola de Chicago, esta forma uma doutrina distinta e autônoma. A principal diferença está na mudança de foco, neste caso, passou-se do estudo do ofensor para o estudo do ato criminal. A doutrina da criminologia ambiental comporta algumas teorias basilares. Assinale a alternativa que corretamente apresenta uma dessas teorias.

a) Teoria da escolha racional.

b) Teoria dos padrões sociais.

c) Teoria da cultura institucional.

d) Teoria da proteção ambiental.

e) Teoria da criminologia clássica.

**133.** (Polícia Civil/SP/2023) Verifica o comportamento da vítima e considera-o para efeitos de tipificação penal, tendo por objetivo aplicar um direito penal mais justo ao autor do fato, e não a incriminação da vítima, conforme poderia se interpretar equivocadamente. É correto afirmar que o enunciado se refere à

a) vitimização secundária.

b) vitimização terciária.

c) revitimização.

d) vitimodogmática.

e) vitimologia corporativa.

**134.** (Polícia Civil/SP/2023) A frase "se há criminosos natos, é evidente que também existem vítimas natas, que se autolesionam e se autodestroem por meio de uma pessoa estranha maleável" é de

a) Israel Drapkin Senderey, fundador do Instituto de Criminologia do Chile e responsável pela criação de diversos institutos na América do Sul.

b) Benjamin Mendelsohn, que criou uma tipologia das vítimas a partir da análise da interação existente entre autor e vítima, em uma correlação de culpabilidade.

c) Hans Gross, precursor da Vitimologia, pela publicação de estudo em que analisou a ingenuidade das vítimas em fraudes.

d) Hans Von Hentig, que desenvolveu seus estudos vitimológicos a partir da análise dos crimes sexuais, de assassinato e de estelionato.

e) Edgard de Moura Bittencourt, autor do livro *Vítima: a Dupla Penal Delinquente-Vítima, Participação da Vítima no Crime* e precursor no estudo da Vitimologia no Brasil.

**135.** (Polícia Civil/SP/2023) É uma ciência interdisciplinar que visa analisar o comportamento criminoso e estudar estratégias de intervenção junto ao encarcerado, às pessoas envolvidas com ele e com a execução de sua pena. Busca conhecer o encarcerado como pessoa, conhecer as aspirações e as verdadeiras motivações de sua conduta criminosa. É correto afirmar que o enunciado se refere à criminologia

a) humanitária.

b) clínica.

c) contemporânea.

d) *queer*.

e) racional.

**136.** (Polícia Civil/SP/2023) Consiste na forma mais eficaz de prevenir o cometimento de crimes, uma vez que ela age antes do seu nascedouro, operando-se uma planejada realização de políticas públicas. É correto afirmar que o enunciado se refere à

a) criminalização primária.

b) prevenção geral positiva.

c) prevenção primária.

d) vitimodogmática.

e) prevenção secundária.

**137.** (Polícia Civil/SP/2023) No último modelo de reação ao crime, busca-se o retorno da vítima ao *status quo ante* ao cometimento do delito, de forma a tentar resgatar o momento anterior à violação dos bens jurídicos. Passam a compor, de forma principal, nesse modelo de reação, a vítima e o condenado, ficando de fora o Estado. No que concerne aos modelos de reação, é correto afirmar que o enunciado se refere ao modelo conhecido por

a) conciliatório.

b) dissuasório.

c) clínico.

d) ressocializador.

e) despenalizador.

**138.** (Polícia Civil/SP/2023) Sobre um ramo da Criminologia denominado "Criminologia Clínica", é correto afirmar que

a) se vale dos conhecimentos da Medicina para o esclarecimento de fatos relevantes à Justiça.

b) se vale da dogmática do Direito Penal para identificar e punir os infratores da lei.

c) defende a extinção do sistema penal ou da pena de prisão.

d) o seu campo de trabalho é o cárcere e a vida do encarcerado.

e) seu objeto de interesse é a coleta e a análise de evidências sobre um fato criminoso.

**139.** (Polícia Civil/SP/2023) A Criminologia, como ciência, para a realização de seus estudos, emprega, dentre outros, os seguintes métodos:

a) o dogmático, o axiológico e o indutivo.

b) o analítico, o dogmático e o axiológico.

c) o empírico, o analítico e o dogmático.

d) o axiológico, o indutivo e o empírico.

e) o indutivo, o empírico e o analítico.

**140.** (Polícia Civil/SP/2023) Sobre uma importante vertente da Criminologia estadunidense, a Escola de Chicago, é correto afirmar que

a) a criminalidade nas grandes cidades tem explicação no controle social informal enfraquecido e desorganizado.

b) são seus principais idealizadores: Émile Durkheim, Robert Merton e Talcott Parsons.

c) também é conhecida como Teoria da Ecologia Social ou da Organização Cultural.

d) as ideias dos teóricos dessa Escola possuem fortes influências de Karl Marx.

e) seu foco de pesquisas é a prevenção aos crimes contra o meio ambiente.

**141.** (Polícia Civil/SP/2023) Filósofo(a), sociólogo(a), jurista e autor(a) da obra *Criminologia Crítica e Crítica do Direito Penal*, de 1982. Argumenta que o processo de criminalização é o mais poderoso mecanismo de reprodução das relações de desigualdade do capitalismo e que a luta por uma sociedade democrática e igualitária passa pela superação do sistema penal. Assinale a alternativa que identifica corretamente a pessoa a quem o texto se refere.

a) Simone de Beauvoir.

b) Alessandro Baratta.

c) Luigi Ferrajoli.

d) Eugenio Raúl Zaffaroni.

e) Hannah Arendt.

**142.** (Polícia Civil/SP/2023) Segundo a classificação de vítimas proposta por Mendelsohn, o jovem que transita por rua conhecida por ser local perigoso, falando ao celular, mediante uso de fones de ouvido, portanto, desatento ao movimento em seu redor, ocasião em que tem o seu aparelho eletrônico subtraído por meliantes, é considerado uma vítima

a) como única culpada ou pseudovítima.

b) tão culpada quanto o delinquente ou vítima voluntária.

c) mais culpada que o delinquente ou vítima por provocação.

d) totalmente inocente ou vítima ideal.

e) por ignorância ou vítima de menor culpabilidade.

**143.** (Polícia Civil/SP/2023) Sabe-se que o estudo da vítima em Criminologia passou por três grandes períodos. Assinale a alternativa correta a respeito de uma dessas fases.

a) Idade de ouro do verdugo: possibilidade de composição e de autotutela; Código de Hamurabi.

b) Revalorização do poder do verdugo: processo inquisitivo, perda do poder de reação ao delito cometido por parte da vítima, em detrimento da atuação estatal.

c) Neutralização do poder da vítima: punições extremamente leves, por pressão dos grupos abolicionistas.

d) Revalorização do poder da vítima: constatação de que a vítima havia sido olvidada pelo sistema de persecução penal e que é preciso recuperar seu protagonismo.

e) Idade de ouro da vítima: impossibilidade de composição e de autotutela; inaplicabilidade da Lei de Talião – "olho por olho, dente por dente".

**144.** (Polícia Civil/SP/2023) Sobre a Política Criminal de Enfrentamento ao Tráfico de Drogas no Brasil e no Mundo, assinale a alternativa correta.

a) A Política de Redução de Danos tem por pressuposto a militarização do controle das drogas ilícitas.

b) A principal causa para o encarceramento feminino no Brasil é a prática do crime de tráfico de drogas.

c) Na vigência da atual Lei Anti-Drogas (n. 11.343/2006), a prática do crime de porte de drogas ilícitas para consumo próprio sujeita o autor do fato à pena privativa de liberdade.

d) A guerra às drogas teve início no século XIX, quando o Império Britânico, preocupado com a deterioração da saúde da população chinesa, proibiu a venda de ópio pelos comerciantes ingleses ao Império Chinês.

e) A descriminalização das drogas ilícitas consiste em liberação total do consumo e do comércio das substâncias, antes proscritas, sem qualquer espécie de punição legal.

145. (Polícia Civil/SP/2023) Sobre a Criminologia Crítica, é correto afirmar que também é conhecida como

a) Microssociologia ou Teoria da Contenção.

b) Macrossociologia ou Teoria da Neutralização.

c) Nova Criminologia ou Criminologia Radical.

d) Teoria Multifatorial ou Escola de Chicago.

e) Teoria da Anomia ou da Subcultura Delinquente.

**146.** (Polícia Civil/SP/2023) Prevenção Criminal consiste em medidas adotadas, tanto pelo Estado quanto pela iniciativa privada, com o objetivo de reduzir a incidência delitiva na vida em sociedade. Diante do exposto, é correto afirmar que a prevenção

a) indireta atua nas causas que levam à delinquência.

b) primária é a modalidade de prevenção voltada para o preso provisório, o preso condenado e o egresso do sistema penitenciário.

c) direta tem por base as políticas públicas de habitação, educação e cultura.

d) secundária é a modalidade de prevenção voltada exclusivamente à vítima do delito e seus familiares.

e) terciária atua no crime que está prestes a ocorrer.

**147.** (Polícia Civil/SP/2023) O fenômeno da criminalização da cultura diferente, na dinâmica da vida cotidiana do século XXI, como a de mendigos, prostitutas, punks, grafiteiros, neonazistas, dentre outras "tribos", inspirou autores como Jeff Ferrell, Keith Hayward e Jock Young, que lançaram as principais premissas da nova vertente da Criminologia Crítica denominada

a) Criminologia do Enraizamento Social.

b) Criminologia Cultural.

c) Teoria da Ocasião Diferencial.

d) Teoria da Conformidade Diferencial.

e) Criminologia da Associação Diferencial.

**148.** (Polícia Civil/SP/2023) Dentro da temática relacionada à Criminologia "Queer", é correto afirmar que, em 21 de agosto de 2023, o Plenário do Supremo Tribunal Federal (STF) reconheceu que atos ofensivos praticados contra pessoas da comunidade LGBTQIAPN+ podem ser enquadrados como

a) crime de calúnia.

b) ilícito administrativo previsto no Estatuto da Igualdade LGBTQIAPN+.

c) contravenção penal de importunação ofensiva ao pudor.

d) fato atípico.

e) crime de injúria racial.

**149.** (Polícia Civil/SP/2023) Sobre a nova vertente criminológica chamada Criminologia Verde, é correto afirmar que

a) apenas as pessoas físicas e jurídicas são consideradas vítimas dos danos ambientais, sendo que os animais e o ecossistema são considerados bens jurídicos tutelados pela legislação pertinente.

b) para os estudiosos desse segmento criminológico, os Estados e corporações são vistos como os principais responsáveis pelas degradações ambientais.

c) a subnotificação de crimes ambientais, que são aqueles que não chegam ao conhecimento da polícia, é denominada cifra cinza.

d) as pesquisas baseiam-se na visão antropocêntrica, que caracteriza a Criminologia tradicional.

e) o objeto de estudo restringe-se ao conceito de crime ambiental e à análise do dano ambiental, à luz da legislação aplicável.

**150.** (Polícia Civil/SP/2023) Transtornos de impulso são identificados em pessoas incapazes de refrearem seu desejo de praticar determinada conduta, ainda que cientes de que o fato poderá constituir infração à lei penal. Diante do exposto, é correto afirmar que

a) oligofrenia é a compulsão por furto de objetos.

b) oneomania é a compulsão pela prática de ato libidinoso com animais.

c) mixoscopia é a atração sexual por estátuas, manequins ou bonecos infláveis.

d) agorafilia é a atração por prática de atos sexuais e/ou obscenos em locais públicos ou abertos a público.

e) abulomania é o vício em jogos de azar que resulta em comportamento criminoso para obtenção de dinheiro.

**151.** (Polícia Civil/SP/2023) A teoria denominada, concebida e desenvolvida por, defende a ideia de que o Estado não deve tratar o grave infrator da lei penal, que é aquele que se desvia, de modo permanente e inequívoco, do cumprimento da lei como cidadão, já que isso vulneraria o direito à segurança das demais pessoas, estas sim, cidadãs.

a) "Broken Windows" (Janelas Quebradas) ... George Kelling

b) "Law and Order" (Movimento da Lei e da Ordem) ... Claus Roxin

c) "Direito Penal do Inimigo" ... Günther Jakobs

d) "Tolerância Zero" ... James Q. Wilson

e) "A Pena de Morte como Defesa" ... Ernest van den Haag

## GABARITO

| | | | | |
|---|---|---|---|---|
| 1 – E | 32 – A | 63 – E | 94 – B | 125 – B |
| 2 – D | 33 – E | 64 – Errado | 95 – E | 126 – E |
| 3 – A | 34 – B | 65 – Certo | 96 – A | 127 – E |
| 4 – E | 35 – D | 66 – A | 97 – D | 128 – C |
| 5 – A | 36 – A | 67 – C | 98 – C | 129 – B |
| 6 – B | 37 – E | 68 – E | 99 – C | 130 – D |
| 7 – A | 38 – A | 69 – B | 100 – B | 131 – A |
| 8 – D | 39 – D | 70 – E | 101 – A | 132 – A |
| 9 – A | 40 – D | 71 – Errado | 102 – B | 133 – D |
| 10 – E | 41 – A | 72 – Errado | 103 – D | 134 – D |
| 11 – D | 42 – C | 73 – Certo | 104 – C | 135 – B |
| 12 – C | 43 – E | 74 – Certo | 105 – B | 136 – C |
| 13 – D | 44 – A | 75 – Errado | 106 – B | 137 – A |
| 14 – C | 45 – A | 76 – Certo | 107 – E | 138 – D |
| 15 – D | 46 – C | 77 – Certo | 108 – C | 139 – E |
| 16 – B | 47 – B | 78 – C | 109 – A | 140 – A |
| 17 – A | 48 – D | 79 – C | 110 – D | 141 – B |
| 18 – D | 49 – C | 80 – C | 111 – E | 142 – E |
| 19 – B | 50 – A | 81 – E | 112 – A | 143 – D |
| 20 – C | 51 – D | 82 – D | 113 – B | 144 – B |
| 21 – B | 52 – B | 83 – B | 114 – D | 145 – C |
| 22 – B | 53 – D | 84 – C | 115 – C | 146 – A |
| 23 – E | 54 – B | 85 – E | 116 – C | 147 – B |
| 24 – D | 55 – E | 86 – E | 117 – E | 148 – E |
| 25 – E | 56 – D | 87 – E | 118 – C | 149 – B |
| 26 – Errado | 57 – A | 88 – A | 119 – D | 150 – D |
| 27 – A | 58 – D | 89 – C | 120 – B | 151 – C |
| 28 – C | 59 – B | 90 – D | 121 – C | |
| 29 – A | 60 – B | 91 – E | 122 – C | |
| 30 – E | 61 – D | 92 – D | 123 – A | |
| 31 – C | 62 – D | 93 – A | 124 – D | |

# Referências

ABDALLA-FILHO, Elias; CHALUB, Miguel; TELLES, Lisieux E. de Borba. *Psiquiatria Forense de Taborda*. 3. ed. Porto Alegre: Artmed, 2016.

AMAR, Ayush Morad. *Criminologia*. São Paulo: Resenha Tributária, 1987.

ANDRADE, Vera Regina Pereira de. *A ilusão da segurança jurídica*: do controle da violência à violência do controle penal. Porto Alegre: Livraria do Advogado, 1997.

ANGERAMI, Alberto; PENTEADO FILHO, Nestor Sampaio. *Direito policial*. São Paulo: Método, 2009.

BANDEIRA, Thais; PORTUGAL, Daniela. *Criminologia*. Educapes. Disponível em: <https://educapes.capes.gov.br/bitstream/capes/174993/4/eBook_Criminologia- Tecnologia_em_Seguranca_Publica_UFBA.pdf.

BARATTA, Alessandro. *Criminologia crítica e crítica do direito penal*. 3. ed. Rio de Janeiro: Revan, 1999.

BARREIRAS, Mariana Barros. *Manual de criminologia*. 3. ed., rev., atual. e ampl. São Paulo: JusPodivm, 2023.

BECCARIA, Cesare. *Dos delitos e das penas*. Trad. Flório De Angelis. Bauru: Edipro, 2001.

BIFFE JUNIOR, João; LEITÃO JUNIOR, Joaquim. *Concursos públicos*: terminologias e teorias inusitadas. Rio de Janeiro: Forense; São Paulo: Método, 2017.

BITENCOURT, Cezar Roberto. *Tratado de direito penal*: parte geral (arts. 1º a 120). 29. ed. São Paulo: Saraiva Jur, 2023. v.1. E-book.

_____. *Tratado de direito penal*: parte especial: crimes contra a pessoa. 23. ed. São Paulo: Saraiva Jur, 2023. v. 2. E-book.

_____. *Tratado de direito penal*: parte especial (arts. 213 a 311-A): crimes contra a dignidade sexual até crimes contra a fé pública. 17. ed. São Paulo: Saraiva Jur, 2023. v. 4. E-book.

CALHAU, Lélio Braga. *Resumo de criminologia*. 7. ed. Niterói: Impetus, 2012.

**349**

CANCIO MELIÁ, Manuel. *Los delitos de terrorismo*: estructura típica e injusto. Madrid: Editorial Reus, 2010.

CARVALHO, Hilário Veiga de. *Compêndio de criminologia*. São Paulo: Bushatsky, 1973.

_____ et al. *Compêndio de medicina legal*. São Paulo: Saraiva, 1987.

CARVALHO, Protásio de. *A didática dos tóxicos*. Curitiba: O Formigueiro, 1977.

CASTRO, Lola Aniyar de. *Criminologia da reação social*. Tradução de Ester Koslosvski. Rio de Janeiro: Forense, 1983.

CAVALCANTE, Antônio Mourão. *O ciúme patológico*. Rio de Janeiro: Record/Rosa dos Tempos, 1997.

CERVINI, Raúl. *Dos processos de descriminalização*. 2. ed. São Paulo: Revista dos Tribunais, 2002.

CLEBER, Massom; MARÇAL,Vinícius. *Lei de Drogas*: aspectos penais e processuais. São Paulo: Método, 2019.

CONSELHO NACIONAL DO MINISTÉRIO PÚBLICO. Resolução n. 243, de 18 de outubro de 2021. Dispõe sobre a Política Institucional de Proteção Integral e de Promoção de Direitos e Apoio às Vítimas. Uberlândia: Conselho Universitário, 2007. Disponível em: <https://www.cnmp.mp.br/portal/images/Resolucoes/2021/Resoluo-n-243-2021.pdf>. Acesso em: 25 nov. 2024.

COSTA, Álvaro Mayrink da. *Criminologia*. Rio de Janeiro: Ed. Rio, 1976.

DEL-CAMPO, Eduardo Roberto Alcântara. *Medicina legal*. 4. ed. São Paulo: Saraiva, 2007 (Col. Curso & Concurso).

DESGUALDO, Marco Antonio. *Crimes contra a vida*: recognição visuográfica e a lógica na investigação. São Paulo: Acadepol, 1999.

DIAS, Jorge de Figueiredo; Andrade, Manoel da Costa. *Criminologia*: o homem delinquente e a sociedade criminógena. Coimbra: Coimbra Ed., 1992.

DOUGLAS, John; OLSHAKER, Mark. *Mindhunter*: o primeiro caçador de serial killers americano. Rio de Janeiro: Intrínseca, 2017.

DOURADO, Luíz Angelo. *Ensaio de psicologia criminal*. Rio de Janeiro: Zahar, 1969.

ELBERT, Carlos Alberto. *Novo manual básico de criminologia*. Porto Alegre: Livraria do Advogado, 2009.

FARIAS JR., João. *Manual de criminologia*. 4. ed. Curitiba: Juruá, 2009.

FÁVERO, Flamínio. *Medicina legal*. 5. ed. São Paulo: Livr. Martins Ed., 1954. v. 2.

FELDMAN, M. Philip. *Comportamento criminoso*: uma análise psicológica. Trad. Áurea Weissenberg. Rio de Janeiro: Zahar, 1979.

FERNANDES, Newton; FERNANDES, Valter. *Criminologia integrada*. 2. ed. São Paulo: Revista dos Tribunais, 2002.

FERRI, Enrico. *Princípios de direito criminal*. Trad. Luiz Lemos Oliveira. São Paulo: Saraiva, 1931.

350

FIORELLI, José Osmir; MANGINI, Rosana Cathya Ragazzoni. *Psicologia jurídica*. São Paulo: Atlas, 2009.

FLAHERTY, Joseph A.; CHANNON, Robert. A.; DAVIS, John M. *Psiquiatria*: diagnóstico e tratamento. Porto Alegre: Artes Médicas, 1990.

FONTES, Eduardo; HOFFMANN, Henrique. *Criminologia*. 1. ed. 2. tir. Salvador: JusPodivm, 2021.

FOUCAULT, Michel. *Eu, Pierre Rivieri, que degolei minha mãe, minha irmã e meu irmão*. Trad. Denize Lezan de Almeida. 3. ed. Rio de Janeiro: Graal, [s.d.].

_____. *Vigiar e punir*: história das violências nas prisões. Trad. Lígia M. Pondé Vassalo. Petrópolis: Vozes, 1993.

FRAGOSO, Heleno Cláudio. *Lições de direito penal*: a nova parte geral. 10. ed. Rio de Janeiro: Forense, 1986.

FRANCO, Alberto Silva. O difícil processo de tipificação. *Boletim IBCCrim*, n. 21. São Paulo, 1995.

FURQUIM, Saulo Ramos; LIMA, Luiz Gustavo S. Aportes Iniciais sobre a Criminologia Cultural e a Pertinência no Universo Subcultural. Natal: UFRN. *Revista Transgressões – Ciências Criminais em Debate*, vol. 3, n. 1, 2015.

GAMBOA, Mônica Resende. *Criminologia*. 2. ed. São Paulo: Método, 2013.

GOFFMAN, Erwing. *Manicômios, prisões e conventos*. Trad. Dante Moreira Leite. São Paulo: Perspectiva, 1992.

GOMES, Luiz Flávio. *Criminologia*. São Paulo: Revista dos Tribunais, 2008.

_____; CERVINI, Raúl. *Crime organizado*: enfoques criminológico, jurídico (Lei 9.034/95) e político-criminal. São Paulo: Revista dos Tribunais, 1997.

_____; MOLINA, Antonio García-Pablos de. *Criminologia*. 6. ed. São Paulo: Revista dos Tribunais, 2008; 7. ed. reform., atual. e ampl. São Paulo: Revista dos Tribunais, 2010.

GONZAGA, Christiano. *Manual de Criminologia*. 5. ed. São Paulo: Saraiva Jur, 2024. E-book.

GRECO, Alessandra Orcesi Pedro. *A autocolocação da vítima em risco*. São Paulo: Revista dos Tribunais, 2004.

GREIG, Charlotte. *Serial Killers*: nas mentes dos monstros. São Paulo: Madras, 2010.

GUINOTE, Hugo B. Respostas táctico-policiais ao fenómeno da droga. In: VALENTE, Manoel Monteiro Guedes (Coord.). *Criminalidade Organizada e Criminalidade de Massa*: Interferências e Ingerências Mútuas. Coimbra: Almedina, 2009.

HARE, Robert D. *Sem consciência*: o mundo perturbador dos psicopatas que vivem entre nós. São Paulo: Artmed, 2013.

HASSEMER, Winfried. *Três temas de Direito Penal*. Porto Alegre, Escola Superior do Ministério Público, 1993.

351

HASSEMER, Winfried; CONDE, Francisco Munhoz. *Introdução à criminologia*. Rio de Janeiro: Lumen Juris, 2008.

HERCULANO, Alexandre. *Criminologia*. São Paulo: JusPodivm, 2020.

HILL, Tim. *Evidência criminal*, Livro 3. São Paulo: Escala, 2011.

INNES, Brian. *Mente criminosa*. São Paulo: Escala, 2003.

_____. *Perfil de uma mente criminosa*. São Paulo: Escala, 2003.

JAKOBS, Gunter. *Direito penal do inimigo*. Porto Alegre: Livraria do Advogado, 2007.

JESCHECK, Hans Heinrich. *Tratado de derecho penal*: parte general. Barcelona: Bosch, 1980. v. 1 e 2.

KAPLAN, Harold I.; SADOCK, Benjamin J. *Compêndio de psiquiatria*. Porto Alegre: Artes Médicas, 1990.

LAUCIRICA, Roberto Altuna. Psicoterror laboral. Separata de Valoración de Daño Cerebral Y Discapacidades. Madrid: Imgraf, 2008.

LENT, Roberto (Coord.). *Neurociência da mente e do comportamento*. Rio de Janeiro: Guanabara Koogan, 2008.

LIMA, João Milanez da Cunha; LIMA, Luis Fernando C. da Cunha. *Perfil social do crime*. São Paulo: Ibrasa, 2009.

LIMA JR., José César Naves de. *Manual de criminologia*. Salvador: JusPodivm, 2014.

LIMA, Renato Brasileiro. *Manual de processo penal*: volume único. 11. ed. rev., ampl. e atual. São Paulo: Ed. JusPodivm, 2022.

LOMBROSO, Cesare. *O homem delinquente*. Trad. Sebastião José Roque. São Paulo: Ícone, 2007.

LYRA FILHO, Roberto. *Criminologia dialética*. Rio de Janeiro: Borsoi, 1972.

MAÍLLO, Afonso Serrano. *Introdução à criminologia*. Trad. Luiz Regis Prado. São Paulo: Revista dos Tribunais, 2008.

MAIO, Vincent Di. *O segredo dos corpos*. Rio de Janeiro: Darkside Books, 2017.

MANNHEIM, Hermann. *Criminologia comparada*. Trad. J. F. Faria Costa e M. da Costa Andrade. Lisboa: Fundação Calouste Gulbenkian, 1984.

MARANHÃO, Odon Ramos. *Curso básico de medicina legal*. 3. ed. São Paulo: Revista dos Tribunais, 1985.

_____. *Psicologia do crime*. 2. ed. São Paulo: Malheiros, 2008.

MARCÃO, Renato. *Curso de execução penal*. 4. ed. São Paulo: Saraiva, 2007.

MARQUES, José Frederico et al. *Apontamentos sobre o processo criminal brasileiro*. São Paulo: Revista dos Tribunais, 1959.

MAZZUTTI, Vanessa De Biassio. *Vitimologia e Direitos Humanos*: o processo penal sob a perspectiva da vítima. Curitiba: Juruá, 2012.

352

MESH: Manual diagnóstico e estatístico de transtornos mentais. 5. ed. | Transtornos Mentais – classificação | Mental Distúrbios – diagnóstico – American Psychiatric Association: Diagnostic and Statistical Manual of Mental Disorders, Fifth Edition, Text Revision.Washington, DC, Associação Psiquiátrica Americana, 2022, p. 280.

MOLINA, Antonio García-Pablos de. *Criminologia*: introdução e seus fundamentos teóricos. Trad. Luís Flávio Gomes. 2. ed. São Paulo: Revista dos Tribunais, 2006.

_____. *O que é criminologia?* Trad. Danilo Cymrot. São Paulo: Revista dos Tribunais, 2013.

MONTET, Laurent. *Tueurs en série – Essai en profilage criminel*. Paris: PUF, 2003.

NASCIMENTO, Maria Inês Corrêa (trad.). *Manual diagnóstico e estatístico de transtornos mentais*. 5. ed. DSM-5, American Psychiatric Association. Porto Alegre: Artmed, 2018.

NEWTON, Michael. *A enciclopédia de* serial killers. São Paulo: Madras, 2008.

NORONHA, E. Magalhães. *Direito penal*. 37. ed. São Paulo: Saraiva, 2003. v. 1.

NUCCI, Guilherme de Souza. *Criminologia*. 1. ed. Rio de Janeiro: Forense, 2021.

OLIVEIRA, Ana Sofia Schmidt de. *A vítima e o direito penal*. São Paulo: Revista dos Tribunais, 1999.

OLIVEIRA, Natacha Alves de. *Criminologia*. 3. ed. Salvador: JusPodivm, 2022.

PARETA, José Maria Marlet. *Criminologia*. São Paulo: Acadepol, 1995.

PEIXOTO, Afrânio. *Criminologia*. 4. ed. São Paulo: Saraiva, 1953.

PENTEADO, Nestor Sampaio. *Tóxico*: passaporte para o inferno. São Paulo: Editora Ebrac, 1982.

PENTEADO FILHO, Nestor Sampaio. *Direitos humanos*. 3. ed. São Paulo: Método, 2009.

_____; ANGERAMI, Alberto. *Direito policial*. São Paulo: Método, 2009.

PHILBIN, Tom; PHILBIN, Michael. *O livro completo dos* serial killers. São Paulo: Madras, 2011.

PITOMBO, Sérgio Marcos de Moraes. *Inquérito policial*: novas tendências. Belém: Cejup, 1986.

_____. Artigos disponíveis em: <www.sergio.pitombo.nom.br>. Acesso em: 23 jul. 2019.

PIPINO, Luiz Fernando Rossi. *Direito penal*: parte geral, v. 1. Coord. Luiz Fernando Rossi Pipino, Renee do Ó Souza. 2. ed. Rio de Janeiro: Método, 2022.

POSTERLI, Renato. *Temas de criminologia*. Belo Horizonte: Del Rey, 2001.

PUREZA, Diego. *Manual de Criminologia*. 3. ed. rev., atual. e ampl. São Paulo: JusPodivm, 2024.

RAINE, Adrian. *The anatomy of violence*. The biological roots of crime. New York: Pantheon Books, 2013.

RÁMILA, Janire. *Predadores humanos*: o obscuro universo dos assassinos em série. São Paulo: Madras, 2012.

RAMOS, Samuel Ebel Braga Ramos. *Análise Econômica do Direito Penal*: crime, a sanção penal e o criminoso sob a ótica da Economia. 1. ed. Editora Brasil: Débora Corn, fev./2021.

RIVERA, José Luis González de. *El maltrato psicológico*. 3. ed. España: Espasa-Calpe, 2005.

RODRIGUES, Marina Joana Ribeiro. *Perfis criminais*: validade de uma técnica forense. Dissertação de Mestrado, Universidade do Porto, Portugal, 2010, ineditorial.

ROLAND, Paul. *Os crimes de Jack, o estripador*. São Paulo: Madras, 2010.

_____. *Por dentro das mentes assassinas*: a história dos perfis criminosos. São Paulo: Madras, 2010.

ROSA, Ubiratan. *Mais amor, menos ciúme*: 450 reflexões para amar mais e melhor. São Paulo: Ideia e Ação, 2005.

SÁ, Alvino Augusto de. *Criminologia clínica e psicologia criminal*. São Paulo: Revista dos Tribunais, 2007.

_____. *Sugestão de um esboço de bases conceituais para um sistema penitenciário*. Disponível em: <www.sap.sp.gov.br>.

_____; SHECAIRA, Sérgio Salomão. *Criminologia e os problemas da atualidade*. São Paulo: Atlas, 2008.

SAAD-DINIZ, Eduardo. *Vitimologia corporativa*. São Paulo: Tirant Lo Blanch, 2019. E-book.

SALDAÑA, Quintiliano. *Nova criminologia*. 2. ed. Campinas: Russel Editores, 2006.

SANTOS, Juarez Cirino dos. *A criminologia radical*. 3. ed. Rio de Janeiro: Lumen Juris, 2008.

SCHECHTER, Harold. *Serial Killers*: anatomia do mal. Rio de Janeiro: Darkside Books, 2013.

SCHNEIDER, Kurt. *Psicopatologia clínica*. 7. ed. São Paulo: Mestre Jou, 1968.

SHECAIRA, Sérgio Salomão. *Criminologia*. São Paulo: Revista dos Tribunais, 2004; 8. ed. rev., atual. e ampl. São Paulo: Thomson Reuters Brasil, 2020 [e-book].

SILVA, Ana Beatriz Barbosa. *Mentes perigosas*: o psicopata mora ao lado. Rio de Janeiro: Objetiva, 2008.

SIMON, Robert I. *Homens maus fazem o que os homens bons sonham*. Porto Alegre: Artmed, 2009.

SKINNER, B. F. *Ciência e comportamento humano*. 11. ed. São Paulo: Martins Fontes, 2003.

SMITH, Sydney. *Na pista dos assassinos*. Lisboa: Editorial Aster, 1962.

STONE, Michael H.; BRUCATO, Gary. Tradução de Paulo Cecconi. *Cruel*: Índice da maldade. Rio de Janeiro: DarkSide Books, 2023. p. 608.

SUAREZ, Carmen Soto. Diversos tipos de mobbing y conceptos relacionados. *Boletín del Ministerio de Justicia*, ano LXVII, n. 2159, out. 2013.

SUMARIVA, Paulo. *Criminologia* – Teoria e Prática. 8. ed. rev., atual. e ampl. Niterói: Impetus, 2023.

THORWALD, Jurgen. *Os mortos contam sua história*. Rio de Janeiro: Civilização Brasileira, 1968.

_____. *As Marcas de Caim*. Rio de Janeiro: Civilização Brasileira, 1968.

TRINCA, Walter. *Investigação clínica da personalidade*: o desenho livre como estímulo de apercepção temática. 2. ed. São Paulo: Editora Pedagógica e Universitária, 1987.

TURVEY, Brent E. *Criminal profiling*: an introduction to behavioral evidence analysis. 4. ed. EUA: Academic Press, 2011.

VIANA, Eduardo. *Criminologia*. 6. ed. ampl. Salvador: Juspodivm, 2018.

ZIMBARDO, Philip. O efeito Lúcifer: como pessoas boas se tornam más. 4. ed., Editora Record, 2012.